SHU

ZHI

LÜ

书 之 旅

一个出版社 **30** 年的故事

1986
–
2016

GUANGXI NORMAL UNIVERSITY PRESS

广西师范大学出版社

·桂林·

图书在版编目（CIP）数据

书之旅： 一个出版社 30 年的故事 / 广西师范大学
出版社编. —桂林：广西师范大学出版社，2016.11
ISBN 978-7-5495-8957-9

Ⅰ. ①书… Ⅱ. ①广… Ⅲ. ①广西师范大学－出
版社－概况 Ⅳ. ①G239.276.7

中国版本图书馆 CIP 数据核字（2016）第 263458 号

广西师范大学出版社出版发行

（广西桂林市中华路 22 号　邮政编码：541001）

　网址：http://www.bbtpress.com

出版人：张艺兵

全国新华书店经销

桂林广大印务有限责任公司印刷

（桂林市临桂县秧塘工业园西城大道北侧广西师范大学出版社集团
有限公司创意产业园　邮政编码：541100）

开本：880 mm × 1 240 mm　1/32

印张：17.375　　字数：450 千字

2016 年 11 月第 1 版　　2016 年 11 月第 1 次印刷

印数：0 001~3 000 册　　定价：48.00 元

如发现印装质量问题，影响阅读，请与印刷厂联系调换。

书　缘

张艺兵

一些人，一些事，一些感悟，已如烟或者从未淡去的过往次第浮现，在这薄薄的书页上一一成曲。往事重提，心中的情愫氤氲淡开，酸甜苦辣的滋味终于跃然纸上。闯入这斑斓的"书之旅"，总会有一些场景或者情味让人触动。

我们广西师大出版社有句理念口号——"为了人与书的相遇"，而事实上，我们也正是因为这种"相遇"而有了这样那样的一见如故或者擦肩而过。因为书，人与人相逢，心与心相遇，其间有着这样那样的相逢恨晚或是天涯相隔。我想这便是岁月，这便是人生，而这人生岁月里总在回响着一种旋律——书缘。

读书，是我平生最喜好的事情。自从11岁那年开始阅读，40年来我就再也没有放下过书本，即使在小考、中考、高考这样的人生转折关键点上也没有放下过所谓的"课外书"。由于喜欢阅读，我曾经躲在被窝里用手电筒看了几年书；由于喜欢阅读，曾经被老师在课堂上收缴过图书；由于喜欢阅读，我的学习成绩曾经直线下降……少年时期的我，理想是成为一名图书管理员，每天与图书为伴，看书不受任何限制；梦想成为一名作家，用生花妙笔为像我一样喜欢看书的孩子写书，呈现出色彩斑斓、津津有味的美好世界。

我曾经卖过书，三十年前我在大学求学时，为了挣点零花钱，也为了有机会看到更多的新书，我与两位同学一道去新华书店批发图书来卖。后来也从广西师大出版社要过书来卖——记得那时读者服务部是在王城门口右手边的房子里。两年的时间里，我们利用课余的时间，用一辆借来的人力三轮车拉着一本本批发来的新书，跑遍了桂林的大专院校和科研院所。每每看到学生、老师和科研人员拿着新书满意地离开，我的心情也是愉悦的。最后盘点，虽然没有挣到几个零花钱，但我分到了百来本卖不出去也退不回去的图书，心情是相当的愉悦！

但我万万没有想到，有一天我会来做书，而且是到颇负盛名的广西师大出版社来做书。心情十分复杂：既感到巨大的压力，又有一种莫名的兴奋。从业这两年多来，一直是敬畏感与责任感交织在一起，让我觉得这份"书缘"总是沉甸甸的，沉重而踏实。

其实在来出版社工作之前，无论是私下和出版人特别是广西师大出版社的出版人的交往，还是工作层面对学校出版社的了解甚至直接参与活动，都让我觉得对广西师大出版社有着一种比较明晰的认识，尤其是作为经营管理者接触出版社的这不长不短的时间里，我总觉得对广西师大出版社算是很熟悉了，但看到大家写下的这些文字后，还是会有一种感觉：广西师大出版社总还是有那么多的细节让你不得不重新修正你的认知。

每一本书背后都有一个故事，每一个做书人背后都有着某种传奇。

30年，可以在我们的回眸里定格，可我相信每个定格背后总会有许多画外音在萦绕。一部书稿的策划编辑加工，然后像婴儿一样诞生；一个作者的交往甚至"交手"，然后促成一本书的尘埃落定；一些同事的吃喝拉相伴相长，谱写出人生的乐曲和诗篇；一些工作的起承转合，终于铸成了历史的细节；一些业务伙伴的亲疏离合，凝汇成生活的百般滋味。书，是我们人生的一个标点，更是一种生命的航标。我想，正是在这个意义上，这"书之旅"绝非仅是广西师大出版社的一种纪念或者总结，更是这浮生的一幅画卷、一曲没有休止符的交响，更是我们窥见或者体味人生况味的一个机缘。

30年，广西师大出版社是一个有故事的出版社。广西师大出版社，也是一个创造了故事的出版社。

我愿意看见，因书结缘，因为书而相遇的人，能够因为这些故事更好地相遇到那些平凡里的感动，那些生命里的纯粹，"那些无形的力量"。我愿意相信，无论我们"在自己身上，克服这个时代"还是被这个时代磨旧，我们终究明白"生活不止眼前的苟且"。繁华落尽不忘初心，为了人与书的相遇，为了这"一场蓄谋已久的相遇"，我们保留一份真，执着一份爱，我们愿意用我们的一份坚守与情怀，与你共同创造我们新的故事，我们愿意让这些故事照亮我们脚下的路，照亮我们沿途的风景，照亮我们仰望的天空。

目 录

我所遇到的人

我所遇到的事

我所遇到的书

出版感悟

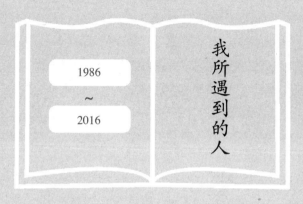

我所遇到的人

1986
~
2016

有时候一个人偶然到了一个地方

会神秘地感觉到这正是自己的栖身之所

是他一直在寻找的家园

而即将遇见的那些人

是他命中注定要遇见的人

首任社长的那些事儿

王　昶

　　我们社的首任社长是王炜炘教授,他当时是学校副校长。在学校申办出版社时,他就分工负责申办事宜;申办成功后,他就自然地兼任了出版社的首任社长。从我社20周年社庆时出版的《书之旅》中我们可以看到他为我社的创建和艰难起步并走上正道所付出的艰辛、立下的汗马功劳,所彰显的政策水平和智慧与能力。现在"王社长"(当时社里同志都喜欢这样称呼他)已退休多年,是80多岁的老人了,我也退休多年,也年近八旬,但一想到在他手下工作与共事时的一些往事,仍是值得记忆的,因为"那些事"不仅让人难忘,今天仍让我们受到教育、启迪和激励。

　　我本是出版社一成立党玉敏同志就找到我,要我到社里来的。因为我当时正在上课,一时脱不了身,学期一结束,1987年初我就到社里上班了。后来他告诉我,是区局和兄弟社有关领导告诉他,我1977年"文革"一结束,区人民社(当时全区仅有一家出版社)就通过自治区有关主管部门来函调我去,因过去我出过书,还为出版社审编过书,但因工作需要我没去成。一来到社里,让我负责总编室工作,主要是选题管理和实施。这样和王社长的联系就多了起来。

当时全国所有大学社，不论学科如何、师资与资源怎样、所在区域特点等，国家教委规定的出书范围却是一样的。我认为这是不科学的、不利于大学社发展的，于是在期刊上发表了《"出书范围"的思考》一文。为此王社长也在社里不同场合多次谈到这方面的问题，特别是大学社办社宗旨中有关为教学科研服务的问题。在这方面他有独到看法：为教学科研服务，不仅是为所在学校教学科研服务，还要为当地高校教学科研服务，出版高校教材和科研专著，这是主要的；但作为师范院校的出版社，还应为基础教育服务，要为中小学教师和学生服务，要出版他们喜爱和需要的图书。我记得当时正好中央六部委下文，其中要求各省（区、市）教育行政部门要大力关心、扶植大学社（包括资金上的扶植）。那时我和几位同志陪王社长去南宁，到区教委汇报六部委文件事。我们先去找区教委主要领导，他说文件我们看了，也研究了，你们去找主管副主任，他会具体告诉你们的。我们立即去主管副主任办公室，路上王社长高兴地小声对我说："有戏。"我们见到主管副主任时，他笑着对我们说："你们来得真快呀，我们研究过了，没有钱，给你们政策吧。"一听到"给政策"，王社长就笑着不住点头，因为事前我们就想到"给政策"是结果之一，而"给政策"就可能给予出版中小学生用书。果然，这位副主任接着说："给你们政策，就是让你们出版学生用书，这样就可以以书养书，多出高校教材和学术专著。怎么样？"王社长马上连声说："好！好！"这是最好的结果。因为给钱就是给"鱼"，而"给政策"就是"授之以渔"，我们就可以放开手脚在市场中"捞鱼"。

拿到"政策"后，王社长征得区教委同意，由他们牵头，先编写中小学各科练习册和寒暑假作业。为协调好与主管部门和区内兄弟社的关系，王社长又主动向区教委建议，这些"书"分别由我们社、教育社、少儿社3家出版，达到了"皆大欢喜"的结果。从此，在自治区人大、教委和主管部门的关怀和支持下，我社开启了出版教辅读物的"先河"。当时王校长多次在社里讲，一定要编写出版好练习册和寒暑假作业，保证质量，让老师和同学喜欢。我还记得在区里召开这两套书的编写会时，王校长有事无法参加，当他知道区教委有关处室要我在会上讲如何编写时，他一再叮嘱我，要讲清讲好目的要求、指导思想、原则方法、量比程度、难易比重等。在3家社的共同努力下，这两套书是编得较好的，较好地体现了广西基础教育的实力和水平。这也体现了我社为基础教育服务的实力，可谓"一炮打响"。

之后，在王社长的倡导、关心和支持下，社里陆续又编写、出版了一些"双效"兼佳、在读者中有影响的读物，这当中要特别说到的是我社长销一二十年的"英汉对照"和"重点难点"两套书，而这两套书的编写、出版都与王社长有关。（这两套书的由来和编写、出版，在我和其他同志已发的文章中已有叙说，在此不再重述。）在此我想说的是，在社里邀请来自全国各地的新华书店和民营书店负责人参加的"重点难点"套书推介会上，王社长不仅亲自参加，而且在会上谈了套书的编写经过等，并让我和北京来的作者代表着重介绍了套书的编写目的、特色、功用和作者情况，从而促成了套书的"一'会'走红"。从此，也开启了我社在全国首先和民营书店良好合作的先例，也促成了后来在图书市场上影响极大的民营书店"教育图书联合发行体"的形成，这对我国出版业和图书市场的发展影响是巨大而深远的，也为我社的进一步发展打下了坚实的基础。

正当我社迈上正轨、开始发展之时，《人民日报》《光明日报》《新闻出版报》等多家中央媒体组成联合报道组来广西，来我社访问后作了报道，影响很大。不久，中央电视台又将我社出版的"重点难点"中的"高中语文"改为系列讲座，进一步扩大了我社的知名度，甚至有"学生要买品牌学习书，就找广西师大出版社"的说法广为流传。此时新闻出版署刘副署长来广西调研，首先来到我们社。在申办建社时，王社长在北京曾向他做过汇报，他们已认识。这次王社长又在社干会上向他做了详细汇报，会后，我荣幸地听了他们会下的交谈。刘副署长对王社长说，区局的领导对我说过，你为社里出谋划策，办了许多实事，迈出了可喜一步；也听多所大学社领导说，你是大学校长中"兼"社长"兼"得最实在的。接着他又告诫王社长说，你们坚持大学社的办社宗旨是好的，我们办出版社的目的就是要多出好书，出那些在书架上立得起、在社会上流传得久远的书；社里有了钱就要用在出好书上，富日子时一定要想到穷日子，经济上一定要管紧。之后在全社大会上，在肯定社里的成绩后他指出，你们讲自己是小社、新社，我认为你们"小"得出"新"，接着他又把告诫王社长的话又说了一遍。这次刘副署长的调研是有指导性的，当时王社长又组织社里多次研究落实，因而便有了《抗日战争史》丛书等一批拿大奖、在全国有影响的图书的出版，也有了社里更好地制定和规范各种规章制度，还有了当时支出1万元要经社里集体研究、参加研究的人要在决定记录本上签名的规定。

王社长虽然是兼社长，但他对社的管理是很严的、很细的。当时我负责选题工作，他对每年的选题计划都认真审查，并一再说，多出好书，也不能出有问题的书，选题是关键，一定要抓好；对重大选题，特别是那些政治性强的敏感选题一定要第一时间报给他。一次一位社领导交给我一位国民党领导人"秘录"的选题，并可包销×万册，可先付款，他有可出之意。我一看就认为是政治性强的敏感选题，于是马上报给了王社长，也同时打电话给在南宁的贺祥麟总编。王社长一看选题马上坚决说："这类选题不能出，是要砸牌子的。"并批评了那位社领导。贺总编接我电话时就明确指出，这类书不出为好，并让我把他的意见转告王社长。不久，外省一家人民社出了该书，被中央主管部门摘了牌，这是后话，也说明王社长和贺总编的决策正确。

我每次随王社长出差南宁，不管是办事或开会，他都要和我抽时间（特别是晚上）去看望区有关主管部门领导（包括退离休的老领导），而且不带任何礼物。王社长告诉我，这是对领导部门的尊重，建立真正的"同志关系"，今后好办事。有一件事我至今记得，是中央有关部门下文查处有关"以书代刊"乱象事。区局召开各领导会，此事是会议内容之一，当时不了解内情的人，说《东方丛刊》是以书号出的。王社长和贺总编对区局的会一向是重视的，总是尽量安排好时间参加的。这次他们和党副社长参加，并让我也去，因为从一开始《东方丛刊》就是由我负责的，要我在会上代表社里发言，讲明"丛刊"宗旨、目的、社会反响等，他们要我好好准备。在会上我着重汇报了"丛刊"宗旨、稿件来源、用稿标准、作者情况、学界评价、社会反应等，并着重说明"丛刊"是"繁荣东方研究"的学术图书，与"以赢利为目的的地摊刊物"有本质的不同。我的发言在会上得到大家的肯定。会议休息时区局两位领导立即找到我，告诉我他们知道《东方丛刊》是好的学术书，要我在会上发言，是让其他社也多出好的学术书。由于王社长一直尊重主管部门领导，经常去拜访、看望，得到他们的肯定，我多次听到一些退下来的老同志对王社长说："你们真是没有'人一走茶就凉'。"多年过去了，我至今认为王社长这种建立"同志关系"是非常必要的。

今天，我们都是退休老人，我不时到他家看望他。我们谈论往事，而出版社一直是我们交谈的一个主题。

郗老先生

沈伟东

2011年7月下旬,我社组织同事们到陕西旅游。到西安后,我给《新编现代应用文写作大全》的作者郗钧衡老先生打了个电话,告诉他我们社同事们到了西安。老先生正在老家——西安的郊县蓝田县农村办事,听说我们到了陕西,连忙赶车回西安来和我们见面。

这次见面,郗老先生已经70多岁,头发斑白,满脸黝黑,额头上刻了几道深深的皱纹。老先生穿着件带几个小洞的背心,套件洗得有点发灰的白衬衣,衬衣上的扣子扣错了一颗,显得有些凌乱,比我前一次见到他苍老了一些。在我们住的酒店大堂里,我先看到老先生东张西望在找我们,他提着袋蟠桃和葡萄——见面后说这蟠桃和葡萄都是蓝田老家产的。他告诉我们,刚在老家建了房,有个小院,小院里种上了桃树和葡萄。那里离王维的辋川有十来里路。老先生没说几句话,就忍不住想抽烟,公共场所又不能抽烟,他点燃后猛抽几口又赶紧熄灭。他说请我们去他家坐坐。他讲起来,他在西安碑林边东新巷这套房子还是用在我们出版社出版《新编现代应用文写作大全》的稿费买的。

看着他使劲抽烟的样子,我想起前一次见到郗老先生的情景。

那是 2002 年,我回陕西探亲,到了关中北部的王石凹煤矿。那时,煤矿萧条,显得破败脏乱。据说矿区职工收入也很低,很多工人几个月发不出工资。我看望了几位老师,煤矿中学似乎也不是很景气。有天晚上,我去看望老同学的父母,一路下坡,路上坑坑洼洼,有些地方就是黄土悬崖,下面是煤矿工人自己建的窑洞和平房。去的时候,天还麻麻亮,到了老同学家门口,天色已经暗下来了。这是一个自己建的小院子,房子就在上面路的下方,可以看到平房前面种着树。我敲了半天门,就是没有人开门。我以为家里没有人,就往回走,天黑了,路越来越不好走。一路上还踩到水坑。

突然想到我的初中语文老师郗钧衡先生。郗先生是一位对作文教学很有研究的老师,是特级教师,执教近 40 年,在铜川、西安等地很有影响,也出版过古代文学研究和中学语文教学研究的书。我想去看看郗老师,说不定还可以了解了解陕西中学生教辅图书的情况。我打听到郗老师退休以后在西安一些补习学校打零工,可能不在矿上。走到了王石凹生活区的北边,靠山坡有一栋楼房,是矿上的教师楼。整座楼黑麻麻的,郗老师住的二楼西边窗户也是黑的,看样子不在家啊,我踌躇着上不上——既然到楼下了,就上去看看吧。

摸黑到了二楼,我敲门,不应,再敲门,里面有摸摸索索的声音,门开了。郗老师老两口居然在家。

家里黑黑的,原来他们老两口是从西安回矿上办事,第二天就要回西安。由于家里不住人,电都被供电所掐掉了。有学生来看望,老师有些意外,把我让进去。师母找来半根蜡烛点起来,火焰在黑暗中簌簌抖动,映着郗老师的脸。郗老师苍老了许多,斑白的短发,精神很好。大致了解到他退休后到西安城里到处找学校教课的经历,觉得他很辛苦。他这样挣钱多半是为了几个子女,有两个女儿在矿上工作,一个女儿在周至。儿子读了卫生学校在西安,他就和儿子在一起帮扶他成家立业。他谈到去上夜课,被街上的小混混抢劫的惊险经历:深夜骑车回出租屋,在幽暗的小巷里被坏人用刀逼住要钱,不得已把身上的钱都拿了出来,那小混混还嫌少,骂他穷光蛋。听说我在出版社工作,老先生就兴致勃勃地谈起和书商斗智斗勇的事儿:一书商请他编写应用文方面的书,他费劲地编写了一年,编出了100多万字,书商却不愿意出版了。他和书商周旋了大半年,有时间就去找书商"要个说法",书商被他缠烦了,给了他几千块钱了事。

"几千块呢!"郗老师使劲吸一口烟,有点得意,又有点满足地笑。

当时,他和师母、儿子租在西安狭小的仅能容身的房子里讨生活,我看着他们俩的白发,感到生活的辛酸。他说起他骑着自行车满西安城跑着兼课,每天晚上十点多才能赶回出租屋睡觉,那时还是想回王石凹安度晚年的,为了孩子,他们都坚持下来了。

"把他地——"郗老师说着陕西话,说到应承了书商编书的活后,每天他干活干到深夜,托老朋友从图书馆借资料,摊到双人床上做资料卡片。根据借阅的图书资料和大量在废品站买来的书报,分类撰写,卡片做了一千多张,再托人录入电脑,按照体例编排,每天晚上要抽掉两三包烟。郗老师做事情很认真,一千多张卡片还按照音序排列出来,摆放在特制的木抽屉里。

"一年下来,烟钱都花去了三四千块钱。本以为能按照原先谈的一千字十五元,能赚一万多块钱的,没想到落了空。——唉,好在烟钱这书商还是给了。"郗老师和师母都很知足。师母插嘴说,只是怕太操劳,把身体搞坏了。

我随口问起书稿在哪里,郗老师说西安没有地方放,就在王石凹家里堆着呢。我仔细翻看了有一尺厚的书稿,觉得体例详备,材料比较丰富,只是个别选例有些陈旧。我想了一下,告诉郗老师,想把书稿拿回我们出版社请专家审读,看看有没有出版价值。

郗老师迟疑了一下,说:"反正放在这里也没有什么用了,你觉得有用就拿去吧。"

郗老师又谈起他教过的一些学生,沉浸在上世纪 80 年代初从西安调到王石凹煤矿中学工作的回忆中。

郗老师很有文化修养,善于把身边的小事情写下来,也善于对一些社会现象做一些善意的评论,当年在《西安晚报》《铜川矿工报》发表了不少作品,还是煤矿工会出版的《扶桑》报的骨干作者,谈到有篇写李铁拐的杂文在《铜川矿工报》上得了奖。他在王石凹中学也是德高望重的老教师。郗老师的语文课上得非常生动,比如讲到"的字结构"可以做主语,他就向学生讲一个场景:在铜川火车站等车,车站工作人员竖起个"王石凹"的牌子,喊"王石凹的在这边排队!"——"王石凹的"就是"的字结构",在这里做了主语。学生们一下子懂了。

我的这些回忆,让老先生很高兴,咧着嘴笑,红红的烟头一明一暗。

我把郗老师的书稿带回了我们出版社。后来,经过选题申报和外聘专家审读,认为经过修改、补充一些新的材料,还是有出版价值的。同时,我们社对同类图书出版情况进行了较为全面的调研,对市场上同类图书做了比较分析,也对图书市场做了调查,经过反复论证,告诉郗老师我们出版社可以出版这本书。经过几个月的修改、编辑、加工,书终于得以顺利出版。这本书 16 开,有 3 厘米厚,杨琳设计的封面大红色调,简洁大气。这本书出版后在同类图书中脱颖而出,一度进入上海书城等大卖场的销售排行榜,获得中国大学版协畅销书奖二等奖。

郗老师拿到作者样书的时候,很惊奇。他根本没有想到他的书稿能出版,而且是几个月内那么快出版。之前,我根据出版社的惯例和他谈稿费问题,让他在版税和字数稿酬两种稿费方式中选择一种,并告诉他版税制是他和出版社风险共担,利益共享;而字数稿酬是一次性付费,作者没有风险,但是图书销售得好,作者也无法分享更多的收益。

郗老师保守,选择了字数稿酬。

他即使拿到了样书还不敢相信有这样的稿酬。我得到财务部通知，作者稿酬已经转账过去，立即给老先生电话。他去银行看，账还没有转到，打电话来问。我又去财务部核实，确实转过去了。他再去银行看，还是没有转到。他不停地打电话。

我想，当时他肯定傻眼了。

其实，后来才明白，当时转账不是即时性的，一般第二天才能到账。

第二天，稿费转到郗老师的账上了。他后来说，他数着存折上的几个零，还觉得是做梦。我在电话里，听到他的笑声，想象他高兴的样子。

这本书卖得不错，我们出版社也得到了预期的良好效益。

2005年11月，我社到西安出差参加图书订货会。郗老师和师母听说后，提着一袋红彤彤的柿子，扶持着来到会展上，到我们社展台看望我社同事。听同事说，正是傍晚，西安堵车，他们一路辗转换车才赶到会场。同事们非常感动。六年后的2011年7月，我们出版社组织同人到陕西旅游，借此机会我再次见到郗老师。在西安东新巷他的楼房里，郗老师眉飞色舞地谈到他怎么用稿费为基础，又凑了点钱，把西安城都跑遍了看房子，后来终于在碑林旁边买了这套二手房——"有了房子，才在西安安顿下来"，他说，广西师范大学出版社"帮了他大忙"！

在郗老师不大的房间里，顶到房顶的书架靠着一面墙，书架里都是谜语方面的书，有好几百种。我站在书架前浏览，居然有民国时期上海出版的谜语方面的书。上世纪50年代到90年代的谜语书也不少。书柜里有大部头的与谜语有关的研究论著，也有连环画式的小册子。郗老师说，他在关于谜语的书刊方面积累了几十年，到哪个城市出差开会，他都要去旧书市场淘谜语书。我注意到这些谜语书里多夹着小纸片。我随手翻开一本书，小纸片上用工整的字写着这一页的谜语的词条。郗老师说，他这么多年来，积累了20000多条谜语，都做了卡片，按照偏旁部首做了索引，这些小纸片就是他随手做的卡片。我感到很惊奇，郗老师不会使用电脑，这样日积月累做卡片,他的脑子里储存了海量谜语,并对中国传统谜语有较深的研究。他说,他最希望能撰写《中国谜语研究》《中国谜语全书》这样的书,"谜语里有中国传统文化啊",他说,"可惜没有出版社愿意出版"。我也知道,这样学术研究类的图书销售还是比较困难的,没有敢接郗老师的话头。

郗老师谈起煤矿每年元宵节时矿部大楼下放灯谜,他带着学生去猜谜语——我也有印象。郗老师可以称得上是陕西民间谜语专家。他对各种谜语形式有很深入的研究,对各种格式的谜语讲起来如数家珍。他解谜往往能豁然而解,还能解得头头是道。郗老师还特别善于讲故事,在课堂内外讲有趣的文史故事,讲得绘声绘色。郗老师说着,饶有兴趣地给我读小学一年级的儿子出了两个字谜,引得儿子蹙眉思想,也引得我们哈哈大笑。

谈话间,看着满墙各种版本谜语书,我感叹郗老师收藏这些图书下的功夫。我看到一排书柜满满的,架子上用毛笔字写着"中国字谜类",就随意抽出一本看看,很有意思。我突然想到一个图书选题,郗老师做起来一定轻车熟路,而且会有较大的读者群。我想,如果能按照小学生必须掌握(会写)的2500个字编排,每个字出一个字谜,并配一幅趣味横生的漫画,肯定有意思。书的每面只排一个字,除了字谜,还可以拓展一些"成语谜语""汉字趣味小知识"。这对小学生来说,既是学习汉字的一个有趣的方法,也能训练思维,提高想象力。这套书可以叫作"小学生识字谜语大全",按照六个年级分十二册出版,同时也可以编辑出版《小学生识字谜语辞典》,要是设计得好,也许能成为我们社畅销或常销图书。而"书刊互动"方面,可以调研出版《谜语大王》这样的小学生期刊,也可以作为《作文大王》的增刊出版发行,通过谜语把中国传统文字、历史典故、文学等传统文化知识贯穿起来,同时可以和小学生现实生活紧密结合,做成有趣的智力开发型的小学生读物。

我的这个想法给郗老师一说,郗老师颇感兴趣,他说编写不成问题,他还有两位已经是高级教师的女儿可以做助手,帮他整理最新的小学教学课程的要求,研究透小学生各个年龄段读者的识字特点,根据课程改革要求把这套书做好。郗老师是特级教师,对教学研究有自己的心得,对编撰这样的小学生学习辅导图书轻车熟路。听了我的想法,他当即联系女儿借全套人民教育出版社的小学语文课本和新课标的相关资料。郗老师二女儿在电话里建议编写好一本后可以在她的教学班级试用,也谈到可以推荐给学校作为课外识字校本教材试用。郗老师说,得用一年时间编写、试用,试用合适就联系我们出版社出版。

他又问我们社有没有兴趣出版《中国谜语研究》,我一时也没有回答。他岔开了话题,谈起年轻时在甘肃等地教书时经历的一些有些传奇的事,也很想写出来。

郗老师对我们这套《小学生识字谜语大全》的构想在后来的电话交流中,越来越认同,编撰的积极性很高。听郗老师的女儿打电话告诉我,现在老先生每天一早起床后查资料,开始分"动物""植物""用具"等类型撰写卡片,完成初稿后再按照课程进度分册,第一册书稿的样稿会尽快交到我们出版社,让编辑提意见。

"要做就做好。"老先生在电话里说。

偶然的一次拜访让我得到一位好作者。这让我感受到出版工作确实是资源整合的工作,需要处处留心,广结善缘。

附记:本文写于2011年10月初。2012年7月5日,我收到郗老师大女儿短信,郗老师于7月5日突发脑溢血去世。老先生关于字谜的书稿没能完成,成为憾事。——谨以此文怀念我的老师、我的作者郗钧衡先生!

化藏为用平生重

哈佛燕京图书馆郑炯文馆长与"哈佛燕京图书馆文献丛刊"等项目的出版

汤文辉

郑炯文先生,图书馆学专家。生于广东恩平,香港中文大学新亚学院毕业后,赴美芝加哥大学师从时任芝加哥大学东亚图书馆馆长钱存训先生,主攻东亚研究和图书馆学,其后接任芝加哥大学东亚图书馆馆长 12 年。1986 年,任加州大学洛杉矶分校东亚图书馆馆长。1998 年,任哈佛燕京图书馆馆长至今。

哈佛燕京图书馆是海外最重要的中文文献馆藏中心之一,郑炯文先生担任哈佛燕京图书馆馆长后,主导了与广西师范大学出版社的长期合作:将馆藏珍稀文献影印出版,推出哈佛燕京图书馆文献丛刊及哈佛燕京图书馆书目丛刊。文献丛刊至今已经出版至第 15 种,近 400 册,如《美国哈佛大学哈佛燕京图书馆藏中文善本汇刊》(全 37 册)、《美国哈佛大学哈佛燕京图书馆藏宝卷汇刊》(全 7 册)、《美国哈佛大学哈佛燕京图书馆藏蒙文文献汇刊》(全 68 册)、《美国哈佛大学哈佛燕京图书馆藏民国文献丛刊》(全 83 册)、《美国哈佛大学哈佛燕京图书馆藏稿钞校本汇刊》(全 123 册)等。其中,《美国哈佛大学哈佛燕京图书馆藏中文善本汇刊》

获 2004 年第十四届中国图书奖,《美国哈佛大学哈佛燕京图书馆藏宝卷汇刊》荣获 2013 年度全国优秀古籍图书奖二等奖,《美国哈佛大学哈佛燕京图书馆藏蒙文文献汇刊》荣获 2015 年度全国优秀古籍图书一等奖;哈佛燕京图书馆书目丛刊目前已出版 5 种近 20 册,其中《美国哈佛大学哈佛燕京图书馆藏中文善本书志》荣获第三届中国出版政府奖图书奖、2011 年度全国优秀古籍图书奖二等奖、第十七届广西优秀图书奖特别奖,《美国哈佛大学哈佛燕京图书馆藏民国时期图书总目》荣获第十六届广西优秀图书奖一等奖;等等。有的项目本身具有相当规模,比如《美国哈佛大学图书馆藏未刊中国旧海关史料(1860—1949)》一书,整合了包括哈佛燕京图书馆在内,以及哈佛大学其他图书馆馆藏的中国旧海关文献,出版后有 283 册之多,为研究中国近代海关史、对外贸易史提供了基本资料,也为研究交通史、产业史、政治史等领域提供了珍贵的文献资料。而且,以上两类丛刊的成果还会在未来一段时期持续体现,大致估算,到郑先生担任哈佛燕京图书馆馆长满二十周年之际,哈佛燕京图书馆文献丛刊将出版 30 余种近千册图书。文献出版印数虽远低于大众出版和古籍普及读物,考虑到其可观的基数,其成果将以十万计。化身千百,以此实现;成书万卷,并非虚指。这无疑是项罕见和惊人的成就!

两套丛刊的出版体现了郑先生作为图书馆学专家的核心理念,即如何"化藏为用"。"藏"与"用",是自古以来文献收藏机构最重要的两件事情,但两者之间的关系和侧重,则因时代、理念等方面的原因有所不同。古代藏书机构"收藏"的意义更大,因复制、传播的条件所限,最重要的工作就是保存。不仅官方机构如此,私人藏书楼亦是如此。近世以来,随着传播技术的突飞猛进,社会不必像古代那样担心典籍的散佚湮灭,典籍的保存不再是问题的关键所在,而如何充分使用则成为藏家考虑的首要问题。郑先生自工作以来,主持过北美三个大的东亚图书馆,无不将如何让读者充分利用馆藏资源作为工作的重点。他倡导"学术天下之公器"的理念,多次表达:"书是哈佛的,但知识是全人类的。"对国内而言,哈佛研究图书馆不仅积极为哈佛燕京访问学者提供服务,每年还邀请来自国内的研究馆员做访问学者,充分开发利用馆藏文献。郑先生曾说过:"我们图书馆是一个服务机构,我们的观念就是,越多学者来利用我们的资源,我们越高兴、越欢迎。"更进一步,他还积极推动与大陆馆藏界的文化、学术交流,并呼吁相关机构用更开放的姿态服务社会。无须讳言,国内不少馆藏机构仍重"藏"轻"用",有的仍保持计划经济时代的"衙门"陋习,认为"管住""藏好"就可以了,甚至秘不示人,只让自己"用",限制社会"用";社会要用,还得找关系、"批条子"。当然,近十年来,风气有所改观,与包括郑先生在内的海内外学界的提倡鼓吹不无关系。

哈佛燕京图书馆在哈佛大学与燕京大学合作的基础上开展收藏服务工作,首任馆长是裘开明先生,现有馆藏明清人文集、大部头丛书、各地方志、各种经史著作,均是裘先生奠定的基础;第二任馆长吴文津先生重视中国近现代史资料的收藏,在裘先生建立的人文科学的基础上扩充到社会科学,馆藏增加了一倍。郑先生作为第三任馆长,在图书馆定位上明确为学术和研究性质的图书馆,于收藏上集中在与学术研究有关的文献和出版物上,进一步提高馆藏图书的数量和质量;同时顺应时代发展,重视电子出版物和数据库的采购。从哈佛燕京图书馆自身发展规律而言,郑先生尤重"化藏为用"也有其内在的发展逻辑。在哈佛燕京图书馆成立时的特殊历史时期,收藏有抢救的特殊意义,如无这种集中的抢救性收藏,恐怕不少文献已经毁于战火。而进入和平年代,馆藏的收藏也进入常态,所以,郑先生将思考的重心放在如何"用"好馆藏、服务社会,因此,几代人收藏的珍贵的中文文献如何通过影印出版的方式回馈祖国,实现海外中文文献的回归,服务于中华文化的伟大复兴,是郑先生念兹在兹的心愿。

从通过理解郑先生的理念、经历，以及背景，笔者认为，郑馆长主导的出版工作有着重要的意义，体现在"规模性""系统性""自觉性"三个方面。规模之宏大，上文已经说明，以一家馆藏做如此规模的出版，近世以来，尚属罕见。当然哈佛燕京图书馆具备有利的先天条件，即丰富的馆藏，但馆藏数量的多寡只是基础，更重要的是理念和实践。放到一段较长的时期来看，哈佛燕京图书馆的出版工作体现出了"系统性"，表现在以下几个方面：首先，从类型上，有"文献丛刊"的出版，也有"书目丛刊"的出版，以影印为主，也有排印的研究著作；其次，从进度安排上看，项目依难易、大小、进度快慢，依次推出，井然有序；再次，复制出版是哈佛燕京图书馆服务社会的不可或缺的、有机的组成部分。以上这些特质，又体现了哈佛燕京图书馆出版工作的第三个特点：自觉性。自觉地将出版工作作为服务社会的重点，并通过持续的努力做出令人瞩目的成绩，是哈佛燕京图书馆出版工作具有开创性意义的最重要特征。

广西师范大学出版社在与哈佛燕京图书馆的合作中受益匪浅，郑先生曾多次说："广西师大出版社是哈佛燕京图书馆的出版社。"关怀之情溢于言表。哈佛燕京图书馆与广西师大出版社的长期合作，也建基于郑炯文馆长与何林夏社长理念及情怀的高度契合上，一位图书馆学家与一位出版家的惺惺相惜，才能成就这一宏业。但郑先生为人极其谦虚，总是将成绩归功于哈佛燕京图书馆这一机构，以及沈津先生、马小鹤先生、杨丽瑄女士等同事；我常认为，他的谦虚低调的作风、光风霁月的品格，正是一家伟大图书馆甘当绿叶服务社会的典型体现。

今年广西师大出版社喜迎三十华诞，回顾哈佛燕京图书馆郑炯文馆长、沈津主任等师长二十年来的鼎力扶持，心怀感激，谨以七律一首表达敬意：

有感哈佛燕京图书馆化藏为用嘉惠士林并呈郑炯文先生

海外娜嬛遗秘珍，

重光再版拂微尘；

贤仁有此二三辈，

典籍因分千百身；

万卷谁成酬壮志？

廿年自任历艰辛；

化藏为用平生重，

启智传文仰北辰。

不忘老前辈的教诲和指点

忆三老

王 昶

在人生中,总有老前辈在给我们教诲、指点、引路。在建社 30 周年的今天,一些对我社成长、发展做过贡献的老前辈虽已老去,但我们不应忘记他们。

林老

林老,是人们对林焕平先生的敬称。他是新中国成立后生活、工作在桂林的唯一的"左联"作家、著名文艺理论家,曾担任广西师大中文系主任,是全国政协委员。从工作岗位退下来后,得知我校要成立出版社,他不顾年老体弱、视力极差,仍主动要求上北京,为出版社成立去找有关部门申请、汇报,为出版社获批立下了汗马功劳。出版社成立后,他被学校聘为名誉社长,一直关心着出版社的成长、发展。

出版社成立时,学校把我从"三尺讲台"上调来"为他人作嫁衣"。因工作关系,开始与林老接触多了起来,特别是社里准备组织编写、出版大型丛书《桂林文化城大全》后,我与林老联系就更多了。林老是著名学者,是老前辈,当年又战斗在桂林文化城,但他为人谦虚,不摆老资格。每次向他汇报有关丛书编写事宜时,他都鼓励我,让我大胆说出自己的意见。记得一次他和我交谈时,说学校中文系等多个系的教授认为丛书既要"全",不仅是文化,还应包括政治、经济、教育、军事等方方面面,还要有史料性,要史论结合,等等,这时他让我说说自己的想法。在他的鼓励下我说了自己的想法:丛书一定要突出学术性、研究性,大胆展示我们研究的新成果、新观点。他听后高兴地拍着我的肩膀说:"说得好,我也是这样想的。这就是我们这套书的最大特点,也是编写出版的目的,也是有别于其他有关抗战文化丛书的地方,是其价值所在。"他还让我转告每位作者,一定要写好每卷前的论述文字,要成一篇两三万字的论文。在大家共推他写的"大全"总序中,也体现了这一特点。他用主要篇幅论述了桂林文化城形成的原因:"一是抗日战争的大形势所决定的";"二是中国共产党的抗日民族统一战线政策成功的结果";"三是桂系与蒋介石有尖锐复杂的矛盾"。他用一句话就明确地指出了这套大型丛书的特点:"《桂林文化城大全》既具资料性,又具研究性,是在资料性和研究性相结合的原则下编成的。"并将桂林文化城的发展分为三个阶段,等等。这些既是林老首次研究提出的新观点、新成果,也是科学的。林老的总序和每卷的前言都是一篇篇研究性的学术论文,受到学界的肯定和好评。之后,我将"总序"作了一定的节选,寄给知名期刊《新华文摘》,该刊认为很好,很快在1993年2月号刊用,林老很高兴。当时我拜访他时,他谈到此事高兴地对我说:"你节选得很好,谢谢你。"这时他非常严肃地对我说:"这是你节选并寄去而刊用的,我要给你写个证明。"林老当时视力极差,几近失明,听后我马上说:"你视力不好,不必写了。"他立即说:"要写的,这是对节选者的尊重。我说你记下就是了。"于是他边讲,我记下了他的话:"刊登在1993年2月号《新华文摘》上林焕平教授撰写的《桂林文化城大全·总序》(节录)是我摘要寄去刊用的。特此说明。王昶,1993年8月15日。"

我记下后，他让我念给他听，然后他让我拿来他视力几近失明后用来写字的长方形的木板，在木板上挖空两三厘米的空框内，写下了"是实"两字，并签下名字和日期："林焕平，1993.8.15"，还拿出私章，让我扶着他的手，将章盖在他的名字旁。从那以后，我每看到这张"说明"，就看到林老这位"左联"老作家、著名老学者的为人态度和治学精神。

贺老

贺祥麟教授是早年赴美留学、新中国成立之初的"海归"专家，先后任学校中文系、外语系主任，在教学、研究、译著上造诣极高，著述颇丰，是国内知名的外国文学专家，也是被中国外国文学学会授予的终身成就奖的三位获奖者之一。他是民进中央常委、民进广西区主委，后被选为广西区政协副主席。出版社成立时，学校请他出任总编辑，因他年纪比我们大得多、德高望重，我们都敬称他"贺老"。当时我负责总编室工作，管理社里的选题，这就与总编辑贺老有了更多的联系。他任广西区政协副主席后长住南宁。他一次回桂与我交谈时说："选题本来是总编辑的事，现在你、我管了。你大胆工作，成绩是你的，做得不足时我负责。但对那些重大选题，特别是政治性强的'敏感'选题，一定要及时告诉。"他一说完我马上说："我记住了，随时向你汇报，谢谢你的信任。"我一说完，他随手从办公桌上拿来信笺纸，要将他的话写下来，作为"授权书"给我。熟悉贺老的人都知道，这就是他的为人风格和说话方式。我马上站起来拦住他，并说："你这样信任我，不要写了，我相信你。"听我这么一说，他拉住我的手说："我们互相信任，拜托了，大胆工作，我们多联系。"之后，我把贺老和我的谈话告诉党社长，他听后严肃地对我说："贺老就是这么认真的人，也总是扶植、鼓励后辈人的。"其实贺老这位总编辑并不是"甩手掌柜"，社里一些大事、一些原则问题他是抓住不放的。每年的选题计划初稿我编好后，都事先报送主管校领导、社长和贺老。贺老总是认真审定,给我打电话谈他的看法,社里每年开选题论证会,他一定安排时间,从南宁回来参加。对一些临时来的重大选题,我一向他汇报,他也会把关。如一次社里一位同志报来一个有关国民党一位领导人"秘录"的选题,认为可出版,我认为这是要专题报批的,属重大的政治敏感选题,立即向主管校领导和在邕的贺老汇报。贺老在电话里明确说:"这种书不出为好。"他的看法与主管校领导的意见是一致的。过了一段时间,区外一家出版社出了该书,受到中央有关部门查处,被摘了牌。

贺老在自治区政协任领导,当时还带研究生,任务是繁重的。但他很关心和支持社里的工作,我们请他做什么事,他从不推托,总是尽力去做好。如社里成立不久,从各地新华书店获得广大师生需要英语教学图书的信息,于是决定短时间策划、编写、出版一套初中英语学习图书。我当时负责这项工作,主管校领导要我向当时在桂的贺老汇报,并请他担任主编。我原来还担心贺老这样资深的大学教授、英美文学名家来主编初中生这种"小儿科"英语图书,他是否会同意。但我一向他汇报,他让我谈了我提出的策划方案后爽快地承担了下来,并连声说:"好事,好事。"他让我立即去找时任外语系负责人的刘上扶、陆裕泰两位教授(他们都是回国不久的首批赴美高访学者),向他们汇报策划方案,让他们在系里老师中找好作者。当我找到两位教授一说此事后,他们也很高兴,连声说:"给中学生写书,是我们师范院校老师的责任。""请贺老当主编,找对人了。"因时间紧,他们建议第二天下午就来出版社开会,全体作者参加。编写会如期举行,并一直开到下午下班之后。大家认为时间虽然紧,但一定要写出高质量的书稿。贺老从始至终参加编写会,不时插话与大家讨论,并反复强调给中学生写书,一定要用对教育、对后代高度负责的精神来写,要拿出高质量的书稿。还特别指出:书名既然是《初中英语课文英汉对照译注》,"译"一定要准确,既要符合英语语法,又要符合汉语语法规范;"注"要简明,适合学生需要。总之要编写出精品图书。书稿完成后,不仅刘、陆两位教授审定了全部书稿,贺老也在百忙中极尽主编之责,最后审定把关。经社里努力,套书在当年暑假前上市,广西区新华书店获得了创纪录的大额订数,并近20年长销不衰,成为业界公认的一个品牌。

还有一件事我至今不忘。那是上世纪90年代初,经时任外语系主任的陆裕泰教授沟通,与他前几年在美国做高访学者时认识的国际著名语言教育家、世界畅销书《英语900句》作者、美国人小埃德斯·T.柯灵思联系,与我社合作编写、出版《学前英语100句》等系列书。党社长和贺老让我负责这一工作。为做好前期工作,我给多所幼儿园的老师、家长和一些幼教教研员发了1000份调查问卷,请他们写出幼儿平时最爱说、最常说的10句话,一两周后我收到了900多份问卷,经统计、整理,列出了100句3至6岁幼儿爱说、常说的话,并附上了10句备选的话,还加上了多个常用问候句(系列拓展句)。贺老对此非常赞同和重视,他不仅认真审阅了我整理出的材料,并翻看了回收的问卷,还与我反复研究我提出的编写理念:"地道的中国内容,标准的英国英语。"当时我为用"地道"一词还是用"纯粹"一词请教他时,他考虑了好久,并说再翻看一下工具书,最后他还是认为用"地道"为宜。1993年11月中旬柯灵思来社里商谈编写、出版事宜。贺老让我先介绍我们所做的前期工作,由贺老和陆教授负责翻译。柯灵思听了介绍,非常高兴,认为我们做了很好的准备工作,特别对问卷调查大加赞赏,对我们提出的"地道的中国内容,标准的英国英语"的编写理念也极为赞同,并一再说,他与中国多家出版社有过合作,认为我们社的前期工作是做得最扎实的,从贺老和陆教授的翻译来看,我社的英语水平也是最好的。听了他的评价,我想是很公允的,贺老的水平自不用说,就是陆教授也没说的,他做高访学者时,美国大学也请他上课,还一再请他留下来长期执教呢。

因柯灵思邀请我们去他在美国波特兰市开办的文化企业——培士集

团公司访问，为《学前英语100句》系列书定稿，同时有与我校结为友好学校的新英格兰学院及4家出版社邀请我们去访问，党社长和贺老带队出访（这也是我社首次应邀出国访问）。我是该系列书编写主持人，因而随行。在新英格兰学院，我们访问了该院的出版社，该社只有"两个半人"，即一位社长，他是专门研究爱尔兰诗歌的教授，一位是他的助教，那"半个"是他带的研究生，半天学习，半天来社里"打工"。社里一年只出四五种书，全是爱尔兰诗歌，别看它社小、人少、出书又少，但很有名气，广大读者要买爱尔兰诗歌，就认该社出的书。访问结束，在回来的路上，贺老问我有何感受，我说："很有启发，有特色就能创名牌。"他非常认真地对我说："社不在大小，人不在多少，只要出好书，就能创品牌，办好出版社。"回国后，贺老在他发表在报刊上的出访记中，也专门评述这个"两个半人"的出版社。贺老的教诲，我至今记得，这对我们办好出版社是极有启示的。

钟老

建社初期，学校为了更好地给出版社"把关定向"，制订好选题，联系高层次作者，组好稿，特意由校领导和各系的一些知名专家、教授组建了咨询委员会。钟文典教授时任历史系主任，已著有《太平军在永安》《太平天国人物》等专著，主编、参与编写《太平天国史丛书》《广西通史》等著作多部，发表有关中国近代史、广西地方史等方面论文100余篇，是国内知名的太平天国史专家、地方史学者，学校请他担任咨询委员会副主任。与承担过的所有工作一样，"钟副主任"尽职尽责，为出版社的建设、发展做出了贡献。社里同志和学校老师一样敬称他"钟老"。

钟老特别关心出版社的选题开发和制订。记得在一次咨询委员会的选题审定会上，他特别提出要发挥我校教师和学科优势开掘优质选题，也要发掘广西的地域和民族特色优势去开发新选题。他不仅根据自己的学术特长和广西圩镇在经济社会发展中的作用,提出了"广西圩镇研究"方面的选题,还在申报国家"八五"社科研究项目规划时,鼓励历史系当年还是中年教师、国内知名宗法研究学者钱宗范教授结合广西各民族宗法展开研究,申报相关项目。钱教授和他的科研团队经过反复研讨,向当时的国家教委申报了"广西汉族与少数民族宗法制度研究和当代社会"项目,后被国家教委组织全国专家审定列为广西唯一的重点项目。不久得知我正与中文系张葆全教授研究开发有关我国古代诗话词话的选题时,他专门找到我说:"张老师是国内诗话词话的知名学者,你要多向他学习、请教,开发好这方面的选题。"后来我社出版了钟老主编的《广西圩镇研究》、钱宗范和他的研究团队撰写的《广西各民族宗法制度研究》、张葆全教授主编的《中国古代诗话词话辞典》,这些学术专著的出版都受到了国内学术界的一致好评,许多知名报刊也刊发了书评,后《广西圩镇研究》获自治区社科成果一等奖,由于受名额等因素影响,另两部专著获得自治区社科成果二等奖。

有一次审稿会我至今记得。那是当年为配合中央多部门在中小学生中开展读书活动,进行爱国主义教育,社里请钟老主编一套小丛书,用讲述历史故事的形式对读者进行教育。在一次定稿会上,对其中一本书的书名《砥柱中流》产生了不同意见,因"中流砥柱"是成语,成语是汉语中一种特有的固定语言形式,倒装使用是否妥当? 该丛书是由社里另一位领导负责组织的,因为是定稿会这位领导让社里派我一起参加。面对不同意见,钟老没有下定论,而是望着坐在他身边的我说:"王老师是学中文的,学有专长,听听他的看法。"我谈了我的看法,并列举了一些例证,说明这书名是可用的。钟老听着我的发言,小声对我说:"我是同意你的看法的。"但是他接着我的话说:"请王老师会后再查查工具书和相关书籍,大家也查查,要绝对准确,要对学生负责,对教育负责。"这就是钟老一贯严谨治学精神的体现。

钟老是国内客家经济文化研究的知名学者。他本身是客家人，从小生活在客家地区，是从年轻时就是关注"客家"的有心人。他从毕业后留校任教的北大调回我校工作后，就利用一切机会，查阅了大量的典籍史料，并到广西50多个县（市）实地调查，掌握了大量的广西客家资料，长期潜心进行研究，发表了不少论文。近10多年来，又任总主编，由我社出版了大型《客家文化研究丛书》，在国内外，特别是世界各地客家中产生了巨大影响。他历经14年撰写出版了第一部广西客家研究的专著《广西客家》更是受到好评。多年前，我曾先后在报刊上发表了钱宗范教授有关宗法文化研究的长篇专访和中文系彭会资教授有关彭祖文化研究的长篇专访。客家文化和彭祖文化研究是当下汉民族文化研究的两大热门话题，但就地域和人数、经济和文化影响而言，客家影响更大。我早就与钟老相约，要和他坐下来好好谈谈，也要写一篇有关客家研究的长篇专访，但一直由于他的忙而未能做成。就在他去世前的那年重阳节，学校组织登山活动时，我与他相见还谈到此事。但不幸的是，这次重阳一见后不久他就因病去世了，成了一生憾事。之后我只能在报上发表书评《广西客家研究的最新成果——读〈广西客家〉》和短文《钟文典教授二三事》来深深怀念他。

三老离开我们已经多年了，但他们的为人和治学，他们的指点和教诲，永远留在我们心里。在建社30周年之时，我们更是怀念他们，我们要用不断办好出版社的业绩来告慰他们。

出版也谈长乐

聂震宁先生给我的一课

朱京玮

想着单位留的假期作业，翻开书架，拿下一本泛黄的书，呵……《聂震宁小说选：长乐》，广西师范大学出版社出版，巧了。翻开扉页，流畅有力地写着：京玮存正，聂震宁，二〇〇七年四月二十一日。

那时我来广西出版杂志社在《出版广角》做编辑还不满一年时间。某天，接到邓锟社长电话，说是领导们要去拜访聂震宁总裁，也带我去。心中一喜。积累了一段时间，或许是领导满意我的业务长进，是要让我接触下大人物了。

之前，《出版广角》隶属广西新闻出版局，加之服务于出版大局，工作关系，迫使我对当时出版业的那些名人大家做了不少功课。聂震宁是出版大家，也和广西颇有渊源，因此，对聂先生我是早有耳闻的。巧不巧的，他的小说《长乐》我也认真读过。到了见面的日子，我也带了《长乐》一书。

在去见聂先生的路上，我向邓锟社长讨教着聂先生的经历和成就，边听着邓社长的讲谈，脑海里边勾勒着先生的高矮胖瘦、音容笑貌，一时也没个头绪，只是《长乐》的题记在脑袋里悬而不落——快乐的故事：快乐人人都有，喜恶各有不同。

如何见面，哪个场面见面我都不记得了。只记得当时先生的平易近人，笑容可掬。刚刚接触出版还很青涩却有点虎劲儿的我，不知高低地向他讨教文学。我说我看过《长乐》，也对其中的一两篇说了自己的读感。显然，他对我这毛头丫头的鲁莽并不厌恶，反而很高兴，说《长乐》是他第一部小说集，说他喜欢写作、喜欢文学。当我从兜里真真掏出一本《长乐》来请他签名的时候，他笑中带着惊讶。

拿到签名，第一感觉是这本书更有收藏价值了，此次没白来，开心极了。又一想：做出版人，是文化人的事情，但当时出版改革已经破晓，到底是怎样的出版人气场，锻造了这样一位文化人，这样一位出版家，亦或企业家？还如此快乐，豁然。以后找个机会，我一定要问问他。

那天，拜别先生后，邓社叮嘱我，在北京，要常向聂总讨教。确实，研究出版，得有领路人。大概学有两法，一是当面请教，二是读其书悟其意。后来的日子，借着各种机会，我时不时地叨扰一下先生，先生也都一一作答，不厌烦。另外，先生的书我是齐全的。若迷惑、若困顿的时候，就拿出来读读，畅快下思绪。

哦，对了，还记得初见先生疑惑的那个问题，后来我问了，先生解答了。意思大概是，要耐得住。简单的答案，让我思量了很久，现在有时还会从记忆中捣鼓出来，自我创新一下其含义。我现在领悟这种"耐得住"大概有几个部分：一是能力的厚积薄发，二是自我的创新突破，三是运筹的审时度势，最最重要的是人格品性的纯粹坚守。当然，"耐得住"中得夹杂着五味，还必须绞合着快乐的心境——长乐。

杂七杂八，还想谈谈长乐。在《长乐》的后记中，第390页，先生毫不掩饰地表达了对《长乐》的喜欢，他说："我不讳言我喜欢自己的《长乐》。主要原因并不在于这篇作品我赢得过荣誉和读者。我过于长久地享受这篇不足六千字的作品所带来的快乐……"想想，做出版又何尝不是？

快乐，让人满足，使人坚持。

找准了信念，万事皆是如此。

我们的领路人

记原副社长沈明

王增元

1999年3月，出版社在师大附中教室组织了一场招聘考试。考生陆续走进学校，参加人数比较多，有些匆忙也有点紧张，考场如当年高考，一人一桌，坐得满满的，让人感觉出版社做事挺正规的。不久，监考老师到来，个头不高，衣着朴素，面带微笑。他眼神炯炯，有些严厉，四周瞄了瞄，目光扫过每位考生，霎时让教室安静下来。初次相见，直到考试结束，老师没有自我介绍，不知道姓啥名谁。

很快接到去出版社印刷厂（临桂县一中旁）上班的通知，我被任命为质量管理员。当时，社厂拥有北人01、05、08，双面BB机及破旧的正度轮转各1台，折页机、锁线机、订书机、裁切机等装订设备，还有1台椭圆式、很旧、铣背噪声很大的胶包机，设备不多、自动化程度也不高，据说已是社厂设备最好的时期。社里下来的印刷活越来越多，各种生产进度、质量问题不断，经常请求出版社的领导指导和帮助，经厂领导介绍，我慢慢熟悉出版科的同志们。一批教材印刷后发现，书帖印刷套印误差偏大、印刷墨杠明显，若尺度把握松点，继续装订会影响产品质量；若严格按质量标准选页，报废数量很大损失惨重。当时全区印刷质量水平不是很高，此问题可小可大,举棋不定的时候,经出版科引荐,首次拜访了分管社领导——沈明副社长(同事们亲切地称呼"沈社")。一看正是不久前的"监考老师",他看看书帖正面又看看反面,仔细观察书帖里的每一幅图片和细小文字,打了几个电话进行沟通,最后处理意见是:保证质量,选后再装。这样处理,让我们明白出版社对质量是如此看重,同时亲身感悟到沈社抓好质量的信心、勇气和胆略。

社厂陆续购进全新的日本小森四色机、双色高速轮转机、瑞士马天尼胶订线,承印产品的品种数量更多,产品质量迅速提高;同时,南宁社厂回迁合并到了临桂,产能得以迅速提升。一次次购进、搬迁设备,安装、调试、投产过程中一件件关键工作,无论白天还是晚上,不管工作日还是节假日,无论有厂领导陪伴,还是独自一人,似乎都能见到沈社那熟悉的身影。2001 年下半年,按学校整体规划,为使社厂规模进一步提升,出版社决定整合师大印刷厂(厂址在育才校区)到临桂,实现南宁、育才、临桂"三厂合一"。时任厂长的蓝芝伦带领我们副职、业务骨干及员工,及时部署,打通运输通道(二楼楼道窄设备下不来需要破墙开窗口),精心拆卸、包装设备,协调车辆和装卸,各项准备工作就绪。吊装当天安排早,傍晚时分还在继续,附近的小土坡上又出现了沈社的身影,有时点上一支烟,直到最后一车开动,沈社走过来说了声:大家辛苦了! 一句话顿时温暖在场的每位。当时天色近黑,他才发动那部社里配的银灰色的旧车慢慢远去。像沈社这样时常深入工厂,了解、询问并给予细致、耐心指导,尽其所能帮助克服困难、改进提高,不仅社厂深受鼓舞,其他承印厂也都备感关怀。沈社的这种极强的责任心和敬业精神,我们时刻铭记在心。

有人说出版社的业务两头在外,编辑需要作者,发行需要读者,而印制业务实际大多也是在外,因为我们的校厂、社厂从无到有、从有到不断壮大,到现在规模适度企业的 30 年发展历程,过程中的艰辛,沈社记忆犹新,即便如此,仍不能满足出版社不断发展变化的业务需求。他从做好工作的实际出发，用真诚与印刷界的合作单位交朋友，视朋友如手足兄弟，接洽过几百家全国印刷企业领导、业务员、质量技术管理员甚至一线的技术操作人员。若是别人可能模糊或忘记了，他记忆力极好，到现在仍可以一一铭记，深刻铭记所有的兄弟姐妹们都为出版社这座大厦的建设发展奉献了力量。有的兄弟已不在人世，有的可能转行做别的，有的仍在与我们继续合作。深圳一位70余岁的老任，从做《西域考古图记》开始，到他自己转换几家厂，现已退休还在做业务，20多年啦！虽然业务不常做但仍与我们保持着兄弟般的伙伴关系，每次见面，老任都不禁回忆起与沈社在一起的点点滴滴，都会亲切地问问"沈社长怎么样了"。工作需要我们外出，所到之处，朋友们一如既往挂念沈社，也会如此关照我们。沈社用真心交朋友，赢得广泛尊重，用真诚对待兄弟，凝集出版社发展的强大支撑力量，值得我们学习、继承和发扬。

据说，沈社最初是在师大二附食堂工作，出版社刚成立不久就来到社里，分别做过财务、办公室等管理工作，后来才来到出版科。俗话说：隔行如隔山，30年前的今天，没有任何专业技术的沈社，如何从事他不熟悉的出版领域特别是印刷行业的管理呢？他留心工作生活的点滴，虚心向同事、同行学习，深入了解、思考并不断总结提高，引用他自己的通俗而经典的话语就是"多想"。社成立初期，印刷处于铅与火的时代，排字、校对时间很长，印刷业相比现在落后许多，出书周期可谓漫长，退休的编辑们大都体会较深。之后多年，沈社与欧毓源、吴为俊等社印刷厂的前辈们一道用心建立、发展、壮大我们的排版、印刷基地，既解决了短期困难，还为社厂后续发展做了更好铺垫。那时，正是印刷技术快速发展时期，他时刻关注行业动态，注重学习、研究和应用，为社厂引进激光照排、纳米制版、高速彩印、数码印刷、精装等先进技术设备推波助澜。在出版社管理上，沈社如兄似父，倾注他无数心血和多年人品"积蓄"，组建成一支适合出版社发展需求的印刷管理队伍，队伍专业、精干、稳定，令同行羡慕；他潜心生产一线，了解熟悉各种情况，规范工作流程，率先建立起了适合企业自身发展需求的印制管理体系和出版社智能办公系统，制订的标准、办法细致可行，建立的办公操作系统易学实用，为后人受用、行业借鉴。

接触过沈社的人可能都有体会：他思想过硬、作风正派，坚持原则、秉公办事，少言慎行，是出版社正直者表率，对待行业、协会的工作也是出了名的认真。在实际工作中，会遇到各种各样的问题，他首先展开调查，尽可能收集最新、更准确的信息，然后反复思考、协商沟通，找出最优的解决方案才予以实施，并不断加以优化有效地解决问题。此外，他还讲求效率和效果，力求花较小的力气、较短的时间，高质量地完成事情。社里每年出版众多类型的图书，教材教辅是立社之基，教材选用征订是相当困难的，"课前到书"是教材教辅出版的重要政治任务。他十分重视，每到印刷旺季都会亲自带领同志们巡访所有承印厂，跟踪生产进度和检查产品质量。2008年一次巡访过程发现：《品德与社会》教材，P91码"1938年"错为"1939年"，河北省用的书还在承印厂，河南、山东的书已经发到当地省（市）新华书店。开学在即，此类严重的"知识性"错误，改是必须的，否则社会影响极大。沈社马上组织相关人员开会，随即商定既好又快的修改方案和实施办法。紧急准备后，他亲自带领我们赶往教材使用地，动用一切可能的力量，把书集中收回到几个点，找到帮助返工的厂家，逐个指导作业，逐一落实参与人数、返工费用、交货时间，一本不落进行了修改，按照与各地（市）协商的时间努力完成。现在回想当年，完成此事是多么不易，完全得益于沈社思路清晰、组织有力和沟通协调到位。

沈社勤奋工作和带领我们励精图治、团结奋斗三十载，有记录的近二十年来，完成7万种14亿册800万令纸的生产任务，实现造货码洋122亿元，这么大的量是社之初期难以想象的；他从严要求，逐步消灭了不合格产品，产品质量不断提升，2500余种图书荣获区优和署优产品，连续8年荣获出版社印制铜奖银奖，他指导过的《广西师范大学美术学院教师作品集》荣获第四届中华印制大奖铜奖，他提出过制作方案的《桂林老板路》荣获中国最高奖中国出版政府奖印刷复制提名奖。这些成就，离不开全社同人的团结协作和所有合作伙伴的支持帮助，同时与沈社长期用心、精心付出密不可分。取得成绩的沈社仍然低调、勤勉、节俭，是我们身边的好榜样。原书记王建周曾这样说过，"沈明副社长勤奋学习，业务精益求精，堪称广西出版印刷的专家"。

　　篇幅有限、水平不足，几件事、千余文字，难于表述沈社为人处世更多的闪光品质和先进事迹，但是，在与他共事的出版印制管理历程中，他过硬的思想作风，积极、认真、严谨、执着、负责的态度，用心经营、追求极致的管理理念，是领航前行时无形的正能量，深深影响、激励着我们，值得我们终生学习、长期坚守。

女儿春晓

李苑青

2007年秋天，一个温暖的午后，富川第二中学50个女孩子来到了桂林，她们是广西师大出版社的叔叔阿姨们资助的第五届少数民族女童班的孩子。

女孩们在广西师大王城校区国学堂前的草坪排着队，出版社的员工们围在一旁，女孩们露出怯怯的、新奇的眼神看着出版社的叔叔阿姨、大哥哥大姐姐们，而出版社的员工们则是怀着喜悦的心情不断打探着，在找着自己结的对子。

一个又黑又瘦的小姑娘被领到我的面前，大概1.3米的个子，因为脸小，本来眼睛就比较大，看起来眼睛更大了。小姑娘怯生生地说了句：阿姨，我叫李春晓。春晓告诉我，家里还有一个哥哥、姐姐，都在读高中，爸爸妈妈都在家务农，因为家庭经济困难，家里正发愁怎么解决生活费和学费呢。听说师大出版社在富川瑶族自治县第二中学创办了女童班，她以全镇第三名的"小升初"成绩争取到了进入女童班学习的名额。

这是春晓第一次到桂林，我把她带回到家里，让她认一认桂林的家。家人们的热情，让春晓放松了下来，没有了拘束感，她的开朗、阳光的个性就表现出来了。她说，爸爸妈妈很辛苦，在地里从早忙到晚，不上课的时候，她会帮着家里放牛，每天负责去村里的水井那里挑水回家。爸爸妈妈跟他们兄妹几个说过，之所以不外出打工，是因为他们担心如果出去打工，他们三兄妹就没人管了，容易学坏。最后，她懂事地说道，她不想爸爸妈妈那么累。

从1995年至今，出版社员工先后在广西龙胜、融水、忻城、富川、蒙山、资源等贫困地区创办"少数民族女童班"，帮助几百名因家境贫困而面临辍学的少数民族女孩圆了读书梦，中国教育电视台一频道总监助理兼电视台大型活动中心主任白娟，在1996年她还是一名年轻记者的时候听说了出版社在龙胜资助42名女童的事情，就赶到龙胜也成为女童班的一名资助志愿者。十几年过去，她听说广西师大出版社还在坚持这项爱心事业，于2008年12月第二次为此制作专题节目，并在台里的春节晚会特别节目上重点介绍。对于广西师大出版社捐资助学的事迹，《光明日报》《中国新闻出版报》《中国青年报》《中国图书商报》《广西日报》《桂林晚报》等多家媒体均作过报道。

这一次，我们陪同着白娟一行到了富川二中，我再次见到了春晓。春晓长高了一些，看见我来了，高兴地笑着跟同学们说"这是我干妈"。这一声"干妈"叫得我爱心泛滥，我紧紧地搂着春晓，随后帮她拍了很多的照片。这一次，有机会跟春晓谈了很多，对于学习和生活上遇到的困难、同学之间交往的烦恼等等，应该如何去处理。此次同行的还有白娟于1995年资助的第一届女童班的李厚羽，她大学毕业后来到了出版社工作。春晓和她的同学们听到了李厚羽成长的故事，春晓悄悄跟我说，她也要向李厚羽姐姐学习，做一个对社会有用且有爱心的人。

初中三年，六个学期，每个学期出版社都会派代表去学校看望女童班的孩子们，给她们带去一些学习资料、生活用品和零花钱。每个学期期末，春晓都会给我写信，告诉我她这个学期所取得的成绩，同时也会把哪一科进步了哪一科退步了以及不懂的问题列出来。她说到学习进步了，我就表扬她；说到数理化成绩不好，我就去买一些教辅图书寄给她；说到同学之间的矛盾，我就开导她……三年的时光很快过去，春晓顺利地考上了富川高级中学。

女童班的孩子顺利完成九年义务教育初中阶段的学习后，出版社又开始转入资助下一届的女童班。但是，跟很多员工一样，只要这些孩子能够读下去，我们都会继续关注着她们的成长。春晓进入高中后，我们一直都保持着书信往来。记得刚上高中时，因为课程的增多与学习节奏的加快，春晓有些不适应，数学学得特别吃力。有一次在电话中，她很沮丧地告诉我，数学月考只得了8分，我让她把试卷寄给我，帮着春晓分析原因。了解到她实际上是没有掌握好数学的学习方法，我于是给春晓寄了一些介绍数学学习方法的学习资料。期末考试后，春晓在信中告诉我，她的数学考了98分。高三的时候，有一次周末，我打电话给春晓，想提醒她要注意劳逸结合，恰逢她在吃午餐，我随口问了她吃什么好菜，她回答说吃青菜，"没吃肉吗？"只听她答道："我不喜欢吃肉。"当时，我的泪水都出来了，她只有不到70斤的体重，正是需要补充营养的年纪呀，面对繁重的学习任务，她却因家里钱少而舍不得吃肉。但是，当她听说有一个同学父母相继去世，学校组织捐款，她毫不犹豫地捐了100元。后来她告诉我，虽然自己也困难，但是看到别人比她更困难，还是想尽自己一份微薄之力去帮助别人，在帮助别人的同时，自己也能感受到快乐的。每一次给她寄钱，她都说她申了国家贫困生助学金，每年有500元，政府已经把助学金打到她的卡上了的。只有一次，她说学期结束前要补上还欠缴的200元学费，如果我坚持要给，就给她200元吧，多了她就退回来。

2013年9月，春晓考上了右江民族医学院，她很高兴地告诉我，她申请到了大学生圆梦基金1000元。2014年9月学校开学之际，春晓绕道桂林，在家住了一个晚上，晚饭后，我带她去买一些衣服和生活用品，无意中听到她说，她从来没用过护肤品。十八九岁，正是爱美的年纪，但是，她却没有去羡慕这些，相反，她认为爸爸妈妈太辛苦了，有些钱省下来就是帮爸爸妈妈了。记忆中，每一次给春晓钱，她都推辞，一直说她有钱，在这点上她显得有些固执，以至于如果你一定要她接受的话，仿佛伤害了她一般。这天，我们谈了很多，春晓谈到了她的未来，谈到了她的爸爸妈妈感情很好，谈到了她的和睦的家庭，谈到他们家与邻居有好吃的都会一起分享，等等。我看到了春晓的懂事、正直、善良、孝顺、开朗、乐观和积极向上。大学四年，春晓仍一如既往地向我汇报她的学习和工作，大三时参加学校的操作技能大赛获得团体一等奖、个人二等奖的好成绩，她第一时间电话报喜，"我就对操作感兴趣"。全年级 232 名同学，春晓的综合排名在第 21 名。

2016 年 2 月，春晓来到了桂林市人民医院实习，我们见面的机会就多了起来。她常到我家里来，我们也相约去广西师大王城校区，回忆我们结缘的点点滴滴。她笑言自己正能量满满：第一，再穷也不能偷别人的东西，这是原则；第二，尊老爱幼，对人友善；第三，别人帮助了你，要懂得感恩，同时也要尽自己力量去帮助别人；第四，永远不要歧视别人，平等看待。看着春晓说这些话时露出的坚毅的目光，我开心极了：我们的春晓真的长大了。

2016 年 10 月国庆节，在春晓父母的盛情邀请下，我们一家到了富川瑶族自治县杨家栎村春晓家中。目前，春晓家还是国家精准扶贫户，哥哥在贺州的一个单位做电工，姐姐是一所私立幼儿园老师，他们刚参加工作不久。家里租了村里人的几亩地种植柑橘，春晓爸爸妈妈带着我们去看结满柑橘的果树，自豪地说，去年开始引进了红橘，是新品种，待果树成熟了，可以卖一个好价钱。尽管家里穷，但是，父母勤俭持家，辛勤劳动，支持着春晓兄妹三人完成学业，让孩子们都学到了一门技术。她爸爸憨厚地笑着说，等春晓毕业了，家里条件就会慢慢好起来的。

春晓说,初中阶段得到了广西师大出版社的帮助;高中和大学,国家也给了她贫困助学金;考上大学,还有圆梦基金;现在政府对精准扶贫户也会给予补助。他们一家能够得到国家、社会、出版社等的帮助,很幸运,也感觉很幸福。因为爱,让她有了梦;因为爱,让她感动;因为感动,她会感恩。这份爱,她一定会传递下去的。

领路人：李英贤老师

龚信诚

李英贤先生，是我社两套部审教材的发起者、实施者和培育者之一。从一个层面来说，没有李英贤老师，也就没有那两套教材。也是因为社里要发展这两套体育教材，我才有机会进入出版领域，才有我现在的发展。因此，我要感谢李英贤先生和全体理科室的同人，是他们给了我工作的机会，给了我成长的空间。

从低谷走出来，凭着坚持与韧性

李英贤老师的一生可不简单。20 世纪 50 年代，国家正在建设，很穷。李老英贤的家乡也是如此。中学时代他的老师就告诉他，考上大学就是穿皮鞋与穿草鞋的区别。这句话深深印入他的头脑中。于是，他成为北京体育大学第一批本科生。体育正在全国各省蓬勃发展，正需要大量的体育人才，他觉得自己赶上了好时光正憧憬着美好未来，但运动不断，不幸在李英贤老师身上发生了。他被打成右派，毕业后被下放到广西百色一个县的乡村学校教书。人生从此坠入低谷。不是每个人都能经受得起这样的打击。李先生没有放弃，他认真培育运动员，没有器材就自己造，没有场地就去借，没有人来训练就一家一家地去做工作。在他的努力下，乡村来的运动员硬是打败了县里业余体校的，一时轰动了县城。此后几年他带的学生都获得了冠军。人生的机遇有时是给的，有时就是自己创造的。正因为他取得了这样的成绩，所以被调入县体工队。这是他坚持不懈的精神所结的果，更是他的职业精神和才华的体现。

和蔼可亲、平易近人的老人

在我进入出版社时，李英贤老师是我的指导老师。和蔼可亲、平易近人是我对他的初次印象。我与他不论谈专业问题，还是谈人生机遇，他都是认真地听我说，并不刻意地打断。而且也愿意把自己宝贵的经验传授与我，这是很难得的。现在想想，应该说这是我社老一辈出版人最为优秀的品质。不吝赐教与严肃认真使得我们这些新人有了良好的成长环境。而放手去做的鼓励，才给了我们成长的空间。

2001年，我才进入出版社，正遇到出版社15周年大庆。活动很多，有晚会，也有歌唱比赛，还有趣味运动会，更有出版社的田径运动会。作为一名体育院校毕业的学生，组织这个田径运动会责无旁贷。但我的专业是篮球，虽然也学习了田径理论知识，但对于几百人的田径运动会的组织，从来没有做过，没有一点点经验，心里很虚。这时，我想起了李老师，他可是国家级田径裁判，是我区田径运动会的总裁判长（其实这是我后面才知道的）。那时，我与李老师还不是很熟，仅一面之交，但他很乐意帮助我，看我的方案，并仔细地帮我完善。他不急于推翻我的方案，而是按着我的想法，从田径赛事组织的角度来指导我，哪些地方行，哪些不行，还有哪些欠缺。并且一而再地强调我做的方案很不错，应该大胆去尝试。被人这样鼓励是幸福的。最后，出版社首届田径运动会如期召开，各个项目按方案顺利完成，成绩也很好地统计出来。虽然这其中也有不少的瑕疵，但总体上是顺畅的、完整的。这给了我很多的自信。自信很重要，尤其是我从体育专业转向编辑，与文字打交道。说实在的那个时候很不自信，做事总怕错，甚至写字都怕。那个时候拿着最多的是字典，但就是这样也还常常写错。因此，那时候的我很没有自信。李老师的鼓励正如春雨般珍贵。而这样的态度和方法也影响了我，改变了我的处事态度和方法。

开朗与豁达

我与李老师共事六年，就没有见过他与哪位作者吵过，更没有见他与哪位编辑闹过。教材的出版，尤其是体育教材的出版，是一个很复杂的过程。当时体育教材已经出了两套，有 30 多个品种。而这些教材的作者更是来自全国各地的高校。人多，需求也不一样，管理难度很大。有一次，一位南京的作者因为我们一本教材里用的图有问题要与我们打官司，打电话给李老师，还找了律师来，最后又亲自来。李老师却并不着急，他先是请这个作者单位的领导给他做工作，然后又积极地与他协商。再后来，作者来到出版社，李老师带着我去接待。不论作者如何的言词激烈，李老师自始至终都微笑以对，做到有理有据。最后在他的努力下顺利地解决了此事。

从出版社编辑岗位退下来后，李老师也没有闲着。他还带着桂林市业余体校的投掷队，并且创造了包揽全区青少年投掷项目冠军的奇迹。就在他临近八十岁时，一场意外使他的头受伤，他依然没有放弃他所热爱的事业。

一份包容心，一份永恒的爱

年轻时候的我也很冲动。有一次李老师带我到区内各高校拜访学校的老师。走到柳州的时候，他带我去了一所学校。中午安排吃饭。那个时候很流行喝酒，总觉得不把客人喝倒了，就是对客人不尊重。而我很不善酒。不得已，李老师也帮我喝。酒宴中一位老师总找茬，要我喝酒，几次三番就把我惹急了。当时拿起一瓶白酒就要与他对吹。李老师立刻拦下了我，并也劝服了对方，化解了一场不必要的矛盾。事后，我知道自己太冲动了，默默地等候李老师的批评，然而他并没有批评我，而是帮我分析过程，指明做事做人的道理。此后，我改变了我的态度，变得更积极更主动。虽然酒量一直没上去，但再也没有因此而耽误工作。

在困境中坚守，树立出版丰碑

我社体育教材是李老师和陈仲芳老师、唐丹宁老师等出版前辈们一手打造出来的。李老师是退休后进入出版社的。他回忆起教材初创的时候说："当时本科有专门的体育教材，而专科没有，我就同教指委的王步标、邓树勋商量，一起写一套专科主干课程教材。"他回忆到，20世纪80年代，网络不发达，只有固定电话，通信很不方便，组织大家一起来开会，就通过写信的方式进行。而且，那时出版社也没有很多经费，拿不出钱来印教材，于是就让各编写人员先垫付。而他又一个电话一封信地向全国推广。体育教材就在这样的困难局面下出版了。之后又发展了本科教材、研究生教材。做到与人民体育出版社、北京体育大学出版社等出版社一同竞争的局面。在一个资源相对短缺、信息相对封闭的西南小城里能做到这样，不能不说是个奇迹。直到现在，体育界的很多大腕，如王家宏、黄汉升都对李老师赞赏有加。

写到最后，我想说，李老师身上有很多宝贵的财富，是我尊敬的人生导师，也是值得我学习的优秀体育工作者。他应该被大家所认识。这也是我写此文章的目的。

先生之道　一以贯之

致敬沈津先生

汤文辉

2014年11月7—9日，我参加在中山大学召开的中文古籍整理与版本目录学研讨会。

会议异常精彩，近两百位来自国内外的学者，认认真真、扎扎实实地讨论了两天，何林夏社长说："已经很长时间没有参加过这么高质量的学术研讨会，都不愿离席！"会议是中山大学图书馆组织的，馆长程焕文教授理念高远，而事业推进则是一步一个脚印，积跬步以至千里，故中大已成该领域学术重镇；沈津先生则是研讨会的策划者，也是会议的主要统筹组织者之一。

在闭幕式上，沈先生做了一份全面系统的总结发言，听完，我心中泛起一种感动，进而，似乎有一种感悟。多年以来，沈先生总是不遗余力地提携广西师大出版社，不仅仅是作为我社的作者，还广泛地向各方专家学者推荐我们。比如昨晚，他领我们拜访王贵忱老先生；今天，他介绍台湾的童元方教授给我认识——几个月前，估计正为研讨会奔忙之时，他打电话给我，说童教授将参加此会，建议我们与童教授洽谈出版合作的事宜。凡此种种，数不胜数。我们沐浴在他的关照之中，无暇细细思考为什么；

或许沈先生自己也没有细想：为什么对广西师大出版社格外青睐？

听完沈先生的总结发言，联系到沈先生近日发表的瞿凤起先生的一篇长文，我似乎有了感悟，理出了这个"为什么"的答案。

今天中午，沈先生给我两篇复印的文章，其中一篇是发表在《南方都市报》上的特稿《记铁琴铜剑楼后人瞿凤起先生》，我当即拜读。瞿凤起先生是沈先生三位老师之一，作为铁琴铜剑楼第五代主人，一生命途多舛，遭逢劫难，晚年于"文革"中尤其不幸。沈先生在文章首段叹息道："如今，时间过了二十七年，大地沧桑，物换星移，又有几人还会记得这位曾对保存中国传统文化出力甚多、于书爱之若命、毕生精力尽瘁于斯的老人呢？"但在文末，他这样肯定瞿先生的贡献："不过我想，他遵其先世之遗训，完成了一项伟大的工程，祖上留下的藏书基业终于在他的手中得到了全部的释放，得到了最好的归属。……所以，为国家、为民族保存了那么多善本书的瞿凤起先生，当可以含笑九泉。"会议茶歇时，沈先生感慨："国家对不起瞿先生！"

联系到这篇文章，我突然理解：一生研究、保护古籍文献的沈先生，念兹在兹的，无非文脉之传承、文化之延续，先生之道，一以贯之！

是以无论他在哈佛燕京学社图书馆整理古籍，还是协助中山大学图书馆，还是提携广西师大出版社，均不离其"一"。而广西师大出版社，以"开启民智 传承文明"为宗旨，自何社长开创珍稀文献出版方向，致力文献的保护、出版及传播以来，寒来暑往，于今已坚持了二十年。想必在沈先生眼里，属于"可教"之列，故愿意耳提面命吧！

中午，参观陈寅恪先生故居，颂陈先生所撰纪念王观堂之碑铭："惟此独立之精神，自由之思想，历千万祀，与天壤而同久，共三光而永光。"益悟独立精神及自由思想均建基于文化传承之上，舍此并无他途。

认识沈先生已有数年，常能亲承謦欬，虽资质愚钝亦常获教益，唯有努力做好出版工作以报。

是日作小诗一首以记之,亦供沈先生一哂。

古籍整理与版本目录学研讨会有感

硕老方家论古书,

从游每愧学才疏。

传承坟典吾侪事,

扫叶秋风辨鲁鱼。

(注:敝社以"开启民智 传承文明"为宗旨,"传承坟典"指出版事。)

沈兆平老师

沈伟东

一

2010 年 11 月下旬，我到北京出差。

下了飞机，我搭上机场专线直奔东直门。到了东直门，问了街道上两位保安，转到俄罗斯大使馆旁边的一个住宅区。这显然是个高档住宅区——高大的楼房，宽敞的庭院，还有草坪。俄罗斯大使馆就一墙之隔。在北京主城区这样的住宅区已经属于高端住宅了。

我打电话给沈兆平老师，他让我在小区的健身器材旁边稍等片刻，他先把刚买回来的菜送回家，就带我去他的办公室。

他就住在小区一栋楼里。

不一会儿，沈兆平老师施施然朝我走来。他向我指着几年前买下的楼房，颇有得色，当时八九千一个平方米买的房子，现在要好几万块钱一平方了。

沈老师额头宽大，眼神犀利，身材高大，头发凌乱，神情略显疲惫落寞。他朝我点点头，并没有什么寒暄，带着我到一个地下室——他的期刊发行办公室。他领着我，以凝重的表情看书架上全国各个期刊社的少儿期刊，这些期刊都是他代理在北京地区发行的。教学辅导类、科普探险类、历史文化类、少先队活动类……他一本本指过去，近百种少儿期刊，他如数家珍。

数到广西师范大学杂志社的期刊时，他皱起眉头，说："你们的期刊越来越落后了。"于是，沈老师从选题、编辑、印刷、发行等方面对广西师范大学杂志社进行全方位的批评。

选题上，他以激烈的言辞批评师大杂志社错过了几个好时机。在《作文大王》的基础上，当年他提出创办系列期刊，比如少儿历史、地理类选题，我们杂志社由于没有刊号，迟迟不动，拿沈老师的话来说就是"不重视市场信息"，错过了机会。他狠狠地盯着我："小沈啊，十年前，你们社是全国发行少儿期刊的前三名，现在落到五名以外了。当年发行量远不如你们社的一家期刊社，期刊年销售码洋都达到一个亿了！你们太不重视市场了。"咬牙切齿，一副恨铁不成钢的样子。他认为缺少刊号不能成为我们没有积极进取开拓市场的理由。他认为我们要反思。

编辑方面，他依然对广西师范大学杂志社恨铁不成钢。他谈起杂志社的一个刊，"咳，多好的一个选题，就被你做成夹生饭。要是做好了，这个版发行量应该是主刊的一半，应该有 15 万份的月发行量吧！这个选题还是我们当年一起商量出来的！"沈老师死死地盯着我。他又叹了口气，说："当然，你们对选题的敏感性还是有的，当年就是你们社抓住了这个选题。从我们在北京饭桌上谈到这个选题到正式出版，你们不过用了三个月吧。"他又仔细看我带过来的一个新刊的彩色打样，嘟哝着："你能把打样从广西送过来，对沈老师还是尊重的。我看这个行！编辑是什么人？"我告诉他是一位新进社的小姑娘，他颇感惊奇："不错啊！"我告诉他是杂志社梁艺总编辑带出来的。于是他又大发感慨，说编辑需要有灵气，尤其是少儿期刊编辑，没有感觉的编辑能让一个好选题彻底报废。他仔细看这个新刊的文字和图片,一句一句地念出来,时而点头,时而摇头,像是把文字和图片嚼碎了品评味道。最后,他顿了顿,说:"如果印刷出来的成品,有打样的效果,我可以保证,这个期刊第一年的月发行量会突破二万,第二年会有五万以上。问题是……"

他沉吟着。我明白,他要批评我们期刊的印刷质量了。

果然,他点着一根烟,盯着我说:"你们杂志社的杂志印刷质量是最差的!"他在书架边走来走去,拿出几种杂志让我比较我们的期刊,对纸张的克度、白度、柔韧度进行分析。他针对我们两种科普期刊的图片和同类期刊的图片也进行了分析对比,批评我们使用的图片粗糙,油墨色彩走样。他痛心疾首:"这样的期刊印刷质量,你们的期刊怎么能让小学生喜欢!——你们的期刊在北京地区的发行量在掉啊!"我谈到印刷成本问题,辩解道:"广西的纸张和印刷成本还是高一些……""市场只会选择性价比最高的产品——不会谅解你广西的印刷成本高吧!小学生一看你杂志的图片,下个订阅期就不会订你的期刊了!《作文大王》主刊的发行量没有下滑主要是牌子老,文字编辑水平还可以,小学生认你牌子,不然,在这样激烈竞争态势下,连守住原有的订数都难,哪里还谈得上发展!"他激烈批评的同时,还是肯定杂志社的编辑水平还是不错的。

"你们的优势目前只有内容还得到读者的认可。你们做的杂志就是杂志,有杂志的性格。"他难得地肯定我们一下,"发行服务做得还可以,不然,在北京就没有立足之地了。"

他又和我谈起4月间他到桂林和我们谈起要做的两个小学生期刊选题。随即打电话召他合作的期刊设计工作室的"独立期刊出版人"和我接着谈期刊的编辑和制作。我们从地下室出来,步行到一家俄罗斯餐厅。一路上,他开始聊俄罗斯浓浓的红菜汤、肉扒、鱼子酱,聊得他自己直咽口水。看着沈老师津津有味聊开了俄罗斯菜,我想起了4月他到桂林参加我们杂志社全国经销商会时谈到的"做菜"的门道。

那是在资源县，我们开杂志社经销商交流会，住丹霞温泉酒店，沈老师和我们聊了整整两天。"以平常的食材做出不平常的菜。"他眉飞色舞谈到他创制的"沈家菜"。比如谈到他做手撕包菜，吃起来就是不一样，吃了还想吃，不一样的秘密在哪里？说到关节处，他咽着口水，卖个关子，说到配料、火候，还有一个小秘密。他还和我们谈到他家常做的秘制鲤鱼："把鲤鱼洗干净，用青盐、黄酒、白糖腌好后，用保鲜膜包好密封，放到冰箱的冷藏室，放一两天后，打开，鱼肉已经呈酒红色，切开后肌理如槟榔纹，柔韧细腻，有些许酒香……那味道……"沈老师眯起眼睛，咂着嘴。

"那味道太好了！"他聊得津津有味。

说得我们都流口水。

"这道鱼的秘密在哪里？就在一个冰箱冷藏！冷藏的时间不同，做出来的效果也有差异。那酒曲的微香，口感的韧劲，鱼本身的香味——而且方便，一次做一条大鱼，想什么时候吃，从冰箱里拿出来切一块蒸上就是。"沈老师陶醉在自己的鱼里。梁艺怂恿他在我们出版社出版一本《沈氏江湖菜》。

"其实，做刊和做菜是一个道理！"沈老师一下子又把话题拉回到期刊。

二

在少儿期刊界，沈兆平老师是深谙少儿期刊出版之道，理解少儿心理的"大法师"。

沈老师做出版出道很早，从北京师范大学一毕业，就进入中国青年出版社工作。上世纪80年代初，出版还处于计划经济时代，他就策划出版了不少在市场上风靡一时的畅销书。他提到过他策划组稿出版的一本生活窍门的书，行销海内，发行量有百万册。后来，他又做过中国青年出版社印刷厂的厂长，把一个企业经营得红红火火。他也尝到了市场经济的甜头，80年代中后期就辞职下海，自己做起了老板。

谈到那个叱咤风云的年代，他就很激动。

"我和你们阿姨卖书，以出版社经营部的名义和学校联系，送书进校园，得到学校热烈欢迎。北京市很多学校校园都成了我们图书销售的卖场，买书的学生拥得人山人海，钱都数不过来啊，把手都数疼挛了……"

在大多数出版人还没有醒过神来的时候，沈老师夫妇已经掘得了第一桶金。

他告诉我书刊进学校销售的秘诀：你得想学校之所想，做学校之想做，真正为学校服务，为教育服务，为学生服务。沈老师多年来成为全国各地许多学校的校外辅导员。他还是天生的演讲家，又对中小学教育颇有研究，尤其对学生的养成教育研究很深，撰写了一系列养成教育的小剧本。这些小剧本都从小学生学校和家庭生活中来，丝丝入扣，能吸引小学生，讲起来、排演起来都趣味横生。沈老师早年在北师大读的是哲学专业，学识渊博善于言谈，人情事理通达明晓，他的演讲娓娓动人，扣人心弦，往往能让听他演讲的数千小学生一下子安静下来，进入他演讲营造的故事情境之中。

他在北京市海淀区七一小学以"一辈子用两个字"为题演讲，反响热烈。他给小学生们讲"如何让老师喜欢你、支持你"，引起全场轰动。演讲中，一个个生动的故事，紧紧抓住小学生的心，也让小学生得到启发。他在北京大学附属小学以"我们为什么要读书？"为题演讲，告诉小学生，学会读书，我们就再也不会干南辕北辙的傻事，听得小学生如痴如醉。

沈老师还长于写作，不少小剧本、小故事在期刊中连载，也受到读者的欢迎。梁艺在桂林开经销商会时就向沈老师组稿，希望能把这些剧本结集成书出版。

他喜欢动脑筋，能把少儿心理分析得非常精准。他倡导情商教育，这和他自己的生活经历有关。

沈老师是上海人,他谈到他小时候在多子女的家庭里如何和父母及兄弟姐妹相处。他认为,人和人相处是有技巧的。而当前的学校教育往往过于注重学业,对情商的提升,学校教育显得乏力。谈到情商与人的命运的关系,他谈到他的成长经历,如何在夹缝中求生存谋发展。他年轻时作为知青从上海到北大荒支边,上世纪70年代末恢复高考后从北大荒考到北京师范大学,从北京师范大学毕业,经历不少波折才留在北京工作。他聊起他的人生经历,我们听来犹如一部传奇故事。

在北大荒夜晚的大炕头,他给同伴们讲外国小说,同伴们好酒好烟供着他;在北师大读书时,他骑着自行车家里学校两头奔……他讲起来就像一部电视连续剧。

三

沈兆平老师是广西师范大学杂志社期刊北京地区的代理商,同时,他实际上也是我们杂志社办刊的专家顾问,是我们杂志社的良师益友。

和他交流,让我们及时知道全国有多少种少儿期刊活跃在北京市场,有哪几家少儿期刊社是我们强有力的竞争对手,他会把读者的意见第一时间反馈给我们。这是非常重要的信息,更可贵的是,这样的信息是经过沈老师思考过滤过的有效信息。在少儿期刊发行圈子里,沈老师是少有的有出版思想和教育理念的期刊发行人。这两年,他在和全国各少儿期刊社合作的同时,提出培养"独立期刊出版人",培植有执行力、能够落实他的期刊出版理念的期刊工作室。在俄罗斯餐厅,我见到了他看好的一位期刊工作室负责人,谈到期刊的选题、编辑思路和设计等事情。在红菜汤温暖的气息里,一个个让我们激动的少儿期刊的模样在我们的聊天中越来越清晰。

"独立期刊出版人"的概念,我认为对传统少儿期刊出版的体制、管理模式、编辑方式和发行手段都是一种创新性的突破。图书出版领域,民营工作室的力量在不断蓄积,已经成长为一支得到管理部门认可的出版群体。期刊出版方面,由于管理比图书出版更加严格,期刊出版工作室尚未成气候,但随着报刊体制改革的推进,沈老师培植的"独立期刊出版人"与期刊社合作经营的模式或许是期刊体制改革中一种具有发展潜力的方式。"独立期刊出版人"方式可能对打破传统期刊出版经营模式具有开创性的探索价值。目前,沈老师扶持发展的期刊工作室,与国内颇有影响力的少儿期刊社合作出版了一些具有良好经营业绩的小学生期刊。这些期刊选题从市场上来,编辑出版又与市场紧密结合,具有灵活的市场经营手段,同时,这些选题中不乏具有精神内涵的少儿期刊,显示了强大的发展潜力。

广西师范大学杂志社也是沈老师参与的期刊工作室谋求合作的伙伴。他向期刊工作室介绍广西师范大学杂志社时对我们鼓励有加,认为我们是国内最具发展潜力的少儿期刊社之一。

这几年,广西师范大学杂志社同人出差到北京,总会安排时间去看望沈老师。沈老师从来不见外,谈完工作,会带大家到家里,兴致勃勃地把最新的"沈氏江湖菜"烧给大家吃。萝卜、白菜、豆腐、香菇,他都能做出不同寻常的味道,饶有生活情趣。热气腾腾的厨房里,沈老师忙里忙外,对每道菜做精心的创意,简单的材料有了用心的创意就有了别样的生动滋味。正如他所说,做刊和做菜是同样的道理,"独特的味道"让小读者对你这道菜念念不忘。

少儿期刊出版人就要学会做一个有创意有情趣的文化厨师。

在出版理念上,沈老师对小学生情商教育的注重与我们《作文大王》等期刊理念不谋而合,我们杂志社同人与他有更多的共同语言。每次交流,我们都有收获。沈老师对我们杂志社在全国同类期刊中率先逐渐放弃能够立竿见影取得经济效益的"同步教学辅导"的期刊编辑和经营思路,提倡引导小学生高文化含量的阅读和写作,反对当前小学生报刊以提高考试分数为目的的"功利性"和简单快乐为目的的"游戏性"办刊方式,是认同的。对《作文大王》提出树立"作文生活化"的作文观,倡导"自由的表达、平等的交流、愉快的抒写"的作文理念,把人格培养、品质塑造、心理疏导、思维训练等学生素质培养融入作文教学中,沈老师也是持欣赏态度的。

也正因为这样的认同和欣赏,他才愿意声色俱厉地批评我们的不足,每次见面都带着"恨铁不成钢"的表情,让我们愧疚:"我们本应做得更好。"

作为期刊发行商,沈老师精明的商业头脑也给我们很多启示。期刊工作,尤其是少儿期刊工作,某种意义上讲,就是资源整合的过程。而期刊社和发行商的合作,双赢是基础,没有双赢就没有长久的合作。要谋求双赢,就需要互相了解和互相认同。在少儿期刊经营中,沈老师善于把自己的想法借助各种资源加以实施,多动脑筋多借力,在经营中做到规避风险、转嫁风险而实现利润的最大化。从这个方面看,沈老师又是位"老奸巨猾"的期刊发行商,他善于用具有煽动性的语言,把你的思维拉到他的想法轨道上去,调动期刊社的资源为他所用——当然,这样的"为他所用",大多数时候他和期刊社能达到双赢。如果不能达到赢的预期,他自己肯定保证自己不输;期刊社、"独立期刊出版人"等合作伙伴是输是赢,那就要看自己的道行了。这如同走江湖,能和他过招需要有强大的内力,就是有自己的期刊出版理念,有自己的经营方式,有自己的经营规范和手段。没有这些,沈老师也未必愿意搭理你——即使能赚钱,他也是要看你的期刊能不能给小学生提供好的有精神内涵的产品。

善于借用各种资源,善于表达自己的意图,善于规避经营风险的沈老师在期刊经营方面是值得我学习的老师。他让我我想到"美味石头汤"的故事：

三个士兵疲惫地走在一条陌生的乡村路上。他们是在打完仗返家的途中。他们又累又饿，他们已经两天什么东西也没吃了。当三个士兵接近一个村庄时，村民开始忙开了。他们知道士兵通常是很饿的，所以家家户户都把可以吃的东西收藏起来，比如把大麦藏在阁楼上、牛奶桶沉到井里、肉挂在地窖里。士兵们挨家挨户讨吃的，可是村民们都说没有吃的东西，全村人还努力装出饿坏了的样子。士兵们向村民们宣布，要做一锅用石头做的汤。好奇的村民们为他们准备好了木柴和大锅，士兵们真的开始用三块大圆石头煮汤了！当然，为了汤的味道更鲜美一点，他们还需要一点佐料，比如盐和胡椒什么的……当然有一点胡萝卜会更好……卷心菜呀、土豆呀、牛肉呀配一些也不错……如果再来一些大麦和牛奶，连国王都可以喝了……一锅神奇的石头汤真的煮好了！

这个故事说明聪明人总是能得到自己想要的东西。

沈老师就是这样的聪明的士兵。

沈老师在少儿期刊界的活动，不仅仅是与各地杂志社和出版社互动，策划各种期刊和开展各种经营活动。他还是全国各地少儿期刊经销商的"老师"，各地期刊经销商给他上的带有调侃意味的尊号是"教父"，因为他不仅有经营的手段和良好的业绩，还有经营思想和长远的经营战略。各地少儿期刊经销巨头纷纷到他那里学习，山东孙首相、刘金生，浙江黄卫东、湖南万新明、四川罗小明等全国少儿期刊社的省级代理商常到北京去沈老师那里观摩探访咨询。而善于思想、善于经营布局的沈老师对全国地市级发行商也倍加关注。沈阳的白鲸、厦门的李郁荣、南京的葛文兵，等等，他都去帮助这些经销商举办过关于基础教育的讲座。这些讲座促进了当地教育机关与这些少儿期刊发行商建立起互助、互益的合作。得到他指点的期刊发行商，大多都得到业绩的提升和品牌影响力的加强。

回忆起八九年前第一次和培钊、德林、海敏到北京拜访他，我们在东四十条一个简陋的楼房里初次见到他,他穿着大衣,据守在有些凌乱的期刊堆里。高大的他犹如一个傲视群雄的江湖侠客,思想穿行在这些少儿期刊中。那次,他在离家不远的上海老酒馆吃饭,简单精致的上海菜肴,糟毛豆、小黄鱼、炒年糕……冬日的阳光透过玻璃窗照射到他脸上。大家聊得很舒服。

沈老师给我们讲起他上海的少年时代,也讲起下海经商的黄金时代。

我们成了忘年交。

酒店门外,暖阳中,银杏树叶随风翻卷,一地碎金。

人生如逆旅，我亦是行人

怀念陶老师

陈 亮

一

2015 年 7 月 14 日下午，郭悦忽然发微信来说："陶老师去世了。"

收到消息的第一反应是：怎么可能？

再一想，怎么不可能，他退休都十多年了。我印象里，他还是十二年前那个嘻嘻哈哈的六十岁的老头儿。

听说是胰腺癌。赶紧上网查了下，才知道是高死亡率的癌症。不知道这老头遭了多少罪。竟然一句话都没跟我说。

听说他病了以后，谁也联系不到他，直到去世。郭悦也只是听别人说的，所以一直没告诉我。我连他生病都不知道。

我上次跟他联系，已是三年前了，我三十岁生日时。他问我的近况，表示了很多不满意。我给他写了封邮件，说了自己的想法。

从我们十二年前认识开始，他就一直这样，总跟我说：你要这样，你要那样，你不要这样，你不要那样。我听得有点烦了，我父亲都早已不在我面前这么絮絮叨叨了。

2012 年春,我们最后联系那天,他问我在看什么书。我说看完了中华书局版的"二十六史",正在看《资治通鉴》。

他很不高兴地说:"不要看这些古书,你应该去学外语,好好掌握一门外语。你应该写作,好好去写小说,不应该沉浸在故纸堆里。你应该去旅行。"等等等等。

于是我们又说不到一块儿去了。我也不想跟他吵起来,觉得没必要。

后来,我们就一直没联系了。直到这一天,我听说他已经死了,忽然想到:我们有三年不联系了。

二

2009 年春,我结束了四千多公里的单车骑行,从南京赶到桂林,处理最后一点工作交接上的事儿。当时《周作人散文全集》已经付印,部门主任陈红妮跟我说:"陶老师在桂林呢,听说你回来了,说一起吃个饭吧。"

他骑着电动车就来了,穿了件皱巴巴的外套。同事开玩笑说:"陶老师,衣服这么旧了还穿,是哪个女朋友送的吧?"

他得意地笑着说:"是一个红颜知己给我买的。"

吃完饭,他让我坐他的电动车走。一路上开得飞快,还闯红灯。我说你慢点开,他当耳边风。

一边开,一边大声问我:"陈亮,接下来你打算去哪里?"

我说:"我要去南京了,徐韦在那边。"

"你别去南京了,你回老家吧。"

"我回老家做什么?"

"写作啊,写小说,你可以写很好的长篇小说。你回老家吧,让你父亲给你一口饭吃,你要专心写小说。"

我无语。又来了。

我不说话,他也不作声了。把我送到出版社门口。我说你要上去看看吗。他说不去了,气呼呼地骑着车走了。

这是我们第二次在一起吃饭。

第一次是2003年,我到桂林的那一年。他让儿子掌勺,在家请我吃饭,隆重地把我介绍给他的夫人。他夫人是中文系教授,他俩都是无锡人。听说她为了他,来到广西,还有不少故事。不过我没有问他。他原本也是师大的老师,教外国文学的,三十年前,广西师范大学出版社创立,他因此离开讲台,做起了出版工作。

我到师大社那年,正好是他退休的那一年。

三

2003年2月,大四下学期,我在网上投了些简历,就离开武汉,到了北京,住在北航一个初中同学宿舍里,后来到一家图书公司工作。没多久,收到陶老师的邮件,说看到简历了,让我过去面试。

我回邮件说:"已经找到工作了,以后有机会再见。"

那一年正是"非典"时期。在北京过得有点醉生梦死。

三个月后,我离开这家公司,把行李寄存在另一个朋友那里,赶回学校参加完答辩,给陶老师发了封邮件,说:"我离职了,桂林那边还能去面试吗。"

过了几天,一大早接到他打来的电话,让我把行李带着过去面试。我说:"带行李做什么?"

他说:"你来了就不要走了。"

那年7月,我先跟一个朋友一起北上。他留在北京工作,我拿了行李南下。"非典"还没结束,车厢里空空荡荡。坐了一天一夜,到了桂林。从车站出来,已是晚上九点多。虽然是头一回来桂林,却丝毫没有人生地不熟的感觉。我在火车站附近找了个小旅店住下。晚上有些失眠,半夜起来站在窗边抽烟,看着外面的路灯,想象着以后生活和工作里的各种可能。后来读到毛姆的《月亮和六便士》,其中一段话让我想起初到桂林的那个夜晚。毛姆写道:

"我认为有些人诞生在某一个地方可以说未得其所。机缘把他们随便抛掷到一个环境中,而他们却一直思念着一处他们自己也不知道坐落在何处的家乡。在出生的地方他们好像是过客;从孩提时代就非常熟悉的浓荫郁郁的小巷,同小伙伴游戏其中的人烟稠密的街衢,对他们说来都不过是旅途中的一个宿站。这种人在自己亲友中可能终生落落寡合,在他们唯一熟悉的环境里也始终孑身独处。也许正是在本乡本土的这种陌生感才逼着他们远游异乡,寻找一处永恒定居的寓所。说不定在他们内心深处仍然隐伏着多少世代前祖先的习性和癖好,叫这些彷徨者再回到他们祖先在远古就已离开的土地。有时候一个人偶然到了一个地方,会神秘地感觉到这正是自己栖身之所,是他一直在寻找的家园。于是他就在这些从未寓目的景物里,从不相识的人群中定居下来,倒好像这里的一切都是他从小就熟稔的一样。他在这里终于找到了宁静。"

参加完面试和笔试,我就开始了在广西师范大学出版社的工作。跟陶老师第一次见面时的情景还如在眼前。他当时跟赵老师一个办公室,一见到我,就开玩笑说:"你太瘦了。不过再过十年,你就会跟赵老师一样胖了。"

笔试分两部分,一是答题,一是写作文。我的答题分数还不错,作文得分却很低,低到连我自己都有些意外。试卷不是陶老师批的,他得知成绩后,把我叫到办公室,一脸不高兴:"没想到你写东西这么差劲。你去把得分最高的试卷和你的试卷都要过来,我要看看。"

我只好去把试卷要来了。作文得分最高的是中文系研究生毕业的H,她后来读博,离开了桂林。2003年来出版社的人很多,大家一开始都住在同一栋宿舍楼,彼此很快就熟悉了,经常在一起玩。H 喜欢看书,跟我有不少共同语言。她虽然比我大几岁,但经常被我捉弄。有一次,大家在 H 的房间聊天,我随手翻开一本书,里面掉出两张纸,是她写的读书笔记。我大声说:"啊,找到一封信。"然后开始念起来,我念的是一封情书,是 H 写给一个男同学的情书:这个男生比她高一届,在学校办了个文学社,H 因此跟他认识了,毕业后,男生留校,她到桂林来找工作,但依然想回去和他在一起,想找机会跟他表白。

我随口编出的这封情书,让大家笑个不停。H 红着脸把书和纸抢过去,还把那两张纸展开看了一下,好像她也有点怀疑那会不会真是封情书。

我把 H 的作文和我的作文拿给陶老师。H 得了九十多分,她写的是《呼兰河传》的书评。我得了六十分,外加一个批注:勉强及格。

我不喜欢命题作文,按自己的思路写了不少读书和做书的想法,全篇没有什么主题,就是在闲扯。陶老师看了后,倒是没生气了,让我再写一篇更长一些的,就写自己对书的感受,就这样随便写。我因此又写了一篇,这次写得更加随心所欲。他看了觉得不错,还专门拿去给之前批作文的老师看,好像觉得这件事关乎他的眼光和面子。

这以后,他经常鼓励我多写,他自己也经常给我发邮件,说他的读书感受,还有对身边人的一些白描式的记录。可惜后来离开出版社,企业邮箱被注销,这些邮件都没有保存下来。

四

陶老师是 2004 年 1 月 1 日退休的。我们共事的时间,其实不过半年。

他对新人很上心,帮我们打申请,让社里每人补助五千块,给编辑配一台笔记本电脑。

他几乎是手把手教我怎么做编辑。虽然只有半年,但那样的"魔鬼训练",对编辑打好基础真的非常重要。离开桂林后,曾看过一篇媒体报道,把广西师范大学出版社比作出版界的"黄埔军校"。虽是戏言,但也不无道理。出版社对于新员工的培训很有耐心,而且培训时间长达半年,培训的范围很广,包括去库房打包,还要在印厂锻炼一个月。培训结束后,仍然有不定期的学习与考核。我在陶老师的指导下还做过一段时间质检工作。记得当时给社里的几本新书做了质检,有一本是分公司的书,差错率高达万分之七。公司负责人专门从北京打电话来,问陶老师是谁做的质检。

陶老师是我在工作上的第一位老师,而且是极其严格的老师。他嗓门大,脾气直,说话不留情面。很多人怕他。我有时也怕他,主要是不喜欢别人教训我。我经常在办公室抽烟,有一次跟一个女同事抽着烟,聊得热火朝天的,他忽然进来。我吓一跳,赶紧把烟放桌下。他皱着眉,转身走了。

还有一次,我上班趴桌上睡觉。有人去告诉他了,他管我们这个编辑中心,于是走来把我叫醒,问我是不是熬夜了。我说睡晚了。以为又要挨教训了,没想到他低声说:"困了就回去睡吧,别在这里睡觉。"

我说:"算了,不困了。"他说:"你要真的犯困,就回去睡,没事,上班时不要在这儿睡觉。"

陶老师真是个怪人。

我刚结束培训期,他就找我谈了一次话,问我以后怎么打算。

"能怎么打算,在这儿工作呗。"

他说:"你不要想着永远留在这里,这里不适合你。"

我惊讶了:"不是你让我过来面试的吗?"

他说:"你去考研吧,接着上学。"

我说:"不想考。"

"那你写东西吧。"

我就写点东西给他看。然后他建议我好好读一下俄罗斯小说，问我最喜欢谁的作品。我说当然是陀思妥耶夫斯基了。他建议我好好看下契诃夫的作品。

我就到图书馆，找来上海译文版的契诃夫文集，把这套书仔细读了两遍，还做了很多笔记。然后我成了契诃夫的粉丝了。他还借给我不少俄罗斯作品，我花了很多时间阅读俄语经典作品和作家传记。

陶老师之前学过俄语。后来他跟我说，他的理想之一，是退休后周游俄罗斯。

2013 年，到磨铁图书公司后，我开始有机会做俄语作家 S.A.阿列克谢耶维奇的书，陆续做了四本。2015 年 10 月 8 日，陶老师去世两个多月后，阿列克谢耶维奇获得诺贝尔文学奖。可惜他没有看到这些书。

五

2005 年，我考完驾照后，陶老师说："我去买台车，你带着我去旅行吧。"

我觉得这可不是什么好主意，要旅行我也不想找个老人家一块儿去，就说："以后再考虑吧。"

我们共事的那半年，他一直劝我考研，或者出去旅行。

他是这么怂恿我的："我给你买张火车票，你不要带一分钱，随便去一个什么地方，然后你自己想办法尽量在外面多待一段时间，再回来。"

然后他帮我分析路上可能遇到的问题。我一开始以为他是在开玩笑，后来知道他是认真的，简直要崩溃了。

在他家吃饭时，他夫人说："陶老师老提起你，对你寄予厚望呢。"

我觉得他是想把自己没能实现的事情，让我替他完成。

他悄悄跟我说："千万不要结婚太早，最好不要结婚。"

他有一子一女。儿子在身边，在酒店做过大厨，后来搞起了计算机研究。女儿在洞庭湖边买了块地，自己盖了房子，过着田园生活。

他让我去洞庭湖边住一段时间，可以写作。我觉得太不切实际了，我就想在桂林工作。

他退休后，去了南京公司做管理工作。在这之前，他又找我谈了很久。从晚饭后，一直谈到半夜。他力劝我离开桂林，去上海公司做事。

我当时已经恋爱了，根本不想离开桂林。于是说我暂不考虑。

他没能说服我，很有些失望。

在南京，他不时发邮件，问我近况如何。他建议我成立文学社，自己做刊物。后来我倒是真的办了自己的刊物。

2005年年底，我和几个朋友，包括徐韦在内，在我租住的房子里聚了一次。记得一共是九个人。最后把刊名定作《我们》。算是同人刊物，用的基本是自己写的东西。大多数人都是出版社的同事，另外还有一位老哥，他当时在读研究生，还有我的好友、中学同学浩子，他是画画的，当时在广告公司做事。这本杂志的设计、编校工作，都由我们自己完成。

第一期是2006年元旦做出来的，我们纯粹是自己手工制作的，所以数量不多，应该没超过三十册吧，送给一些朋友、同事了，也给《周作人散文全集》的编者钟叔河先生寄了一本。

2003年，出版社要做《周作人散文全集》这套书时，陶老师建议让我一个人来负责。我工作才半年，对周作人知之甚少，自己都觉得未必能胜任。在他的坚持下，我去了社长办公室，直接问社长肖启明："能不能让我一个人来负责这套15卷本全集的出版工作?"肖社长没有犹豫就答应了。这套书一直做到2009年春我离开桂林，才正式出版。我因为这套书与钟先生相识，一起共事五年多时间，也很多次去长沙出差，跟钟先生一起反复修改打磨书稿。现在想起来，算是上了几年做编辑的入门课吧。其间的种种磨砺，真是宝贵的收获。

《我们》到第二册，做得就比较从容了，出版社印制部的同事，联系印厂帮我们裁切装订，一共做了好几十本。钟先生题写了第二册的书名，还专门写了篇小文。

准备做第三册的时候，大家的热情都降低了不少。我觉得勉强做的东西没有味道，就说停下来吧。美编老杨还在写写画画的，跃跃欲试，热情兴趣依然不减，但我还是坚持到此为止。因为初衷是想做一个有意思的事情，如果意兴阑珊，那么就停下来吧，回到各自原来的生活里去好了。

所以这刊物仅做了两期。《我们》的时光短暂，有我的原因，也有我们的原因。现在想起来，那段时光是好的。

六

陶老师离开桂林，要去南京时，我想送他一点礼物，于是买了两本译林出版社的书，写了一句"陶老师留念"，拿去办公室给他。

他拿起来看了看，还给我说不要。

我问："为什么啊？"

他说："你不要送东西给我，任何东西都不要送。"

他在南京工作了几年，又去女儿那里住了一段时间，悄悄回到桂林。他平时喜欢跳舞，不是那种广场舞，而是参加一些舞会。可能也有不少红颜知己。总之是个热爱生活的人。

我离开桂林，离开南京，还是回到了北京。

我买房了，结婚了，有小孩了。我都没跟他说，因为我知道他又要问："你小子，怎么回事？"

你没有实现的，为什么要让我去实现？

我只能按自己的想法生活。

7月14日那天，我还收到出版社覃丽梅老师的消息。覃老师跟我也是忘年交,在桂林的时候,我跟徐韦,还有她,三个人经常一起看电影。遇到欧洲杯、世界杯这样的大赛,我们还会约一帮人去她家看球。她也是运动健将,大我二十多岁,但每年还跟我一起参加学校的职工运动会,也是跑一百米。

覃老师告诉我,陶老师是下午三点在医院去世的。他生病期间,除了家人,不许任何其他人探望,也拒绝跟外界联系。

也许他死之前会想起我吧。

2015年7月中旬的那几天,我一直在想:我是一个什么样的人,我以后会是怎样的一个人。

我想起陶老师,他让我觉得很可爱的地方,就是他不那么功利,他想找到一个朋友,一个知己。就是为了这个,他让我到桂林来。不然的话,半年后他就退休了,不必非得管招聘的事儿。

等我培训完,他建议我考研,旅行,后来建议我离开桂林,去上海,后来建议我回老家去一心一意写作。我当时只觉得怎么他自己不这样那样,我为什么要听他的安排。有时也会觉得:六十岁的老头,怎么这么不切实际?跟小孩似的,这么多梦想。

其实陶老师是个阅世很深的人,也是个孤傲的人。我三十岁那年,他跟我絮絮叨叨说让我这样那样时,我有些烦躁,心里想,我至少不是个成天空想的人吧。

现在我想起我当时的想法,就很惭愧。我六十岁的时候,还会敢做一些梦吗?我会敢告诉一个三十岁的人,我在做哪些我实现不了的梦吗?我会告诉他,我壮志未酬,我已经对自己不抱什么希望,但我不希望你也是这样,希望你能不要像我一样,我会吗?

也许那时候我一点梦想都没有了。

陶老师的去世,死这件事,没有让我那么难受。让我感到难过的是,我忽然意识到,他有些话没有完全告诉我。我忽然感觉到,他内心里是个很孤独的,寻知己而不遇的人。

暖调子"天王"

余慧敏

　　"天王"是我责编的"国学密码"系列丛书的作者，我原本想称呼他"天后"来着，他先是在QQ上正告我："天后"已列入编辑不规范用语，不得再用！再后来又就此在电话中严肃地发出指示。鉴于他曾就某编校问题对我做过让步，我说那我叫你"天王"你没意见吧。

　　我们俩的这场小官司也是由来有自。他大名"王扉"，音同当今骨灰级歌手，第一次见他我正啃着玉米，"天后驾到"差点脱口而出。他上下打量我一番，当下我估计他心里肯定在想这个就是为了稿子的一些细枝末节跟我掐个没完的责编啊……于是只好拿着玉米朝他傻笑，然后说你看你来我忙得要死哦没办法陪你，他指着全程接待他的同事书晓说没关系，你做好稿子就行了，我去落实其他的事情——一如在电话中沟通我感受到的他尽量让别人宽松的认真谨严。

　　他是我工作以来沟通交往颇为频繁的一位作者，湖南人，我们互称大老乡。现在编辑和作者之间的往来因为通信的便利很少有面对面的交往，一般的电话和邮件等沟通方式就能解决问题。所以对于他这次执意要来社里，我开始是百般不情愿，自私地认为会占用我的时间——其时，我正为即将到来的哈尔滨书展心急火燎地编辑他的《破玄：老子的密码（道经卷）》和《大爱：〈孝经〉的密码》，他说他一定要来，要来见见跟这套书的编辑、设计、宣传、发行相关的人，希望各个环节都给力，书能热销大卖。他用湖南人特有的"耐烦"和"霸蛮"精神游说我和书晓，我们拗不过他，于是在某个早上，他空降在我办公室。

我是见过他的照片读过他的书的，对他"思考像老学究，外表像大男孩，听起来像社会贤（闲）达，看上去像自由作（坐）家"早有了解，但见到他本人还是有些意外。他戴着大大的眼镜，脸很娃娃气，笑容干净，像一个学生。总之从他年轻温暖的外表上你无法想象出他曾经是《凤凰周刊》《大公报》等风云媒体的名编名记，一手著风云，一手写风月；更无法想象他按自己的理想从传媒行业"退休"而转变为一名国学研究推广者，安心书斋，潜心学问，钻研的是精深的国学，关注的是现代人当下的幸福，不到两年时间就在我社推出了四部独具特色的"国学密码"系列著作，其中《破玄：老子的密码（道经卷）》被人民网、《人民日报》评为 2010 年度最有影响力的 60 本好书之一。作为一名编辑，得遇这样经历、这种志趣和才华的作者，在拜读其作品之外也是一种丰富。对于他从光鲜的媒体人"华丽转身"后的新开始，对于他由此经历的很多的人生第一次，我想我应该算是他生活的这个切面的见证者。因此在因稿子与他交道的过程中我也在有意识地从他稿子之外的东西中吸取营养——他开拓新领域的勇气，他犀利的眼光和视角，他要做成一件事的信念和百分百的努力。我从单纯地跟作者就书稿的交往变为感受和了解一个成功的人是如何做人做事的，我认为这些是对一个人的提升影响更长久和有用的。

在两三天时间里他约见了很多同事，围绕书稿的出版发行环节一项一项去跟他们沟通，以一位作者的力量实践着"做好书、卖好书"的愿景。他也尽量没有打扰我，让我安心手头的工作。在我们一同见了美编，将封面上的每一个细节都基本确定后，他来到我办公室，提出一个他纠结很久的问题:《大爱》一书封面上的"孝经"二字最好不加书名号。他的理由是加上去显得这本书太学术了,会影响大众的选择,他不想他的书走学术小众路线而没有人气。而我认为从规范上来讲,肯定是要用的。他遂列出市面上的很多书来做例证,说别人的书也有没加的;我不甘示弱,说我不管别人加不加,我就跟规范走。他又转而强调加了书名号封面不好看,我说不能为了好看犯错误。他翻出一本书说哪个杂志销量很好并发表声明不参与任何编校类评奖,我当着他的面打电话向质检室肖老师请教⋯⋯两人从最开始的和风细雨升级为"有理在声高"比分贝了,全然顾不上同一个办公室正在工作的同事赵艳。最后他搬出"销量"这个武器,我抬出图书编校质量检查这个金箍,义正词严地向他声明:责任编辑署我的名字,将来要对编校质量负责的是我,一定要加上⋯⋯这场争论足足持续了半个小时,以他一句轻轻的"那就加上吧"告终。后来赵艳感叹了一句都是湖南骡子啊,说要是她早就妥协了。书名号是加上了,这场争论却让我印象深刻,常常会警醒和启发我这个离市场有些远的编辑思考与销量有关的各种细节。

也是在这个小插曲后,我跟王扉的交往变得更自然更坦诚了。在有限的面对面的时间里,他跟我分享了很多他的感受,就像了解我的老朋友一样,宽容着拙于应对和交际的我,没有名记的架子,没有才子的咄咄逼人。临走的前一天,我特意带他去参观了我社的陈列室。在我社的样书小海洋中,他赞叹流连,兴致勃勃地寻找自己的书。他为他的书跟他喜欢的书排列在一起而开心,直言不讳地说自己的书中留下的遗憾,充满信心地展望即将出版的书的命运。在作者墙面前我被他的情绪感染,和他一起认真地辨认着各自喜欢和景仰的作者。他憧憬着未来的某一天也能成为我社作者墙上的一片风景,叫我为他拍照留影。我看着沿阶而上的满满一墙的作者照片背景,像一条生生不息的智慧的河流,镜头前的他眼神坚定,让我想起和他做书的一年多来的各种经历和他的理想、希望、坚持和勤勉,想起他经常自励和鼓励我的"没关系,我们把事情一件件做起来"……那一刻,我感受到了一个踏实优秀而有坚守的作者为编辑打开的窗子和带给编辑的幸福。

王扉离开的时候正逢母亲节,他因此特意绕道家乡邵阳回家看父母。我当时想他即将出版的《大爱》是送给父母多好的礼物啊。

季风书园的夏老师

陈子锋

2011年6月21日，忽然从出版业内朋友的QQ签名上看到了"上海季风夏明昌去世"的消息，我一时不敢相信，赶紧给季风的采购部经理吴天真打了电话，她说这是真的，明天就要举行仪式了。话语中充满着悲伤，我不忍打扰，挂了电话。

在中国出版业内尤其是学术书店领域里，作为上海季风的副总经理，他这样一个人，其重要性不可为外人道。于是上网搜索消息，关于他辞世的消息只有万圣书园刘苏里的微博中提及，其他无一不是各类网站关于季风和他的联系方式，也无一张照片，我这才想起与他相识数年居然没有和他合影过，难免一丝丝关于他的回忆涌上心头。

最初知道夏老师是在2002年左右。当时我还是发行科的一年级新兵，几次出差参加书市书展，听出版社北京公司的发行部同事讲，2001年的时候曾有上海某某书店的老总，因为北京公司所出版的大批好书，把身上的钱都做了订金买了书，只留下了回沪的路费。后来我根据印象，记得这当事人应该是夏老师，以及季风的总经理严搏非。北京公司重新包装出版了很多国内已经不再出版的学术图书，当时的《新周刊》评价说"没想到学术图书也可以这样做"，自然给书店耳目一新的感觉，难怪懂书识货的严老师和夏老师即使倾尽现金也要拿下这些品种，因为当时与民营书店刚开始合作，第一笔书款是需要现款的。这个事因为好玩，我一直给记在心上，直到有一次在季风总部的小院里和他聊天时问起此事，他却已经不记得是否有此事了，搞得我有点郁闷。

季风的总店在上海陕西南路地铁站内，而总部却是在徐汇区南边的桂林西街上——那条路真的就叫作"桂林西街"，和阳朔的西街一样的字。其实那周边多是以广西各地的地名作为街道名字的，比如桂林路、柳州路、钦州路，由于我们出版社在桂林，所以每次去季风总部拜访时，我都跟夏老师和采购部的姑娘们说，我这是回娘家了，他们也觉得和我们社特有缘。关于"桂林西街"，夏老师还跟我说起一件有趣的事情：有一次有一封快递是寄给他们的，不过由于粗心的快递员眼花，把上海徐汇区的桂林西街想当然地认为是桂林阳朔的西街，给投到了阳朔的西街上，那里自然不会有上海季风书园，于是这封倒霉的快递又经历了上千公里的旅行回到了上海。

2006年我们社20周年社庆，请了国内很多著名的书店人过来，当时我陪着夏老师和广东学而优书店的陈智平。在坐落于风景如画的杉湖旁的桂林粥城吃饭时，夏老师兴致极高，那样的美景让他很享受，因为在上海少有这么美好的景色，他很羡慕桂林人。随后我又陪着他在滨江路图书市场附近转悠，不是考察桂林的图书市场，而是陪他在周边的古玩店里淘宝。他一个外地人，操着普通话，极易被当地人宰，需要一个我这种"准"当地人陪护，才不会被坑。在一家小店里他看中了一个古旧的玩意，我实在没法描述是什么东西，因为我对这些东西没什么兴趣，他倒是兴致盎然，与店家讨价还价，我在一旁用本地话帮腔，最后花费不多给拿下了。后来回到上海，他还请了人来验货，据说还是有点价值的，别人要出高价收他都不肯。以至于我每次去季风总部那里，他总要和我谈起还要去桂林淘宝,最好能到乡下去,那里可能会找到宝贝。每每说起淘宝的事的时候,他的嘴角边总是会泛起得意的笑。

季风总部深藏于桂林西街一个居民小区里,一个能停几部车的小院子,一栋两层的小楼,采购部和库房就在这了。库房很小,因为季风不需要租用大库房,那样会占用很多资金和人力物力,他们信奉的是"少进勤添",依靠精细化的管理来实现最小的库存。地方虽小,但最让人羡慕的正是这小院子。小院周边是小区里的大树,里面是多种多样的花花草草,有一个葡萄架(是否真是种了葡萄,我也不清楚),还有一个小池子,里面养了很多鱼,最绝的是在池子边用砖头居然盖了一间小屋子,而我曾多次在春天去季风拜访,与夏老师在这小屋子里听着外面的雨声谈笑风生。夏老师说,这小院子都是他弄起来的。我说你吹牛。看我不信,便带我参观了一楼的杂物工具房,各种工具还真是应有尽有。不请人弄,而是自己动手,也是节约了公司的成本。我说他是季风里最不务正业的人,拿着老总的工资干着园丁的活。他辩解说他平时不是这样的,只有我来的时候才陪我聊天,平时他很忙的……总之,小院子里是诗情画意,我也屡屡称赞这是上海最美好的一角。由于我这人"五谷不分",经常让夏老师带我识别小院里的植物。在墙角边有一排竹子,他说这是紫竹,我一看这些竹子种在院子的东边,便脱口而出,这是紫气东来啊。夏老师听了很是高兴,这是吉祥的征兆。院子中间还种了枸杞,我问他知道枸杞蛋花汤吗,他说不知道,我告诉他用这个的叶子(当然得采嫩叶)和蛋可以做成蛋花汤,明目的。于是中午的时候他就吩咐做饭的阿姨依我所说,还真做了一大碗枸杞蛋花汤,味道居然和我们在南方吃到的一样,他和采购部的姑娘们也是一人一碗,非常享受。这就是一个热爱生活的人啊。虽然"不务正业",但是正经活也没耽误,蒋磊曾说过夏老师是如何选书的:"季风的书不是我选,我是天天盯销售日报,是读者带着我告诉我要补哪些书——夏老师眯着弯弯笑眼给我说。"

夏老师人非常善良,这种品质甚至影响到他领导的采购部。因为他为人和善,他选择的团队必定也是他内心的选择,所以采购部的姑娘们也都是非常和蔼、敬业,也算帮了他不少的忙。而库房里有些外地的小伙子,因为上海高昂的租房费用,夏老师也允许他们住在这栋小楼里,这样可以省下租房钱。甚至为了排遣他们日常生活中的无聊,在二楼的一处给弄了两台可以上网的电脑,平时只需要缴纳很少的一些费用就可使用。和他吃过几次饭,每次都会要一两瓶啤酒自己小酌,也不强迫其他人跟着喝。后来听说当年为了上海外文季风(专门为在台湾的上海书店而设的采购部门)的运营,他专程去了北京,和京城内众多的出版社一家一家谈合作的事宜,在多次的饭局中被放倒,最终换得外文季风的成功运营。

这两三年我不做发行业务了,去上海也只是一年一次,不如以前那样频繁。今年本想借道江苏省店的馆配会去上海拜访他,后来想着8月份还有上海书展呢,那时再去也不迟,就没到上海,没想到现今竟阴阳两隔了。这两年季风也遭受了大部分民营书店都会碰到的租约与租金的问题,自然十分辛苦老总严搏非老师和夏老师,据说夏老师在入院前办的最后一件事,是把季风书园一个新店的牌子亲自挂上,而为了那个店的设计、装修和开业,他费了很大的心血。浏览万圣书园刘老师的微博,有杭州书林王海松留言说:"夏兄外粗内细,敏于行而讷于言。到天国别再开书店了,这活累人啊!当个天国公务员吧。"做书店实在是一件为理想而活的事,王老师所言也极是,但是夏老师却未必会是一个合格的公务员,让他再干书店,他应该会高兴的。

直到今,我仍怀念夏老师!

荷兰三剑客

陶 佳

中国人对荷兰并不陌生，风车、郁金香、伦勃朗、凡·高和闻名遐迩的荷兰足球三剑客。不过，在我的字典里，"荷兰三剑客"是汉克、马丁和马克，荷兰文学创作与翻译基金会三位高大帅气的阳刚组合。

2005年，经张晓红教授推荐，我社跟荷兰文学创作与翻译基金会有了初步的接触，第一成果就是设计精美的《荷兰现代诗选》。书籍封面采用荷兰足球队球衣的橘红色，外封上设计了三个球状活结，用丝带缠绕，丝带颜色则使用了荷兰国旗的红白蓝三色。这本书在当年被荷兰外交部作为国礼书赠送中国友人，后来还作为中国最美图书参加了德国莱比锡的世界最美图书评选。由此，基金会对我社的翻译出版和装帧设计能力刮目相看，可谓一战成名。

《荷兰现代诗选》的初步合作后，我们跟基金会的合作进一步紧密。2005年后，每年我们都会在北京国际图书博览会上与基金会成员见面，渐渐熟识，成了关系很铁的老朋友。在博览会上见得最多的就是被我暗自封为"荷兰三剑客"的汉克、马丁和马克。

汉克是荷兰文学创作与翻译基金会的会长，负责荷兰小说和儿童文学作品的推介。汉克同时也是一位作家,性格开朗外向,喜欢拍拍人的肩膀,表达快乐。他的面部表情丰富非常,上一刻还一本正经地看着你,突然就会幽默地眨眨眼,做个小鬼脸。汉克是个实诚人,有一次跟中国出版社的朋友们吃中餐,按照中国饭局的规矩是要敬酒的,汉克不懂中国的酒文化,只喝不敬还来者不拒,一下就醉得神魂不知。汉克很喜欢中国,有次跟何社长聊天,他感慨,中国人很热情随和,每次来到中国就很放松,虽然有工作,但是就像放假似的,心情轻松愉快。后来,汉克把自己的名字改了,改成罗汉,说自己姓罗,这个名字更中国。

马丁是非小说作品推介人,典型的北欧样貌,总是很绅士,从未见到他穿西装衬衫以外的服饰,长身玉立,风度翩翩。马丁热爱步行。有一次我在博览会展场门口碰到马丁,适逢展会结束,他在门口等的士准备回宾馆,看到我,很热情地表示要跟我去搭地铁。当时正逢下班时间,我略担心马丁不习惯,但显然低估了他的适应能力。马丁刚到地铁站,马上被人山人海吓了一跳,但回过神后就掏出随身携带的地图开始研究线路,北京的地铁标志是双语的,马丁一下就熟了,还谈兴甚浓。马丁告诉我,在荷兰,人们很少开车,大多骑自行车或步行,如果出远门,则会搭火车,他就很喜欢火车,当然车站不会有这么多人,他在荷兰从未一下子见过这么多人。事实证明,这个一米八几的老外在地铁站里的确"高屋建瓴"、如鱼得水,还几次指出我走错了方向,让我这个北京路盲闹了个大红脸。由于对北京不熟,对他该在哪一站下车不清楚,问周围的人也问不出个所以然,于是马丁在一个或许正确的地址下了车出站。隔天一打听,居然下错站了,马丁足足走了两站路才回到宾馆。不过对此,马丁很无所谓,反正也喜欢步行,不是么。马丁在学中文,但是学了很久好像还停留在"你好"阶段,他很无奈,唉,中文太难了。

翻译马克说得一口流利的汉语,负责主要的汉语翻译工作。马克的普通话带点京味,如果光听他说话,实在难以想象他是一个外国人。马克的妻子李梅是马来西亚人,拥有一头瀑布般的美丽长发和精灵样的眼睛,精通汉语,也是一位翻译家。

荷兰文学创作与翻译基金会是向世界推广荷兰小说、非小说和儿童文学作品的非官方机构。荷兰人口只有一千多万,荷兰语是一个小语种,荷兰却是一个人口素质很高的国家,阅读率高,拥有世界级的作家。很多优秀的荷兰作品都有英文、法文、德文等多个版本。基金会则致力向世界宣传荷兰的语言和文化。荷兰是17世纪的海上霸主,老牌资本主义强国,公司制度、股票交易制度等都出自荷兰人的创造。荷兰人精明而务实,具有商人头脑和商业精神。这样的特点也体现在"荷兰三剑客"和基金会的工作上。基金会的工作详细而完善,网站建设、翻译队伍建设、书目寄送、邮件联络、样书管理,方方面面都高效而井井有条。每年我都会收到基金会寄送的英文书目和专门为中国市场制作的中文书目,邮件联络的回复时间从来不超过2天,约定会面也从未迟到或爽约。

经过多年的努力,荷兰图书渐渐在中国打开了局面。"荷兰三剑客"的北京国际图书博览会工作日程也日益繁忙。不过我们还是每年保持着跟他们的会面习惯,每次会面何社长都会亲自出席,还邀请他们到北京公司参加酒会,每年他们也都会欣然前往。记得第一次参加酒会,他们不知道北京公司的地址,打了个的士,我边手机联络边到巷口接他们。远远看到一辆的士开过来,唰地停下,三个彪形大汉从车里钻出来,登时感觉出租车一下子轻得漂了起来,仿佛万吨油轮突然卸了货。透过车窗,看到司机的表情也轻松了下来,三个老外的确让出租车负荷不轻,估计耗油不少。而这三剑客终于从出租车缩手缩脚的空间里解放,禁不住活动了一下手脚,这时我忍不住想笑,怪不得欧美人喜欢大车。

汉克曾说,希望荷兰成为北京国际图书博览会的主宾国,这个愿望终于在2011年成为现实,基金会多年的工作积淀为博览会上相映生辉的中荷图书。荷兰的展台是多年来我在博览会上见过的最有特点的展台,汉克很自豪地说是专门请荷兰本土的设计师设计的。我想每一个见过荷兰展台的人都会感到震撼的,轻柔的白色飘带飘浮在空中,在蓝色灯光的映射下,如天空,如海洋,给人无尽的遐想。飘带下的各出版社展位是童话般的白色小屋,方方正正的桌椅憨厚地坐镇其中。展位四周环绕着参观板,凡·高的向日葵静静绽放,荷兰绘本、漫画编织出童趣。同时,荷兰组织了阵容庞大的作家代表团,在活动区开展丰富的对谈、演讲等活动。书展会场外,中国美术馆还同时举行了凡·高复制作品展。在国家大剧院和各高校举办了荷兰音乐节。除了荷兰文学创作与翻译基金会,荷兰的其他机构,比如荷兰设计师协会、比利时的弗兰德文学基金会也参加了书展,让我们结交了更多的朋友。

让我感到自豪的是我们社出版的菲克·梅杰系列(《角斗士》《古罗马帝王之死》《古罗马战车赛》)醒目地位列荷兰展书中。菲克·梅杰现任荷兰阿姆斯特丹大学古代史教授,是荷兰著名的历史学家、作家和翻译家,以翻译犹太历史学家约瑟夫的全集闻名于世。菲克·梅杰教授偕夫人参加了2011年的博览会,瘦瘦高高的教授精力充沛,年纪不轻却活力十足,参观了我们展位后,很诚挚地说,能够让自己的作品在中国传播,他深感荣幸。其实,我们亦有同感,能够出版这样优秀而谦逊的作者的作品,亦是我们的骄傲。书展期间,菲克·梅杰教授在北京几个大书店进行了对谈和签售活动,让更多的中国读者有机会了解他的作品及思想。

为了考察合作者的状况,"荷兰三剑客"走过很多中国的城市。当然,为了参观我们社也来过桂林。由于时间安排比较紧,他们只爬了叠彩山和坐船夜游了两江四湖,没有充分领略桂林甲天下的美景,但是他们都非常喜欢桂林,觉得桂林是一个安静、优美、灵秀的城市,拥有跟阿姆斯特丹和威尼斯类似的环城水域。两江四湖的夜景给他们如爱丽丝游仙境般的魔幻感,希望以后有机会来桂林骑骑自行车,穿梭悠游于山水间。

书里书外

小记与作者交往点滴

李 琳

读一本书就是与一位作者的思想交流，出版社这个平台却不只让你与作者神交而已，作为图书的第一读者，编辑们的最大福利就是与作者的直接交往了。这里面的收获或者点点滴滴的小乐趣，并不比从书本上得到的少。

作者一　回信速度超快

迄今为止我通信最多的就是周振鹤先生了。周老师作为著名学者，其工作之繁忙是可想而知的，然而，刚刚接手周老师主编的两个丛书项目时，我完全没想到他的回信速度之快，上午刚发出的信，一般下午就能收到回复，最快的时候不到半小时即得到回复。这让我这个"拖延症重度患者"汗颜不已。周老师是非常典型的"温而厉"的长者，他对项目管理工作中的失误一贯直言不讳，从来没有"弯弯绕"之习气，因此我的邮箱里会收到周老师的不少"霹雳短信"，往往直陈问题要害，刀刀见血，这大概就是禅宗里讲的"狮子扑人"的现身说法吧。我想起《哈利·波特》里罗恩闯祸后,送信的猫头鹰给他扔来一封韦斯莱夫人的"咆哮信",如果是在魔法世界里,我不知道要收到多少封周老师寄来的咆哮信了。不过,周老师更是从来不吝表达温情的谢意,每一本书出版后,我总能收到他鼓励和感谢的话语,哪怕是你给他寄几本书、帮忙问个电话号码这样的小事他也一定郑重回信致谢。这些信,很简短,很温暖。

作者二　读其书想见其为人

初拿到《退士闲篇》的稿件,一翻目录,我便被吸引住了:麈尾、禅杖、纸鸢与风筝、竹夫人、老北京的自行车……真是个好玩的主,白化文先生在开场白就说自己八十老翁,纯扯"闲篇儿"。从小到大,我最爱听老人家"扯板路"了,我也不管什么编辑不编辑的,直接把稿子抱回家,就当一个纯粹的读者,看老人家怎样扯古典和民俗的闲篇儿。一口气读下来直觉得这位耄耋老人真正玩出了境界,从各种"玩意"里扯出了真学问。他的文字透着京腔京韵,干净、热情,而且总是带着一股新鲜劲儿,好像一个孩童一路踢着小石子那般活泼欢快。不过,在真正编辑过程中,我没有直接与老人通过信,而是通过工作室往返书稿,直接在纸稿上交流意见,想来老人年事已高不便过多打扰的,直到将要给老人寄样书时,我才拨通了他的电话,电话那头的声音出乎意料的洪亮,充满勃勃生气。老人热情诚挚的话语,还有说话间那纯正的京味儿,都让我如沐春风。据工作室的人讲,他们有幸拜访过白先生,每次离开,白先生都在站在门口目送,直到客人走远才返回屋里,他们也是满心的感动。我读老人的书,听到他说话,想见其为人,只有历经世事沧桑而仍保有童真,心底光明而通透的人才能有如此感染力吧。

作者三　考验你的做书速度

给艺术家做书有什么福利呢？好处大大的。最起码作为责编可以拿到几本定价不菲、装帧精美、颇具艺术范儿的样书。"书不可滥读"，但这个原则对于干编辑这一行的人来说是无效的，在日常的编辑工作中，我们不得不大量地阅读文字，又因这种过度的阅读败坏了读书的胃口，这时候做一些艺术类图书常常可以找到呼吸的出口，激活极度懈怠的脑细胞。艺术类的图书自身怎能缺少艺术性呢？它从内容到形式都对审美提出很高的要求，这种挑战给责编和美编带来兴奋感，引发了脑力激荡。然而，一方面，艺术家活动多，事儿多，某本书能否在某些重要场合出现事关重大，非常考验做书的速度；另一方面，艺术家眼光毒，追求完美，排版、编辑、封面设计、用纸、印制，任何一个环节都要接受艺术家眼光的拷问，又反过来影响出书的速度，所以做艺术家的书，责编和美编都会感到"压力山大"。我编辑过的几本艺术类图书，有赶大画家百年诞辰的、有赶中央电视台节目的，还有赶身患绝症的画家的个人作品展的，赶、赶、赶，百分之五十的加班时间都献给了艺术家的图书，与作者沟通的过程有争执、有抱怨、有妥协，做得这么痛苦，值不值得呢？拿到样书的时候你就会觉得值了。

作者四　与你分享游学经历

接触的作者多了，需要联系的事务比较繁杂了，自己就不免有些懈怠，给各位作者写起信来，多少有些例行公事，甚至冷淡的感觉。有时候觉得，这也不过是一份工作吧，做完就了事。但《法国使华团外交活动日记》的译者谢海涛先生却改变了我的想法。与谢先生签完合同，收到稿件后，他便到法国访学去了。此间我给他去了一封信，也就是通报一下书稿的进展程度，不料谢先生随即回了一封长信，兴奋地介绍了书稿涉及的专题在法国的研究状况,他到了法国的哪些博物馆、图书馆,又发现了什么新的材料,找到了学术研究的新线索,等等。读着他的信,我仿佛自己也在游学,也像发现学术的新大陆一样兴奋,学生时代对学术的热情被他一夕点燃。这位学者身上自然流露出来的修养就像黑塞所说的"不追求任何目的,一如所有为了自我完善而做出的努力",他给我带来的不是僵死的知识,而是对世界鲜活的意识和理解。

胡适先生曾说过大学生毕业后走上社会,堕落的方式很多,概括起来不外乎两大类:"第一是容易抛弃学生时代的求知识的欲望。第二是容易抛弃学生时代的理想的人生追求。""况且学问是要有相当的设备的,书籍,试验室,师友的切磋指导,闲暇的工夫,都不是一个平常要糊口养家的人所容易办到的。"然则我何其幸运,我的工作中就有书籍,就有师友的指导,即使堕落了,也总有得救的可能吧。

科海无涯

学习干福熹院士永无止境的科学探索精神

张贻松

2016 年是广西师范大学出版社成立 30 周年,我进社工作也已经 17 周年了,责编过几百本图书,接触过上百位作者,给我印象最深的当属我责编的专著《科海拾贝——六十年科研生涯的点滴回顾》的作者——干福熹院士。

干福熹,光学材料、非晶态物理学家,中国科学院院士,中国科学院上海光学精密机械研究所研究员。1933 年 1 月 3 日生于浙江杭州,1952 年毕业于浙江大学,1959 年获苏联科学院硅酸盐化学研究所副博士学位。1980 年当选为中国科学院院士(学部委员)。几年来,干院士对我的影响无时无刻不在激励着我,每当工作和生活中遇到困难和挫折,我都会以干院士的人生来激励自己,度过困难和低谷。

2011 年 8 月的一天,李苑青副总裁打电话给我,说有个中科院科学家的稿子需要谈,让我中午一起吃饭,顺便谈下稿子的出版事宜。我当时也没仔细问,中午就到约定的饭馆吃饭,进了包厢一看,那场面让我有点紧张了,学校的书记、副校长都在场,两位领导的中间坐着一位头发花白,但精神矍铄、和蔼可亲的老人。工作人员叫我坐下,那位老人对我说,坐到我旁边来,以便交流。这样我就坐在了书记和他的中间,这时候,书记才介绍说,这是干院士,我国著名的光学和材料科学家,中国科学院院士。

我当时非常紧张,毕竟还从未和院士零距离交流过,生怕说错了话。干院士很和蔼可亲,说话不紧不慢,始终带着微笑,他详细地把出书的想法和我说了,他说他20岁从事科学研究,到2011年12月底80岁,正好是从事科学研究60周年,想出一本有点像自传,但又不完全是自传的小册子回顾一下他不平凡的科研生涯,也把它当成一件给前去祝福的客人的礼物。但是素材都是散乱的,而且很多图片,有些是珍贵的保密材料,需要你把这些材料整理好,提炼出一些主题,可能要花费很多时间和精力,希望你能接下这个繁重的任务。干院士如此诚恳地把这样一个重任交给我这样一个小编辑,我还能有什么可说的呢?我当时就爽快地接下了这个艰巨而光荣的任务。

从后面的座谈以及帮他整理书稿,与他通邮件和电话的交谈中,我逐渐感受到了一个科学家无穷的探索精神和不怕牺牲的大无畏的精神,舍小家顾大家的无私奉献精神。干院士出身贫寒,10岁时父亲就因病去世了,是大哥和二姐帮助他完成了初中学业。14岁初中毕业后,上不起高中,便进了抗战胜利后刚从内地搬回杭州的浙江高级工业职业学校。在那里,他得到了生活的资助并得以继续学习,考入了浙江大学化学工程系,开始了化工科研生涯。

1952年大学毕业后,他被分配到设在长春的中国科学院仪器馆(中国科学院长春光学精密机械研究所的前身)工作,在老一辈科学家龚祖同的指导下,投身到开拓中国光学玻璃的研制中。以他为组长的光学玻璃熔制组成功地熔制出中国第一埚光学玻璃,随后又研制出了光学玻璃系列,为中国的光学工业提供了第一批急需的光学玻璃,在建立中国自己的光学玻璃研制基地,推进我国光学玻璃产业的形成方面起了重要作用。当时的中国科学院东北分院的中国科学院仪器馆,条件异常艰苦,玻璃光学仪器制造技术在国际上极为保密,仪器馆也刚成立,一切从头开始。他和其他科技人员心中下定了"为了祖国的需要,干什么学什么"的决心,建厂房,修煤气炉,建立玻璃熔炉,吃喝在熔炉边,经过不懈的努力,终于研制出了中国第一埚光学玻璃。

干福熹院士不仅建立了我国第一个光学玻璃试制基地和耐辐射光学玻璃系列,而且研究建立了激光钕玻璃系列,并在此基础上建立了完整的无机玻璃性质的计算体系,获得了国际玻璃协会的终生成就奖。1956年被送往苏联科学院学习和工作,师从以研究玻璃态结构和建立氧化物部分性质计算体系而闻名于国际玻璃界的A.阿本教授。当时苏联的所有光学玻璃研究或生产机构都处于国家严密控制和对外保密状态之中,也许是干福熹的勤奋和工作成绩打动了苏联科学院硅酸盐化学研究所所长道罗波夫院士,道罗波夫为他办理了解密手续,A.阿本还亲自为他签名担保。这样,干福熹有机会到苏联有关光学玻璃的研究所和生产厂家考察和学习,这种与生产实践紧密相联的研究方法,为他以后的伟大的科研工作打下了坚实的基础。

20世纪60年代初,面对国外敌对势力对我国实行封锁和孤立政策,打破核大国对我国的核讹诈,中国只能独立自主、自力更生地发展我国的原子弹和导弹技术。干福熹承担了我国军工急需的耐辐射光学玻璃的试制研究工作,并建立了中国第一代耐辐射光学玻璃系列,以他为首的科研小组光荣地接到了代号为"150工程"的任务,即为我国第一颗原子弹的爆炸提供实地测量数据(当时可是绝密,2010年8月解密)。

20世纪70年代美国和苏联两个超级大国为发展定向性辐射武器,着力研制高能量和高功率激光器。为了不受制于人,我国也从60年代开始研制精密光学仪器,干院士的夫人——邓佩珍教授负责玻璃的析晶和分相,筹建X射线衍射结构分析工作。1961年的年底,他们的第一个孩子出生了,是个漂亮的女孩,年轻的夫妇非常高兴,也给他们枯燥的科研生活带来了无尽的欢乐。孩子出生三个月后得病了,病情复杂而反复,医生也束手无策!经过8个月的煎熬,医院分析出来病因,一个可怕的结论:

先天性骨髓受放射性辐射损伤！因为科研任务繁重，他的夫人直到临产还一直在做 X 射线衍射分析实验，搭建实验设备。他太后悔和懊恼了，自己是这样的无知，没有尽到做丈夫的义务！但为了祖国的繁荣和安全，这又算得上什么呢！

带着无尽的悲伤送走了孩子，他对夫人隐瞒了病因，为了能尽快造出激光精密仪器，开展"激光反导"工作，他们化悲痛为力量，继续科学研究和试验工作。1963 年底，他们的第二个孩子降临，三个月后又因同样的病因失去了生命。他们绝望了，他们可以不要孩子，但科研工作不能停止，于是夫妇俩领养了哥哥的孩子。经过痛失两个孩子和无数的日日夜夜的奋斗，他们参加了 1964 年 10 月 14 日我国进行的第一颗原子弹爆炸试验。试验震动了世界，他们非常高兴，因为他们研制的中国耐辐射光学玻璃系列可以进行现场效应试验，来最后判断其成功与否。1965 年 5 月 14 日，他们又参加了第二次核爆炸试验，为我国原子弹爆炸试验获得了宝贵的实地测量数据。

70 岁的时候，干院士又开始了另外一个全新的研究领域——科技考古，在古代玻璃和玉器的研究方面已经取得了丰硕的成果。目前，他仍旧奋斗在科研的第一线，为培养下一代科研人员继续发挥着余热。

为了科学研究，他和他的夫人放弃了在城里的生活，投身大漠；为了科学研究，他们失去了出生不久的孩子。正因为他们有这样无私奉献的科研精神，才有了我们今天社会的进步，科技的发达，国家的安全和强大，国际地位的提高，人民的安居乐业。

回想起与干院士的交往的点滴，以及听他讲述的故事，我感慨万千。对啊，我们生活在一个物质丰富、社会稳定、国家安定的时代，我们要勇于做一个有担当的出版人，做好自己的本职工作，没有理由对自己的工作有所懈怠，应该时刻以老一辈科研工作者的探索进取精神激励自己，不断进取，在自己平凡而又重要的工作岗位上谱写时代的篇章。

大师与小编

罗　向

　　尹德荣,广东省重点中学韶关市某中学地理高级教师,普教系统"百千万工程"韶关市名教师,韶关市地理学会副会长,广东省地理学会会员,广东省骨干教师,广东省南粤优秀教师,湖南教育出版集团特聘新课标培训专家。从事教学工作二十余年, 桃李满天下;编写学术论著多部,才华富五车;应邀去到各地讲学,声誉响九州。他,真可谓地理教学界之大师。

　　小若,广西师范大学出版社集团广州贝贝特文化传播有限公司一名地理编辑。汉语言文学出身,毕业后来公司工作,因酷爱地理,被领导培养成地理编辑。工作认真负责,兢兢业业,但因只踏入江湖几年而已,始终名不见经传。若要论起声名,也许在使用她经手的地理教辅的学生中还稍可论,不过她相信,大部分中学生并不会去在意手中的练习本是谁责编。她,只不过是博大精深的出版界的一无名小编。

　　大师与小编相逢于公司组织的一场专业约稿会上。地理大师不愧是江湖高手,会前主动找到小编。只一席话,大师便对小编的情况有了精确的掌握。大师熟练且自然地发挥了教师循循善诱的本领和激励、培育后辈的精神,传给了小编几着武林秘诀:多看新闻、报刊,有意识地去了解地理界的最新动态,主动将收集到的地理信息汇集整理成册,方便工作中的需要;抽空看看大学地理系的教材,将自己的专业素养再提高;有机会还应该听听一线老师的实地教学,对于教辅编辑这一行来说很有必要。这一场会前会晤,无疑让地理小编获益颇深,小编谦虚好学、务实认真的态度也给大师留下了深刻的印象,这为他们日后的愉快合作打下了坚定的基础。

日后组稿的跟进,稿件的审稿,校次中的改动,小编都是通过电话或QQ跟大师顺利达成沟通。一些昔日似懂非懂的地方,一经大师点拨,小编就有了经络打通的感觉,前后串联起来,地理知识便更成系统化、条理化。同时大师的QQ空间里也留下了不少教学感悟,收藏了不少地理方面的知识,让小编似在地理知识的海洋里遨游了一回,大开了眼界,增长了知识。小编也努力实践着一个秘诀,自备了一个笔记本,里面记载着平时浏览新闻时收集到的地理信息。这一着很受用,小编在日后的工作中明显地感觉到了。

小编毕竟年轻,不时会感觉到生活太平凡,工作还未有大成就,心思就烦了,乱了。大师功成名就,他又是如何成就自己的呢。小编向大师请教。大师说,我也是一名普通得不能再普通的老师,在平凡的岗位上平凡地生活二十几年了。今天的我是取得了一些成就,算是二十几年来兢兢业业生活的结晶,但依然还是平凡地生活。其实大部分都是在平凡地生活,因为我们都是凡人。听了这些,小编的心于是就静了。

大师与小编的故事,其实还在继续……

子　仲

沈伟东

十多年前，我刚当图书编辑的时候，埋头在文科编辑室看稿子。编辑室主任龙子仲时常从香烟袅袅的"书城"（书稿堆砌的办公桌）后探出头问："最近读什么书啊？"

于是，以"最近读什么书"为由头，编辑室同人放下手头的书稿闲谈编书之余读的旧书新书。

印象最深的是子仲兄谈到几本孙犁记读书小品文的书。这些小品文的内容原是孙犁记在包书皮上的。子仲喜欢孙犁。从书的内容谈到开本、版式、纸张、文字，直至谈到封面的"至简"的艺术效果，他谈得极有兴致。子仲是老编辑，一谈到心仪的图书，眯着眼睛，悠远的眼神放空心思陶醉着。淡定的轻烟中，他谈到"书感"："做编辑是要有书感的。"后来，偶然在子仲的博客中看到他谈图书版式的一些话："做出版的都要涉及内文版式设计，现在有很多书，可能认为'版式'就是'装饰'，把书页整得花里胡哨的，不知道要干什么。这显然是版式的大忌。我一向说：版式是体现功能的，不是为了美观好看。""书感"，是过眼图书无数后养成的职业感觉。当时，我刚入行，对编辑这个职业技能的理解还是浅层次的。我编辑"插图珍藏本"《美的历程》，一字一句地读书稿，整理出好几页"编书笔记"，在书稿里找出几十条"常识性的错误"，颇有得色。子仲复审的时候，找我聊天，赞许我功底尚可后，说还是要尊重作者："除了硬伤，可不改的不改。"——不要拘泥于文字表达的规范，或者说真正的好书需要超越细枝末节的"规范"，"不改"有时比"改"更见编辑基本功。当时我尚有疑惑，随着多年编辑生涯的历练，对编辑角色、图书版本定位我有了更多的认识，也对尊重读者个性化表达方式有了更多的理解，深感当时子仲的提醒其实是引导了我对编辑职业有更深入的思考——要超越编辑"匠"而成为"师"。那时我的"改"，多是由于拘泥于字句的小技，不是在书的本质内涵上提升内容，从而引导作者，自然有编辑的"匠气"。

在"最近读什么书"的引导下，当时文科编辑室读书风气很浓，似乎在这句话的追问下一时语结是令人羞愧的事情。有时，我只好搪塞："读《红楼梦》了。"他于是说他对《红楼梦》读得不多，没有发言权，说需要从字缝里看书。最近，无意间我看到他策划组稿的《红楼梦索隐》，图书的内容深度，编辑所做的工作，令自以为读《红楼梦》颇为仔细的我汗颜。子仲在办公室坐拥堆积如山的书稿，在独居的小屋里，"人在桂林，满屋子的书就在手边"，读书是他工作之余的常态，他的读书带有编辑职业特点，注重"评"。他在《编辑与书评》中提出："书评对于编辑而言，更重要的就是不应该仅仅作为一种能力，而应成为一种意识。这是极其重要的。这就不仅仅要求编辑能够写书评，更要落实于编辑过程的每一个环节中，以'评'的心态去对待书稿，形成一种超越的审视，惟此才能达成一种好的态度。"

在文科编辑室工作的那两年，跟随子仲等同事工作，我学会了读书、编书写书评。评自己编辑的图书，就作为"编辑手记"；评自己读过的书，就是"读书感悟"。在子仲兄的点拨下，多就图书综合形态评论，正如子仲所说："所谓综合形态，内容方面当然是主要的，但其编、校、装帧、版式、本事、逸事等等，也都有可评。"在评自己责编的图书时，往往能够对图书内容、编校质量、选题开发做更多的反思。例如,我编辑的《文选诗研究》出版后,我在写"编辑手记"时,回顾了在编辑这本书时对"文选学"研究相关图书的阅读和了解,对文选学类图书选题做了分析,提出"文选分类研究丛书"的策划思路,后来得到了实施,提高了编辑策划的含量。在编辑工作中,读书、评书,文科室的编辑责编的每本书都有流程记录,每本读过的书都有心得笔记,编辑工作于是有了回味。在文科室工作之余,我还和当时的美术编辑、书法家唐长兴兄主编了一份叫作"书语"的读书报,面向桂林的大学生和市民,子仲在这份小小的读书报上发表了不少言近意远的小文章。

"编辑要务实,还要务虚。"——这是子仲常说的话。子仲兄所谓的"务虚",就包括在编辑室轻松地聊"最近读了什么书",也包括漫无边际的闲聊。在读书漫谈式的编余闲聊中,子仲兄谈哲学、生命,谈文史,谈编辑工作。我还记得在广西师范大学干训楼的单身宿舍里,夏天的傍晚,子仲一个破旧电炉子米饭剩菜一锅煮。饭煮好了,他捧着热气腾腾的钢精锅,盘腿坐在铺一袭破席的单人床上边吃饭边看书。他光着膀子,"黑黑的微胖的身子,津津有味地吃着简单的饭菜,那满足的样子……"文科室的老前辈陶征老师讲起吃着晚饭读着书的子仲,"流着汗,光亮的皮肤,像只进食中的海豹"。窗外,可以看到远山和夕阳。

2000 年,我从文科编辑室调到杂志社工作,创办一个少儿作文期刊《作文大王》,子仲给予了很多支持。我还记得他聊天时略带顽皮地说:"叫什么'大王'!叫'小鬼'岂不更好玩!"这个期刊的风格、定位多是和他及几位趣味相投的同事、朋友围着炭火喝茶"务虚"务出来的。他多年来为这本小小的杂志写了堪称经典"文眼"的刊首语:"作文的眼睛""汉字的故事"。每则刊首语短短几百字,以富有童趣的笔墨点染出中国文化的轨迹。年前,外文局下属的海豚出版社的总编室副主任朱璐女士无意间看到这些短文,计划春节后到桂林向子仲组稿,编写一套面向海外的汉语图书。她听到子仲辞世，为不能实现的组稿计划感到深深的遗憾。子仲在聊天喝茶的"务虚"中和同事们一道为《作文大王》策划了深得孩子们喜欢的栏目和专题，有些栏目已经成为少儿期刊策划的经典案例。

子仲读书读到的境界，使他能够达到在多个学科领域贯通。他不仅仅能够和作者交流，还能引领作者思考。对图书，他的见解往往能切中肯綮，引导作者深入探究。他主持出版"跨世纪学人文存"时撰写的"出版说明"，担任《郭小川全集》编辑撰写的"编者说明"显示的编辑学养，令学术界感佩；他编辑的《思考中医》，把原书名为"《〈伤寒论〉导论》"的书稿加工为对中医文化的思考，对生命、对健康的思考的图书。他对书稿思想境界的提升显示了图书编辑的眼光以及编辑的文化价值——这种文化价值不仅仅体现在编辑技术方面，而更体现了编辑对文化传播、创造、传承所需的文化底蕴。《思考中医》出版之后，引发国人对中医、对中国传统文化的关注，成为中医文化类著作中开风气的图书，畅销近十年。近年，子仲担任"文场"方面的图书的编辑，他较系统地查阅明清时期出版的曲子书，走访深藏不露的民间艺人，对民间戏曲有了深入的研究。他写出的研究性文章被专业研究者和"文场"名角公认为研究"文场"最有分量的论文，让专家折服。

子仲那时在《桂林日报》开了个"夜谈"的专栏，谈学问。读了他的专栏，很多读者还以为他是长须飘飘的老先生，其实他当时不过三十出头。那时，我有时跑到他干训楼宿舍听他聊天，讲西方哲学，黑格尔、尼采，也谈宗教、文学，他能融会贯通，思接千里，咫尺之间把思想放牧到看不到尽头的世界。这样的交谈令我受益，但也让我困惑：他轻松的话语如垂钓的丝线，钓起生命中的无法言说的沉重，让人在黑暗的泥沼里挣扎着潜行，陡生何处是归程的惶惑。窗外时常是雨声渐沥，两行香樟树枝叶抖落着水气。除了带着团团迷雾的哲学，我还听他讲唐时走来的柳宗元。我不记得当时讲了柳宗元什么，只记得由柳宗元谈到一个陶罐——"不能总是捧着它,要放下,甚至打破它——其实打破了也没有什么了不得"。他写了篇关于柳宗元的短文在我编辑的《书语》读书小报上发表:"打破"谈的似乎是学问本身的执着导致的迷障,还似乎是谈世俗的功名的痴迷形成的迷惑,亦或是隐约看淡的是生命本身。

子仲博览群书,看似散淡的人生态度背后,有着对人生世相、对学术文化的深切关怀,有着作为编辑的文化使命感。正如他在"跨世纪学人文存"的"出版说明"中所说:"一代有一代之学术,一代有一代之学人。学术所依托者,学人也。学人须由学殖养成,非纯由天资铸就。学殖者渐,天资者顿,而学术的规律是'渐'的。基于这个'渐'的规律,出版人便有义务在当代学术的积累与整理上做一份工作,以助学术之进步。"

2011年年初,出版社社科分社(文科编辑室为其前身)开选题讨论会,面对市场的压力和文化追求的纠结,子仲感叹:"我原本希望把出版作为事业来做,可现在我却被迫把它当成职业。"悲凉至深。翻译家、诗人、漓江出版社资深编辑莫雅平先生说:"这句话里有深深的沉痛。"这种沉痛是针对编辑这个职业面临的现实迷茫的沉痛。

子仲有几年在出版社北京分社工作,担任北京贝贝特出版顾问有限公司编辑总监。我在桂林工作,与他见面少了。有一年,我带编辑去北京参加订货会。他带我们去看了鲁迅故居,在胡同"老虎尾巴"的青瓦灰墙的小四合院里,他抚摩着鲁迅种的丁香树,看树上漆黑小虫爬过,安静的树叶轻轻抖动。那时,我只知道周氏兄弟对他影响颇大,但还不知道他对鲁迅研究颇深,后来出版了研究鲁迅《野草》的著作《怀揣毒药,冲入人群——读〈野草〉札记》。那次,似乎是初冬季节,他带我和梁艺、唐禄干看了鲁迅故居,又去逛琉璃厂中国书店,在书店里,遇到季羡林。季老穿着藏青色对襟衫,颤颤巍巍在看画,指点画上乾隆的题字。我们在旁边和他一起看画看字。那天下午,我们随便搭了辆出租车往西山去,到了一个所在下了车——不经意间撞见曹雪芹故居。略带疏野气息的京郊,初冬的山里，高大的柳树上悬着黑沉沉的鸟窠。山路上走着，子仲告诉我们那有点暗的大片红叶是黄栌。在一个院落里他请我们吃饭，吃的是绍兴霉干菜、清炒茼蒿，喝的是稠稠的女儿红。蓝得有点酽的天空，有一棵老树，挑着几颗红柿子。喝着酒，我们谈读书和编书。那时，子仲向王世襄等文化老人组稿，他能和作者对话，让作者有知己感，作者们因为他都愿意把稿子给我们北京分社出版。

子仲后来又回到了桂林。但我们见面却还是不多。他没有手机，不坐班，大多时间隐居在他奇峰小筑的小屋里。神龙难见，我内心想，子仲似乎有点封闭自己。2011年2月10日下午，我接到电话，说他一个人倒在洗手间里，已经离开了这个世界。

和同事们到他奇峰小筑的小屋，他围着红围巾从照片里看着我们，很多同事泪流满面。

桂林七星路上的3月，枫林新绿，犹如流动着一抹淡淡的雾。

能在这个相对安静的小城读书、编书，与出版社子仲这样的同事一起读书、编书，我是三生有幸。想起子仲，不觉泪眼迷蒙。想起那时的子仲和文科编辑室，我时常浮现子仲和文科室的同人们在云雾山庄住着，集中起来看稿子的场景。我不会游泳，同事们和作者开玩笑，把我抱起来，扔到山庄露天游泳池里。我慌张得不知所措，在"浩瀚"的水里沉浮。

"什么时候感觉不到水的存在，你就自由了，也就会游泳了。"子仲说。

草根作家的草根梦想

徐兴军

在很多人眼里,出版社是文化人聚集的圈子,出一本书自然是很有文化范儿的事儿。把文字变成"铅字"是很多人的梦想,何况变成厚厚的一本书?我就曾经听过这样的话:"人家可是文化人,前几年还出过书呢!"言语中透出的是满满的艳羡。

每提到广西师范大学出版社,身边的人无不交口称赞,他们能立马想到很多很多广西师大社出版的图书,提到很多很多在我们广西师大社出书的名作家。对于名作家,我想大家都有同感:文化人。大学读书时,有次拜访叶兆言老师,我的确就是带着一种崇敬的心理去的。和普通的文学青年相比,他们已经成名了,报社盯着,出版社抢着,如众星捧月般。

如今有幸加入广西师范大学出版社大家庭,我更想谈谈这些年来接触的那些还不是名作家的人,我称他们为"草根作家"。他们用自己手中的笔,洋洋洒洒,挥写着自己的文学梦想。不管将来是不是能够成名,单这种对文学梦想的憧憬与热爱,就让人敬佩。

徐翱是其中之一。

认识徐翱,还是因为我社出版他的小说《梦圆双月街》,而我做了这本书的责编。

初次见面，单看外貌，我还以为此人正值年富力强、雄姿英发之时，写出一本小说，自然也不足为奇。后来聊着聊着，才知晓，再过两年，他就要光荣退休了。这让我由衷赞叹，真所谓"烈士暮年，壮心不已"啊。他年轻时对文学的热情的浓度，由此也可见一斑。

我身边也有一些这样的人，他们爱好文学，喜欢写作，但微薄的稿费难以让他们继续畅游梦想，最终不得不忍痛割爱。如徐翱老师能够这般坚持、至老不辍的，能有几人欤？

徐翱，这其实是他的笔名，我理解成"慢慢飞"。在即将退休之时，推出自己的第一本小说，似乎还真的有"慢慢飞"的意味在里面；而且据徐翱老师说，这本书早在二十年前就已经开始写了，这还真是名副其实的"慢慢飞"了。

有一次到徐老师所在城市出差，完成工作后，看天还早，我就想到了看望看望他，也想顺便了解一下他近期的写作情况。于是就拨通了他的电话。听到我来了，他显然很高兴，热情地告诉我他在哪里。等我按照他的指示，从电梯里走出来的时候，一双有力的大手向我伸了过来——他早已经在电梯口等着我了。

虽然仅仅聊了半个多小时，聊《梦圆双月街》，聊外国文学，特别是聊到了法国司汤达的《红与黑》，还提到了新生代作家韩寒。谈到文学，他激情澎湃，分明就是一个文学青年的模样，这让我根本看不出他的"老"来。当说起正在创作的作品时，他更是难掩内心的热烈情感，像母亲谈论自己的婴孩，跟我介绍这本书的创作初衷。

后来，我收到了徐翱老师的第二本书稿《正是荼蘼花开时》，通读完书稿，也形成了自己的一点意见，遗憾的是，徐翱老师的第二本书没有在我们社出版。但想想也不遗憾，从作者的角度说，只要这本图书能顺利出版，顺利和读者们见面，也就没有什么好遗憾的了。

和徐翱老师接触的这段日子，我感慨万千。看来，文学这东西，不仅仅是年轻人的事，也不仅仅是年老人的事，它是我们大家应该共同关心的事。

和徐翱老师不同，袁明扬老师还很年轻。

戴着一副近视眼镜，肩上挎一个单肩包，腰里别着一部手机：一看就是教师的打扮。他就是袁明扬老师。

袁老师在一所高级中学教书，教语文。

闲暇之余，他也喜欢用笔记录生活的点滴。数年来，积攒了不少文字。有些是弥漫着闲情逸致的抒情小品，有些是渗透着深沉思考的旅游札记，还有一些属于散发出脉脉温情的怀旧之作。或抒情，或描写，或议论，生活中的事物在他的笔下充满生机，有了温度。这种对文学的信仰的精神，是值得我们每一个人心存敬意的。

这不，他也找到我们广西师范大学出版社准备结集成册，出版成书。

袁老师准备在我社出的这本书是《流年心影》。名字取得有些诗意，让人想起了《追忆似水年华》。袁老师很是重视。他说，他经常写些东西和学生一起切磋。这也是我对袁老师心存好感的原因之一。一名在校语文老师，如果连自己都丧失了对文学的激情，还有什么理由要求学生爱好文学？

为了书稿的版式设计，袁老师跑到我们编辑部两次，我们自然也会尽心设计出适合本书的内文版式和封面。毕竟，这本书承载了很多，尤其是承载了一个文学爱好者——或者说是草根作家的草根梦想。当提供给他最终的定稿时，他很是欢喜，连声感谢。

我现在还记得图书定稿那天，袁老师还是跑了一百里路来到我们编辑部。为了书稿的质量，他提出要亲自再校对一遍，生怕遗漏的错字、别字会贻笑大方。对这个要求，我显然不会拒绝，也不能拒绝。我提供了一张办公桌给他，他就认真地校对起来。他坐在那里，俨然就是我们工作组的成员。他的那副认真劲儿，真的令人记忆深刻，难以忘怀。

这本书最终顺利出版，而且袁老师也不断表示图书在设计风格上都体现了他的想法，效果很不错。这也让我安心，怎么说，这也算是对文学爱好者——草根作家们的最基础的支持吧！

图书出版之后，刚拿到书的袁老师就特地打电话过来，告知收到图书了，并一再地表示感谢。从电话的这一端，我就能感受到电话另一端一位草根作家对自己文学梦想的情感温度，是那么炽热，那么酣畅淋漓。

回想这些往事，我忽然想到了一个问题，这似乎也是一个悖论：一位作家成名之后，再出书就很容易了；可在他成名之前，出书又是他们的一个不太容易实现的梦想。

以前谈论诺贝尔文学奖，就觉得这奖金发得有些不值，几乎每一个拿到这个奖的人，都过了创作的巅峰期。倒是那些年富力强、创作处于播种期的作家们，急需资金支持，为了文学梦想，不得不节衣缩食，固守清高。说起来，空留长叹。

有时候，如果有一笔资金，还真的想设立那么一个创作基金，为处于创作期的草根作家们提供些许帮助！但愿望总归是愿望而已！

好在，这些草根作家们的草根梦想一直没有停止过。

默契与信任

与作者王珂交往的两年

赵海涛

我是 2013 年 7 月来到广西期刊传媒集团上班的,当时刚由广西师范大学杂志社改为广西师范大学报刊传媒集团。记得招聘的时候招的是军事编辑,总编辑梁老师在面试的时候意外地问了一下"读过什么侦探推理类的书",这让我当时感到很奇怪。上班后不久,我才知道,社里增加了《数学大王》(小侦探)这一新期刊,而这本新刊物将由我和同事小顾一起做责任编辑。也正是在做这本刊物中,我认识了一位功底扎实的实力派作者——王珂。

最初的交往

开始做新刊物,最缺少的就是作者。刚开始,刊物的内容主要由自己找一些推理小说,再经过不断地删减、修改使其达到我们的要求。要将动辄一两万字的文章压缩到两千字左右还不能落下一丝丝推理线索,这真是让人头疼的一件事。那段时间的工作量是比较大的,可以说是焦头烂额,因为我们还要做《奇趣百科》(军事密码)。入职的前半年,我们就是这样过来的。经过我们的努力，局面逐渐打开，作者逐渐多起来，但是文章在质量上尚未达到预期。

2014年初，我收到一封名叫王珂的作者投过来的稿件，打开一看，是一个中篇悬疑推理小说。当时本期刊已经有了两个中长篇的连载故事，但是我一看他的文章便被吸引住了，我清楚地记得那篇小说叫《天朝名捕之眩鬼双生》。于是我一口气读完了整篇小说。文章内容悬念同情节设置出彩，画面感超强，文字描述细腻感人，可以说，不读到最后永远无法猜想到那一张隐藏在迷案背后的脸，悬念迭起，引人入胜，欲罢不能。最终，我怀着试试看的心态联系到了王珂老师，想让他帮忙重新写一些短篇的、适合少儿阅读的古代侦探推理故事。

王珂老师出生于孔孟之乡，性格豪爽而彬彬有礼，他一听我的建议，立马答应了下来，就这样我找到了一位配合默契的好作者。

一开始，我还在想，王珂老师以前的作品都是以成年人为受众，现在要他转写少儿推理作品会不会出现风格上的不合呢？《数学大王》（小侦探）是一本以少儿为主要受众的期刊，因此其内容要符合少年儿童的阅读习惯，又要顺应社会风向，教人从善，叫人遵纪守法，培养孩子们的法律思维与法律意识，同时又不能太暴力血腥。再加上古代推理故事的写作有相当难度，一来要对历史有足够的了解，二来完全不能借助现代刑侦手段，一切只能靠作者的知识储备以及纯逻辑的思辨能力。要同时达到这些要求是非常难的，难能可贵的是，作者王珂先生做到了，而且做得很好。

一个月以后，我收到了王珂先生发给我的文章，我怀着忐忑的心情打开了文档，因为我怕文章写得跟我的要求差距太大，令人大跌眼镜。但是当我看到第二个小标题时，已经完全被精彩的故事情节吸引住了，一口气读完了整个故事。稍作回味后，我便开始总结这篇文章的优势与劣势，对优点给予很高的评价，当然问题也是有的，对于这些问题，我也适当地提了出来。然后我将这封审稿意见返回给王老师。

王老师很乐于接受批评，对我提出的问题一一做了解答，还在回信中提出了自己的一些建议。经过一段时间的沟通交流之后，我们终于达成一致，完成了《少年神捕》这一栏目，从2014年7、8期开始刊登并出版。由于之前的栏目主要是以西方侦探故事和中国古代公案小说为主，而缺少专门针对少年儿童的栏目，这也是我们在苦苦寻找的题材。到目前为止，这个栏目已经成为本期刊的招牌栏目，深受小读者的喜爱与好评。

交流与信任中培养默契

王老师的文章悬疑重重、条理清晰、文笔流畅，在编辑的过程中一般没有什么大的问题，因此，编辑校对都是十分轻松的。

王老师人很随和，交流起来毫无障碍。由于个人知识的缺乏，我对于古代的一些侦查手段比较陌生，大多只是一知半解，多停留在观看《神探狄仁杰》《大宋提刑官》等电视剧后的一些残存的片段上。因此，对于这些问题，我拿捏得不是很准，便会经常找王先生了解情况。

在刚开始与王老师交流的时候，我怕王老师对我的意见嗤之以鼻，心里总会很忐忑。可没想到的是，我总是很快就会收到王老师的回信，王老师会耐心地讲解。从王老师那里，我学到了不少古代侦破案件的方法。在信中，王老师十分谦虚，他反思了自己稿件中存在的一些问题并提出了以后的写作计划。而我也是摆着一副学习交流的姿态向王先生请教，我们之间的交流逐渐多起来。

经过几次合作之后，我们的默契逐渐培养起来，我在约稿时一般不会给他过多限定，只把握一个大方向，故事情节、题材都是由他自由创作。这是因为我们之间已经拥有了信任。而他每次寄过来的作品都会令我耳目一新，而且与刊物的风格完全吻合。他的写作功底深厚，推理过程缜密严谨，代入感强；文字简单易懂，篇幅适中，符合小学生的阅读习惯和理解能力,让小读者更容易发现破案线索,参与到推理过程中;人物设置吸引眼球,既具备破案推理小说的必要元素,又符合孩子的审美情趣。

我们之间的默契就在短暂的交往中建立起来,由默契而信任,因信任而更加默契。

作者亦是朋友

王老师是一个豁达开朗、平易近人的人。王老师年长几岁,在平时的交往中,我总称其为"王兄"。交往多了,我们变成了在写作与出版这方面的朋友。

平时王老师有什么新的作品,总是会先传给我阅览一番,如果我觉得适合本期刊,就会接下来。如果不适合,我也会推荐给其他的相对比较适合的期刊的编辑。在合作中,我也根据他的写作特点,先后又设置了两三个比较有特色的栏目,仍旧由其主笔。而他的作品在同行之间也是最优秀的。

去年八月,王老师的小女儿出生,我及时送上了诚挚的祝福;他的长篇古代推理小说《天朝名捕》系列出版,当然也没有忘记寄给我阅览。今年,这一系列的新作品将要被拍成电影,在这里,我也要恭喜他。

去年11月,王老师在"少年神捕"栏目连载的短篇小说《大宋小神探》已经联系到了出版社,即将出版,对此我也是十分期待。其实,之前王老师也联系过我,想出版单行本,但由于许多原因,很遗憾,没有能够出版。

助人于危难之际,善莫大焉。王老师在我们最需要帮助的时候给予我们很大的帮助。《数学大王》(小侦探)这一刊物的成长离不开像王老师这样的优秀作者的支持,希望你给我们带来更好的作品,希望我们能够一起成长,为集团的发展做出贡献。

是作者，更是朋友

姜　舟

在我短短几年的编辑生涯里，和各种各样的作者打过交道，而正是这些作者给了我很多感动和力量。

我的第一个作者是一个全国有名的小作家徐毅，我要对他进行简短的访谈。那时我还是个初出茅庐的大学生，稚气未脱，略显羞涩。那天晚上我拿着他爸爸的电话号码，来回踱步，心里七上八下的，来回想着他有没有空，开头要说什么，要问哪些问题……终于，我拨通电话。"你好！"电话那头传来了一个爽朗的声音，我赶忙向他说明来意，他笑着说："好啊，这是小事，没有问题。"他热情的话语，让我不再紧张。就这样，通过电话，我对徐毅和他爸爸开始了采访。徐毅是一个活泼可爱的男孩，你想象不到他小小年纪就已经在《诗刊》这样著名的刊物上发表组诗了，更让我想不到的是他爸爸也是一位诗人，同时还是重庆一家报纸的主编。采访很快就结束了，我心中的一块石头也落了地。后来，他爸爸还帮我修改了稿件，甚至询问我对他手头稿件的意见，我很吃惊，也很高兴，毕竟我是一个没什么经验的年轻人，而他已经是经验丰富的媒体人了。

对徐毅和他爸爸来说，这次采访可能只是生活中不起眼的一件小事，可是他们的热情和随和,却给了我温暖和信心,让我明白了很多事情其实并没有那么难做。

赵老师也是一位让我难忘的作者。因为她的教学经验丰富,语言风趣活泼,她成了我们美文赏析栏目的长期作者。她对待稿件非常认真,我们常常就稿件的问题来回讨论,她也总是不厌其烦地进行修改,力求精益求精,我们形成了很好的默契。有一次,赵老师没有按时交稿——这是以前从没有发生过的情况,她是一个非常守时的人,我通过 QQ 催促了她,奇怪的是她也没有回复我。过了两天,稿件发来了,她抱歉地说:"真是不好意思,第一次拖稿,最近家里发生了太多事,老公刚做完手术,父亲又被诊断出了癌症,真是心力交瘁。以后一段时间可能没法写稿了。"我连忙安慰她说没关系,一切都会好起来的。我为她的诚信感动,同时又觉得歉疚,当时我心里还有些埋怨她,真是不应该。

因为工作的关系,我和赵老师也成了好朋友。过节过年她都会从远方发来问候,有时候,我在工作上或生活中遇到了难题,也总会询问她的意见,她总是会提供很多中肯的建议,让我受益匪浅。她甚至向她的许多家长朋友推荐了我们的刊物,让我们增加了很多新读者,真是位有心人。

最让我开心的作者就要数那些童言无忌的小朋友了。在他们的稿件中,有对学习的感悟,有对生活琐事的吐槽,有和爸爸妈妈的趣事……他们的语言或许还不够成熟,却非常真实,充满着生活的气息,编辑这些稿件常常让人忍俊不禁。而和他们进行沟通更是乐趣无穷,"阿木老叔哪里去了?""哥哥,请你一定一定发表我的作文""你看,这是我画的画"……他们总是有各种各样稀奇古怪的问题,总是有使不完的劲儿,和他们打交道,和他们做朋友,你很难不开心。很多时候,仿佛自己也是一个小朋友,也有了使不完的劲儿。

几乎每天,我都要和这些可爱的作者打交道,他们不仅是我的作者,更是我的朋友,陪伴着我。

交游师友近芝兰

汤文辉

从事出版工作有多种优点：一曰读好书，二曰近高人。古语有言："与善人交，如处芝兰之室。"工作多年，有幸接触许多专家学人，受益良多；其间偶作诗词，或有唱和。乃依原样录之，略加按语，以记其事。

其一 《呈松斋先生》

数日前松斋先生莅桂讲学，余陪同游览永福县永宁州城及百寿岩。百寿岩传为汉代道人廖扶（字文起）所居，有丹砂井，廖扶及其族人饮此井之水，寿皆逾百岁。永宁州乃明代所建，大体完整。城中居民友好平和，颇有古风。某家中堂有"三贤堂"之名，问之，答曰姓漆，祖籍山东。可推知是漆雕氏之后，故以"三贤"为堂号。城中有一小学，内有一桂花树，正繁花满树，香气四起，流连颇久方去。

犹记曾与子仲等师友于此树下休息，众人爱此地静谧安宁，提议道："何不迁编辑室于此？"一时响应者颇众，议论纷纷。又有人说："若如此，我们还可以在小学支教，帮助这边的孩子！"于是议题转为分科、分工。余暗忖教语数英都足以误人子弟,便率先称:"我教体育!"众皆莞尔。其实当时所设想之事,既不难实现,又难以实现;议论之时,一半玩笑,一半想象;唯想象之远景,既足以令人心驰神往,亦可见同人旨趣所在。惜乎一晃五年,物是人非,不禁叹息。

城东门有河,水质尚好;河对岸有重阳木,树龄或在 500 年以上。

其后作诗以记之:

先生传道渡漓江,

修竹萧萧稻正黄;

百寿岩参文起像,

永宁州访漆雕堂;

步趋如坐春风暖,

随侍微知秋雨凉;

唯是匆匆又北去,

衣襟犹带桂华香。

(2014 年 10 月)

其二 《访连海书院有感》

昨日至大连拜访连海书院松斋先生。较去年来时,书院建设更为完备。晨起早课,与几位学子从先生习《庄子》一篇,之后请益诸事,受益良多。

书院讲学劳作并举,正蔬果丰收时节,师母知我来,特意菜园寻草莓,但只得最后一枚,我当时舍不得吃,后来反而忘记了;豆荚收获颇丰,我建议师母采用南方腌酸豆荚之法,师母马上拿纸笔记下步骤……

书院在群山之中,到此则身心皆静。夏日蹉跎之际,得在书院停留一

日,颇为难得,小诗一首以记之:

> 群松朝雾影婆娑,
> 早课书窗映绿萝;
> 洙泗流风连海院,
> 水声山色伴弦歌。

注:茶室外有一人工泉池,有山石数座,于此山就地取材,但其形态纹路不凡,皆可入画;于此室焚香品茗,看窗外远山绵延,清风徐来,有水声泠泠入耳。

(2016 年 7 月)

按:松斋先生当世通儒,于音韵训诂诗词书画中医博物等无所不窥,大连图书馆终身名誉馆长,连海书院山长;曾作《大连赋》,其汪洋恣肆,远承两汉,当代杰作。

其三 《成都访白兄》

成都白兄,数年之中,见面两次而已,然一见如故。白兄目光澄澈,议论则超然玄远,兼具哲思与诗意。饮酒微醺。诗以记之:

> 能葆初心如赤子,
> 故知天道谓之诚;
> 重逢此日酒樽满,
> 相遇当时车盖倾;
> 纵论老庄关性命,
> 忽思旧雨忆平生;

中年所重同声应，

世事浮云外物轻。

（2015 年 5 月）

其四 《访大自在山房》

是日随侍沈先生与大文哥一起拜访黎兄的大自在山房。山房在都市之中，但有秦砖汉瓦，拓片古籍，故自有一种静气，所谓结庐在人境，心远地自偏；清茶相对，足以消此永昼；眼界大开，神思千载之上；尤感沈师之提携指导，作小诗以记其事：

清茶一盏沐秋阳，

汉瓦秦砖古韵长。

心远千年因自在，

结庐闹市有山房。

大自在山房主人凌晨四点多夜读将息，和诗一首：

千秋跌宕辩阴阳，

片羽吉光薪火长，

世事洞明皆实在，

壶觞浅酌入山房。

余赴高铁站途中，再和一首，以为续貂：

"黎兄深夜读书，令人且羡且惭，心向往之，然不能至。再和以博一笑。"

> 东窗几欲见朝阳，
>
> 夜读光阴不觉长。
>
> 如问何时方自在，
>
> 数轴古卷一山房。

（2015 年 10 月）

其五 《得木制版雕新年贺卡有感呈芷兰斋主人》

昨日得芷兰斋主人惠寄木制版雕新年贺卡一枚，上有某志书书影、题名为"嫏嬛藏书"的插画，及黄丕烈赠吴骞诗，殊为精致。芷兰斋主人是藏书大家，其学问不仅在版本目录，尤在于经史之学；且因不在学院，故能打通。常游历四方，寻访古人遗迹，结合史籍所载，有所考订辨正。曾因此在安阳几逢不测，失去半条腿，最后万幸脱险，亦所谓天之不欲丧斯文也。

贺卡内容取材芷兰斋所藏善本，用意既新，制作亦不容易，且贺卡雕有贺赠者姓名，以及编号，亦即每张贺卡均独一无二。本雅明曾指出机械复制时代的艺术作品已失去传统时代的"灵韵"，所以这份礼物弥足珍贵，足以见主人性情旨趣。余后生晚学，有机会亲近大家学者，深感荣幸。

贺卡所录黄丕烈赠吴骞诗云："千元百宋竞相夸，引得吴人道是娃。我为嗜奇荒产业，君因勤学耗年华。良朋隔世亡双璧，异地同心有几家。真个苏杭闻见广，艺林佳话遍天涯。"

乃依韵作小诗以呈芷兰斋主人：

> 简书不绝赖藏家，
>
> 文脉绵延似草蛇；
>
> 常共时贤谈石室，

每寻古迹到天涯；

史图遍访近群碧，

经学深研类百嘉；

万卷千元惜俱往，

芷兰斋里正清遐。

（2015 年 12 月）

按：芷兰斋主人乃藏书大家。"群碧"，群碧楼，邓邦述藏书楼；"百嘉"，百嘉室，吴梅藏书楼。

其六 《雁山园》

岭南礼堂兄莅桂，与朋友诗词唱和，缘起桂林雁山园。雁山园为两广总督岑春煊所营造，山水之胜，时称岭南第一名园，中有红豆、绿梅、丹桂、方竹，陈寅恪先生曾居雁山园一年。今胜景不再，令人唏嘘，礼堂兄因填词曰："临桂与诸友人夜话，偶及燕山园与陈寅恪先生旧居事，隆进兄归吟七绝，予因以原韵，衍《浣溪沙》：

七宝元知是祸胎，忍看丹阙付苍苔，幽栖病眼倩谁揩？
红豆有灵应笑我，青山无恙亦何哀？诗魂且去莫重来。
（七宝楼台，佛家语。病眼，陈先生诗中语。红豆馆为先生旧居，已坍塌。古人喜有"四无恙"，青山列第一也。）

礼堂兄词、书俱佳，动人诗兴，乃依韵续貂一首：

衣冠已付劫余灰，

丘貉河汾更可哀；
南渡岭南马踡跼，
北归江北梦徘徊；
孤怀一点咏红豆，
遗恨无端发绿梅；
春尽几人思往事，
青山残照雁园苔。

陈寅恪先生有《咏红豆》一诗："东山葱岭意悠悠，谁访甘陵第一流。送客筵前花中酒，迎春湖上柳同舟。纵回杨爱千金笑，终剩归庄万古愁。灰劫昆明红豆在，相思廿载待今酬。"先生又有"南渡自应思往事，北归端恐待来生"等句，其余"孤怀遗恨"、"河汾丘貉"等语，俱来自陈先生诗文。近期读陈先生诗文，曾作小诗两首，录其一于下：家国文章兴废诗，珠玑幸有百篇遗；应知盲左春秋史，大义微言辨夏夷。

（2016年5月）

怀念龙子仲

罗文波

　　子仲过世五年,他的两本散文集子《古典的心情》《故乡无处拾荒》,终于出版了。

　　2002年,龙子仲将发表于报刊的文章挑选出64篇,完善、增删,结集成册,取名为《古典的心情》。这些文章发表于1990—2000年间,主要是他的读书笔记以及一些思考。这个集子一直没有出版。

　　现在这本《古典的心情》,共收录文章95篇,包括两个部分,一部分来自上述子仲所编集子,一部分为楚人先生(本书责编之一)根据子仲的编辑思路选编的文章,内容上有拓展,从谈读书延伸到做书、评书,大多来自子仲博客。《故乡无处拾荒》是散文创作,包括《故乡无处拾荒》《哀牢山哀牢山》等一系列优秀散文,共71篇,也是由楚人编定。两书的选编和出版耗时五年,其中之波折、烦琐,在此不赘述。

　　我与子仲1999年成为同事,那时我新进出版社,他已是业内"名编"。新人们总喜欢聚在一起,交流各处听来的段子,子仲的传闻很多,时常被"乐道",我那时浅薄,对谁都不以为然,传闻更是一笑了之。有一次早餐,两人偶然碰面,虽然不熟却聊得很自然,没有主题,拉拉杂杂的,他聊了几年前在乡里挂职的事，还有一些思考吧，细节已忘记。我对他的印象是，他说话和他的声音极有分寸感，淡然的表情透着某种笃定。

后来，我们在北京公司一起工作了两三年，有了更多的了解，工作上的愉快合作自然延伸到友谊。当时，北京公司签了王世襄的《中国画论研究》，命我责编。我因参与了组稿和谈合同，知道稿子的难度，没有相当学问背景和专业素养是很难搞定的，我觉得子仲是合适人选。子仲和我一起去王先生家看稿子，之后，他决定亲自上阵。《画论》成稿于王先生青年时期，书稿因存放太久，多有破损，由于是影印出版，首先要把手稿上那些模糊不清的字，以及错字、别字拣出来，代之以正确的字，另外，还要核实和订正一些史实和材料，工作量巨大。王先生年事已高，又无助手，无法独立完成，他请子仲帮忙。按出版规定，稿子没有齐清定，编辑是可以不接的，但子仲爽快答应了先生。

子仲对《画论》的投入我是比较清楚的，王先生半个月约一次子仲，一谈就是半天，而在偌大的北京，没有一天的时间来准备是不行的。怕影响王先生和袁先生（王先生妻子袁荃猷）的身体，手不离烟的子仲尽可能不吸烟，实在憋不住，就出门吸一口。从王先生家回来，已是万家灯火，还要查核资料，摹写新字，然后配上相应代码，以便后期植入，常常工作到很晚。但是，我从没听他抱怨过那些令人头疼的烦琐和辛苦，而是欣慰于从王老夫妇那里获得的种种教益，子仲有一次还见识了王先生和袁先生珍藏的一把唐代古琴"大圣遗音"，并聆听他们对古琴的心得。谈及《画论》，子仲总是感念，有时候我揣测他心里是不是有一种类似于占了便宜的满意。

与子仲共事，见识了他的谦虚、吃苦和感怀，我慢慢认识到，对工作的抱怨和委屈没有意义，必须苦练内功，提升自己。子仲不止一次说，你以后会知道所吃的苦都不会白吃的。后来，子仲忙于新教材的编写和出版，我做学术方面的出版，工作上交集少了，见面也少了，不过只要有机会，我们还是一起东扯葫芦西扯瓢。无论是轻松,还是沉重,即便可能是无聊无趣的话题,我都觉得有意义。我工作和生活中的一些关键性进步,都得益于与子仲的聊天,得益于他跟我分享他的经验、他的思考。我特别喜欢这种不设限的氛围,不知不觉中被点醒,不知不觉中跨越自己。

后来社里搞改革,我们又到了一个部门。子仲是我们编辑室的"头"。编辑室的人比较性情,并不把"头"当回事,但都盼着子仲来。子仲在,欢乐就在。编辑室有两个小姑娘,云霞和佳平,她们讨厌子仲吸烟,子仲来,她们就赶忙去开窗,假装要赶他走。子仲总是若无其事的,或者高高兴兴继续抽烟,或者高高兴兴到别处去,完事回来大家接着豆棚瓜架。子仲喜欢清谈,谈功了得,有传说他把人聊晕倒过,是真的晕倒。有一次,外地来了个作者,子仲、楚人和我,四个人在办公室开始聊选题,聊着聊着就天南地北了,深夜两三点才出来。他兴致极高,说不如走路回他雁山的家,路上可以继续聊。到雁山可是有20多公里呢。他们送我回家后,回宾馆聊到天亮,子仲方回家。有一段时间,我们编辑室是附近一个岛伏龙洲上的常客,只要我们去,就不会辜负江畔炊烟,天边流火,直到把岛上的客人全部聊走,然后把服务员聊跑,最后老板娘支持不住回去睡觉,留下一盏灯、一壶茶,让我们随便,走时记得灭灯。我觉得这种时候大家心里可能都有一种说不出的美妙感。这是我职业生涯中最温馨的时段。

然而,这样的美丽突然破碎了。子仲走后,云霞过度伤心卧床不起,楚人、佳平、我,一蹶不振。楚人一谈子仲就情绪失控,大家避免谈他,甚至避免见面。我逃到北京,无可如何,实在难以排遣就哭。大概有半年时间,心里一直憾恨,责怪龙子仲无情,不原谅,不接受。直到有一次,佳平电话我,说不堪重负,在社里崩溃,嚎啕大哭。这之后我开始思考,龙子仲是一个怎样的人,何以让我们有如此不能承受之痛,他到底要带给我们什么。

子仲早年已出名,1983年大三的时候,他的文学作品《老西墙上的钟》《半个月亮》发表并获奖,这在80年代,是一件很重要的事情,意味着一个人的才华和能力得到社会认可。那时的人看重个人的才华,对物质和金钱是比较淡漠的,那种为才华喝彩的纯粹,现在人很难理解。子仲大学毕业留校,就是因为老师、学校看重他的才华,放到现在,让一个成绩平平的人留校,是难以想象的。90年代初,子仲在《桂林日报》副刊开专栏,写读书笔札,影响盛极一时。

我社在90年代出版了一套中国当代学人的自选集,在社会上影响很大,子仲责编其中的一本,《李零自选集》。李先生是北大著名教授,用现在时髦词说,叫学术大咖。李先生拿到书后,发现了一些错误,心里郁闷,就给社领导写了一封信,表示不满。信转到子仲手上。子仲逐个查核李先生所列问题,查校样,查史料,最后写出11页纸的书面回应,澄清了事实。李先生看信后,对子仲的学术水平很吃惊,也很感动,邀请子仲北京相见。多年来,子仲以自己的学问功底、学术见解,以及特有的认真和诚恳,建立起一支非常优秀的作者队伍,加上他对图书市场的敏锐观察,稳扎稳打的工作作风,为职业生涯迎来一个个历史性时刻。

2000年后,子仲责编的两本书《郭小川全集》(12册)和《思考中医》出版后,在社会上广为热议。《思考中医》长期被追捧,直到今天还是我社本部加印最多的图书,作者和出版社都赚到巨大的名声和经济回报。编辑《郭小川全集》时,子仲坚持历史性、客观性原则,认为一本真正的全集,应该是将编辑意图隐没其后,最大限度地客观地呈现历史内容,这与传统观念很不一样。子仲通过媒体和研讨会,发言、发文,详细说明、阐发他的观点,引起学界和业内的思考和讨论。

子仲编辑《思考中医》经受了巨大考验。《思考中医》原名《〈伤寒论〉导论》,是一本极专业的书,是作者对中医经典《伤寒杂病论》的研究解读和疑难病症的研究。提升这样一本学术专著的大众性,使之变得易于阅读,并使读者积极购买,其中付出的心血,大概只有他自己知晓。《思考中医》出版后,子仲发表多篇文章,论中医,论文化,论中西比较,引起读者和媒体高度关注。我觉得,这些年来中国民间持久的中医热,以及学界重启的文化热,都肇始于子仲编辑的这本《思考中医》。面对荣誉,子仲总是很矜持,甚至是淡然的,他回应道:"一本书出版后,得了什么奖,是一种评价;而真正开启并引领了一种思潮,才是最高的评价。一个出版人,要想品味到出版的最高境界,必须有后一种经历。"

显然,这是子仲对自己职业追求的概括,他是品味了最高境界的。而生活中,子仲常说自己是一个散淡的人,如果你认为他指的是生活闲散,淡泊名利,就太狭隘了。"散淡"是不足以概括他的。龙子仲是一个真正独立、纯粹自由的人。在早年,他就阅读了大量西方哲学著作,海德格尔、尼采、叔本华、罗素等等,并专攻康德和黑格尔,他的精神气质深受西方理性精神熏染,在理性精神的观照下,我们可以更好地理解这个散淡之人心中所蕴含的力量,他的舍弃与坚持,他的超常的洞察力,独立的立场,以及谁也动摇不了他内心的自由的精神之源。

这几年编子仲的集子,读书、回忆、思考,加深了对他的了解。以前我们依靠他的精神、他的力量、他的呵护,现在要接续他。失去子仲,心理上的痛也许是永久的,但精神上,我们是可以接近他的,痛不能转化,但精神可以滋养。既然天不予人,不让子仲厚积的人生薄发,不让我们欣赏他别样的风景,那么,我们是不是可以循着他,去造一片自己的风景,实现另一种意义上的子仲与我们同在? 借用子仲《历史想象力》中的一句话,如果我们面对"过去"是靠一种历史理解力的话,那么面对"未来",也需要有一种历史的想象力来跨越历史。我以为这是我能想到的,怀念、感念子仲的最好方式,也是重新出发的力量所在。

《数学大王》的那些审稿老师们

吴 燕

　　因缘巧合,《数学大王》落户南京,一待就是六个年头了。这本刊物是面向小学生的,看起来没啥难的,但谨慎起见,每期都要找小学数学老师终审,主要审数学知识是否正确,是否超纲,是否恰当。六年里头,为《数学大王》做过终审的数学老师,有十来位之多。但这会儿提笔,浮上脑海的,也就这么三位。而这三位,如今恰恰都在江苏乃至全国小学数学领域鼎鼎有名(顾及名人隐私,下文权且用化名)。

一

　　六年前,《数学大王》刚一创办,作为主编,我头一个想到的作者及审稿老师就是句老师。那时候,句老师刚刚从沿海的某个县里到南京。

　　句老师与我先生是师范学校同学。这所师范学校不太一般,有百年历史,是末代状元张謇创办的,以校风严谨、师资优良、学生优秀闻名——传说中的前两项没体会过,但学生之优秀耳闻目睹了不少。句老师与我先生,当年中考,在县里名列前茅,远远超出县中的录取分数。但农村孩子都有个算计:中师三年,毕业后就能安排工作,最差是到村里小学当老师,但那也是国家户口,这就算跳出农门,吃上国家饭了。因此,初中毕业考中师,是农村孩子的第一选择,如果这孩子万幸成绩还好的话。

我先生后来被保送上了师范大学,到了大学里,他感慨颇深:跟中师同学相比,大学同学差多了,笨多了,呆多了。中师同学个个聪明,眼睛里透的都是灵气。如果当时考的是高中,一准都能考上重点大学。那些同学,都是人尖子人精儿。可惜,绝大部分同学都回去当小学老师了,能被保送上大学的毕竟是百里挑一。

句老师就是这样充满遗憾地回到村里的小学当了数学老师。但句老师不服这命运的安排,从村小学到乡小学再到县中心小学,十年里,他跳了三级。这三级,真是用心血换来的。课教得好,学生带得精心,课余还要写文章——最多的一年,他在县以上刊物发表了一百多篇文章,几乎隔两三天就有一篇文章见报。那些文章都是跟小学数学专业相关的,心得、体会、经验等等。后来,句老师代表市里参加全国小学数学赛优课评比,一举拿了第一名,这下名声远扬。于是在中师毕业十五年后,他调到了省城南京一所著名的小学当数学老师。

句老师给《数学大王》写的稿子拿来后,叫编辑部为了难。文章当然是好的,文笔流畅,思路清晰,逻辑严密,绝对是一篇好论文。可是,用在《数学大王》上就不对了。给孩子看的文章,哪能这么写啊。孩子课余读这本刊物,除了要增长知识,更要趣味,要有意思,要好玩。你得挠准小孩的痒痒肉,这样的刊物孩子才愿意读。编辑小隋跟句老师沟通,句老师"哦哦哦",几天后拿来修改稿,改了几个字,调整了一下段落顺序。

于是句老师变成了审稿。这个位置合适他,这是个多好的审稿老师啊,他连一个小数点,一个标点符号都不会放过。为了一个知识点更合适出现在三四年级还是五六年级版,他能在文稿后面写上一两千字跟编辑商榷。电子文稿上,修改符号密密麻麻,宛如天书。小隋收到这样的终审稿,常常会倒吸一口冷气,然后大叫一声:啊! 又改成这样了!!

再后来,句老师忙了。他不再能给我们审稿。在学校,他升职了。更让他忙得脚不沾地的是,在周末和寒暑假,他还要走穴讲课。有一次在广州,《数学大王》发行商跟当地教育局联合举办的教研活动,我居然看到了他。他在台上,给台下一千多名来自广州各学校的小学数学老师上示范课。这是我第一次听到句老师的课。你可以想象得出,一如他的人,他的文章,严谨严肃深入浅出认真努力,但,少了那么点趣味,少了那么点意思,少了那么点回味。

发行商啧啧叹道,有钱啊,出场费不低于这个数(伸出一个巴掌),还不算来回路费住宿费。

先生中师同学来宁,同学聚会,还在小学当数学老师的,只有句老师一个。好久未见,他还是那样,沉默地笑,不多言语。宴会散了,同学问起住在哪儿,他舒展起眉头:不远,就在市中心,刚买的。同学"哇哇"地起哄:原来最有钱的主在这儿! 那儿的房价,可是两三万一平的哦! 句老师淡淡地笑笑:不贵不贵,真的,不贵。

二

董校长刚给《数学大王》审稿的时候,还不是董校长,是董老师。但当时,他在小学奥数教练圈里,就已经很有名气了。

他和夫人郁老师,是同学,都是晓庄师范学校的毕业生,毕业后分在同一所小学,都教数学。郁老师性格活泼,爱说爱笑爱闹,有一阵子我们常聚会,我的韩剧知识都是拜她所赐。郁老师个头很高,脸盘圆圆大大的,连走路都一阵风似的。董老师和穿平底鞋的夫人一样高,黑黑瘦瘦,也爱说笑,可话题常被他太太打断。他就顽皮地撇撇嘴,笑笑,继续听夫人高谈阔论。不过要喝酒的时候,郁老师就没话了,换董老师出马。董老师酒量那叫一个高，他敬你酒，自己先站起来，亮一亮满满的酒杯，然后很悲壮地环顾四周，夸张地头一仰，咕咚一声，空杯了。他就这么先敬一圈，不带吃一口菜歇一下的。所以那几年的聚会，满桌的人都被他喝倒。有一年，编辑部派酒量半斤垫底的小农出马，一开始装作不会喝，到最后时分杀出来敬他酒，结果还是被灌得趴桌上直喊晕晕晕。

董老师是很爱动脑筋的那种老师，他还是数学老师的时候，常来编辑部那间陋室，往沙发上一坐，就开始谈天扯地。这些鬼扯里头，含着极大的信息量。《数学大王》刚创刊的时候，在定位上有些含糊，既想有趣，又想做成教辅刊。董老师一针见血："你们到底想讨好谁？家长老师？还是小孩？家长老师当然想题目多，你全本刊都是题，我才叫高兴。但那样小孩肯定不买账，你想啊，上了一天课，回家翻开杂志，还要做题，我才不干呢。所以啊，讨好家长老师，就得有相应的渠道，最好上头派下来，人手一本，老师使用起来方便。讨好学生，那就得走市场，在趣味性上下功夫，千万别登什么试卷题目，知识点跟教材挂点钩，延伸开来讲，长知识开眼界，小孩喜欢，家长老师也不会反对。"这个道理，放到现在讲不新鲜，可那是二〇〇六年左右，市场上的学习刊物，还几乎没有纯趣味的，一本数学刊，没有题目，没有试卷，那是相当奇怪的。

董老师是奥数金牌教练，对全民喊打的奥数，他也有一套理论："奥数就是选拔聪明小孩的。人分聪明、不聪明、不那么聪明，这是天生的，得承认这个。奥数的确不适合所有的小孩学，不聪明的，不那么聪明的，就是学不了。学奥数，能让聪明小孩更聪明，有什么不好？"

前几年，他当了校长。每年招一年级新生，他亲自上阵。"不用考别的，单考数学，一下就能看出孩子聪明不聪明。"我倒吓了一跳：呦，那就是说，得让孩子幼儿园就学数学了？"不是那意思。不用专门学，就是生活中的常识，比如摆个图形了，分类整理了，旁人看不出来，我们搞专业的，一下能看出这孩子的逻辑能力强不强。"董老师没看走眼过。他挑中的学生,后来参加奥数竞赛都能获奖。

比如他自己的儿子浩浩。说到那孩子,小时候圆圆脸,大眼睛,机灵着呢。"像妈妈。"我们都判断。"不是我的孩子,当然不像我。"他语出惊人,大家都愣住。他再狡黠地一笑:"想多了吧你们?!"原来那是他们领养的孩子,郁老师的侄子。郁老师哥哥嫂子离婚,两口子谁也不要孩子,郁老师就说:你们不要我要。于是就领回了家。其实郁老师结婚前就通知过董老师:不要孩子,丁克到老。董老师答应了才领的证。大家都损他:董老师你中了郁老师的计了,搞了半天,你倒替郁家养孩子呢。董老师不在意:都是祖国的花朵嘛!现在那孩子上初中了,董老师一口一个"我儿子浩浩",再也不提领养的事了。

董老师跟几位编辑感情最好,因为他审稿的时间最长。他当了副校长,我们想,这下董老师没空了。但送稿给他,他也不回绝。他副职扶正了,送稿给他,他还是接下继续审。郁老师说,《数学大王》的稿子,他是忙里抽闲审的,比如,开会前的半个小时,等飞机的时候,晚上12点过后,等等。我们过意不去,审稿费不高,六年过去了,还是那么点儿。董老师挥挥手:莫事莫事,谁叫我喜欢。

转眼,又到年底,我们又开始盼着董老师,不——董校长——请大家喝酒了。

三

常老师是我们自己发现找上门去的。二〇〇七年夏天的时候,董老师丢给我们一本杂志,封面上赫然写着《数学大王》。开本跟我们相似,内容大多是趣味题目,装帧设计很粗糙,封底印着一个香港的刊号,版权页上又写着中国教育学会的某个专业委员会主办,并且还有电话号码,是离南京不远的某个地级市的。我打电话过去自我介绍,对方是个男子,声音细细的,柔柔的,不紧不慢:哦,是吗? 重名了? 这样吧,我改天到南京去拜访你们。

过了不久,常老师来了。和他的声音相符,是典型的南方男人形象,个头不高,戴着眼镜,干净清爽的样子。常老师显年轻。那一年,他已经七十多岁了,这让大家很惊讶。看上去,常老师也就五十出头的样子。

常老师的人生蛮坎坷的。他早年华师大数学系毕业留校,因为成分不好,下放到了苏南某个县。之后,他就一直在小学里当数学老师,退休前是市里的小学数学教研员。常老师是爱琢磨的人,上个世纪 80 年代初,他就提出一个独特的教育教学法,并且引经据典,将之上升到理论的层面。我们不知道的是,他在教育界非常有名。整个江苏,教育部重点表彰的名师里,除了李吉林,就是他。退休后,他组办了一个教育协会,挂在中国教育学会名下。这个协会每年组办各种教学研究活动,会员单位发展到了二三百家。他常年奔波在祖国各地的协会学校,做讲座,开研讨会,越老活得越有劲头。

协会的刊物就是那本没有刊号的《数学大王》。编得不好,他知道:因为没花多少钱嘛,请了一个会画两笔的大学生,把资料给他,连文带画,都搞定了。但这本刊可是收费订阅的。最高峰的时候,这本月刊的订阅量有六七万份之多。

"常老师,这样是违规的哦。"

"没事。我们是公益的,收了钱,也都花在协会的各种活动上了。我个人没有私利。"

于是,作为《数学大王》的主编,我有了个"谋私利"的想法:"常老师,我们的《数学大王》可是正式出版物,能否替代您的那本《数学大王》呢? 这样名正言顺了,没有风险,您和协会该得的利益也一分不会少,应该还会增加。"

"哈哈,再考虑考虑。"

我南下几次跟他商量探讨这事,都被他"哈哈"过去了。问题的症结出在哪儿? 按理,这是件好事,于他个人,于协会,于《数学大王》,都会增益。

两三年过去了。某天,突然接到电话:我是常老师。好不容易找到你啊。给我寄几份《数学大王》吧,我给你们审审稿。

尽管不知道他葫芦里卖的什么药,杂志还是寄过去了。老爷子也是认真,仔仔细细写了几页纸的审稿意见。姜是老的辣,意见中肯。比如图文比例,比如某个提法恰当与否。这样连续审了几期稿,常老师终于提要求了:不要审稿费,要求《数学大王》聘他为顾问,每期刊登他那个协会的消息,刊登他组办的数学竞赛的题目。他那本刊呢,不方便停掉,他也不方便帮助《数学大王》做推广宣传。

常老师的声音细细软软,但很坚决。我请示了社里,都认为不太妥当,于是拒绝了常老师的要求。

从此,常老师细细软软的声音消失了。

我有时候想,也许,常老师的经历使他只能相信自己? 也许,是我们太着急了?

常老师今年,应该有八十岁了吧。

我的师父们

廖佳平

出版社里老师很多,刚加入出版社大家庭的菜鸟,见谁都称呼一声"老师",肯定错不了。那么多的老师里,关系总有些亲疏远近之分吧,在我心里,就管那些能和你发展出一段师徒情谊的叫作师父。

我们的入门师父是当时的校对室主任刘哲双老师。

2002年进入出版社,正好赶上出版社大发展,新招的几十号人马不分岗位,一起涌入校对室集中培训。校对室那个大办公室,和学校的教室还是有几分相似的,不过是学生们的桌子面积变大了,黑板的面积变小了,所以我们在自我管理时,仍沿用学校里的那一套,校对室的主任刘哲双老师就是我们2002班的班主任。

那时正是夏天,刘老师总是随身带一把小折扇,讲课时兼作教鞭用。她讲话轻声轻气的,温文尔雅,执行起培训计划可是毫不手软。培训课程的密度和强度非现在的新人培训可比:第一个月,考试+讲评,恶补语文;第二个月,上午校对实习,下午考试,熟悉其他的编校规范。——搞的居然是题海战术。

按计划,培训合格,通过考试方可上岗,但我们这个班人多,除了应届毕业生，还有不少有工作经验的，有的甚至是桂林市的优秀教师，那些冒尖的就提前上岗了，颇能引起新兵蛋子们的骚动。不过更令我们心情复杂的是有人被退货回炉——这复杂里，有幸灾乐祸的兴奋。

当时校对室可是推行"三包"服务的，这很让刘老师面子上挂不住，她不动声色，借用外部力量打击我们的"嚣张气焰"。这个策略的实施效果非常好，估计各个编辑室的编辑看着我们就像一篇篇错误类型众多且毫无规范的稿子，需要眼疾手快地绞杀，其中尤以质检室陶征老师的吼声最大，常常听到它回荡在办公大楼那从一楼贯通到六楼的大天井里——名副其实的抗压训练啊。每每这时，我们就念起刘老师的温婉来。

印象中刘老师发的最大一次脾气，震惊全班，是班长黄国生引发的，一次生产事故，还好补救及时。事后黄国生战战兢兢，四处询问如何才能平息刘老师的怒气。最后，他把男生哄女孩子的招数都使出来了，给刘老师送了好大一束花啊！——嘻嘻，刘老师的内心里，一直都有一个小女生吧。

在刘老师的手下，这种实打实的培训持续了半年之久，之后出版社进入中心管理时代，社本部各个编辑部整合为教育中心、社科中心、综合中心三大中心，我以一个社科人文图书编辑的身份正式开始了职业生涯。

话说"师父领进门，修行靠个人"，无奈我属于慢热型，于是社科中心的头儿郑纳新老师亲自扶我上马。一个编辑水平怎么样，最直观的就是看他编过的纸样，学识、经验、分寸、手段，都摆着呢。郑老师就给我看他编过的稿子，各种"看"了一段时间下来，该怎么下手，稿子改到什么程度，我心里就有数了。

郑老师崇尚完美主义，事无巨细，均要过问，对于做书过程中的每一个细节，挑剔到近乎苛刻。而且他有些唠叨，同一个问题能唠好久。记得那时编一本图书需要和市政府某个官不大、架子不小的主任打交道，到提交封面方案的时候却怎么也通过不了，这个主任的脸就有些长了，话也开始不怎么好听了。我一急走了下策，把这个主任直接领到美编那里，让他自己折腾。这个主任的审美水平实在不咋的，美编顺着他的意思做出来的封面，用桂林话来说，算"陋野"了，然而他满意得不行。想到这本不是什么重点书，恰逢郑老师出差，于是按照正常程序下厂付印了。出差回来的郑老师看到这个"陋野"的封面，先是大怒，听我诉说了前因后果后哭笑不得，仍是忍不住大训了我一顿。他直说我没有尽到编辑把好关的职责，而且怎么能让作者胡乱插手工作呢？本来这本书的内容就不怎么让人长脸，再配上这么个难看的封面，实在是太丢我们社的脸了。这个封面让他耿耿于怀，直到好几年以后，郑老师都已经执掌上海贝贝特，还不止一次地向当时指导我编校实务的伍兵老师抱怨：小廖做的这本书实在是丑！

这事我记得格外清楚，因为直到现在，我仍然时不时吃一下作者胡乱插手的亏，这也许就是对我当时主动让作者干涉工作的惩罚吧。

接下来不久，郑老师到上海开创事业，社科中心由宾长初老师掌舵。宾老师信奉的是响鼓不用擂，在他的无为而治下，我做出了自己到目前为止销量最好的一本书——《走近中医》。也由此，以中医图书为媒，我得以认识了龙子仲老师，并有幸成为他的下属。

社里关于龙老师的故事不少，最被大家强调的有两点——他得到老社长特批不用坐班和不用手机。本以为是高冷范儿，接触了才知道，其实龙老师极其随和，虽然学问挺大，但人特好玩，就是烟瘾极大，整个人从手到牙甚至整张脸，长年累月被烟熏得黑黄黑黄的。

龙老师做编辑高到了什么层次，这个问题挺抽象的，总之他之前做了不少"大书"，为人乐道。但就我个人的而言，真正让我亲身领教到龙老师编辑功力的，是与他合作社庆20周年献礼图书《思考出版：人心即市场的彼岸——广西师范大学出版社20年经营案例》。很荣幸，在这本书上，我的名字能够与龙老师列在一起，于我，这意味着更高的要求。

在我的大学专业学习中，广西师范大学出版社是个绕不开的案例，据说直到现在也是这样。按理说，除了时间紧张，这本由各个项目负责人亲自操刀完成的案例结集，编辑难度并不大。然而，一家作为教学案例的出版社，在创立20周年之际，让亲自负责或参与那些值得标记的项目的人员来做案例分析，自我剖析业界和研究者眼中的"广西师大出版社模式"，这个事件本身就是有所追求的——我们要的，不仅仅是回望和纪念。

组稿工作完成后，确定收入本书的稿子涉及出版社各个时期工作的方方面面：策划、设计、营销、印刷、系统管理……题材也多种多样：纪实、回忆、反思、手记、个案、思考……——从零散的案例和琐碎的工作片段中勾勒出出版社20年的成长史，提炼出20年来经营理念的发展，以此提升整本书的层次，这是当时龙老师为责编工作定下的调子，也是编辑难点所在。——无疑，这需要对出版社有十分透彻的了解。而龙老师自建社不久被党社长招至麾下，终其一生供职于此，他的职业生涯，早已与出版社的发展史融为一体。

在实际操作中，为了落实他的编辑思想，龙老师用足了辑封这一常见的版式：寥寥数段文字的导读（或者说"编者按"），首先说明分辑的依据，然后从高处俯瞰那一时期出版社所处背景和环境，并从全局的角度分析当时所做的一些决定。四个辑封的导读又与肖社长的前言相辅相成，为广西师大出版社的发展三部曲做了丰满的注解。阅毕从筑基、升华到拓进这20年的思索和感想，"思考出版"的结论，是点出了出版社经营理念的本质——人心即市场的彼岸。这八个字，凝练了龙老师从事出版工作近20年的实践总结和理性思考。——一个点，四条线，若干个切面，广西师范大学出版社这家特色鲜明的出版社，形象清晰和生动起来。

在文化普及读物编辑室与龙老师共事的日子，算得上其乐融融。老编愿意分享，兴致来了偶尔露几手，我们心悦诚服，连连赞叹，一个脑袋都点不过来；小编进步快，事事办得妥帖，前前后后收拾得干干净净，老编也很满意。碰到一本好书或者有意思的想法，拿出来晒晒，大家共同进步；

不幸撞上装 A 的稿子，又一起骂一下"衰草"过过嘴瘾；遇上和作者角力缠斗正酣，也相互支支招，顺便对着吹捧一下，学生赞老师"姜还是老的辣"，老师夸学生孺子可教，不知不觉间，老师升级为导师，学生也出落得有几分老练的样子了。

然而，龙老师走得太快，我们一不留神，就再也跟不上他的脚步了。

外人常说龙老师是一个优秀的编辑，他却自嘲道：文不能卖字，武不能卖拳，如果不做编辑，自己差不多就是废人一个。这自嘲里，看得到他的职业理想和追求，也嗅得出他对现实的无奈与退让。

几天前，当年的同事宋泉到桂林出差，顺便到出版社探望我们，谈起当时一起入社的几十号人马，如今仍坚守编辑岗位的，屈指可数。谈话间还和以前的同事小邝通了电话，她说："编辑这个行当太苦，我们熬不住了，很佩服能够坚持下来的人，仍在追求自己的理想……"

如果不做编辑我能做什么呢？你看外面餐馆随随便便招个服务员，都要求"形象好，气质佳，身高不低于 1.6 米，年龄 30 岁以下"。像我这样的，如果不做编辑，连应聘个服务员都没有资格。所以，我还是静下心来，踏踏实实地做个编辑吧。

老男孩

冯　斌

叼着烟,驼着背,像猴子一般从门缝里探出半截身子来,一边慢条斯理地和人打着招呼,一边两眼一眯,嘴角一翘,在皱巴巴的脸上挤出一朵花……这,就是三五大叔!

三五大叔姓杨,名三五,是杂志社的工会主席。

头一回听到杨三五这个名字时,我还琢磨着:这人大概是三五年出生的,要不为何以"三五"为名? 一想到一个年逾八旬的老汉还成天到社里上班,我心中就禁不住浮起一片敬仰之情来,甚至恨不得要给他敬个礼。后来才得知,原来杨大叔并非三五年出生,虽然长相颇为老成,但也只有五十几而已。于是我修正了原来的判断:杨大叔也许是五三年生人,如果是叫成杨五三的话不太好听,于是就反过来,起名叫杨三五。只是这个想法一直保存在脑壳里而已,不好意思找三五大叔求证。

后来,关于他的姓名问题,还爆出过一串"惊天秘密"呢!

有一回,社里组织春游,三五大叔带一名叫"路曼"的花姑娘同行,而且一路上与其谈笑风生,对其关怀备至。我等想象力丰富的年轻一辈甚是诧异:平日里看杨大叔为人正派,是个模范的好男人,怎么今天也"撩"

起小妹妹来了？

后来得知，此小妹乃三五同志的亲生女儿。于是我等大惊：父女二人，何以一人姓杨，一人姓路？再一问，真相大白，原来，杨三五同志本该姓路，他的父亲是参加过东江纵队的老革命，新中国成立前参加地下工作，改了名换了姓，一直到革命胜利都还是用这个改了的姓名，原来的反而越来越少人知晓，后来索性就不改回来了。于是，三五同志也就跟着姓了杨，到了她女儿那一辈又改回原姓。

接下来，爆出的料就更猛了：三五大叔的父亲杨江，新中国成立后担任过广西师院——也就是今天的广西师范大学的党委书记，是师大仅有的两个离休干部之一。哇，原来三五大叔还是"高干子弟"呢！

虽然论年龄，三五大叔已经五十有九，是杂志社的第一元老，可在平日里，他可是比咱们这帮年轻人还要精力旺盛。郊游、摄影、打球……工会组织的活动一项接一项，三五同志总是不知疲倦地跑前忙后。

我甚至怀疑，三五大叔是不是属猴子的，因为他不但精力"大大地有"，而且每次郊游，他选的都是有山之处，似乎是有着强烈的"爬山癖"。"山不在高，能爬就行"，往往是车刚停，大家还来不及稍作休息，他就迫不及待地扛着相机一个人往山头跑，把我们一干年轻人远远地甩在身后。而且这老先生还喜欢"不走寻常路"，有大路他不走却偏要找小路走，只有小路的时候找没路的地方走。用三五同志的话说就是："好的风景都在路不好的地方。"他要寻找的，就是一般人看不到的景致。于是，他自然成了"引领潮流"的人物，引得一大帮"有探索精神"的老老少少跟在身后，也去看那一般人看不到的风景。终于，这种探索精神在一次爬尧山的时候"搞大"了——十几号人跟着三五大叔在山里迷了路，转了两个多小时都走不出来。好在吉人自有天相——在眼看就快天黑的时候，疲惫不堪的我们披荆斩棘，终于摸索到了大路上来。本来轻松惬意的游山玩水，成了一场身心俱疲的寻路历险。从那以后，我们都再也不敢跟着三五同志"另辟蹊径"了。

三五大叔不但精力旺盛,而且还很有亲和力。

对于略微有些驼背的人,我向来都是抱有好感的,因为总觉得含胸驼背之人大都为人谦逊,和蔼可亲,所以都习惯把颈椎微微下弯,一副谦卑的姿态,似乎是想把头低下来,倾听你心里的声音。这个定理也许有些荒谬,但是套在杨大叔身上看,还真是那么回事——这个背弯弯的老人家确实脾气好得可以。所以,让他来肩挑工会主席大任,干着团结同事、凝聚人心的服务工作,真是得其所哉!

三五大叔不但为人和蔼可亲,而且身上还蛮有些为朋友两肋插刀的江湖气呢!

以前听同事说起过这样一件事:多年前编辑和发行数人一同去一乡镇学校搞活动,三五是驾车的司机。因为在学校的活动进行得太晚,所以,回程的时候得要连夜赶山路。在途经一个陡坡时,三五大叔说,在这个位置看星星特别的漂亮,叫大家都下车步行,欣赏欣赏夜景,他开车到坡顶等大家。当过了这段路,大家重新上车之后,他才说了实话:其实是刚刚那一段路太陡了,他怕这车动力不足,爬不上去有危险,所以请大家下了车,他一个人驾车爬坡。要是发生意外,摔也只是摔他一个人。瘦瘦小小的小老头,灵魂还真是高大!

虽然三五大叔是社里的"老资格",但在我们大家面前从不摆谱,同样称兄道弟。明年他就要退休了,希望这位"大兄弟"退休后的生活能够开出更加绚丽的花朵!

(本文写于2011年,最早发表于作者的个人博客。那时,三五大叔尚未退休。想不到,短短五年不到,他便驾鹤西去。沉痛之余,特奉上此文,以表达对三五大叔的无限怀念。希望他在另一个世界依然快乐、洒脱……)

陈常志

沈伟东

几年前,我们单位来了一位新员工,换下已经年长退休的老廖师傅,担任门卫工作。这位新员工四十来岁,中等个头,浓密的短发,国字脸,一脸憨厚的模样。"我叫陈常志!"他站在办公楼门口,身姿端正。我仔细打量:啊! 我认识这位新同事。欣喜地和他打招呼。他有点不知所措——显然不认识我。

认识他已经是好多年前了。

1994 年暮春的一个黄昏,我背着一个包在王城门口,张望广西师范大学的大门。学校门口有保安在站岗。我在大榕树下逡巡许久,时而站着,时而在青石板上坐坐。终于,我走到保安面前,打听一位教授家的住址。幸好,年轻的保安知道教授家在哪里,仔细地为我指路,还把我送到教授居住的家属院的大门口。

这么多年过去了,这位保安的模样变化不大。他就是我现在的同事陈常志。当年,我千里迢迢来桂林求学,他不经意间的友善,让我对广西师大,对桂林充满了亲切感。我清楚地记得,当年的常志有点儿稚气,青涩而质朴,穿着深蓝色的保安制服,跑着为我指路的样子。

多年后,他成为我的同事。当然,他显然已经忘记当年他为一个外地学子指路的往事——可能对他来说,这样的事情只是举手之劳,根本想不到王城下的黄昏,他的微笑给一个学生带来的温暖。

在一个办公楼里上班,陈常志很快得到大家的接纳和认可。常志家在市郊农村,高中毕业后入伍当兵,退伍后就到大学及大学的一个学院当保安。来我供职的单位工作,由于担任安保工作,在办公楼下他有一个卧室,他的爱人在单位做一些保洁工作,他和他勤劳的爱人在办公楼里的时间比我们其他员工都要长。

常志当过兵,年轻时打下的身体底子,一副孔武有力的模样。有一年,单位在义江边进行军事化拓展训练,常志成了一个团队的核心人物,组织军姿训练,策划涉水对抗,都有模有样,形象颇为帅气。平时,单位工作忙,他总是每天清晨即起,在上班之前,穿着背心跑楼梯锻炼身体。四十多岁了,他还有年轻人的矫健身姿。

在这样一个文人汇集的单位,常志越来越受同事的信赖和尊重。受到信赖和尊重,主要在于他对工作的认真负责。记得有一天晚上,我接到行政部电话通报,有一个部门下班忘记关电源,电热器发热,木地板冒起了烟,幸亏常志巡夜及时发现,及时进行了处置。难得的是,经过这件事情,他对全楼电线进行了检修,排查各种隐患——这本不是他的分内工作。我看到他的桌子上翻着《电工手册》《电梯维修技术》等书,过了不到半年,他就取得了电工和电梯维修的资格证书。单位的办公楼地下室由于地势低洼,暴雨天排水不畅。雨季来临,半夜暴雨,他和爱人有时要通宵观察水势,及时排水,有时甚至要动手向外舀水。他是有心人,一夜辛劳之后就琢磨着怎么能一劳永逸把水患治理好。一时没有办法,他也会说些让人忍不住粲然一笑的话:"老桂林的习俗讲水就是财,雨水是银子啊。我们集团那天成立下大雨,银子数也数不完,集团一定会兴旺!"

话是这么说,在这样一个文化企业,企业利润薄,员工收入自然也不算高。为了省钱给儿子读书，他和爱人省吃俭用，下班后做辣椒酱，煮点米饭拌点辣椒酱，煮点青菜就是一顿饭。单位顶楼是个露天大平台，他和爱人一点点儿挑土种菜，春夏，小白菜、葱、蒜苗、豆苗、朝天椒，各种菜蔬长得碧绿青葱，也点缀着红黄青紫，足够他们两人平时吃。有一年秋天，我还见到他们在顶楼种植的无花果结出鸡蛋大小的果实，散发着无花果特有的气息。他们还利用单位楼下一点点隙地种植黄瓜豆角。日子过得也蛮有味道。

常志喜欢干净。在顶楼的一角，晾着他简朴的有补丁的衣裳。现在，有补丁的衣裳确实难得一见了。他一身保安服洗得干干净净，穿得精精神神。

保安这个工作岗位，收入自然更有限，他们俩俭省下来的积蓄我不知道有多少。去年七月，一直乐呵呵的常志一反常态，有些郁闷的样子。坐在保安室前的桌子后一笔一画写材料。后来，我才知道，他的儿子考上了外地的大学，这值得高兴的喜事却让他和爱人心里压了沉甸甸的石头：学费筹措了很久都无法筹够。他写材料，希望单位能借一些钱给他救急。我知道这件事后有些难过：夫妻俩的收入还不能支持儿子读大学。同事们一商量，没有动用单位的公款，私下想办法解决了这个问题。常志很感动。他没有多说什么，只是更加认真地工作回报大家的善意。

我们这个单位，与他的生活已经息息相关。同事们偶尔聊起来，也会谈到常志的工作和生活质量，觉得我们企业有责任，同事们也应该一起努力，让常志过上比较好的日子，起码不必再为儿子的学费发愁。

每天上班，我看见憨厚的常志，常常会想起当年微笑着为我指路的那个年轻的保安，拉着我的手走，从师大王城大门口走向生活区的情景。尽管他早已忘记。

二十年过去了，我们又成为好同事，成为好兄弟。

真是令人感念的因缘。

生死之事

怀念龙子仲老师

罗财勇

2011 年的春节似乎过得同往年一样好，也有很多祝福，健康的，发财的，幸福的，升官的，这些短信像年货一样在亲朋好友的手机里反复穿梭。我相信，龙子仲老师在过这个兔年春节的时候也一定有很多人为他祝福——尽管我知道他不用手机，但在很多人的心里，一定有很多的祝福送给他。

然而，当人们还沉浸在新春的欢祥气氛中时，噩耗却传来。龙子仲老师走了。尽管很不愿意相信，但随后很快就被证实了。在人们还沉浸于兔年春节的欢祥气氛中时，龙子仲老师真的悄悄离开了我们。或者说得直白一些，龙子仲老师死了——我想龙老师不会忌讳用这个"死"字的。因为很多年前，我和龙老师探讨生死问题的时候，他对死的态度其实已经很从容了。而事实上，在他的追悼会上，播放的不是令人悲戚的哀乐，而是郭文景的大提琴与钢琴曲《巴》，那乐声深沉、神秘，时缓时疾，忽高忽低，呕哑嘲哳，一遍一遍地重复地响，似在倾诉，似在欢唱，直直敲击每个人的心。庄子曰："古之真人，不知说生，不知恶死；其出不欣，其入不距；翛然而往，翛然而来而已矣。不忘其所始，不求其所终；受而喜之，忘而复之。是之谓不以心捐道，不以人助天。是之谓真人。若然者，其心志，其容寂，其颡頯，凄然似秋，暖然似春，喜怒通四时，与物有宜，而莫知其极。"

我见过不少的死人，他们死的时候，被安放进棺材里，师公们为他们念经超度亡魂，然后安葬，入土为安。因此，在我的心理图景里，死亡其实是有一些诗意的仪式，是生命终结的一种回归。我记得很多年以前，不经意间跟龙老师谈起这样的死亡仪式的时候，他似乎有些神往。当死亡真正降临在他身上的时候，我不知道那样的诗意是否也会浮泛而起——他躺在那里，一声不吭地接受人们的送别。当绕着他的遗容默哀的时候，我真想知道，作为死亡的主角，他的心里是否还记得我们曾经说过的诗意般的仪式。

直到前来送别的人们都一一散去，直到我目睹他的遗体被推进锅炉，直到大家把他的骨灰接送回家……这样的程序，这样的仪式，完全颠覆了我固有的对死亡的认识。——我记得以前跟他谈起对死的安置——土葬，过了三五年再将尸骨捡起安放在金坛里重新择地安葬的时候，他说，这样的葬法好，就像种子，先育成秧苗，然后移栽，生根发芽开花结果，这样的死其实是很有哲理的。我知道他没有说完，死既是叙事的，也是抒情的，既形而上，又形而下。

我跟龙老师接触不是很多，但每次我们都谈得很好。

第一次和龙老师接触，竟是他给我面试。我当时还不认识他，也不知道他叫龙子仲，只知道他姓龙，面试的时候——与其说是面试，倒不如说是一次交谈。他吸烟吸得很猛，一根接着一根，他给我递烟，但我说不吸，他也不勉强，继续抽着他的烟，眨巴着眼睛，开始问我是哪里人，喜欢读什么书，有什么爱好，喜不喜欢写作。后来我们的话题不知怎的就转到了生死问题的探讨上。那天下午，我们谈得很尽兴，后来我很快就知道，他就是龙子仲老师。

我进社刚两周，被派到遵义出差，龙老师也要去，但他人在南宁，所以我一个人从桂林出发，到遵义两天后，龙老师才到。他刚安顿好，就问我，小罗，遵义有什么好吃的小吃？我一时答不上，他就说，我们上街去看看。然后我们就走街串巷，去找当地好吃的小吃。

那时，龙老师负责一套小学语文教材，为了做好那套教材，他在南京的几所小学门口蹲守，等学生放学时，拦下他们，拿出他编的教材问学生喜不喜欢。

在遵义，我和龙老师去登娄山关，那时正值八月，遵义下了一场雨，显得有些湿冷，但他的心情显得很好，一路兴致勃勃地背诵了毛泽东的《忆秦娥·娄山关》，随行的人都被他的兴致所感染，在雨中一口气登上了娄山关。

在山顶，他给大家讲了很多关于红军长征的故事。时值午后，山岚裹着雨滴，缥缈的云雾遮住了四周的群山。这时，他登高一呼，竟唱起了京剧。同行的人跟着鼓掌欢呼。然后照相。他那天照了几张相，都是我帮照的。巧的是，2009 年，我责编的《能不忆南方：〈南方文坛〉年度优秀论文奖文集》，里面有他的一篇获奖文章。根据主编的设计，每位获奖者都要提供一张照片，全书几十位作者的照片都找齐了，就是找不到他的照片。《南方文坛》的主编张燕玲是他的师姐，他们关系很好，跟他联系多次，也联系不上他，所以张燕玲老师最后跟我说，小罗你自己想办法找到龙老师的照片补上。她这样一说，我才突然想起在娄山关上给他拍的照片，找出来补了上去。后来书出来了，社里开年度选题论证会，他也来了，我把书给他，并说书里那张照片的来历，他哈哈一笑。

从遵义回到贵阳，他跟我说，要顺路去看望一位身患癌症的老同学，所以我就先他返回桂林。但我的车票是晚上 8 点，还有一个下午的时间。他叫我到他下榻的宾馆里休息。这时，他又跟我聊起了很多有趣的事情。我不知道他怎么知道我以前喜欢写作，就问我写作上的事情。在他面前，我还是不敢谈太多。他见状，吐一口烟，说，也没有关系，只要心在就好。

后来他几次在路上见我，寒暄几句，也是说"心在就好"。按我现在的猜测，应该是他对我的鼓励。但我确实没写过什么像样的东西，我也不知道心还在不在焉，不过我因此而真诚地感谢他。

在贵阳的那个下午，他的兴趣也很好，跟我海阔天空地聊了很多，最后我们谈到乡间的一些事情，比如人死了怎么入殓出殡下葬，比如巫师怎么驱鬼祛邪，赤脚医生怎么治病。他说，小时候祖父曾用蟑螂给他治病，还说很多昆虫和植物都能用来治病。我说我相信，小时候祖父也用蚯蚓给我治过病，还用很多草药帮人治过病。这些故事很好玩，他有时候说一会，有时候又停下来听一会。我们盘腿坐在床上，我似乎并没有什么顾忌，也把自己的见闻一股脑儿地说了出来。他说，你知道不少，有没有考虑做一些相关的研究，我说，只是兴趣而已，没有想到研究的问题。他听后，哦了一声，也没说什么。

最后见到龙老师，是在 2011 年春节放假前。那天下午，是社科分社的年终大会，他也按时到会了，十几个人围着桌子开会，一个接着一个轮着发言。那天下午有点冷，尽管室内的空调打得很高。轮到他发言的时候，他先是说没什么话说，但接着又说，还是说几句吧。我当时注意到，他的情绪不是很好，脸色有些发暗。他的语调有点严肃，嗡嗡地谈到了对当下出版的隐忧和失望，但他没有长说。他说，出版对于自己不是一种职业，而是一种事业。这句话我记得很清楚。但眼下的出版现实离他的理想似乎越来越远了。我能听得出他的失望。那种失望一点也不牵强。那个时候，我知道，他是冷静的，是思考的——我一直感觉得到他是个思考者，但应该也是痛苦的。一个人的痛苦应该有层次，他的痛苦，我不知道应该归到哪一个层次。

散会的时候，他很快就离开了——平时散会时他总喜欢和大家交流，他走在前面，头也不回，点着烟，穿过一号楼和二号楼的平台——那是我见到他最后的背影——春节刚过，就传来了他去世的噩耗。

死亡之事，"翛然而往，翛然而来而已矣"。无论一个人的生命长短如何，无论怎样死去，我们都不太可能掌控，但我们能把握的，是我们的生，生得好，才能死得好。龙老师，不知你以为然否？

贝贝花儿

南宁编辑部的女人们

韦春桃

广州公司南宁编辑部阴盛阳衰。

有同事给每个女同胞名字后都加一个花字,每个人都是一朵花,一朵花一个鲜明的个性。

Part1 百花齐放　廖姐一直很威武

文科组的花儿各具特色,每朵都堪称奇葩。别的不说,就单说咱亲爱的廖姐。廖姐平时名号很多,廖姐、仁姐、仁兄等等叫得乱七八糟的都有。百花,是我给悄悄起的:廖姐作为资深文科编辑,博古通今、上识天文下识地理,是一本会走路的活百科全书,有思维的百度引擎,尊称为"百度花",简称"百花"。

说廖姐是百度一点都不过分,比如说,我做稿子到半,发现一篇短文很熟悉,好像是某本课本里的,哪本呢?问廖姐呀!立即给你正确答案。茶余饭后,我们喜欢玩填字游戏,碰到不知道的,呼唤一声廖姐,人到答案到。这当然是廖姐在工作中认真积累的结果,不用羡慕,努力学习,你也可以。

廖姐是"林黛玉体"，文体身体兼而有之，是医院的常客，办公桌可以开药铺。这也是咱每一个坐在办公室里埋头看书的编辑的大事，引以为戒哟。

Part2 樱花绚烂　外语组的花儿们

如在大学校园里一般，我们的编辑部英语组的姑娘们都是活泼开朗的美女，取其谐音，英语组的花儿们统称樱花。

樱花会在最美的年华热烈地绚烂，外语组的花儿们是我们整个编辑部羡慕的对象，她们的第一儿子已经会叫妈妈了，喜糖也发了一袋又一袋：我们美丽贤淑的樱花们都已经名花有主啦。

从我上大学起，外语系的同胞们都是活泼开朗的主儿，工作后也不例外呀。我们会经常听到英英那响遏行云的富有特点的笑声，听到笑声的我们心情自然跟着变好，不用想，下一秒转身时就会发现她抱着稿子一阵风似的从她们办公室奔出来："韦媛，帮我看看这句话……"我们的樱花可都是才貌双全的：工作认真时多么叫人佩服。

Part3 朵朵盛开　理科组的花儿们

我会经常自诩自己极其热爱数理化，经常带着些破问题去打扰办公室铁三角的寂静，那里有理科的花儿们。

话说热爱数理化的伪科学迷——我，总是拿着理科题目跑过去请教，有时候是稿子上的问题，有时候是天马行空的时候突然想到的，比如想到机器人三大定律，就会联系到牛顿三大定律，死活没有想起来，就乐颠颠跑过去，积极地想和理科的"大师"们讨教，一般会被阿甘很鄙视地反问：你会吗？试着想一下。我犹豫地说了一些后，朵朵——朵朵为什么叫朵朵呢,我也觉得很奇怪,便问起外号的那个人,解释曰:彩云朵朵啊(朵朵叫李彩云)! 噢! 我衷心地竖大拇指。——会冷静地帮我补充。阿朱当然会笑着鼓励我:诶! 你还记得的呀。不错噢。于是谈话双方其乐融融,我在这里发自肺腑地说一句:上高中后便荒废数理化的我真的很羡慕敬佩你们!

Part4 清花 我们离不开的空气

她是咱们的编务、咱们"花儿叫法"的始作俑者、咱们最离不开的空气——伍清童鞋。

离不开其一:"伍清,帮我找一本书。""噢! 来了!""伍清,今天要寄的稿件。""好,放在桌子上。""伍清——! 帮我打印这份稿。呀! 打印机没有墨(没纸)了。过来看一下!"……

离不开其二:接电话是伍清每天的工作之一,所以大多数打电话到办公室的人都会一开口便是:"你好,伍清……"有时候电话正好在某个人旁边,响了,接起来,那边——"伍清……"这边的人眼疾手快地:"伍清! 电话。"伍清接过来:"喂,你好。噢,找你的。"——电话又回到之前那个人的手上。

离不开其三:伍清不仅是编务,还兼管采购、行政等各种琐事,还是办公室内架起众人沟通桥梁的工程师——组织集体活动少不了她,为同事们送去各种问候少不了她。等到琐事办完了,她还要对红! 连"顺丰哥"(送快递的)都只认伍清,进门一阵风"伍清,稿件来了",出门必喊"伍清,我走了。拜拜",甭管人家伍清在不在! 甚至到了这种程度:有一天我很热情地冲顺丰哥道别:"走啦? 拜拜!"人家想都没想:"伍清,拜拜!"我热情洋溢的心瞬间冻结。

所以,伍清,我们不能没有你!

Last

请原谅我忽略了编辑部内两名男同胞，因为数量太少，所以显得珍贵，所以也显得力量弱小，所以我斗胆只写了"女人们"。不知道陪着那么多红花的俩珍贵的绿叶，每天跟我们这帮花儿们相处的感受如何，是欢喜？是苦涩？还是无奈？不然，你们可以问问他们，嘿嘿。

编辑:修一门终身免费的课程

李姣梦

张爱玲的伯乐、资深编辑柯灵曾说过这样一句话:"煮字烹文,一手伸向作家,一手伸向读者,借墨结缘,弄云作雨,播火传薪,此中况味,甘苦自知。"如今,我进入编辑行业已有六个年头,此刻对柯灵的这句话也颇有感受。从事编辑其实相当于在修一门终身免费的课程,不仅可以和一群极具创造力的人一起共事,而且永远有机会结交到各式各样在行业内具有影响力的人。今天我记录下来的这三个人,以及和他们之间的故事,是我生命中的三段印记,也我在编辑行业中结下的最美的缘。

相知相识以后,那已经不再是约稿,而是一种倾诉或得到认同的渴望

和李军洋第一次打电话时,初涉职场的我没有列好说话的提纲,但还是做了不少功课。他被称为"90后"文字第一精灵,在"90后"十大少年作家榜中位列第五。此前,我曾在杂志上读过他的文章,他的文字叛逆张扬,却又细腻敏感,正对我负责的栏目——"未来文坛"的胃口。电话中,

我向他诚恳地表明了约稿的意图，却无法掩盖自己向陌生人打电话时恐怖不安的小激动。他的防备心很强，不太愿意跟我多说话，只是应付性地默许了。到了交稿之日，久久不见回音，我慌了。第二个电话打过去，他说他在忙，会尽快交稿的。这一次，我深刻地感到了什么叫遥遥无期，同时也发现，电话虽然能以声音连接彼此，但也为两个陌生人之间立起了另一层壁垒。

我要打破这层壁垒。

我开始在 Q 上向他发起攻势，每天都想一个话题跟他套近乎。也许是因为"90 后"特有的孤独特性，使得他在网上和电话中判若两人。在网上，我渐渐从一个约稿者变成了一个聆听者。他说，虽然自己身上笼罩着无数的光环，但也有自己的忧伤与孤独，他只想拍电影，不想做作家，因为觉得自己并不是一块作家的料，只是因为偶然，让自己成为一位有点名气的"90 后"作家。"文学需要沉淀，我愿做清醒的写作者。"所以，他创办了中国"90 后"作家联谊会这样一个民间组织，并担任第一届主席。

交心之后的第二天，他给了我一篇稿子，内容是关于自己在高中时代与写作结缘的故事。

经过几次磨合，我们杂志最终成为中国"90 后"作家联谊会的合作媒体，即由联谊会不定期向我们提供优秀的"90 后"新生作家以及名家点评的作者，我们则为联谊会的成员提供"未来文坛"等写作平台。在 2012 年的南川书展和中国"90 后"作家图书展中，该联谊会为我们杂志做一个专门的展板，使我们的杂志在重庆南川区得到了宣传和当地文联主席唐利春老师的肯定。让我们杂志得到了一次免费推广的机会。

此后，我突然明白，编辑和作者的之间交流其实是一种心灵按摩，我要给作者以时间去找感觉，辅助他把自己擅长领域内的闪光点迸发出来，相知相识之后，那已经不是约稿了，而是一种倾诉或得到认同的渴望。

一切的工作都是虚空的,除非是有了爱

她是一位将对语文的热爱、对语文教育的热爱、对学生的热爱完美地融在一起的老师;

她是一位一直温柔地呼唤学生为孩子们的老师;

她是一位"没原则""蔑视高考",却带出无数高材生的老师;

她也是我最仰慕的作者——熊芳芳。

曾有学生这样评价她:"当别的老师强塞一叠叠答题技巧高分法宝时,她却馈赠一捆捆阅读美文时事新闻;当别的高三同胞都按部就班地把自己打造成老师统一给的图纸所要求的样子时,我们早已被她扔出课堂外,在各个吸引我们的领域挖土钻洞:哲学宗教文学历史电影界,建筑军事天文地理娱乐圈。她揣着信仰审视世界,感性而随心,所以她带领的我们爆溢出自由思想的光芒,我们始终都是自己,或者,已超越了自己。"

机缘巧合中,她成了我的作者,因为对她的语文教学成果早有耳闻,所以一直对她很崇敬。她所带出来的学生,无论他们入校时的成绩如何,在高考时,语文总能取得非常优秀的成绩,秘诀就在于她平时对学生的作文训练。她是我见过的,唯一将每次月考或者作文课后所有优秀的学生作品一个字一个字地打出来给杂志投稿的作者,目的就是为了让学生找到那个独特的自己,使学生的文笔在另一个平台上得到锻炼。她推荐的作文虽是考场作文,却最真、最美、最感人。

所以对于她投过来的文章,我绝不敢怠慢——不仅逐字逐句地细读,还把每篇选好的文章写上审稿意见发给领导审核,因为我知道哪些孩子们的作品,都是她的心血。对于她这样的作者,我有合适的选题向她约稿的时候,从来都是毕恭毕敬地给她写一封邮件,说明自己的想法,并征求她的意见。一来二往,我们也成了半个知己。我会经常向她请教语文教学方面的问题,她也会在跳槽时跟我抒发感悟,在我更新QQ动态时给予

关心,并在工作繁忙之时推掉上海某杂志的约稿却接了我的约稿甚至熬夜到凌晨两三点给我发来了稿件。

纪伯伦曾说过,生命的确是黑暗的,除非是有了激励;一切的激励都是盲目的,除非是有了知识;一切的知识都是徒然的,除非是有了工作;一切的工作都是虚空的,除非是有了爱。

仰慕一个人的时候,你的内心就会变得美好起来,能和仰慕的人共舞,整个世界都会为之倾倒。

快乐工作、健康生活的榜样

作为全国语文界泰斗、广西唯一一位全国"语文学习科学建设终身成就奖"的获得者,黄麟生教授总是那么的和蔼可亲、平易近人,尽管他已到耄耋之年,但思维十分敏捷,中气十足,他那谦恭的处世态度和儒雅的文人气质让我印象极深。

黄教授退而不休,每年都会到区内各中学讲课,对学校的语文教学进行指导。在他面前,你永远不会有"廉颇老矣,尚能饭否"的感觉。作为我们杂志的编委,他每每在讲学之时,不忘向学生们推荐我们《求学》杂志,指导他们使用此书,并结合自己三十多年的阅卷经历积累下来的高考作文写作策略给予学生点拨。

2015年底,为了筹备第四届"求学杯"高考作文模拟大赛,我有幸与黄教授一同出差,也深刻地感受到他的人格魅力。黄教授凭借自己在区内的影响力,帮我们引见了十几所语文教学成绩突出的学校的校领导,使得这些学校当即拍板决定应邀参加作文大赛。在出差途中,我们完全不用担心会迷路,因为黄教授本身就是一位"广西通",没有哪条路哪怕是山间小路是黄教授没走过或者不认识的。在我们疲倦之时,黄教授依然精神抖擞地谈笑风生,消除大家的倦意。通过交流得知,黄教授年轻时曾是广西的短跑冠军,多年来一直坚持锻炼,从而使得自己能一直保持健康的身体和良好的精神。他热爱生活,一路上给了我很多积极向上和乐观自信的思想引导。

　　黄教授做事干脆利落,答应了别人的事情就一定能办到。比如有一次,我向他约稿,因约稿函上有一处小地方表述不清,黄教授这一泰斗级人物竟然耐心地询问我,并言"请你不吝赐教",真让我这个小虾米羞愧难当!在弄清楚写作思路之后,黄教授竟然在第二天早上就交稿了,他那干劲十足、谦虚谨慎的个性实在令人敬佩!

　　黄教授就是我快乐工作、健康生活的榜样。

温暖而踏实的日子里，有你……

陈凤娟

在我还未走出大学这座象牙塔时，就有无数人告诉我：闺密是高中以前结交到的，朋友在大学时仍能结交，走出社会后，所有的关系都只会是合作关系。同事成不了朋友，似乎是江湖规律。

在社会上，尤其是受中国的酒桌文化影响，我们能结交到的也只能算是酒肉朋友，难以深交，毕竟利益纠缠，让人不得不有所保留，无法全然付出一片真心。在进入职场后，我也把"为人且说三分话，不可全抛一片心"作为信条。传说飘来飘去，有人确实在职场中因这种事吃了亏，而且为此付出了心酸的代价。可是，人却并不是没感情的动物，在日常生活的摩擦中，那些被我们固执地认为是对的理念，并不能阻止自己被同事感动的那些瞬间。

初入职场时，由于业务能力不熟，我时常与一位同事一起加班。我们加班的那几个月，已经是深冬，南方的冬天总喜欢下点小雨，似乎只有这样才能营造出冬日冷的氛围。但在被冷雨冷到骨子里的天气中，我们常常牺牲周末的休息时间，按上班时间上班。在办公室一做事情便会做到下午两点多，实在顶不住饥饿时，两个人就一边搓着手，一边把脖子缩到大衣里面,快速地跑到最近的餐厅吃完饭,再跑回办公室继续做事。加班时鲜少话语,只有在回家的路上,两人各自擎着伞,缩着脖子,听外面雨声哗哗响时,不忘要一下阿Q精神:看,说话还呼出白气呢,这天气也不算太冷,不冷我们干吗还抖着走呢。以此结束一天的生活。

这种生活,就这样忙碌而充实地过着,虽然偶有吐槽,但好在精神胜利法在这种时候也能起关键作用,将这段忙碌冲淡了不少。我在回想那段充实而忙碌的生活时,不觉得苦,反而觉得这段经历难能可贵,是这段经历让我度过了初入职场的第一关——在我还没能真正地将这份职业做成自己的兴趣爱好,却偏偏遇上寒冷而忙碌的日子时,若不是有人陪同,我不知道会不会在哪个凄风苦雨的夜里,放弃了坚持的念头。

有一段时间,我在写绩效表时,在"集体意识"一栏上,我总想写"我非常非常喜欢部门的同事"。不是说他们给予了我多大的帮助,而是在生活的点点滴滴相处中,他们给予了我很多向前走的勇气。我喜欢看办公室QQ群的消息,虽然总是日常调侃,但每个人的个性都在话语中鲜明地体现出来。我虽不常在上面聊天,但每当工作烦闷时点开消息,总能看得开怀大笑;我喜欢在做校对时,遇到不懂的问题时,大家可以互相讨论或者争辩不休,知识与思想的交汇最能让人得到提升,也最能助力自己成长;我喜欢在一些合作项目上,同事之间相互沟通、相互帮助,没有抱怨,唯有踏实而温暖地做好那些事情……

正是这些细小之处,让我这个一度以为自己会对新环境有排斥反应的人慢慢适应了现在的生活。正如柴静所说:"现实人生就是这样,大多时候乏善可陈,有时却有最奇特的经验胜过一切传奇。很多人寄望于西藏,摇滚乐,恋爱,希望从中发现惊奇。我只愿在万人如海中安心地过下去,那里处处有让人震动和狂喜的东西。"不要去揣测别人对你做这件事有多少意思,也不去猜度你做这件事会吃多少亏,当我们怀揣着善意看待这个世界时,生活也必善待于你。

有人说:"被'姑且'认可的朋友,其实在发挥着朋友的全部功能;而理想中的那些朋友,成了乌托邦一样的信仰。"当我们与那些珍贵的朋友以一年一聚或一年两聚的时间来估算时,这种情谊就得让我们用心来守护着,而那些天天陪伴在我们身边的,被我们"姑且"认可的朋友,将会与我们一起读懂"友谊"这一词语的意义。

成长，就是寻找一场平衡

龙 飞

　　或许每个文科生都有个与文字有关的梦想，对于我来说，这个梦想弥足珍贵，所以大学毕业的时候，我想着不管怎么样也要与文字搭上关系，于是就意气风发地选择了编辑这一职业。

　　现在的我依旧记得走进编辑部时的雀跃心情，但那时候的我从来没有想过编辑的工作是如此的琐碎与重复，说得夸张一些，就是将无数的汉字打乱，然后重组，再仔细核对一番。是的，有一段时间我一度对编辑工作感到厌倦，这不仅仅是由于我小心翼翼的性格显露了弊端，更是出于我对文字的无力感。

　　2015年2月，《求学·高分作文素材版》2015年第6—7期的约稿工作开始进行，因为临近春节，很少有老师愿意接下撰稿工作，所以我在开拓作者资源时有些力不从心。在经过几番寻找和被拒绝后，云南省曲靖一中的任玲老师给我引荐了同校的钱炬老师，由此让我开启了一次难忘的成长之旅。

　　钱老师是曲靖一中的语文教师，当时正执教高三，有丰富的执教经验，带出了许多名牌大学的优秀学子。在交流的过程中，钱老师显得谦逊有礼,虽然知道我是一名刚毕业不久的年轻编辑,但出口必是"您""龙老师"这样的称呼,让我受宠若惊。

但礼貌的背后并不意味着约稿工作是顺利进行的。因为从未给《求学》写过文章,所以前期钱老师一度找不到感觉,横跨在我们之间的鸿沟是彼此的观点出现了分歧。钱老师从自己的立场出发,希望能娓娓道出自己的教学经验,而我作为一名编辑,则从文章的可读性方面提出了更精确的要求,希望文章尽量简练,直击读者弱点。

2015年的春节是温馨的,但我内心的斗争却是异常激烈。彼时的我正处于工作瓶颈期,深陷于看似无止境的约稿和校对之中,虽然工作没有什么太大的问题,却让我觉得索然无味,想要快点结束,甚至对钱老师有了些怨言。但钱老师似乎对这次约稿显得很上心,不管高三的教学任务多么繁忙,她交稿都非常准时。即便稿件返改了四五遍,她仍旧乐此不疲地倾听我的意见,力求文章的每一个段落、每一则素材更贴近杂志的刊登要求。有好几次我都已经觉得某则素材已经很好了,再提修改意见我都会把自己暴打一顿,但钱老师却还是说"龙老师,我总觉得还不够好,您再看看有什么不妥之处,我再改,给您添麻烦了"。

我内心的烦闷就这样在钱老师的坚持与道歉中慢慢消退,虽然没有重拾刚进入工作岗位时的激情,但我能感觉得到自己有了很强的力量——原来在渴望得到认同与被认同之间,并没有太大的距离,有些人很普通的一些话就能够让你温暖一辈子。

待到钱老师的稿件确定过审,一切尘埃落定后,我才看到钱老师的个人履历,上面赫然列着"参与的课题研究荣获教育部教师发展基金会教育科研优秀成果一等奖""云南省高中语文新课程课堂教学竞赛一等奖"等众多奖项,其教育原则为"为人如山立千仞,为学如海纳百川"。

有那么一瞬间,我觉得我的内心又变得柔软起来。由此我看到了自己与钱老师的差距,不仅仅是学识上的差距,更是经历岁月洗礼后为人处世的差距。钱老师努力在一线教学经验和我提出的要求中寻求最佳平衡点,其实就是在做人与做事中寻求最佳平衡点的体现。她不曾因为我的经验浅薄而不屑于我的意见,不曾仗着自己的身份说三道四,相反,她敬畏每一个职业,尊敬每一个个体,认真对待每一份所托,尽心尽力完善自己,对工作付出百分之百的热忱与努力。

感情的触动总是在不经意间到来,我那关于文字的梦想因为钱老师的真诚相待而又变得清晰立体,甚至变得更加闪耀无比。作为一本高考杂志的编辑,我醒悟这不单纯是一份文字工作,其实我们和钱老师一样,是奋斗在教育战线上的传播者,我们都有共同的出发点,那就是关注着每一位学子的成长。文字从来就不是在纸张印刷上黑字那么简单,它拥有厚积薄发的力量,让我们每个人随时随地都在进步,博采众长,最终成长为耸立的高山,拥有大海一样的胸襟。

每个人进入社会的时候都想建功立业,但许多人却在琐碎的工作生活中消磨了热情,从而丧失了认真工作、认真待人的能力。由此可见,寻找做人与做事的平衡点,随时保持恭敬与谦卑,保持一颗与自己、与压力、与全世界和解的心是多么的重要。感谢前行路上诸如钱炬老师这样的引路人,与大家一起在成为更好的自己的路上努力,所有美好的愿景一定都能够成真吧。

那不是神行太保吗?

顾超逸

戴头巾的"姐姐"

来单位实习的第一天,我就被一个同事的发饰给吸引了——她戴着一方蓝色的头巾,上面点缀着白色小碎花。"嘿,这位姐姐的打扮可真别致!"我在心里嘀咕着。

初看上去,碎花头巾姐姐长得黑黑的、瘦瘦的,没准是个贵州人。尽管我很想多看几眼,仔细研究一下她的头巾和苗族头饰的关系,可最后还是忍住了,一来因为眼神儿不好,二来因为初来乍到,绝不能给人留下"不正经"的印象。

就在我刚刚让好奇的心平静下来,埋头看稿子的时候,碎花头巾姐姐说话了——标准的普通话,字正腔圆的男中音。我瞬间石化,这可真是"纶巾头上戴,安能辨我是雄雌"啊!

后来我得知,头巾姐姐,噢,不,头巾哥哥叫林广,昵称林广广,是广东人,负责动物刊物。再后来,我们成了室友,同租李永成老师的那套大公寓,林广广盘踞在宽敞明亮、冬暖夏凉的主卧室,我们门挨着门。

神行太保

经过对《作文大王》的深入研究，我认定林广广就是刊物里神行太保的原型，还曾经脑补出了这样的画面：

一天，老编对众小编说："我们要为刊物设计主题人物，希望大家积极配合，贡献出自己青春靓丽的形象，这可是名垂青史的大好机会，走过路过千万不要错过！"

于是，众小编们整齐地站成一排，一个个昂首挺胸，嘴角挂着自信的微笑，努力把最阳光、最热忱、最有生命力的一面展示出来，希望能得到画师的垂青。

"不行，这个太帅！""不行，这个太漂亮！""不行，这个太高！"面对自信满满的小编们，画师不住地摇头，他们的形象都太光辉了，不符合画师心中的人物设定。

就在画师快绝望的时候，一股飞扬的尘土由远及近，顷刻之间就飘到了眼前。原来是林广广骑着新买的白色小电车赶来了。顾不上整理被风吹歪的头巾，林广广"嗖"一下就钻进了队列。画师立刻眼睛一亮："又黑又瘦又猥琐，正好可以正衬阿木老叔，就以他为原型了！"

于是，《作文大王》里就有了冠带飘洒，丰神俊逸，日行八百，夜行一千的神行太保。（因为晚上比白天精神，所以夜行一千。）

我几次问林广广神行太保是不是照着他画的，他都矢口否认。不过否认是徒劳的，在我心里，那个生来追风爱自由，却又每天被阿木老叔折磨得死去活来的神行太保，就是林广广的化身。谁叫他们都戴着小头巾呢？谁叫他们都有一双"飞毛腿"呢？

美食

我猜林广广和我一样，都是吃货，唯一不同的是，我只会吃，不会做，他吃做双修，文武双全。

据"老"同志们说，林广广蒸鱼干算得上一绝，但是我口福太浅，始终无缘得尝。不过，倒是曾经有一条鱼干长期盘踞在冰箱之内，就像一位埃及法老安详地躺在墓室里。在林广广离职回家之后，我很想留下那条鱼干做纪念，无奈它总是幽幽地对其他食材说："谁要是打扰了法老的安眠，我就让它也变成臭咸鱼！"最后我只好作罢。

除了咸鱼，林广还喜欢鸭子，每次去单位对面的三碗油茶吃饭，他一定会点一盘鸭子。这本来是一道很单纯的菜，可是思想不单纯的小伙伴们总能想到别的义项。这里要特别声明，经过近一年的观察，我可以确定林广广是百分之百的直男。

但是，直，不一定不猥琐。有一次同事聚餐，林广广为大家做鱿鱼圈，流程是这样的：先把鱿鱼的头去掉，留下完美的体腔；然后把一根葱插进鱿鱼的体腔之内；最后，鱿鱼切成圈，裹着葱片上锅煎。只见林广广一手按着去了头的鱿鱼，一手握着又粗又长的大葱，一寸一寸地使劲把大葱往鱿鱼里面捅，脸上那表情，就像一个熊孩子在为干完一件坏事而沾沾自喜。鱿鱼圈的味道已经忘记了，但是林广广做鱿鱼的手法估计这辈子我都不会忘。

小宁宁

林广广有个女朋友，或者说曾经有个女朋友，大家都叫她小宁宁。小宁宁看起来是个很腼腆、很温婉的女子，也长得瘦瘦小小的，和林广广很般配。相传，林广广与她是在出版社的新员工培训中认识的，这让我对林广广的脸皮和魄力刮目相看。

作为有女朋友的人，林广广自然不能总跟我们这些一人吃饱全家不饿的单身汉厮混。他平日总是晚出晚归，晚出是因为人家有一辆漂亮的白色小电车，五分钟不到就能飙到单位；至于晚归嘛，他每次回来都是一脸幸福又满足的表情，到底干什么去了，不用我说你也猜得着。到了周末，他就更是神龙见首不见尾了，仿佛世界上有看不完的电影、游不完的公园、逛不完的商场。当时，我一边"独守空房"一边想："男人真的靠不住啊，有了女朋友就不要兄弟了。"没想到，现在我也步了林广广的后尘。

文艺小青年

小宁宁是从事美编工作的文艺女青年，能打动文艺女青年芳心的自然只有文艺男青年。不过和一般的文艺男青年不同，林广广是学物理的。我的自然科学知识有断层，无法完全理解林广广的世界，能和他探讨的也仅限于"整个互联网有多重""存储数据之后硬盘的质量是否会增加"这样的问题。

尽管林广广从没向我展示过才艺，但我觉得他既会弹吉他又会画画。一天晚上，他和仓库的农哥彻夜长谈，交流吉他技法，我这个只在初中毕业那年吊儿郎当学过一个月吉他的伪文艺青年完全插不上嘴，只好悻悻地回房间去研究坦克构造，顺便竖起耳朵听他们时而弹奏时而高谈阔论。

在我们楼顶的平台之上，曾经有很多颜料、画笔和画布，这似乎是林广广作画的证明。有一次，我无意中发现了一幅相当劲爆的画——一个赤裸的女子侧身而卧。我问林广广画上的人是谁，结果他一把夺过"美女图"，把它倒扣在墙角，脸一直红到脖子根。后来，那幅画就完全失踪了，我想是林广广不能容忍我们这些思想复杂的人"玷污"纯洁的艺术吧。

文艺让林广广显得与众不同，但也给他带来了不大不小的麻烦。回家之后，他就和小宁宁分了手，至今还未找到人生中的另一半。据说，在他的家乡,方圆一百里之内只有一个文艺青年,那就是他自己。真是古来文艺皆寂寞呀!

逝去的日子

林广广是民间公会的灵魂人物,有他在,就会有很多屋顶烧烤、野外骑行、酒吧小聚。

那年春节放假之前,我们在文化步行街上的喜乐汇玩真心话大冒险,林广广总是输,有一轮竟被逼着跑到大街上去亲那些"感动大清"道德模范的塑像。幸好当时已经是午夜,否则路人一定会把他当精神病来围观。

那时节,可以肆无忌惮地加班工作、心无旁骛地傻玩傻乐;那时节,以为刊物就是整个世界。因为很傻很天真,所以很疯很快乐。

我们共事还不到一年,林广广就因为家事离开了工作岗位。后来,西门外的三碗油茶换了老板,再也找不回当年的味道;再后来,南门外的喜乐汇倒闭了,从此我再也不去泡酒吧;再再后来,听说林广广继承家业,做起了翡翠生意。今年再次相见,长发和蓝色的碎花头巾已经荡然无存,身上还平添了几分江湖气。

不过,以匡扶正义、拯救地球为己任的文艺范儿是不会变的,在我心里,他永远是那个日行八百、夜行一千,随时停车、使气任侠的神行太保。

带走我们牵挂的心

陈 光

大年二十三,年味渐浓,单位效益蒸蒸日上,心情自是欣愉,谋划着呼朋携友去资源隘门界观雾凇。

然而,天有不测风云。当日晨起,接到朱阿姨的电话,说三五刚刚在家里病逝了。这太突然了! 几天前,年终总结会上,我还向大伙儿介绍了三五的近况:元旦六号探望,他坐在客厅,似懂非懂地看电视。六天前,我随集团领导去探望,他发了高烧,毫无气力地躺在床上,昏睡中,很是令人揪心。我本带了相机,去之前也设想了很多构图,想抓拍三五几张近照给同事看看。看到他那样羸弱,我不忍心将这场面记录下来,相机一直没拿出来。

当即,我不敢迟疑,边向同事们通报噩耗,边驱车赶往三五家中。三五家位于王城中区,紧靠在门洞边,是个两层楼的小院落。院门不爱上锁,来客一推就开,这正如三五的个性,坦荡真诚。在一楼靠东的卧室里,我看到了三五,他静静地躺在那里,宛如几天前见到一样,平静安详。当我看到他不敢抬起头看我的双眼,那一刻我的心突然间感觉到严寒。据守灵的人讲:当夜凌晨两点,王城下了一阵冰豆子。龙脊下了一地的雪。

善意真诚,近之若春

虽然有心理准备,但是真到了这一天,还是不能接受,家人和同事们都觉得这老头真仁义,让大家过了个好年。

早在半年前,林章仁老师就传过话来,说三五患了病,人快不行了。吓得我们这帮老同事赶紧直奔人民医院探望。只见三五整个人蜷在病床上,手和脚被绳子绑着。家人说是他不配合医护,总是蹬被子、扯针头、拔吸管。三五本来就很瘦,是那种皮包骨头埋在粮食堆里也吃不胖的人,这下子就更瘦了,腿如麻秆似的,毫不夸张地说,是骨科医科实习生最好的实习标本,看得着实让人心酸。三五虽然一直没有真正醒来,但他一直有潜意识,有反应,有人去看他的时候,他总会把脸背过去,不和你目光对视。朱阿姨说,三五辨得出人,只是不愿让你见到他当下的窘况,才特意背过脸去。

细细想来,三五就是因为总是为别人想得太多,为自己想得太少才忽视自己的病痛。退休前两年暑假,他曾请公休假,悄无声息地躲到医院里住院。若不是慰问时和朱阿姨聊及,我们压根就不知道他住院的事情。

凡事,他总是替别人着想,让别人过得去,他的心格外善良。和他处事,他总是宁愿自己吃亏也要让人温暖,让人快乐。

我是 2001 年入社的,在广告部工作,和三五的办公室隔着两间房。初听到"三五"这个名,我还有点儿纳闷:三五这个名字太洋气!难不成是因为他抽烟特凶,喜欢抽劲道冲的"555"外烟,大家伙儿为他起的外号?后来,才得知"三五"是他的生日,三月五号。三月五号,这可是"70 后"、"80 后"人人皆知的日子——学雷锋日。怪不得,三五的情操这么高尚,这么带有善意呢。

地低成海，人低成王

三五是个低调的老头，你若问遍杂志社内不知道三五根底的人，谁都不知道三五的本姓不姓杨，而姓路，更为令人惊诧的是：三五是高干子弟。

为三五守灵时，三五的二姐夫为我简单介绍了三五的传奇家世。三五的爸爸，老革命，本姓"路"，在桂林从事地下党工作，化名杨江。他创建了滇桂黔罗盘区根据地，曾任文山军分区司令。上世纪 50 年代，在北京，部里面当司长，搞经济。后来回到广西搞教育，到广西师范大学当党委书记。因为参加革命早，五十年代定为行政八级，比桂林市市长的行政十级还高两级。那时，赵树理是行政九级，孙犁是行政十级。

他爸爸为三五刻意培育了几个爱好，按照顺序，先是学游泳，其次是骑单车和打鸟，然后是照相。对于游泳，生长在南方的爸爸天生就喜好，并且似乎从小就把游泳视为洗澡的最高形式。三五打小就玩各种枪，家里总是放着一两支漆成深枣红色的小口径步枪。有时候，三五和他的兄弟缠着他老爸，要求带到郊外放枪，并且坚持自己扣动扳机。上小学时，三五和他的兄弟就已懂得摆弄相机，初中时更是自己懂得放大照片了。当我在出版社群里发讣告时，群里有人说三五是那位自己动手做晒像扩大机的大神。

听到这些，我不禁想了想，难怪三五开展工会活动、春游、秋游时，总喜欢爬山，爬玉龙雪山、尧山、猫儿山、龙脊、舜皇山、圣堂山；总喜欢搞水上项目，资江漂流、龙颈河漂流、五排河漂流、马岭河漂流、蝴蝶谷漂流……数不胜数。总之，他永远知道哪里有鲜为人知的风景，永远知道哪个角度拍摄最绝妙。在工会事务上，我接了三五的班。相较三五而言，我带大伙儿出去得少，工会事务比三五差一大截。

事后我查了查，孙犁的行政十级工资是 216 元。七十年代末，我爸爸教育我下乡的大姐时，总是挂了句口头禅：你一辈子（月工资）也挣不到

56 元。由此可见三五的家境之优越。可是,你能在三五身上看到半点儿公子哥的架子吗?古人亦有云:"地低成海,人低成王。"生活需要低调,为人处世更不可不"低调"。低调的人,往往是人群中的不凡之人,也是最后的强者。

乐享远行,边歌边行

三五是老发行。我入社头几月,我俩之间没有过多的交集。我俩深交,是因为从昆明全国书市返回。2001 年 9 月,昆明举办第十二届全国书市。利用书市等大型会展进行宣传,营造声势,是我们社的强项。那一年为了推《作文大王》,我们做了近千顶作文大王帽、作文大王小记者马甲,做了作文大王吉祥物虎头,做了友好学校铜匾,总之是丁丁当当的一大堆。筹备物资的时间很短,走火车托运保证不了会期。社里面有辆皮卡车,三五又有跑云贵川青海的经验,社里就这么安排三五和老林交替开车往返昆明。

那时候,订票可没有现在这么方便。在宾馆订了几天返程票都没戏,最后没辙,为了便于撤展,回运物资、样刊,社里面安排我和唐旭明搭皮卡车返回桂林。天啊,这云贵川的路况这么差,回家的路这么长,我一听就懵了,担心自己晕车狂吐。三五也许看出我的顾虑,开车很平稳,一路上跟我聊天侃大山,特意拿出在昆明买的冰皮月饼给我们吃。三五的妈妈是昆明人,也是老革命。这月饼承载着父辈们的记忆。返程路上,三五总是巧妙地把休息点放在旅游名胜点。当天下午一两点,在宜良县九乡风景区用餐,晚上住在石林。我和唐旭明上车就睡,一路上乐哉逍遥。白天,我们四人逛景区;夜里,三五和老林交替开车赶路。老林有点儿高原反应,在昆明吃不好睡不好,嘴角还起了泡,车子多半是三五开的,第二天晚上将近一点钟,方赶到百色住宿……几天后,当我坐在家中回想这段旅程时,久久绕之不去的是:那时,三五和老林的平均年龄是 51 岁,体力、视力已大不如前,但他们的举手投足依然带着自信,是对自己的驾驶技术、自己的体力、自己的健康和自己人生的自信。

送完三五去尧山,晚餐时我和李学军、李文豪两位老师聊起了往事。回想起有年重阳节,慰问退休员工时,沈总问到三五的老年规划,三五说他热爱旅行,更热衷于自驾,准备自驾一趟青海、西藏。在座的同事都被三五感染,壮志满怀。三五的心气儿就是高!遇到了挑战,又得知自己的能力和毅力能把它克服,这是一件很有成就感的事情。

如今,三五真的去远行啦,从天边来,到天边去。他带来的是梦,带走的是我们牵挂的心。

我和叶子的故事

陆东平

　　叶子是谁？是一片树叶？当然不是。叶子呀，她是我们《数学大王》的小读者，准确地说她是我们的铁杆粉丝，同时也是我的好伙伴。叶子是我对她的昵称，她其实叫叶晓钰。

　　说起我和叶子的缘分，至今我仍觉得非常有意思。那是 2014 年 8月，那时的我在着手制作合刊，第一次制刊，我有些不知所措。正当我迷茫时，电脑屏幕突然弹出一个昵称是"你们的骨灰粉"的 QQ 聊天窗口。我随意地回复了个笑脸表情，过了一会，对方发来一张照片，一看，全是书籍，再仔细一看，看到那一摞《数学大王》，我终于明白"骨灰粉"的含义了。随后，我俩便聊了起来，一来二去就熟了。当我告知她自己无法判断现在的小学生喜欢读什么时，她二话不说，立马就把我拉到了她的班级群。托叶子的福，我接触到了我们的三十多个小读者，让我有机会走近读者，了解他们的喜好。也因此，叶子便成了我后面创建的读者群的管理者。

　　与其说我和叶子的关系是编辑与读者的关系，不如说是朋友关系更为恰当。她是我的叶子，我是她的小鹿姐姐，我们会分享彼此的喜怒哀乐,也会相互鼓励。如果我没记错的话,我所制作的合刊刚发行,她是第一个发消息给我,说内容好看的人。或许是因为叶子是读者,也或许是第一次被夸赞,对当时的那份暖心的鼓励与肯定,我很感激。我想叶子自己可能都不知道自己当时的那句简单的话语对首次制刊的我来说具有多大的意义。

因为叶子是广东茂名的,所以我们基本都是网上联系。当然,她偶尔也会向编辑部邮寄来她自己创作的一些数学故事绘作品。而去年的5月我收到一封她邮寄的信,让人惊讶的是信上写有我名字,是专属于我的信。好多年没收到这种纸质信件了,我满脸喜悦地拆开了信封。她在信上说,她已经看完第5期的《数学大王》了,并对内容给出了自己的评价和建议,这是她一贯的风格。但因为马上就要小升初了,她还在信上诉说了一番对我们的难舍之情。今年的圣诞,我又收到了叶子的来信,此时的她已经是初中生了。除了嘘寒问暖,她又一次在信上表达了对《数学大王》初中版的期盼,并附上自创的元旦贺卡给我加油打气。

时间过得真快,想想,我和叶子已经认识有一年半了。很感恩叶子对我的一次次鼓励与支持。叶子虽已上初中,但我希望我和叶子的故事是未完待续。

润物细无声

周 涛

　　我差不多和出版社同龄,值此出版社三十周年大庆之际,我静下心来细细回想来到出版社的这七年,发现回忆竟然如此温润绵长。

　　我和施东毅老师并不是在同一个部门,工作上也几乎没有太多的交集,但施老师却在我进社工作的七年中,在不同的时期给予我关怀和指导。或许施老师不曾觉得,但"润物细无声",我已茁壮成长。

　　2009 年 7 月,我硕士毕业来到桂林,来到出版社工作。恰逢当年组织党员活动,我们的目的地是毛主席的故乡——韶山,并顺道前往南岳衡山。刚进出版社两个月的我,连自己本部门的同事都还没有认全,更别说全社的党员了。我几乎都不认识。出版社有一个传统是以"老师"相称,虽不知姓氏,一句"老师",一个微笑,便也开了话匣。

　　那天正是在登衡山,山路很长,不算崎岖,没有一路同行的小伙伴,我只身一人登山。身边匆匆而过的各位老师,微笑点头,一晃而过。马上要到坐缆车的地方了,从身边经过的正是施老师,似乎注意到我一个人走了很久,他没有超过我,步伐与步速大约和我相同,我们点头示意,但没有交谈。排队等缆车的时候,施老师和我攀谈起来。他问我是哪个分社的,叫什么名字，学什么专业，哪个学校毕业的，为什么来桂林，一个人来桂林适应吗……一问一答中，我少了许多孤单寂寞，仿佛登山的疲惫也消除了许多。聊天中，我得知此人是施东毅老师，顿时兴奋起来。因为来出版社实习的时候，我曾通读过施老师责编的中学地理的教辅图书，现在见到真人了，顿时觉得亲切又激动，立即表达了向前辈学习的诚意。而施老师只是浅浅地、谦虚地笑着，说道："没有没有。"大概由于这本书的因缘，施老师当时就和我聊了起来，关于做老师和做编辑的不同，关于专业的特点，关于如何设计自己的职业规划，关于未来的发展，并且告诫我应该知道自己想要什么……而其实，那个时候，我什么都不知道，什么也想不出来，对于工作、对于职业、对于事业，我根本没有任何想法。但在那之后的七年里，我却常常思考这些问题。

2011年产假结束之后，由于市场变化、结构调整，我暂时待岗在家。正好高教分社招聘营销人员，我便去试试。施老师是面试老师之一，因为之前略有认识，所以面试更像聊天，施老师给了我许多真心实意的建议。施老师结合我的专业和实际情况，认为还是做地理专业的教辅编辑更适合我，让我再等等其他分社的相关招聘。面试虽未成功，但内心却是充盈的，施老师给我建议，为我指路，我真的非常感谢。瞬间，我不再焦躁，不再烦躁，不再浮躁。

2015年，我担任出版社团委组织委员，分管团委的社领导正是施东毅老师。施老师带领我们共同策划新年的赠书活动，与我们共同修改文案，他在工作中表现出来的真诚、开放、包容的态度，仿佛与我们是同龄人，丝毫没有领导的高高在上和盛气凌人。

2016年，因为要向施老师汇报团委的推优工作情况，第一次来到施老师的办公室。一张办公桌，一组书柜，一张沙发，一把椅子，书柜上摆着两盆绿萝，除此之外别无他物。办公桌上一电脑，一电话，一笔记本，一笔，除此之外别无他物。办公室不大，但干净、整洁，明亮的窗户透进来温和的阳光,一如人心。由于我早到了两分钟,施老师便关切地问起我最近的工作情况,并鼓励我要对未来充满信心,市场的压力很大,各方面都有很多困难,但目前的困难是暂时的,相信领导一定有办法带领大家走出困境。短短两分钟的谈话,却让我觉得内心踏实、方向明确,困难不可怕,只要有信心一定会胜利。那种感觉,如沐春风。

回想与施老师交往的点滴,虽不多,却颇值得回味。细节虽小,蕴含的温润的力量却历久绵长,犹如泡在水中的茶叶,不停地缱绻、舒展。

有些东西是无形的,内化于心,外化于形,润物细无声。

我所遇到的事

1986

~

2016

后来的事有后来的人
他们踏上了新的征程
他们能创造新的历史
续写新的篇章与辉煌

创社之初的回忆

王炜炘

一、筚路蓝缕　创业维艰

事情得从 1985 年开始说起。在当年下半年召开的一次全国地方院校(60 所)世行贷款评估会议上,华中师大的代表和我交谈,说到五所部属的师范大学都已恢复或批准成立了出版社,并说国家教委要在第二年选择几所地方大学成立出版社。我心想,我校有条件申报成立出版社吗?会议结束后到华中师大出版社参观,我感觉我校也是有条件办出版社的。回校后,我特意为此事向校党委做了汇报,谈了我的意见。校党委要求尽力争取使我校成为首批成立出版社的地方院校,并决定由我主持去办有关申报事宜,学校各部门全力协助,协办人员也由我选定。我选定的协助人是曾担任过学报编辑部副主任的校党办副主任党玉敏同志。他从此为我校出版社的建立、发展和繁荣献出了后半生的才华和精力,是在出版社的成立与发展中值得记住的功臣之一。

在朦胧中起步

要着手做申报工作了,我感到一头雾水,不知道该做什么,怎么做,向哪一个领导部门申报,要些什么材料,申报报告怎么写,等等。我们凭感觉准备申报材料:学校基本情况综述和申报报告。与此同时,朱天恩书记、陈光旨校长分别向区新闻出版局和区党委宣传部侯德彭部长联系请求支持。接着我去南宁先后拜访了区教育厅、新闻出版局、宣传部领导,上交了申报报告和学校的基本情况综述。他们看了材料,听了我的申述,都表示支持,希望我们的申报能成功。初战告捷,极大地鼓励了我们申报成功的信心。

高人相助 进京过关

弄清了申办的全过程后,各个阶段的困难和矛盾的主要方面也就理清了。国家教委高教一司的图书管理处是初步审核提名的主管部门,是我们的主攻对象。我们深知,要过好这一关,必须靠学校的实力。为此,我们花大力气,客观真实地反映了我校的基本情况和我们申报报告的可信度。在申报的准备过程中,曾任校办主任的陈鼎芳同志主动找到我说,国家教委图书管理处的负责人袁华和他是较好的朋友,他可以写信或亲自去北京找袁华。这样,我和党玉敏同志带着陈的信及有关材料第一次上北京,得到了袁华等同志的热情接待。袁华等同志看了材料后,认为学校条件很好,有希望,并表示可以提供力所能及的帮助。我们跨进了申报的第一道门槛,但不久有消息说申报学校很多但名额只有三个。听到这个消息,我们有点紧张,想找高教一司的领导当面汇报情况,于是我和党玉敏同志再上北京,找了我校老领导崔毅同志和民族教育司韦鹏飞司长,他们都表示愿意帮忙。韦司长还陪我去找高教一司第一副司长郑启明同志。见面后我直接向他说明了想法。他听了我的说明和看了材料后说,学校条件不错，国家教委这里不会有什么大问题。在国家教委这一关，我们付出了努力，在众人的帮助下获得了满意的结果。第一关过了！

郑司长告诉我还要去向国家出版总局汇报申报要求。于是，在国家教委同志的引领下，我们又向国家出版总局"进发"了。一位领导接见了我们，当听完我们的申请要求以后，他表示只要国家教委批准的，出版总局一般是不会改变的。第二关又得到了可以过关的答复！

从北京回来向校党委汇报后，大家都认为有希望。于是，第二次去南宁递交了正式申办出版社的报告，并汇报了在北京得到的消息。领导指示我们继续努力，不要松懈。

筹办出版社这件事受到我校中文系原系主任林焕平老教授的极大关注。当我应约到林老家里向他老人家汇报情况，谈到还有中宣部审批最后一关，并告诉他时任中共中央宣传部新闻出版局局长是许力以同志时，林老笑着说，他认识许力以。解放前林老在上海大夏大学任教时，和进步青年学生有联系，许力以同志就是其中之一。林老表示立即写信给许力以同志，请他关照帮助。当时林老已经75岁高龄了，视力很不好，基本上靠着直觉亲笔给许力以局长写了一封信。校党委书记朱天恩同志要亲自将林老的亲笔信送到中宣部。林老为了办好这件事，执意要跟着去北京，我们只好派党玉敏同志照顾他和朱天恩同志同去北京。抵京后朱天恩书记去中宣部转交了林老给许局长的亲笔信。许力以局长在北京看望了林老，并请林老放心转告学校党委，只要符合条件，通过了国家教委审核报来的，一定会批准的。得知此消息后，我们十分感激林老。接着，我又去南宁向区教育厅、区出版局和区宣传部汇报了我们申报工作的可喜进展，并请区里给中宣部写申报我校要求成立出版社的正式报告，区教育厅答应立即办此事。回想半年多来我们三次去南宁、三次上北京，多次进了中央、自治区有关的7个部门的大门，在党委的领导、各级领导的支持和朋友的帮助下，终于有了一个可期盼的结果，我心里压着的一块大石头总算落了地。

二、白手起家　创业奠基

在建社可以确定的时候,学校党委多次对办出版社的宗旨和任务进行了讨论。大家一致认为,虽然我校出版社只是一所普通高校的出版社,但也是学校对外联系交流的重要纽带,是提高学校教学、科研质量,提高教师水平的平台,是提升学校知名度的窗口,是党和国家面对全国和世界的一个文化阵地,出版社必须坚持四项基本原则,多出版好书,不出坏书。

宗旨与任务　管理模式

校党委指出:办社要依靠本校的资源,出版社要坚持为教育服务,作为广西一所高师院校出版社,要为广西教育服务,为广西基础教育的发展和质量的提高服务,为广西高校的发展做贡献,还要为成教和职教发展的需要做好工作。讨论中特别强调了为广西教育服务的同时要放眼全国教育的发展和需要,也指出了出版社作为社会主义文化阵地应该关注国内外的文化、教育发展和需求动态。最后提出了十六字办社方针:依靠本校、立足广西、面向全国、放眼世界。

如何将新组建的广西师范大学出版社管理好,使之从无到有、创业奠基、稳定发展、走向繁荣,是摆在我们面前的重大课题。区教育厅领导和校党委对此都十分重视,在多次上下交换意见后,提出了十六字的管理模式:事业单位、企业管理、独立核算、自负盈亏。

借贷起步　节俭运作

组建出版社需要有一定的经费进行运作,但学校却像对新建的行政单位一样,只给办公场所和办公用品,出版社人员的工资福利也和在校教职工一样,暂由学校负责。没有启动资金,怎么办呢? 我当时就对党委说,学校不给启动费,学校给担保我去借贷,到期由出版社偿还,但头三年要免去出版社按规定上缴学校的钱,把这些钱作为还贷和出版社发展的基金。学校同意了我的要求。

第一件事就是借钱。债主是各系的主任和校办工厂,他们都尽力支持,从1万到3万不等,共借得27万元,并和各系签订借款协议。协议规定三年内偿还借款,但不付利息,出版社每年将无条件地为各系各出一本他们推荐的好教材或专著。

第二件事是怎样用钱。出版社为此录用了专职的会计人员来负责会计工作,并规定采购或搞业务活动用钱要讨论,要有计划。1万元以上的款项由我签字后才有效。在头三年中,除了增添几台机器,借的钱所剩无几了。出版社还建立了独立法人代表制,我是独立的法定法人代表。接着,社里调整了财务人员,组建了财务科,制订了一套制度,确定了出版社财务由校产办监督审计,由主管校产办副校长审批,我不直接管。

组建班子　选训员工

在批文没有下达时,我们就开始试运营,当务之急就是人才的选用。

摆在工作日程上的是组建领导班子,确定编制和组织机构,精选主要编务人才和管理人才。开始时定了36人的编制,我任社长(兼),党玉敏同志为副社长兼副总编,负责编务和日常行政工作,宋开明任临时党支部书记。

校办印刷厂拨给出版社主管,试营一个多月后由于编制过多和领导之间的摩擦,印刷厂交回学校管理,由宋开明同志负责,但印刷厂有几个人转到了出版社。

出版社选拔组成人员,按照依靠本校的原则宗旨,主要调动学校的在编人员，采取自愿报名、人事处协调、领导批准的程序进行，也有个别社领导是校领导点名、原单位同意、服从分配而来的，例如余鑫晖副总编。党支部书记兼行政副社长王建周同志的调动还有些戏剧性：开始校党委考虑到学生思想政治工作的需要，没有同意调动；后来做了一些工作，稍后几天在再次讨论出版社领导班子时，强调要支持出版社的工作，党委多数同志同意调王建周同志到出版社工作。会后就通知了王建周，要求他即刻到人事处办手续到出版社报到。原单位还想挽留他，向党委提出了意见，党委在下午借征求本人意见时想把他留下，但此时王建周同志已到出版社报到了。

余鑫晖、王建周两位同志到任后出版社工作才开始正常运作。出版社从建立到发展，他们是不可或缺的组织者、领导者。当然他们也失去了一些诱人的更能发挥才能的岗位。

还有两个例外：

一个是黄理彪同志。当时他是从广西德保县回母校来进修的教师，由于黄请求到出版社工作，人事处多次去函商调，原单位不放。我提出在新学期开始前我校分配一名优秀学生去黄的原单位工作，让黄调到师大工作，终于达成协议。这是首次也许也是最后一次打破了进修教师必须回原单位工作的惯例。这改变了他一生的命运，他也从此与出版事业结下了不解之缘，在不同的出版工作岗位上做出了贡献。

另一个是汤志林同志。老汤原是云南省一所中学的校长，来信要求到出版社工作，人事处感到不必从外省调人。我当时看了来信，感觉这人不当校长来当普通编辑这种思想境界难得，而且当时还在物色一位合适的化学专业的编辑，我要求人事处再做一些了解工作。人事处了解的结论是此人可靠、有能力。我就请人事处向区人事厅办理申报批准手续，并向云南省人事部门协商汤调到我校工作的手续。由于人事处积极努力，事情得到圆满解决。现在感到欣慰的是这一举措为学校引进了一位优秀的出版工作者。他也为自己写好了为广西师大出版社贡献后半生精力和智慧、收获丰硕成果的完美答卷。

办社初期学校先后任命：

名誉社长：林焕平

社长：王炜炘(兼)

总编辑：贺祥麟(兼)

党支部书记兼副社长：王建周

副社长兼副总编：党玉敏

副总编：余鑫晖

社务委员会的常委：王炜炘、贺祥麟、党玉敏、余鑫晖、王建周、于诗藻

社务工作由常委集体讨论决定。

对于编务人员先后进行了多次培训，大家懂得编务流程和编辑工作的基本要求，明确三审(初审、复审、终审)定稿的原则和要求，还编写了《编辑手册》供编辑人员学习使用。

服务教育　效益双赢

我们办社的主要任务是依靠本校、立足广西，为广西教育服务。

在区里召开的一次教育工作会议上，与会者提出了要在全区所有的初中以上学校开设英语课，但师资严重不足，质量很难保证，各地采取了很多办法来解决这个问题，可是远水救不了近火。会上一个地区教育局负责人与我讨论时要求我校外语系派人去办培训班，三天培训要备好一个月的课，并希望印发新华书店提供的备课用的更详细的教学参考资料，最好能让教师可以拿着去上课。我把这个意见告知了外语系主任刘上扶教授，并要求他做到疏通教材，抓住重点、难点，全文英译中，讲透语法，安排好课内外巩固和消化用的练习，等等，从外语教学特点出发，尽量做到

教师看了后可以上课，学生也可以作为消化复习巩固的好材料，并且认为，初、高中各年级一起都要编。刘上扶同意召集系领导和有关教师开会研究。同时，党玉敏、黄理彪、王昶等同志从区新华书店开会回来时，也获得市场需要这类教辅书的信息，我要党玉敏同志派人去外语系找刘主任联系有关出版事宜。

我当时商议书名是"中学英语教材课文英汉对照译注"。外语系很快成立了由贺祥麟教授任主编、刘上扶等教授任副主编的编委会，动员了外语系许多有经验的教师参加各年级各分册的编写工作。这套书的出版受到了广大师生的欢迎，对广西英语教育的普及和提高起到了很重要的作用，也得到了在全国各地师生的欢迎，成为一套畅销多年的图书。

为了提高广西学生的高考应试能力，提高考试成绩，我提出出版社要想办法出一套高考复习方面的书。经过社领导班子讨论，决定请北京海淀区的优秀教师参加编写，责成余鑫晖副总编负责联系落实。余副总不负众望，较好地组织出版了帮助解决高考学生抓重点、攻难点、解疑点等问题的一套教辅书（"中学各科教学重点难点解析丛书"）。该丛书受到广西全区及全国读者的欢迎。一年后，还组织出版了各年级的相关丛书，成为十多年的畅销书。这也是全社编辑人员齐心协力合作的丰硕成果。

在中央再次提出"向雷锋同志学习"后，我在社务会上提出要组织出版有关雷锋故事的图书。由于版权问题，若要报批，可能不会给我们。当时有人提出可不可以出一本《雷锋故事日记选》，满足新时期广大青少年学习雷锋的需要。当时讨论认为，也存在着版权问题，可能要罚款，罚了款除了做"杨白劳"，还要倒赔，太冒险。当时我说："只要社会效益好，就是赔点钱也是可以接受的。"我当场拍板要党玉敏同志负责组织人员快办。

申报选题到出书不到一个月就完成了。这是全社集中力量"短、快、好"出书的一个范例。该书既解决了社会学雷锋的需要，也成了当年社里的一本超过 100 万册的畅销书,获得了社会效益和经济效益的双丰收。

我回忆这几本书的出版过程,主要想说明我作为社长想的是如何坚持办社宗旨,完成办社任务,审时度势地抓住机会针对广西教育的发展、教学质量的提高、学生成绩的提高出版好书。我相信只要是教育和教学需要的书,就会有销路,经济效益就会好。我常记着,必须兑现 1989 年偿还各系 27 万借款的承诺,偿还银行 30 万贷款,1989 年后出版社自己要拿钱解决 46 个工作人员的工资和福利待遇(公费医疗还是由学校负责),以及准备好来年运作的资金。

用好民族政策 出好乡土教材

我到自治区教委(原教育厅)开会时,有空的时候就到各个业务处拜访,闲谈之间经常谈到广西各地教育的差异问题,也谈到有些课程没有教材的问题。我和他们讨论是否可以由他们提出书名,由出版社出钱,他们找人组织编写,成书后由出版社出版,教委来发行。我将这种想法向教委领导汇报,得到了充分肯定。但广西地方能出教科书吗?出版局能给大学出版社出版普教类教材吗?我首先拜访了区人大常委会科教文委主任委员韦善美同志,他说,这个主意好,只要不冲击中央的教材,我们少数民族地区有权出一些乡土教材和教学用书,这是民族自治法赋予的权利,为提高广西教育、教学质量是可以的。我把区人大常委的看法向教委侯德彭主任汇报,他全力支持,要求教委各处与师大出版社协力出版乡土教材。侯主任还说,教委编写的书就由教委主管的广西师大出版社出版,当时提出了《思想品德教育》《体育》等 5 种书,并决定先出《思想品德教育》一书,由政教处陈卫副处长和出版社协商编写和出版事宜。我先和陈卫副处长交换了意见,他表示一定办成此事。回桂林后我找党玉敏、王建周、余鑫晖谈了我在南宁两天的活动,解决了可出书、谁编书、谁出版的问题。文科的由党玉敏同志负责,理科的由余鑫晖同志负责。我交代在签订协议时,必须达到社会效益与经济效益双丰收,要与教委(有关处)做到互利双赢。

《思想品德教育》的出版,得到各级教育部门的支持、各校师生的欢迎,也得到区宣传部门的表扬。接着由余鑫晖副总编出面与普教处、体育卫生艺术处面商,先后编写了《体育》《劳动》《环境教育》等多套乡土教材。

此时,大家也提出了广西自编出版中小学学生使用的练习册的问题。

因为意见不统一,第一年没有出成而是买湖南的。我感到大家互让一步,意见就可统一,我就出面协调,得到了自治区教委、自治区新闻出版局的支持,我提出由三家出版社按总任务各占 1/3 的任务去组织编写、出版和发行。各方接受了我的意见。具体任务由三家出版社派人按当年各年级人数、码洋的总和按比例分配,任务分配结束后得到了皆大欢喜、和睦友好的结局。

我想,学好民族自治法,用好民族自治法,用足民族自治法赋予的权利,充分了解分析广西教育、文化发展方面的需求,我们是可以做好许多事情的。就是这一块,为我社初期的发展繁荣奠定了坚实的经济基础。

三、寄语

这些年,出版社的规模不断壮大、影响力不断提高,朝着市场化、集团化、国际化的路子迈进,看到我参与创建的出版社焕发勃勃生机,我打心里觉得欣慰。三十年是一个重要的时期,我们只有不断总结经验教训,才不至于退步,才能继续保持良好的发展势头。最后,我还有四点希望。第一,不忘初心,牢记我们创社之初的宗旨:依靠本校、立足广西、面向全国、放眼世界。第二,领导层要团结一致。第三,永远要记住,人是要吃饭的,要有开源节流的意识。第四,我们要为文化教育做出贡献。

筹备 20 周年社庆的那些事

肖启明

2006 年九十月份的一个上午,刚上班,我一个电话打到新闻出版总署署长秘书办公室,直截了当地跟刘秘书说,我是广西师大出版社社长肖启明,我有些工作想向龙新民署长汇报。

他可能觉得,一个地方大学出版社的社长,开口就说要向署长汇报工作,太唐突,就说署长忙什么的,很职业很委婉地把我回了。我放下电话,觉得这么做确实是有点唐突,但不甘心。几分钟后,又打电话过去,说是署长要我到他那里坐坐,连你刘秘书的联系方式都是署长直接给我的。他这才答应去跟署长说。

十几分钟以后,刘秘书来了电话,说下午 4 点到署长办公室。我喜出望外,拔腿就往机场。去机场的路上想,问署长要的这个联系电话还真的发挥了作用。那是当年 4 月,学校安排我到国家教育行政学院(校长大厦),参加为期三个月的全国高校中青年干部培训班。学习期间,新闻出版总署培训中心请龙新民署长,给正在校长大厦参加社长总编培训班的学员上课。我去那边蹭课,课间休息的时候,我去跟署长套近乎,因为他到总署来工作不久。我说我的博士导师是马新国,马老师听说您到总署工作,很高兴,吩咐我有机会代他向您问好……署长听我这么一说,很高兴,问了一些情况,临了还说了一句:"有空到我办公室坐坐。"我也抓住不放:"好啊,那怎么跟您联系?"他便把他秘书的电话写给了我。

话说当天下午4点,我准时到他办公室。简短的几句寒暄之后,就切入正题。我说明来意:今年上半年,我们广西师大出版社出了一本翻译作品《中国革命中的无政府主义》,因为前后两个责任编辑工作交接上的差错,将审改加工前的稿子当成审改加工过处理好了的稿子付印了。有关部门的审读员发现了,觉得有些观点不妥,并将审读意见传真给了广西有关部门,以示提醒,责成其对广西师大出版社加强管理。但广西有关管理部门有同志说,广西师大出版社以后只能出广西师范大学教师写的书和教材,还说这是高校出版单位的出版宗旨——为教学科研服务——决定的。显然这种理解是偏颇的,所以想借出版社成立20周年之际,开一个高校出版社出版体制改革研讨会。广西师大出版社是高校出版社转企改制试点单位之一,研讨会由中国大学版协主办,广西师大社来承办。请署长百忙中能出席。

署长听了我的汇报,表示知道我提到的书的情况。他强调了出版导向的重要,叮嘱我们要高度重视。同时,他也肯定了广西师大出版社的开拓精神和已经取得的业绩,并答应安排总署领导出席高校出版体制改革研讨会,参加出版社成立20周年的活动,还承诺以个人名义,给广西师大出版社成立20周年写一封贺信。

从署长办公室出来见到刘秘书,刘秘书都觉得很意外,署长居然跟我谈了那么久!得到署长的大力支持,我放开手脚,跟中央有关部门一一沟通,跟大学版协领导细心谋划。高校出版社体制改革研讨会如期召开,几十个大学社的社长出席会议,邬书林副署长莅临研讨会并作重要讲话。

龙署长一诺千金,所有承诺,都一一兑现了。更出乎意料的是,2006年11月21日,出版社成立20周年的纪念会的前四天,龙新民署长陪同中央政治局常委李长春同志考察广西文化产业的第一站,就是广西师大出版社。这对高校出版社的转企改制工作,是一个巨大的推动。

四天后的建社 20 周年的庆祝会,盛况空前。中央有关部门的领导、自治区有关部门领导,都出席了大会,对广西师大出版社的 20 年的发展,给予了充分肯定,给作者代表、读者代表、合作单位代表、学校老师、出版社资助的女子班的学生,留下了深刻的印象。对广西师大出版社的员工,也是一个巨大的鼓舞。

社庆活动的成功举办,把几个月来笼罩在广西师大出版社领导和员工心头的雾霾一扫而光。回想 2006 年的 5 月,上面一纸传真到广西有关部门,本是一种提醒,当然也是督促,并没有说要给出版社什么处分。但有关人员把握不好分寸,管理环节上层层加码。新闻出版总署本来对出版审读有一系列具体的规定,对整个出版流程,有行之有效的操作规程,比如涉及哪些类别的图书要备案等等。但当时就出现了"广西师大出版社的书,不管是新书、重印书,付印前一定要经过专家审读"的说法。进而提出了"只出本学校教师著作和教材"的要求。我想应该是个人意气,不是组织行为。有了问题不去分析解决问题,积极引导所管单位健康发展,而是一棍子打死,其实这就是当前中央指出的典型的"怠政""懒政"的现象。

当时,学校里的有些老师,不问青红皂白,见着风就是雨。"出版社出事了"一时传遍学校。一天,一位学校老领导拄着拐杖,步履蹒跚来到我的办公室,一进门就问:"听说出版社出事了?"我向老领导汇报了情况,他临走时我想宽慰他:"没什么大事的,这不,教育部还把我们作为高校出版社转企改制的试点单位呢!"我的话没落音,老人家怒目圆睁,气冲冲地对我说:"启明,你这态度就不对了。这么大的事情,在你看来还没大事?什么才是大事!"我赶紧认错,赶紧解释,赶紧表态,这才慢慢平息了他的愤怒。

学校满城风雨,出版社更是风声鹤唳、草木皆兵。出版社这么多年,基本上是平稳发展,没有大的起伏,没有遇到过大的挫折,更没有在政治上出版导向上出过问题。所以,一遇到这样的事,大家心里都懵了,迷茫和不安的情绪在社里蔓延。

2005年就开始准备的出版社建社20周年庆祝活动,都没有什么心思了。当时向校领导报告,出版社建社20周年,就出版社员工自己庆祝一下算了,建议不搞大型活动了。学校领导经过研究,要求出版社通过社庆,总结过去20年的经验,彰显出版社的品牌,提振出版社的信心,激发员工的创造激情。接到学校的指示,我们出版社才又重整旗鼓,筹备社庆一系列活动。这才有了前面说的,一激动,拿起电话就给署长打电话的莽撞举动。

事实证明,学校的决定是有远见的。围绕社庆的一系列活动,社内的,面向社会的(比如请青春版昆曲《牡丹亭》剧组来学校连演三天),都取得了很好的效果。自治区有关部门的领导、学校一直为出版社担心的老领导和老师们,亲眼看到龙新民署长陪同中央政治局常委李长春同志视察出版社,亲耳听到各级领导对出版社高度评价和充分肯定,很快改变了此前几个月对出版社的态度;出版社员工们忐忑的心情也迅速平静下来。出版社的各项工作,很快回到正轨。

十年过去了。现在回想起来,仍有现实意义。

第一,出版社要想有一个安定的出版环境,实现出版社平稳持续的发展,首先要把握好政治方向,也就是出版导向。咱们国家的出版社,没有体制内和体制外的说法,都是党的宣传思想文化的阵地。在这一点上,没有中央(出版社)和地方(出版社)之别、大社小社之别、老社新社之别。尺度应该是一样的。如果管理部门老防着你,同行老盯着你,以你的出版物作为他们向他的管理部门争取支持的理由,甚至把你的产品,简单地作为他们向他们的管理部门申诉的依据,这样,出版社会承受巨大的压力,会成为行业关注的焦点,处在舆论场的峰尖浪口,时时刻刻要受到管理部门的质疑,疲惫地奔走于咨询、解释、说明的路上。这种状态,分散自己的注意力,对出版社的稳定发展是很不利的。

第二,出版社30年的发展,以自己的责任意识、使命感,以自己的改革创新精神,以自己的出版品质,赢得了国家给予的荣誉、业内的广泛关注和读者的尊敬,已经成为一个成熟的响亮的品牌。说她成熟,是指她具有独特的精神气质。这种气质一定要不断地涵养,保持。要在这种独特的气质里,更加强化责任感和使命感,出版更多更好的能满足时代之需、国家之需、民族之需的作品,才能成就大业,真正成为时代的标杆。

第三,出版社成长过程中,和管理部门保持良好的沟通是非常必要的。上个世纪90年代末开始,每到年底,我都陪黄介山书记、刘副校长到中宣部出版局、新闻出版总署、教育部社科司走访走访,一是体现学校对出版社的关心爱护,二是让校领导及时知道党和国家出版方面的方针政策,三是上级单位对出版社有什么具体的要求,包括批评意见,能及时传达到学校和出版社。学校领导和自治区有关部门的联系,更是经常。一有什么事,刘副校长常常亲自出面。出版社领导和中央、自治区有关部门的联系,可以说非常密切。当时,总署人事司接到上面临时安排的阶段性任务,人事司人手少,我们还专门安排人去帮忙。到北京出差,都要约和我们有直接业务联系的同志见见面。可能是人在广西,到北京一趟不容易,自己很珍惜出差的机会;人家也见我们老远从广西来,只要安排得过来,一般不推辞。到北京工作几年深有体会,我们在广西,与北京相距遥远,但和中央有关管理部门的沟通,一点不比北京的出版社少。或许,这正是广西师大出版社,甚至是广西其他兄弟出版社,虽地处西南,成长得都不错的原因之一吧。但愿现在交通通信发达了,这种沟通更频繁更有效。

二十个年头　三个故事

刘瑞琳

2013 年是我进入出版行业整整 20 年。这 20 年分成两个阶段:前十年,1993 年到 2003 年,我在山东画报出版社工作;2003 年秋进入广西师大出版社,主持北京贝贝特至今,也整整十年了。编辑这份工作,这个职业,融进了我生命中太多的酸甜苦辣,我愿意冒昧罗列一二,讲讲在这二十年中分别跨越一头一尾还有中间三个时段的三个小故事。虽然对大家未必有启发,但对我而言,却是一个粗疏的总结。

第一个故事　关于无知无畏,关于热情

我刚进新成立的山东画报出版社,就有幸参与编辑了《图片中国百年史》这样一部大制作。这部书后来获得了中宣部五个一工程奖。书刚出来,我们都很兴奋,从来没见过这么大的书,这么贵的书,这么重的书,大八开,定价 1480 元,18 斤重。尤其是版权页上还署了我的名字,助理编辑刘瑞琳,偷偷看了好多次,不敢相信,自己的名字就印在那儿。那时总编辑汪家明领衔,我们编辑部主任冯克力是责任编辑之一,我也只是助理编

辑之一。那时,山东画报出版社刚刚成立,得想尽办法挣钱生存。除了做《图片中国百年史》这样有人文内涵的书,还通过关系请省长题词,做了一本叫《创业者》的书,其实是找企业家掏钱入选,然后按页码收费。今天看,就是以出书的名义拉广告。当时我不认识什么企业家,就问总编辑,新华书店的经理算不算?汪总说,当然算。那就太好了,我心里想,书店的经理总比其他企业老总容易打交道吧。打听到当时山东临沂和烟台两个新华书店的老总都干得不错,我就想先去临沂。既然是去书店,不如也带上当时出版社已经出版的一些书,顺便推销。尤其《图片中国百年史》这样的大书,人家只有亲眼见到才能买。我的想法迅速得到领导的支持,经总编辑签字批准,借给我一套《图片中国百年史》,还有其他几本已经记不得是什么的小书,装了一纸箱,坐绿皮火车出发。从济南到临沂,下火车后再背着书箱子到处打听新华书店在哪里,坐一小段公交车,路上还把裙子给拉破了,又求人用自行车帮忙推了一段,总算到了新华书店的办公室。三打听两打听,扛着书箱上二楼,敲开门,微胖,灰白发,这就是当时山东新华书店系统著名的地区经理朱干了。我动员他上《创业者》,被一口拒绝,"新华书店哪有钱干这些花哨事"。拉广告没戏了,我又搬出书,介绍新成立的出版社。朱干问:你在出版社是干什么的?我说:编辑。他问:你们编辑也管卖书吗?我说:我主要是来拉《创业者》,顺便带书来看看你们是不是有兴趣。朱干说:你这书这么贵,可不好卖,我给你介绍一个能人。我拿着他写的纸条去找沂水县新华书店的高文中经理,高文中说:"朱干是俺的老经理,他刚来过电话说,有一个省城来的女编辑,你得帮帮她。"后来我跟这位高经理成了好朋友,他的确给了我很多帮助,我们也有不少合作,最大一宗,他帮我卖了上百万册区域发行的两种书。他是我见过的最有智慧的基层的能人。后来朱干经理突发心脏病去世后,高经理跟我说,要不是老朱极力推荐你,我们哪会认识。老朱几次说,五六十年代我干流动售书员那会儿还见过编辑送书下乡的,没想到现在还有刘编辑这样的,一个妇女,扛一箱子书。

说实话,我已记不清当时自己怎么会有那么大力气,背一大箱子书。似乎就是出于一种无知无畏的热情吧。我那时不知道甚至没考虑过,编辑这个岗位应该做什么,不应该做什么。我不清楚编辑这个行当那些有名的大编辑都是怎么工作的,只是凭着自己的直觉和热情去做事情。最近李克强说,喊破嗓子,不如甩开膀子。或许我就属于那种甩开膀子做事的人吧。无知无畏,不理会什么条条框框,凭着自己的直觉去做事情,甚至不必在意自己能否成为一个好编辑,因为你关心的不是自己,而是书。

第二个故事　关于判断,也关于信任

2002 年冬,我在饭桌上听一个记者说,陈丹青有本书在江苏印出来了,又被禁掉了。之前我在杂志上看过陈丹青的文字,很喜欢,这事我好奇,也惦记。后来找清华美院的杭间要了陈丹青的电话,拿到了那本被出版社自我审查过滤掉的书。我一字一句读下来,觉得没有任何问题。于是我来到北京,对陈丹青说:我们可以出这本书。陈丹青问:你确定没问题吗?我说:我相信我的判断。然后陈丹青去济南,配图,排版,很快书就出来了。这本书叫《多余的素材》。

书出来之后,我们去南京做活动。南京可一公司的老板娘钱晓征在可一书店设局,请来不少当地媒体,还有很多朋友。我那时懵懵懂懂的,只记得满桌子的玫瑰花瓣,好像还让我讲几句话,我只说得出"第一次来南京"什么的,直到有记者问:陈老师下本书会写什么,会在哪个出版社出?陈丹青指着在旁边发呆的我说:"哎,刘瑞琳,她就是我的出版社,我下面的书都会交给她出。"我才被吓醒。后来走在老城墙上,我问:"陈老师,你说我是你的出版社,什么意思?"陈丹青说:"也许我在国外生活久了,我只认人的,不相信机构。"我说:"如果我换出版社呢?"他说:"我跟着你走啊，你就是个好编辑。"我没觉得自己是好编辑，陈老师鼓励我说："你诚恳，敏锐，果断，剑及履及，这当然就是做好编辑的料啊。"但我知道，其实最重要的原因在于，在他的书被否定的时候，我的判断给予了他以支持，而且事后证明，当时的判断是对的。

2003 年，我离开山东，加盟广西师大出版社，陈丹青果真把他的所有书都交给我来出。后来又向我们推荐木心先生的作品，从 2006 年出版《哥伦比亚的倒影》到今年出版《文学回忆录》，我们也算是不辱使命吧。很难想象，当初出版《多余的素材》建立起来的那份朴素的信任，竟能结出这么丰硕的果实。我一直很感激陈丹青，也感激给予我信任的每一位作者。我常常有种不安和忐忑，作者把书交给你，好像是把他的孩子托付给你，你做不好，照料不好，会寝食难安。常常有一些新入行的编辑对我说，做编辑是出于对文字的热爱，我会告诉他：做编辑，其实更重要的是与人打交道。做书，其实是在做人。而作者的信任，就是你作为编辑最大的资本。

第三个故事　关于柴静，关于她的《看见》

柴静在写书，早就在圈子里传，所以盯她的出版社、出版商也自然很多。最后剩下来的，应该说实力都很强，放到哪一家出，都不意外。每回问柴静情况，她说，还在改，我们就耐心等。其实心里也着急，但怕太过打扰人家，惹人烦。

我们的报价不算高，我也从侧面了解到，很多家比我们出的印数都高，而这些家几乎都有过百万册畅销书的销售纪录，我们没有。我们给出的营销计划，也属于中规中矩。到最后，柴静又发来几篇稿子，想听听我们的编辑意见。看了我们初编的稿子，柴静的反馈是："你们的编辑更专业，也更认真。"我心里踏实下来。

后续的编辑、设计、营销、发行，似乎都是在波澜不惊中进行。每一个岗位，都恪守自己的本分，关注每个细节。或许是我们从来没有做过这个量级的畅销书，我们只是按照平常做书的心态与规矩来操作，关注文稿本身，关注书本身，尽量排除关于畅销书的种种说法的干扰，整个团队密切而默契地配合，几乎可以说是顺利而从容地做出了这本书。

书做出来，铺开去，上榜，然后加印，如今已经印到了两百多万。后来也产生了一些议论，我们还是恪守自己的本分，没有卷入任何纷争。后来和柴静聊，她说："刘老师，我选你们，选对了。"我心里很安慰。这不只是对我们这个团队的赞许，也是对我们这么多年来坚持的做书方式的一种认可。

有一年年终总结的时候，我对我的同事说，专业，不只是一种能力，更是一种伦理。想要做得好，首先要做得对。做了这么多年书，我的感觉是，越来越渴望把自己的精力花在真正的好书上面，从容不迫地做好自己分内的事情，把书做得更纯粹，也让自己的生命更纯粹。

感谢这个时代所有认真写作的人，感谢这个时代所有认真阅读的人，因为他们的存在，我们的编辑生涯才会如此充实、精彩、富有价值和意义。

想对"八年"说的话

曹光哲

广西师范大学出版社即将迎来而立之年。作为一个曾经在这样一个不平凡的出版社有过一段不平凡的经历的出版人,很想写下一段文字,既为了珍藏那份美好的记忆,也为了留住那颗纯洁的初心。

我1978年考入广西师范大学政治系,1982年毕业留校任教,到1986年从中国人民大学研究生毕业,刚好是一个"八年"。1978年已经是一个遥远的年代了,但一般人难以想象那个年代的纯真,特别是在青春激扬的大学校园。所以,1982年大学毕业时,我毫不犹豫地选择了继续留在既古老又年轻的王城。毕业后的若干年,听说学校要成立出版社了,对于我来说,"出版社"还只是一个朦胧的概念,自然没有过多在意。后来曾经有过去出版社工作的想法,但也只是想法而已。那时的我,一心只想着三尺讲台,心无旁骛。

后来的故事有点出乎所有人的意料:我到广西人民出版社去工作了。事情的起因是在主编《毛泽东大辞典》的过程中,和漓江出版社、广西人民出版社的领导混熟了,一句也许是有心、也许是无意的话"你还是到出版社来工作吧",搅动了我内心深处对出版的情怀。于是义无反顾地来到了南宁市河堤路 14 号。稍稍上了年纪的广西出版人都知道,"河堤路 14 号"意味着什么。从研究生毕业到离开"人民教师"这个神圣的岗位,我的生命走过了又一个"八年"。那是 1994 年的夏天,天下无大事。

有人问我:如果你当时不去出版社,今天如何？我只能一笑了之。人生是难以预料的,我只能说:出版这个行当对我来说是最合适的,虽然对校园的牵挂从未改变。今天终于可以欣然接受"资深出版人"这个头衔了,真是要托出版这个行业的福。

顺便说一句:我当时已经是一名大学副教授了,要进入出版行业还不是那么容易,在颇费了一番周折之后才成为一名出版人,现在想来真是今非昔比了。

在广西人民出版社的经历恰好又是"八年"。这八年,我走过了一个出版人通常走过的道路,从校对到编辑到编辑部副主任到编辑部主任到副总编,当然也顺利拿到了编审,似乎一切都很顺利。那时的我,各为其主,和广西师范大学出版社是既有合作,也有竞争的。就在一切似乎顺理成章的时候,我的命运再次发生了改变:我又回到了桂林,回到了王城;这一次,是真正成为广西师范大学出版社的一员了。那是 2002 年的事,那一年,我 43 岁。我也相信,过了不惑之年做出的这个决定,是深思熟虑的。其中"跳槽"的故事,也是那个时代的一个小插曲。

我和广西师范大学出版社的故事才刚刚开始,但故事的主角并不是我。在那个激情洋溢的年代,这样的一个出版社书写了一系列传奇故事,自有一代风流人物各领风骚,我只是"五朵金花"中最小的一朵的浇花人,所思所想的也只是家门口的那点事。身为广西师范大学出版社副总编辑兼广西贝贝特文化传播有限公司总经理,虽然得了一点名声,那也是不足以为后人道的。广西师范大学出版社集团成立后,我做了一年多的总裁,无多大建树,更多的是组织的栽培。记得 2006 年在南宁举办广西师范大学出版社成立 20 周年庆典,真可谓盛况空前。其情其景,现在想来仍历历在目。

如果问我什么是八年里印象最深的事,那还是湖南出版投资控股集团董事长龚曙光、总经理丁双平来到桂林,和我们商谈收购广西师范大学出版社一事。那时,"中南出版"在筹备上市,正是蓄势待发之际。我有幸参与谈判,虽然谈判最终不了了之,但龚曙光和"中南出版"的雄心还是给我留下了深刻印象。特别让我深受刺激的是,两个月前在北京参加"全球出版五十强高峰论坛",再次见到龚曙光时,他领导的"中南出版"已经是中国出版的老大了——位列"全球出版五十强"第六。真是世事难料,这也充分显示了出版的非凡魅力。如果那时谈成了呢?想想也很有意思。

直到2010年我调到广西出版传媒集团工作,第四个"八年"就这样平平淡淡地过去了。之后,就是广西两大出版集团之间的事了。职责所在,我想大家是可以理解的。

回想我在广西师范大学出版社工作的"八年",今天想说的话,无非是"一得""一思""一愿"而已。

"一得"者,乃是这样一个出版社所给予我的,是我一辈子都受用无穷的。如果说,广西人民出版社的"八年"教会了我"什么是出版";那么,广西师范大学出版社的"八年"则教会了我"什么是优秀的出版"。独秀者,一枝独秀也。坐落在独秀峰下的广西师范大学出版社很好地诠释了什么叫"未若独秀者,峨峨郛邑间"。这是中国出版界的一座高峰,我有幸曾经站在这座高峰上,极目远望,岂是心旷神怡所能形容?王国维所谓"三境界"也大体如此吧。我说不清楚这到底是什么,但我知道它对于我意味着什么。三年前,我曾经写过一段"一个真正的出版家"的文字,也许正是从投身广西师范大学出版社开始,我才开始琢磨什么是"一个真正的出版家"。虽然我永远成不了这样的"出版家",但那也是我终生仰慕的。感谢这样一个出版社,让我享受终生追求的乐趣。

"一思"者,乃是在这样一个出版社的经历,催生了我对出版乃至形而上的诸多问题的思考。今天我们都说"广西出版现象"，依我看，"广西出版现象"本质上是广西几代出版人对出版理想的不懈追求，为此我们可以写出一大串名字，可以讲出一大堆故事。其中的精彩篇章告诉我们：怎样理解出版的本质，怎样追求出版的目标，怎样走出封闭的广西，怎样突破僵化的体制，怎样打造优秀的团队，怎样赢得良好的口碑……这样的故事几乎涵盖了三十多年来中国出版所经历过的所有苦难和辉煌。在这样的故事里，到处都有广西师范大学出版社的身影。当然，这些故事并不都是美好的。也正因为经历了许多曲折，这样的故事才是真实的。所以说，这样一个出版社三十年的历史，就是中国出版业所走过的不平凡道路的真实写照。特别是对于有志于献身出版的年轻人来说，读读这样的"教科书"，无疑是大有裨益的。

"一愿"者，乃是一个出版人对这样一个出版社的深深祝福。江山代有才人出，广西师范大学出版社的接力棒传到了新一代出版人的手中，美好的未来是完全可以预见的。从过去的一个出版社发展到今天的两个出版集团，我仍然关注着广西师范大学出版社每一个前进的脚步。我所表达者，是一个昨天的普通员工和今天的忠实读者的心愿：在未来中国的出版大军里，广西师范大学出版社永远是一支劲旅。民族的复兴必然伴随着文化的复兴，越来越充满文化自信的中国，既需要文化人的不懈努力，也为出版业打开了一片广阔的天地。读者（包括我）是如此渴望优秀的图书，以广西师范大学出版社的整体实力，难道不应该给我们更多的惊喜吗？也许苦难也是对伟大的一种恩赐，告别昨天，跨入明天，相信一切都会变得更加美好。

我在广西师范大学出版社的"八年"已经成为历史，今天写下这些文字，也算是对这样一个我曾经献身其中、今天仍牵挂于心的出版社的一份生日礼物吧！

唯其如此，方得心安。

责任　担当　情怀

广西师范大学出版社集团有限公司成立庆典日记选

李庭华

2016 年 11 月,广西师范大学出版社就将迎来 30 周年社庆,从 2 月起,出版社网站、微信公众平台等已经开设了社庆专栏,不定期和各位读者、朋友分享出版社成立 30 年来的书人往事。早应该也来分享自己在师大出版社工作近 10 年的光荣与梦想,但是,今年各种事务千头万绪,写作的时间和灵感几乎没有。重阳节时,与出版界前辈刘硕良老师通电话,他问我:"11 月 18 日社庆你回去吗?"我才觉得社庆很快到了。曾经工作的同事黄毓前几天问我,你为社庆专集写了文章吗?我才觉得真要考虑下这件大事了。自认为把自己最美好的青春年华耕耘在师大出版社,职场人生收获的喜悦与荣耀也是在师大出版社,要说感恩也好、感悟也罢,对师大出版社真有种永远割舍不了的情怀。2013 年 4 月,我从工作了近 10 年的师大出版社调至《当代广西》杂志社工作以来,一直关注着她(他)的发展变化,自己的心好像一直还留在师大出版社。想说想写的东西实在太多,但毕竟时间太紧迫了,10 月 13 号,电话请示汤文辉副总编是否可以不写了,他说:"你一定要写,20 号前发给我。"因为下周要出差,已经来不及去仔细构思。我说,今天翻看以前的工作笔记本,发现 2009 年 6 月,我们出版社南宁公司(广西贝贝特文化传播有限公司)协助社里筹办出版集团公司成立庆典活动时,当时自治区领导为我社致贺电(信)、创作贺联等片段细节还有点意思,我能不能就采用当年流水账式的日记作为文集的内容呢? 汤副总编说:"好,你发过来吧。"于是,就直接打印,拟就标题,权当我参与并见证师大出版社在 30 年发展历程中的一朵小浪花。

(2009 年) 6 月 22 日 (星期一)

原约定下午 3 点半钟,刘健斌副校长、何林夏社长和我去自治区常务副主席李金早博士办公室当面邀请他前往桂林参加 28 日举行的集团成立大会暨挂牌仪式。由于刘副校长因事要紧急赶回桂林,所以我原约定拜会李金早常务副主席之事顿时变得被动了。回想昨天晚饭时,如果我坚持不给李副主席办公室张秘书打电话,不约与李副主席见面就好了(提出当面请示并邀请李副主席是何社长、曹光哲副总编临时决定的,而刘副校长当时已提前离场,也就是说,此动议是在我们 3 人都不知道刘副校长第二天下午一定要赶回桂林的信息下决定的。第二天一早,张秘书向李副主席报告后就确定下午见面的这个时间)。怎么办? 我电话张秘书,说明了我们的特殊情况,提出我们的建议。

一是请刘副校长等人提前去李副主席办公室,将有关邀请材料交由张秘书转呈,并就因事赶回桂林以致爽约而表达歉意。二是请李副主席上午会议结束后,安排几分钟时间见面。

得知我们的建议,张秘书请示李副主席,同意上午 12 点钟左右会面。我搭上出租车前往自治区政府门口,与在那等候的刘副校长、何社长前往李副主席办公室。

见面后发现,李副主席前几天因下乡调研扭伤了身体,行动极为不便,而我们又改变原定的约见时间,在此情况下他出来会见我们,这种对我社关心、和蔼可亲、务实高效的为人为官风范,让我们很感动。心想,由于社里筹办集团成立庆典工作太匆忙,的确存在欠缺整体协调等问题。

李副主席表示,28日,出版集团在桂林的成立庆典他是没办法参加了,一是近段工作多,安排不来;二是前几天外出调研扭伤,行动不便。他可以发个贺电,可以参加29日晚在南宁举行的招待会。就在他表示为我们致贺电时,我在旁边插话说,您通晓格律,如能为我们写首古体诗词最好。他笑答,到时再说。因为他的这些支持,一定程度上弥补了因筹备时间匆忙而造成许多嘉宾不能到位的遗憾,真是救了场,顿时让我们备感兴奋,备受鼓舞。在返回办公室的车上,刘副校长、何社长认为这是喜讯、是庆典成功的一个重要支撑。

记得此前一段时间,曹副总编辑与我就提议请北京有关领导和自治区领导为我社集团公司成立发贺电(信),但是学校、社里因为考虑时间短,通过正常程序办理,估计来不及等原因,一直没有定夺。6月初,国家新闻出版总署同意我社改制方案并组建集团的文件下达后,一切筹备就显得很匆忙了,确定6月28日为集团成立大会暨揭牌仪式、29日在南宁举行招待会似乎更急促。筹办这样的大活动,事先与邀请的主要领导人、重要专家学者等嘉宾沟通后再选择时间是比较好的。我们定下时间再去邀请领导同志和其他嘉宾,当然是比较被动的,因为重要领导同志的工作安排早就有计划,一个地方高校出版社集团公司成立活动不可能轻易更改领导的工作安排。所以中央宣传部、国家教育部、新闻出版总署相关领导,分管自治区意识形态工作的自治区党委常委、宣传部部长沈北海,自治区政府主管文化教育等工作的副主席李康同志均表示因事先有其他工作安排,不能参加我们的活动。

邀请有关领导同志参加活动这种事当然应走正常程序办理,只有很短的时间让我们筹备这次活动,除了走正常程序请示汇报,也采取了超常规运作,有的甚至直接电话联系。尽管昨天确定邀请金旱常务副主席的工作基本成功了,但还是未做到尽善尽美,至少没有完全按照相关程序办事。这或许也是我们这种文化出版单位，对一些办事惯例了解和执行不够到位吧。我们在请示李副主席时，考虑他也是我社出版的几部著作的课题主持人，把他视为作者直接邀请。这个想来实在欠妥，而中途因我们的爽约，我多次电话给张秘书，出了不少难题，以致心里有些不安。

昨天晚餐时，曹副总编辑和我又建议邀请自治区党委书记郭声琨同志、自治区主席马飚同志参加会议并致贺电（信）。估计还是学校和出版社上述顾虑，刘副校长、何社长没有直接表态。这或许也是学校和出版社低调，不希望将此活动形成太大的舆论影响。晚餐结束后，曹副总编辑还是希望我能加班拟出二位领导贺电（信）初稿。当时自己心里很矛盾，毕竟学校和社里未决定，贸然行动，导致出现什么失误就不好了；再说，出版社改制组建集团有限公司及集团公司成立活动的讨论也很久了，为什么我们提出的这些意见建议没有采纳？为什么社里至今没有一个集团成立活动筹备总体方案？作为出版社南宁公司的第二负责人，我用得着去操这份心吗？即使草拟出这二位领导的贺电（信）内容，他们也未必批准。在想做与不想做的矛盾中，一念之下，没答应加班起草。直到今天在从自治区政府回来的车上，我又与刘副校长、何社长提到邀请这两位领导的事，估计他们早对此事有顾虑，没作去争取的表态。

6月23日、24日（星期二、星期三）

这几天主要工作是我们南宁公司协助出版社总部分送请柬、邀请书，联系招待会场所等。社长、校办领导等也从桂林来南宁办理这些事。

我的任务主要是送请柬给其中几个领导，落实几位领导的贺电（信）、检查招待会场所、确认招待会的餐标等。

6月25日（星期四）

下午得知自治区党委常委、宣传部长沈北海同志同意发贺电祝贺我社组建出版集团公司。贺电由部新闻出版处副处长薛彬草拟。薛副处长让我将提交其他几个领导的贺电（信）初稿发给她参考。前几天了解到沈常委、部长肯定不能出席桂林的成立大会暨揭牌仪式，宣传部副部长沈明也可能不能赴桂林参加相关活动，今日得知沈常委、部长同意致电祝贺，并由沈明副部长代表自治区党委宣传部前往桂林参加相关活动，给了我们在筹备一线的工作人员巨大鼓舞。

几乎在得知沈常委、部长同意致贺电的同时，自治区副主席李康同志也表示致贺电祝贺。自治区政府办公厅七秘来电话要我们提供代拟稿，于是我起草、曹副总编辑修改。七秘的同志与我们经过几轮交流修改，贺电初稿直到下午下班时的6点钟，才呈送到李康副主席处。当晚她修改并签发了贺电，这对我们来说又是一个巨大的鼓舞。

今天已经是周四了，心里感到筹备出版社集团公司活动的工作有些不爽，一是觉得全部事情似乎都担在社长一人身上，社里对我们南宁公司有些工作的安排，在运作上似乎也不是很顺，我做的一些工作完全凭自己对出版社的感情，其间不时因自己的情感投入而得不到很好支持而有些不痛快，甚至有降低和放弃目标的想法。这当然不是自己不负责任，主要是感觉缺乏社里有力支持、社里欠缺通盘考虑，真正体会到了任劳任怨的滋味。

吃完晚饭回到办公室撰写出版科研论文。写作中，突然一个念头冒出来：如果没有自治区主要领导参加，他们又不致贺电（信），广西师范大学出版社集团公司成立是不是太让人憋屈了？前几天了解到自治区副主席李康同志28日不能去桂林参加我们的活动，就是因为我们的请示报告太晚，通过有关程序，直到上周五才到她办公室，而她当天参加的另外一个活动早已定下，不便更改。试想，如果我们早些报告请示，或许就不会如此被动了。记得23日去邀请金早常务副主席时，他说，自治区政府方面近期工作繁忙，估计领导很难去桂林参加你们的活动。24日，学校才报告请协调自治区人大、政协安排领导前往桂林参加我社有关活动。

想到这些种种不顺，反而激发了自己的情感和冲动，于是在晚上10点半左右，停下手头撰写的论文，着手为自治区党委郭书记起草贺电代拟稿。11点多钟完成初稿后，即以"代拟贺电、权当尝试，机会丧失、让人神伤"的主题，发给曹副总编辑个人邮箱，请他修改，同时手机短信知会他。

6月26日（星期五）

上午上班时，曹副总编辑说我昨晚发给他的请郭书记为师大出版社集团公司成立致贺电草拟稿，他做了点小的修改，可以呈报出去了。今天上午，我们直接去自治区党委办公厅呈送，并请彭晓春副秘书长协调。11点钟左右，我们来到区党委办公厅秘书处李振品处长办公室，向他介绍来意：广西师大出版社名列全国出版社50强、全国高校出版社10强，2006年10月，中共中央政治局常委李长春同志视察我社时，对我社提出加快改制步伐，组建出版集团的要求，现在国家新闻出版总署批准了我们的改制方案并同意组建出版集团，这是全国地方高校成立的第一家出版集团，也是广西成立的第一家出版集团，如果能请到郭书记给我们致电祝贺，这是对我们推进出版体制改革取得成绩的高度肯定，也是对我社今后发展的巨大鼓励，请他转呈邀请郭书记出席我们南宁招待会的请柬等材料。

曹副总编辑也在电话中与彭副秘书长说明了来意，彭副秘书长要求我们按程序办理。李处长见我们的执着和真情，热情地带我们到办公厅文电处办理相关手续，文电处的同志也表示急事急办。相关手续办理完毕，心里顿时有种这事能成功的意念。离开办公厅后，我还以手机短信方式请李处长关注贺电事宜。

从文电处出来已经临近上午下班时间，今天又是周末，在常人看来，就一个下午的工作日，要日理万机的自治区党委书记、自治区人大常委会主任，腾出时间来给我们出版集团成立致贺电，这是不敢想象的。

6月27日（星期六）

今天本打算和曹副总编辑等人回桂林参加明天出版集团公司成立盛典，但是后天南宁的招待会还有很多事务，我就决定不去桂林了。

上午11点左右，正在沃顿国际大酒店为招待会确定餐标的我，得到前往桂林路上的曹副总编辑的短信，说郭书记致我社的贺电已经批准了。他说他是从学校党委办公室得到的消息，也就是说党委办公厅文电处周六就已将郭书记的贺电文稿发传真到了学校，而此时李振品处长也来信息告诉我去文电处取郭书记批复同意的贺电文件。我问原来贺电草拟稿改动大吗，他说改了些。12点左右，我结束手头的工作后，即与同事黄燊驾车去取，文电处小黄说文件在他手上，按照约定地点，我们很顺利地取到了自治区党委郭书记的贺电原件。如此短的时间里，郭书记批复同意为我社出版集团公司成立致贺电，充分体现了自治区党委和郭书记对我社的重视和期望。兴奋、感动、感恩之情无法言表！

郭书记是读书、爱书的人，博士出身，对文化体制改革支持有加。记得今年4月23日世界读书日，他向全区广大党员干部推荐阅读几本图书，引起了积极的社会反响。近年在我社出版的图书中，他任编委会主任的就有《广西开放大典》《广西改革大典》；他撰写序言的有《中国—东盟博览会发展报告》（1-5卷）、《中国东盟商务与投资峰会发展报告2004—2008》等，《临桂文化大典》不仅作序，还为图书题签："宣传临桂、推介临桂、发展临桂"；2008年春夏期间，他出访越南等东盟四国归来，我们出版了《区域合作谱新篇——2008广西代表团访问东盟四国及香港澳门"广西活动周"新闻报道选编》一书；2005年自治区国资委副主任管跃庆博士（现为广西投资集团董事长）主编的《广西工业结构调整研究》一书，也是时任自治区党委副书记、自治区常务副主席的他作序，该书出版后获得了自治区社科优秀成果一等奖。从这点看，郭书记对文化事业发展是高度重视和关心支持的,对我社也不陌生。

这个贺电请示报告在不到一天的时间里能得到自治区党委最高领导的批复,我想原因是多方面的。一是师大出版社的改制是广西文化体制改革的先锋,得到中央宣传部、国家教育部、新闻出版总署,自治区党委、政府的高度重视,郭书记在我们改制并组建集团取得初步成绩时给予祝贺,这既是对成绩的肯定,更是对未来发展的鞭策。二是师大出版社在全国的综合实力较强,社会各方面对我社的发展也寄予厚望,团结整合各种资源,可以成就事业。这次我们送达有关请示报告,自治区党委办公厅有关同志充分支持,这也是他们为民服务、关爱我社发展的具体体现。三是师大社的企业文化和精神,让我们职员在干事创业上,能用心用情用力。毫不夸张地说,曹副总编辑与我这次非常决断,我们既没有获得任何授权,也不是什么必须完成的任务,完全是一种发自内心的情感:对师大社的爱和担当。

得到郭书记贺电后,我将此信息发给了金早常务副主席办公室秘书小张。他回复说李副主席整天都很忙,贺电要晚些才能批复。此时,前往桂林的曹副总编辑也不断催问我,他说社里、学校方面很急,都在过问。

郭声琨书记,沈北海常委、部长,李康副主席的贺电(信)都落实了,如果已经表示致贺电的金早常务副主席的贺电得不到最后落实,不仅会让我们尴尬,直接影响我们办此事的效果,也在一定程度影响领导的形象。想起这些,我更有办成此事的强烈愿望,于是反复催问张秘书,直到晚上7点钟,张秘来电说,贺电还要晚些。我只能静候佳音了。

晚上11点多钟,估计满满工作一天的金早常务副主席,此刻才腾出时间审订贺电。张秘书来电说,请将贺电代拟初稿发来。我心急口快,没有听清楚即说,代拟稿昨晚已经发给你了,你没有收到?张秘书说,他以为我昨天发出的代拟稿是请李副主席的讲话稿,所以就没有打印送他审改。这是我发送完代拟稿后,没有电话向他说明造成的失误。

一般自己写作讲话稿是金早常务副主席的作风,他提出要代拟稿,肯定是因为工作太忙了,他完全可以婉拒我们的请求。此时专门安排时间思考致我社的贺电,完全是对我校、我社的关怀厚爱。张秘书电话我,李副主席批复同意并修改好贺电了,他在事先约定的地点将这份贺电交给我。我在送他回办公室的路上,他说,李副主席对你们出版社和你印象好,给你们支持了,否则可能不会这样的。他同时提醒我们以后要按程序办事,不要太超常规,这对大家都不好。还说,李副主席近期太忙,本准备为你们出版社写副贺联的,因时间太急,来不及了,只好致贺电给你们了。我请张秘书转达对李副主席的谢意,也表达了对他的感谢。

难怪这个贺电几天才批复出来,原来他是想自己创作贺联,此情此心实在让人感动。23 日,我们向他请示汇报时,我不经意间的那个提议,他真记在心上。李副主席平易近人、谦逊睿智、才情豪健的风范溢于言表。

回到办公室已是深夜 12 点钟,我立即给学校办公室、出版社办公室传真了这份贺电。

此刻,如释重负。

回家休息已近 1 点钟。

6 月 28 日(星期天)

今日是 7 点 19 分起床。

常年养成的早起习惯,很少到此刻才起床的,哪怕是周末,也多是早上 6 点半前就起来了。昨日奔波较累,手机也在关机充电中。

打开手机发现,凌晨 2 点 47 分、49 分有电话呼叫我;3 点 5 分留言:"李总,开机请即给我电话,有急事",6 点 54 分又拨打我电话 2 次。我马上意识到是不是金早常务副主席对他的贺电有修改?立即电话张秘书,他在电话中说,今天凌晨 2 点半,李副主席起来给你们出版社集团公司成立作了副贺联,现在还来得及吗?原来那些呼叫记录是李副主席写好贺联后直接联系我留下的。我说，今天出版社集团公司在桂林的成立大会暨揭牌仪式是上午 8 点钟，来得及，是我直接去取还是电话记录？他请示李副主席后，让我与他通电话。李副主席在电话中说："庭华，今天凌晨 2 点半，我起来给你们出版社写了副贺联，你拿起笔、纸记下。"于是他一边念一边解释每个字的写法，我记录：

贺广西师范大学出版社集团成立：
　　日编千牍字字寄深情欣为民众教化
　　年出万卷行行浸热血乐见文明绵延

李金早
二〇〇九年六月二十八日

　　我记录好后给他念了遍，待他确认无误后，我马上赶到自己的办公室用电脑打印并传真到学校和出版社办公室。

　　这副贺联像喜讯一样令人欢庆。校党委书记王枬教授、校长梁宏教授十分高兴，认为这个是意外的惊喜。何社长、曹副总编辑要我赶快发到大会会议现场，我与正在会议现场工作的社长助理张民提议，如果来得及，请人用书法写出来，放到会场某处，并在大会上与贺电同时宣读。

　　上午，我提请曹副总编辑联系国际博览事务局郑军健局长，请他将这副贺联写成书法条幅，在明天南宁的招待会上展示。郑局长表示如果 29 号晚上的招待会有主要领导出席，他的这幅书法条幅就不便展示了。我坚持请郑局长将此联题写成书法条幅，届时是否在招待会上展示再说。

　　郑局长让我将李副主席贺联内容发给他，中午休息时间他在家里完成书法。下午 2 点半左右，我去取回他的作品，交前来参加招待会工作的杂志社卢培钊社长去装裱。卢社长表示明天下午肯定可以装裱完成，这个作品可以在招待会上大放异彩。

6月29日（星期一）

昨天出版社总部在桂林成功举行了出版集团成立大会暨揭牌仪式，中央宣传部、国家教育部、新闻出版总署有关部门负责人，中国出版集团总裁聂震宁，自治区政协副主席李彬、自治区党委宣传部副部长沈明、自治区新闻出版局长邓纯东等领导嘉宾出席活动。活动隆重而简朴，最亮丽的还是宣读自治区领导郭声琨书记、李金早常务副主席、沈北海常委、李康副主席的贺信。学校和出版社领导对中央有关部门和自治区领导的关怀表示由衷感谢，对出版社集团公司未来发展充满信心。有关消息上了今天广西日报的头版。人民日报、新华社、广西电视台、广西人民广播电台等区内外媒体给予报道。

据说昨天会上宣读金早副主席的贺联成为一大亮点，得到很好的反响。后来，我告诉张秘书，学校和出版社领导非常感谢李副主席的这份深情厚谊。

张秘书说，昨天你发短信给我两件事，一是请李副主席在他贺电原件上签名；二是你说郑军健局长表示，如果李副主席为你们作诗（词），他愿意写成书法。这两件事我在半夜12点左右都告诉了李副主席。李副主席答应贺电签名后给出版社留存。令他也没想到的是李副主席真的为我们撰写了贺联，这份关心厚爱真不容易，大手笔。

临近下午四点时，张秘书电话我，说李副主席贺联有修改，他通过电子邮件传给我。

寄广西师范大学王枬书记　梁宏校长　刘健斌副校长　何林夏社长
贺广西师范大学出版社集团成立
日编千牍斟词酌字字字寄深情欣为民众教化
年出万卷疏目理章章章浸热血乐见文明绵延

李金早

二○○九年六月二十八日

此版修改与昨日凌晨创作版每联增加了四个字。

文章千古事,得失寸心知。李副主席对这副在很短时间内创作的贺联十分用心,字斟句酌,反复推敲。上午我就知道他对这副贺联内容做了修改,后来得知,他在"斟词酌字"几字上考虑较久。张秘来电询问有无"左'酉'右'斗'合体成的字"?我说无,并专门让编辑韦兰琴在我办公室翻《辞海》《辞源》,她说查无此字。我让她直接电话张秘书。她说,估计是李副主席要表达"斟词酌字(句)"之意。最后事实果然如此。

李副主席对学校、出版社的关怀厚爱还体现在这副贺联的一个细节上。上午9点钟,张秘书问我要学校党委书记、校长、主管出版社的副校长、社长的姓名,原来他是把寄语和祝福写在贺联上,情真意切、至真至善。

11点42分,我又将修改好的贺联发给郑局长,请他百忙中再写一幅书法条幅。正在开会的他说这是不是太紧张了。作为书法家的他,对艺术创作严谨求实、一丝不苟。我理解他的顾虑,更感受到他的谦虚。

12点钟,张秘书来电说贺联还有两个字要修改:即日"编"千牍改为日"理"千牍,疏目"理"章改为疏目"顺"章。最后的定稿版为:

寄广西师范大学王枬书记　梁宏校长　刘健斌副校长　何林夏社长
贺广西师范大学出版社集团成立
日理千牍斟词酌字字字寄深情欣为民众教化
年出万卷疏目顺章章章浸热血乐见文明绵延

李金早

二○○九年六月二十八日

于是我以“李副主席最最新贺联版内容”发给郑局长，并打印准备送他。他说下班回去写，通过手机短信可以知道内容，不用送打印件了。我即发了二份电子邮件（以上两个版本）给博览局黄革副部长，让他打印送给郑局长。黄副部长说郑局长已经下班离开办公室了，怎么办？我说郑局长如果对手机短信上的内容看不清、有质疑他一定会问的，勿忧。

晚上招待会要求着正装参加，2 点半钟回家换衣服，近 3 点钟着装出门。开车到青山立交桥段，郑局长电话让我 3 点钟直接到博览局 208 室取条幅。在我取走前，他将这幅书法条幅展开在会议室的地板上，拍了几张照，参加开会的其他人共同欣赏了这幅金早副主席撰联、军健局长书写的条幅。李文杰副局长对我说，这个作品有意义，值得你们出版社好好珍藏。

从昨天凌晨创作到今天中午 12 点钟，工作之余李副主席一直在思考这副贺联的内容，前后三易其稿。郑局长先后两次题写书法条幅。无论是撰联人还是书写人，都是工作繁忙的领导，也都是有深厚文化底蕴和艺术修养的文化学者，他们在如此短的时间里，不厌其烦、反复修改、精益求精，不也正是我们出版人的价值追求吗？

作品取回办公室已近 3 点半钟，马上让编辑韦林枚驱车前往装裱，几个书法爱好者都说可能来不及了，我说那就做简单修饰。韦林枚从书画装裱店传回消息，装裱师表示下午 6 点前可以完成装裱。

6 点钟，沃顿国际酒店 2 楼，正逢各位嘉宾陆续到来时，真是机缘巧合，郑局长与拿着装裱好的条幅的江超几乎同时到达。曹副总编辑和我做了分工，他在楼上负责统筹协调，我在楼下统筹协调。在楼下迎接领导嘉宾的有学校党委王枬书记，校党办覃卫国主任，出版社何林夏社长、姜革文书记、孙杰远副总编辑，梁宏校长、出版社原书记王建周老师也不时下来迎接。在楼上负责接待的有梁宏校长等学校、出版社领导。

今天招待会很成功,会场门口摆放着自治区领导郭声琨书记、李金早常务副主席,沈北海常委、部长,李康副主席的贺电的大幅海报。自治区党委常委、自治区常务副主席李金早,自治区人大常委会副主任邵博文,自治区政协副主席黄日波,自治区高级检察院检察长张少康,自治区政协原副主席侯德彭等自治区领导,自治区相关部委办公厅局领导,高校和科研院所领导,专家学者,有关单位业务处室负责人,媒体记者等,共230多人出席。自治区人大常委会副主任邵博文致辞,梁校长、何社长分别讲话,彭匈、阳国亮等代表专家学者发言。王书记主持招待会。郑局长在会上朗读了这副贺联,为招待会增加了厚重的文化艺术色彩。与会嘉宾用很大气、很有品位、气氛很好、活动很成功来表达他们对招待会的感受。

　　整个庆典活动的筹备过程,显示出我们团队强有力的执行力。面对今天这种情况,如果放弃装裱,没有人会表示不理解,但就是因为我的坚持,才取得了如此完美的结果。正如前天动议请示自治区党委郭声琨书记致贺电一样,如果当时我们不去争取,那肯定不会有;争取了哪怕不成功,我想至少少些遗憾。万事不到最后绝不能言放弃,绝不能为失败找任何借口,我相信这是真理。

忘不了的那些事

王　昶

黄山论"剑"——全国优秀图书策划研究会侧记

　　1999 年金秋时节,由中国出版科学研究所、《出版发行研究》杂志社、北京大学出版社、福建教育出版社联合召开的"新中国 50 年优秀图书策划编辑出版研讨会"在黄山举行。这是国内首次召开专门有关出版策划的研讨会,也是在当时出版界热议有关策划编辑话题之时召开的,因而有关出版主管部门和业界都非常重视,时任新闻出版署图书司司长阎晓宏等领导和出版社负责人以及提交了论文的作者代表 100 余人出席了会议。我之前多次在知名报刊上发表了多篇有关图书策划的文章,其中有两篇入选当时《中国图书商报》"优秀选题策划百例",因而受到邀请,参加了这次研讨会。在会上,有的参会者把图书策划比作"剑",认为选题策划是破解出版难题、"打造"精品图书的"剑",因而就称这次在黄山召开的策划研讨会是"黄山论'剑'"。

　　研讨会开得热烈,与会者发言踊跃。阎晓宏同志在会上指出,选题策划、策划编辑是当下的热门话题;出版社要出更多的精品图书,一定要重视选题策划,培养出能力强的策划编辑;编辑要不断培养、提高策划能力。中国版协副主席、大学版协主席、北京大学出版社社长彭松建认为,对选题和书稿的事前调研和规划设计可称为选题策划;出版社内外从事选题策划和书稿策划的人可称为策划编辑;做一个有作为的策划编辑需要具有较广深的知识存量、丰富的编辑工作经验、较高的出版物市场洞察力以及相关的出版物成本效益的知识和计算能力,这些是做一个策划编辑的起码标准。中国出版科学研究所党委书记、副所长余敏发言时说,中国人自古讲究谋略,这一理念自然与策划的本职要求密切相关;现代意义的策划更讲求创意、创新,某种程度上可以说,创意、创新是策划的灵魂,而系统优化是在此基础上科学的分析、论证;把策划作为编辑出版的主体意识之一,并将之拓展到图书出版、发行乃至宣传、营销等方面面,赋予其新的内涵是非常必要的。许多与会者介绍了出版社和自己在图书策划实践中的经验、体会。中共中央党校出版社杜世伟介绍了该社获第六届"中国图书奖"一等奖的《中国共产党历史大辞典》的策划、编辑体验,福建教育出版社《大典》编辑室介绍了"九五"国家重点图书《20世纪中国学术大典》的选题策划和编纂组织的经验,上海教育出版社方鸿辉畅谈了以创新意识策划荣获"五个一工程"一本好书奖的《中国科学院院士自述》的经验,四川辞书出版社罗韵希介绍了获第二届国家图书奖的《中国伊斯兰百科全书》策划纪实,百花洲文艺出版社关小群做了"现代出版业与总编辑选题策划"的发言,大象出版社王卫做了《"走向海洋"丛书》选题策划和组织成败分析发言,人民教育出版社刘立德介绍了荣获第四届国家图书奖的《蔡元培年谱长编》的成功策划经验……我也在会上做了"在重点图书上做足文章"的发言,着重介绍了我社一些重点图书的策划与实践及获奖情况,受到与会者重视和好评。

会后主办方将会议收到的论文精选出40篇,分辞书、政治、文教、历史、少儿、文学、科技、综合8个类别结集,由三家各有影响的单位《出版发行研究》杂志社、福建教育出版社、北京大学出版社合编,中国书籍出版社以《精品图书的策划与创意》为书名出版。我的论文入选该书,当时在我社总编室工作的唐长兴(后调学校美术学院任教)虽然没有赴会,但他提交的论文《一部深受青年欢迎的通俗政治读本——〈真理,请您告诉我〉策划及操作过程》也被该书收入。余敏在该书"序一"中指出:"这是一部很有意义的书,一部主要写给编辑们自己看的书,一部具体介绍如何策划出版好书的书。"彭松建在为该书写的"序二"中指出:"这本集子里汇聚了我国许多著名策划编辑的工作经验和理论探讨,对于研讨策划工作是十分有益的,也是非常值得阅读和借鉴的。""我们的编辑同志在百忙之中不妨花点时间,读一读,思考又思考,也许从中会获得某些启迪,以激发我们更好地策划新选题。"

承办大学社首届论文评奖会

1997年暑假过后刚上班,党社长就接到大学版协常委副理事长高旭华从北京打来的电话,要我们社承办版协首届论文评奖会事宜,并转告了经多位常务理事商议的意见:一是评奖委员会由13人组成,请我社总编辑贺祥麟任主任,党社长和时任《大学出版》编委的我任评委;二是会议最好不在桂林开(意让我们专门评奖),让我们选个地方,时间最好在10月初;三是要设计、备好奖品。经社领导研究,认为国庆节后就开合适,地点在新开放的沿海港口城市北海,具体由新任副社长的肖启明和我负责筹办;党社长还让我立即打电话与时已任自治区政协副主席的贺老联系,征询他的意见,肖副社长联系好时与我社紫园饭店有合作的北海银滩边的海滨饭店。第二天党社长就打电话回复了高旭华,高说大学版协马上发通知给各评委。

10月上旬评奖会在北海召开。因评委都是正高职称者,又多是社领导,如武汉大学社刘太臣社长、复旦大学杜贺社长等,我们专门安排大家在三楼较靠边的几间房住。贺老也坚持不住贵宾间,和大家一样住双人标间。会议安排两天时间,第一天上午,高旭华首先介绍了年初开始的首届论文征集情况,然后谈到为什么这次征文要选择以"我与大学出版"为中心,评奖目的、原则和方法等,并让大家讨论。会议仅历时一个多小时,大家就开始审阅论文。这次征文共收到2/3以上大学社送来的论文100余篇。坐下来长时间看稿是大家习以为常的事,但我们考虑大家年纪偏大,当时天气又好,就建议高旭华同志下午4时半就休息,让大家下海去泡泡海水。大家对这一安排极为高兴,因为不少同志还是首次下海。晚饭后我们又让大家漫步到市区去看看市容,观看了当时亚洲最高的北海音乐喷泉。回来后,大家又继续传阅未审阅完的论文。第二天上午,先用个把小时让评委三三两两分头交谈各自对论文的看法,然后用近3个小时开全体会议,由大家畅谈审阅看法,具体提出哪些论文可以获奖。大家发言踊跃,也有争论,对几篇论文有不同意见,争议还较大。贺老也多次发言,不仅谈了自己认为哪些论文可以获奖,还对一些有争议的论文谈了自己的看法,并一再声明自己和大家一样,也是普通评委之一,是"一家之言"。大家争论热烈,直到中饭时间仍未完。下午会议开始还用一小时左右继续上午的争论。虽然有的未达成共识,但并不完全影响评奖,于是用无记名投票方法进行评选。按头天商定的规则和方法,得评委2/3选票(即9票)以上的刘太臣等5位同志的论文获一等奖,我的论文得8票,与其他5篇论文一同获二等奖,另有6篇论文获三等奖。当年社里仅有我提交了论文,题目是《10年探索路,方始入"大"门》,论述了我10年来通过学习、实践、探索,与社一起成长,不断明确了大学出版社为教学和科研服务的办社宗旨、目的、任务等,写出了7篇系列论文在《中国出版》《新闻出版报》《中国教育报》《大学出版》等业内有影响的报刊发表,同时策划、编辑、出版了一些有影响、获好评的高校教材和学术专著,从而迈入了大学出版之门。评奖会上,许多评委都认为我的论文中心突出、观点明确、内容厚实,可评一等奖。因我私下与贺老、党社长交谈过,考虑这次评奖会是由我们社承办的,我的论文不宜评一等奖,因而我们3人都不投我的论文票。高旭华和刘太臣事后得知感到非常遗憾,但也对我们的做法表示理解。

这次评奖会的奖品也是由我社承办的。社里让我和时任美编室主任的廖幸玲负责此事。我们本着有一定品位、有地方特色而又节俭的原则,经多次探访、各方征求意见,并经社领导和大学版协同意,决定用桂林陶具厂专制的陶瓶做奖品,并征得大学版协同意,命名为"独秀杯"。这样更显我社和地方特色,又有奖品特点。我们设计的陶瓶,38厘米高,外为天蓝色,中间刻有七八厘米大小、白色的"独秀"两个篆体字,下面有"'独秀杯''我与大学出版'论文获奖纪念"和"中国大学版协 广西师范大学出版社"的落款和时间"1997年10月"。社里考虑较周到,陶瓶不仅发给获奖人,还赠送每位评委。大家很高兴,认为这奖品不仅制作好、有特色,又节俭(仅30多元一只),值得保存。

听余秋雨来社"谈心"

1993年12月上旬,著名散文家、文化学者、艺术理论家余秋雨教授来桂出差。社里得知后,派人到宾馆看望他,邀请他来讲学,并希望建立联系,今后能出版他的新作。在交谈中,当他得知我们要邀请他来社讲学后,笑着说:"讲学不敢当,去谈谈心可以。"经商定,第二天下午他来社里。

12月8日下午,风和日丽,全社人员集聚在办公楼会议室。14时30分余教授在党社长的陪同下来到会议室,大家起立,热烈鼓掌,欢迎余教授。党社长请余教授和大家坐下后大声说:"余教授是大家仰慕的著名作家、文化学者,我们都是他的名作《文化苦旅》的忠实读者,他今天能在百忙中抽时间来我们社讲学——"余教授一听"讲学"二字,马上站起来摇着右手说:"讲学不敢当,是来谈心的。"党社长接着说:"余教授能光临我们这个新社、小社,我们感到非常荣幸。下面请余教授给我们讲学。"在大家的掌声中,余教授再次站起来说:"不是讲学,是谈心。"多年来,他应邀到世界许多著名大学和研究机构讲学,他为什么一再说"不是讲学,是谈心呢"? 这既是他的谦虚,也正如他开讲时讲的:"讲学是做学术报告,还是谈心好,互相交流交流,谈谈经历、感悟更好说一些。而且对出版我没有太多发言权,当然谈不上讲学了。你们社虽然成立不久,但已出了一些好书,小有名气了。"

他首先从自己的经历谈起。他是在家乡上的小学、初中、高中,后就读于上海戏剧学院。他自上学起就喜欢读书,特别说到了恩师盛钟健先生,是恩师把他引上了喜爱中国古代文化之路。他着重回顾了"文革"后期的1975至1976年间,在恩师指点下,在浙江奉化一座半山老楼里苦读、研习中国古代文献的情景。从早到晚苦读,一卷一卷地研习,深深被中国古代文化的精神所吸引,越读越爱不释手,达到了痴迷的程度。长期的苦读与研习,打下了深厚的文化功底,为他日后的写作打下了坚实的基础。再加上他牢记"读万卷书,行万里路"的古训,利用一切机会,行走在国内外名山大川间、名胜古迹处,执着探索其文化内涵与精神感悟,连续写作出版了许多有文化内涵、受到读者喜爱的散文名作,如《文化苦旅》《山居笔记》《寻觅中华》《何谓文化》,文化通史《问学余秋雨》等。其中1992年出版的广受读者喜爱的《文化苦旅》是其代表作。他说该书就是以自己在全国各文化遗迹之处的游览过程为线索,尽量用深刻的思想和极具震撼力的语言,去揭示中国文化的内涵,拷问历史和人生的深层意义。从书中,我们可以感受到作者渊博的文化和史学功底以及丰富的文化感悟与艺术表现力。该书被业界称之为当代散文领域的范例是不为过的。因为他的创作成就,后来在评选"最受大陆读者喜爱的 10 本当代散文著作"中,余秋雨的作品就占了4本。他的散文《信客》《都江堰》分别入选初、高中语文教材。他也被选为上海市写作学会会长,后来他被选为"中国文化传播坐标人物""2015年度影响力作家"文化贡献奖是实至名归的。

在"谈心"中,他说当年就读上海戏剧学院不是学表演的,上的是戏剧文学系。当时很多同学从专业出发,想从戏剧创作上发展,但他认为自己不是戏剧创作的"料",必须另辟"蹊径",但又不脱离学了多年的戏剧领域,同时发挥多年来打下的文化、史学功底的作用,于是花大力气加强了文艺理论、教育心理学方面的学习,又苦读、研习了不少这方面的书籍,终于走出了一条适合于他的写作之路。加之他是一个勤于笔耕的人,先后撰写、出版了《戏剧理论史稿》《戏剧审美心理学》《中国戏剧文化史述》《艺术创造工程》《中国戏剧史》《观众心理学》等多部学术专著。先后获得全国戏剧理论著作奖、上海哲学社会科学著作奖、全国优秀教材一等奖。他说他上课时,既不脱离教材,又不完全按教材去讲;而是敢于说自己的观点,又联系实际印证;既力求通俗生动,又不失风趣,因而学生很爱听他的课。由于教学和科研成绩优异,1985年不到40岁他就成了当时国内最年轻的文科教授,1987年被授予"国家级突出贡献专家""上海十大高教精英"称号,是首批享受国务院特殊津贴的专家,受聘为上海市委咨询策划顾问。

在"谈心"快结束时,他谈到了自己主动辞去上海戏剧学院院长的事。由于教学、科研成绩突出,1986年初被任命为主管教学和科研的副院长,当年底就荣升为院长。他说当年自己是"雄心勃勃"的,想把工作做好,不辜负组织上和广大师生员工的期望,把上海戏剧学院办成全国一流的艺术院校;自己也花了大量时间,做了自己认为该去做的工作。但经过多年时间,发现学院并未成为自己想象的那样,也未达到广大师生员工的要求。他想一个人的能力是不同的,有的人适合做院长,能把工作做得更好,看来自己也不是做院长的"料",要让适合的人来当,才是明智的,于是他有了辞职的念头。他曾多次向组织上表达了自己的想法,并写了辞职报告,终于在1992年辞去了院长职务。

"谈心"结束后,社里请他题词,他二话没说,拿出随身带的钢笔,写下了如下的文字:"书籍是文明的基石 题赠广西师大出版社 余秋雨 一九九三年十二月八日"。

余秋雨的"谈心"近两个小时,没有讲稿,没太多说"理",也没太多引经据典,但条理清晰,语言平实,说的是大实话、心里话,的确是在和大家"谈心"。虽然是"谈心",但对大家是很有启示的,特别是要热爱、苦读、研习中国古代文化典籍,要"读万卷书,行万里路",要正确认识、估量自己,充分发挥自己的才能,把自己要做的工作做好,这些都是我们要记住的。

手足兄弟

出版社与印刷厂

沈　明

光阴荏苒,30 年过去,弹指一挥间。社庆,写点什么? 要写,就写点该让后人记住的东西吧,我想。编、印、发是传统出版业的三个重要环节,也说明出书离不开印,出版社离不了印刷厂。出版社与印刷厂绝不是简单的买方与卖方的关系,不是单纯的业务关系,是唇齿关系、手足关系,兄弟关系。

兄弟基石　以厂为基地,筹办出版社

八十年代时新闻出版署还不叫总署,申请成立出版社需要新闻出版署和中宣部批准,基本申报条件中需要有自己的印刷基地,因此,出版社筹备时是由学校学报编辑部的一部分人和学校印刷厂部分骨干组成,以当时的广西师范学院(广西师范大学前身)印刷厂为筹备基地展开工作的。社里许多老员工都在印刷厂兼过职或工作过。老社长党玉敏曾兼任过学校印刷厂的书记,第一任出版发行科科长陆明天曾兼任过学校印刷厂厂长,花放副社长曾担任过学校印刷厂副厂长,王春荣、彭凤媛、滕晓

219

玲、胡冬莲、邓和秀等老同志在建社筹备初期都曾经在印刷厂工作过。当时的学校印刷厂还是以铅字排版印刷为主，兼有老式打字机打蜡纸和手写钢板刻写蜡纸的油印，主要印刷学校教学、教务、后勤管理的表单、计划、办公用品、讲义、学报、期刊等，承印出版社的正式出版物很少。我社出版的第一本书《原子物理学》，就是出版社筹备期间在自己的印刷基地，当时的广西师范学院印刷厂，自己铅字排版、在平台铅印机上印刷的。花放、王春荣同志都亲自动手参与了该书的拣字排版工作。准确地说，当时出版社顺利通过新闻出版署和中宣部审批，与申报材料里有一个兄弟印刷厂作为基石的因素是分不开的。

兄弟何在 建社初期，印书艰难

1986年11月18日我们的出版社获得批准正式成立。新社，选题少，人手少，办公场所简陋，有业务联系的印刷厂只有原来印学报的那么一两家。要把编辑好的书稿变成书，缺了印刷厂是不行的。广西本来就经济落后，印刷厂和印刷产能也有限，当时还没有电脑激光照排，所有的书稿还要经过手工逐字逐行排版才能印刷，印制工序繁杂，周期漫长。最初拿着书稿找厂，碰到的多是冷漠。大多数印刷厂还处于计划经济的状态，接待名不见经传的新社来印书，都心存疑虑。为了找到和结交稳定的承印厂，我们几乎跑遍了广西，跑到了湖南。那时公路很差，坐一天车骨头就像散架一样。吃点苦头倒不怕，就怕吃闭门羹。为打开局面，千方百计找关系，有时还要赔笑脸，求人，讲好话。社里的老领导王建周、黄理彪、余鑫辉、江淳等都曾被我们拉着跑过印刷厂和接待过印刷厂客人，借着领导的光环为我们的工作鼓劲撑腰。经过两年左右的努力，认可并跟我们开展合作的印刷厂已扩展到二三十家。我们找厂的原则就是"以诚交友，天下兄弟"。

患难兄弟　中流击水　携手共进

现在仍保持着业务往来的有广西民族印刷厂、广西地质印刷厂、桂林漓江印刷厂、湖南地质测绘印刷厂等。这些兄弟单位最初结识的老朋友现在大多已退休了，其中广西民族印刷厂的刘胜普、杨玉玮、李冠达、顾秉谦、宋传礼、彭华、唐锡全、周鸿萍、陈铭陆、白启宇、戚家瑜，广西新华印刷厂的陆振朝、朱良超、李嘉伶、陈坚、冯自，广西地质测绘印刷厂的吴可夫、谢尚文、贾伟民、林坚、李超红、赵金英，桂林漓江印刷厂的秦洪海、胡传谋、王家富，湖南地质测绘印刷厂的刘天辟、邹高生、李辉、陈国平等，都在我们建社初期给予我们极大的关照，为我社初期能够迅速发展提供了积极的支持帮助。

已经陆续改制关停并转但曾经给予我们社很多帮助的印刷厂和印刷厂的老朋友有：桂林市印刷厂，李东风、刘双林、吴先侃、张富有、刘洪艳、吕斌、龚英；桂林陆军学院印刷厂，殷立夫、赵正明；桂林高炮学院印刷厂，史杏菊、程将印；桂林工学院印刷厂，姚明；桂林电子工业学院印刷厂，海代荣；桂林日报印刷厂，阳扬、余小平；荔浦县印刷厂，戴延平、伍文基、郭明新；永福县印刷厂，周启刚、阳旺林；灵川县印刷厂，关其浩；漓江日报印刷厂，秦杰；临桂县印刷厂，谢兆京；兴安县印刷厂，邓昌日；中核310印刷厂，唐昌春、唐军德、陈杰、周军、罗光军、刘伟；柳州空军印刷厂，蒋中权；柳州市印刷厂，马西、陈明芳、刘建明、刘正祥、刘莉群、宋静、钟慧芳；柳州市商标装潢印刷厂，郑健民、周成海、蒋稚秀；柳州日报印刷厂，张国浦、覃振高、杨晓霖、王志安、吴石宝；柳城县印刷厂，魏贤明；融安县印刷厂，方忠英；融水县印刷厂，欧柳南，柳江县商标装潢印刷厂，申利国；鹿寨县印刷厂，蒋象松；象州县印刷厂，廖荣江；宜州市印刷厂，顾向阳；梧州地区印刷厂，邹定能、聂启文、吴荣枝；玉林大众印刷厂，陈寿荣、禤本明；桂平县

221

印刷厂,吴逢来、杜开国、陈有儒、刘文才;贵港县印刷厂,黄阳寿、姚结球、江寿平;北海商标装潢印刷厂,邓家雄、庞景松;合浦县印刷厂,包胜皋、蔡卓喜、钟贤强、罗同远;钦州市印刷厂,罗小宁;灵山县教育印刷厂,黄文迎;南宁市红旗印刷厂,罗广宁、卢启华、李致坚、杜文绮、彭正中;南宁地区印刷厂,黎宝家、巫超凡、巫树云;南宁华侨印刷厂,曹松龄;广西民族语文印刷厂,曹仁祥、卢杰、黄祥、林洁明、曾喜田;南宁市包装印刷总厂,叶志鸣、覃文新、王河清;广西交通厅印刷厂,黄卓蔚;横县印刷厂,闭炳秋。

还有省外的许多长期协作的印刷厂如:湖南新华印刷厂、河南新华印刷厂、山东临沂新华印刷厂、山东济南新华印刷厂、山东泰安新华印刷厂、山东人民印刷厂、山东潍坊新华印刷厂、北京顺诚、深圳旭日、深圳中华商务、深圳精一、深圳雅昌、深圳森广源、佛山浩文、湛江南华、玉林正泰等等,在我们30年的发展历程中,都曾给予过和继续给予着我们极大的支持和帮助。

提起这些单位和人,每一个都能引出些相关的故事。我们有过球赛,有过斗酒,有过305(广西民族印刷厂招待所专用房间)的待遇,有过旅途奔波,有过半夜抛锚,也有过慷慨高歌。有喜有乐有着急有艰辛,也有讨价还价红脸白脸永远难忘的记忆。限于篇幅将他们罗列一下,只是觉得大家应该记住这些在我们发展历程中曾大力支持和帮助过我们的印刷厂和印刷厂的朋友们。让大家明白,我们的业绩,不仅仅是我们自己的努力,还有许多曾经和我们一起努力过的人们,他们,也应该载入我们的历史史册。

兄弟成长 从无到有 艰辛历程

南宁办厂

出版社成立初期,在找承印厂安排业务上碰到了不少困难。当时印刷行业还处于铅与火的年代，就是以铅字铸字拣排、活字版铸型铅印为主的工艺时期。那时候排版是一个一个字、一个一个标点符号从庞大的、并列好几排的几千字的活字字架上找出来，再按照编辑加工好的手写稿排列好，然后排出版式，打样校对，反复校改多次才能进行印刷。一个页面的活字版就有七八公斤重。这么重的版还要一块一块地搬上印刷机，拼组成印张并夹紧才能印刷。笨重的铅字印刷机印刷速度也很慢，每小时才几百转，因此整个排版印刷周期很长。特别在任务繁重和教材印制期，想要排版印刷些一般图书产品很不容易，为此，社里决心建立自己的印制基地。

1990年社里投资买下南宁科技印刷厂，更名广西师范大学南宁印刷厂，委派大学书店经理陆卡亚去任厂长，副厂长聘请了邹才仁，厂址在南宁市友爱北路大树脚（广西电影制片厂斜对面）。1991年9月30日欧毓源接任厂长，莫卓和任副厂长。1992年蓝芝伦从学校人事处来厂挂职，1993年挂职期满留任副厂长。1996年，大树脚租用南宁秀厢村的厂房期满，租金涨幅比较大，社里从长期使用的角度考虑，投资租下了南宁市燕子岭原南宁市皮塑公司皮革厂的部分厂房，经扩建装修改造为印刷厂，全厂进行了整体搬迁。印刷厂从此有了稍微像样的厂区厂房，较大程度改善了生产环境。

刚买下南宁科技印刷厂时，厂里是清一色的铅印设备，对开机、四开机、圆盘印刷机这些今天看来比较原始的印刷设备当时还在打主力。一回转又分卧飞和立飞，加上铅印轮转机，这些连现在的印刷工人都没有见过的机型，就是速度快的好设备了。到1992年，我们才开始有了胶印机型，还是买的残旧的二手货，但在当时也很令人兴奋了。最初采用的铅印轮转机改造的胶印轮转机，为我们产能效率的提高解决了大问题。1993年购置了单色胶印平台双面机，用铅印改胶印的轮转机增至两台。1994年又添置了两台速度更快的双面胶印机和一台四开单色胶印机，这台四开单色胶印机就是厂里印制彩色封面的主力设备。接着又有了双色胶印机，骑马订联动线。至此，我们的主力机型进入了胶印时代。1999年，吴为俊调任广西师范大学出版社南宁印刷厂厂长，欧毓源同志"八年抗战"胜利结束，调回桂林市临桂金山路的广西师范大学出版社印刷厂任厂长。

桂林办厂

1993年社里出资购买了位于桂林市三里店会仙路的桂林食品包装印刷厂。这是当时桂林市唯一一家具有食品包装印刷资质的印刷厂，负责印制全市的冰棒雪糕冰激凌和月饼的包装纸，厂里拥有一台2108胶印机和一台四开胶印机。买下后对原厂的资本结构做了一点股份改造尝试，可能这是桂林市第一个进行股份制改造的国有印刷厂。第一任厂长胡冬莲，副厂长阮中原；1994年9月搬迁至临桂金山路，更名广西师范大学出版社印刷厂，厂长欧毓源（同时兼任南宁和桂林两个印刷厂的厂长，够难为他的），副厂长黎瑞秋、刘胜普。这是我们印刷厂发展的一个重要转折点。从这时起，印刷厂开始了大规模发展。陆续购置了201型、204型胶印轮转机，北人BB机，双色胶印机，日本小森四色胶印机，骑马订联动线，瑞士马天尼胶订联动生产线等大型设备，规模、技术、产品质量逐年提升，很快跻身于广西书刊印刷厂前五强。2000年在南宁的广西师范大学南宁印刷厂整体搬迁回到临桂金山路广西师范大学出版社印刷厂，完成了两厂合并。在搬迁中淘汰了一些老旧设备，综合实力增强了，队伍更精干，更年轻，更有战斗力。出版社2000年按照学校的安排接管了学校印刷厂，社里安排了蓝芝伦兼厂长，王增元、刘玉江任副厂长；同年吴为俊调任广西师范大学出版社印刷厂厂长，欧毓源任书记，蓝芝伦、莫卓和任副厂长。2002年学校印刷厂搬迁并入临桂广西师范大学出版社印刷厂，三厂合一完成，吴为俊任厂长，蓝芝伦、莫卓和任副厂长。

2004年出版社以印刷厂发展为契机，申请到250亩桂林西城临桂新区秧塘工业园的工业用地，经过两年多建设，于2011年3月全厂整体迁至新址，老厂区20多亩地由出版社安排作为翰林金苑商业开发使用。进入新厂区后，厂房宽敞明亮，通风透气，设备排列整齐有序，企业顺利通过了国家9000质量认证体系和绿色环保体系的认证，一个现代化的中型书刊印刷企业展现在创意产业园内。毫不夸张地说，我们的印刷厂已经成为桂中、桂北、桂西片最大的书刊印制基地。2013年，韩赣东、丘立军接下了老领导的接力棒，开始了企业改革发展新的征程。这几年，企业在科技创新、多元化发展方面发力，引进具有先进理念和科学管理的合作伙伴，吸纳人才，已经建成桂林最大规模的数码印制旗舰店及连锁店，合版专版业务开展一年多已稳居当地市场份额50%，纸张销售不到半年就打开了局面，绩效令人振奋。

经过多年的努力打拼，我们不仅从无到有地组建了一个像模像样的自己的印刷基地，打造了一支有技术、有干劲、能吃苦、有拼搏精神的团队，而且产品质量也在广西名列前茅。2009年我们自己厂印制的《桂林老板路》获得了国家出版奖项中的最高奖——中国政府出版奖中的印制复制提名奖，我厂成为至今为止广西获此殊荣的唯一企业。

兄弟给力　克难攻坚　品质优先

1997—1998年，我们的图书产品被新闻出版署抽检上了印制不合格产品榜单，这对我们有很大的触动。尽管当时印刷行业处于技术更新换代的过渡阶段，要想全面提升产品质量难度很大，但本着对读者负责，对社会负责，为出版社争回面子的责任感，我们还是决心洗刷耻辱，彻底摘掉图书产品印制不合格的帽子。我们认真订制度，抓落实，从内部管理入手，从流程细节管控，很快就有了成效，"图书印制不合格"的帽子脱掉了。

我们并未就此止步。既然能够抓出成绩，为什么不能做得更好呢？我们又制订了印制质量创优冲奖的目标。

要实现这一"理想"——当时只敢当作一个"理想"，绝对离不开印刷厂的支持帮助。要知道，当时全国出版社有 500 多家，印刷厂两三万家，每年印制的各种图书几十万种（次），册数要以亿计。可以想象，要在这样的海量产品中脱颖而出绝非易事。要想做成做好这件事，实现这个"理想"，怎样才能够得到印刷厂的支持帮助呢？这需要完善可行的管理制度，需要承印厂从上到下各个部门和全体员工的理解配合，需要有效的奖惩机制，需要密切的沟通，其中的艰难和繁杂的过程，不在这里赘述。但是我们应该懂得，更需要的是大家亲如兄弟的情感。试想，兄弟间互相帮忙做事，还能不尽心吗？每一年，印刷厂的朋友们最期盼的一件事，就是去参加广西师范大学出版社举办的"年度印制质量总结交流研讨会"。这是惦念，是激励，更是深深的兄弟情谊。

就这样，梦想终于实现了。我们印制的图书优质品脱颖而出，站上了铜奖，冲上了银奖，连续 8 年获奖，绝非偶然，也绝非一己之力。感谢你们，印刷厂的兄弟姐妹们，是你们，支持成就了我们 30 年的辉煌！

我写得多了点。尽管多了，还是觉得言犹未尽。"忆往昔峥嵘岁月稠"，万千感慨还没来得及展开，没能够多说些细节。

这里说到的有关印刷厂和印刷界朋友的情况，已成往事渐渐淡去，现在提起，有些细节亲历者也有些印象模糊了。抱歉的是，限于篇幅，没有提到后来陆续结识的现在还在支持我们的印刷企业和朋友，包括那些最初结识的但现在仍然在岗的印刷厂的老朋友。但我想，后来的事有后来的人，他们经历了后来的历程，他们能够创造新的历史，他们也一定能够续写好后面的历史，记录好后面的历史。

缘　分

覃丽梅

时光飞逝,不知不觉中广西师范大学出版社已经走过了 30 年的历程。

"30"这个数字,对我来说有着特别的意义,我也正当"30 岁"这个年纪进入了广西师范大学出版社工作。俗话说"三十而立",我是在而立之年才进入出版行业工作,这个年龄才开始从事一份全新的工作应该说是晚了些。

之前,我当过大学教师,也在中学教过数学,而最终选择到广西师范大学出版社做出版工作。我边学边干,一切从头学起,这一干就是 28 年,且这 28 年来我一直在总编室这个部门工作着。其实在总编室工作了几年时间后,社领导也曾征求我的意见,是否换到社办公室工作,我当时坚持不换,决意继续留在总编室工作。由于这样的坚持,也创下了本人在广西出版行业中,持续在该部门工作时间最长的纪录。这一留也就让我在这 28 年里与广西师大社结下了一段段不同寻常的缘分。

同行中曾有人这样问我:你在一个部门工作时间这么长,不觉得烦吗?

我的回答是：在喜欢的工作氛围里，做适合自己做的事，做自己愿意做的事，不烦。

之所以有这样的答案，原因是多方面的，但有一个非常特殊的原因——缘分。这个缘分就是：我的生日与广西师范大学出版社的生日仅相差一天。似乎冥冥之中，这个缘分牵引着我，将我与广西师范大学出版社连结在一起。而更加巧合的是，我到广西师范大学出版社上班的第一天正是我的生日。

说到生日，我在广西师范大学出版社工作期间，就度过了两次令我至今难忘的生日。

回想起在广西师范大学出版社成立初期的1993年，年末将至，出版社的编辑、发行人员集中到外地召开下一年度的选题讨论会。会议结束返回桂林的途中，大家在某餐厅里用午餐时，忽然，"祝你生日快乐"的音乐在餐厅里响起，装有一个大蛋糕的推车缓缓进入餐厅，大家都在议论：谁的生日？当时我想，是庆祝出版社的生日吧。不对，出版社的生日是昨天，已经过了，难道是给我过生日……正想着，推车已停在我的面前。出版社第一任党总支书记王建周老师，用他那特有的热情的语调向大家宣布：今天是覃丽梅同志的生日，让我们共同祝福她生日快乐！……当时的我只感到一股暖流涌上心头，不知该说什么，只是一个劲地说：感谢领导给予我的关爱！感谢各位同人对我的帮助。此事虽小，但从中体现的是广西师范大学出版社的领导时刻关怀着自己的员工。于此，我备受感动。于是，在未来的工作中，我用加倍的热情和努力的行动来回报广西师范大学出版社这个团结、和谐、温馨的大家庭。

时间来到了世纪之交的1999年，广西师范大学出版社的队伍在不断地壮大，每年都有一批年轻人加入到出版社这个团队中，给出版社注入了新鲜的血液，增添了青春的活力。记得2005年的初冬，由于我的家庭遭遇不幸，亲人离世，我情绪非常低落。在一个星期六的下午，几位年轻人约我出去吃饭,我如约而至。进了餐厅,看到了四位帅小伙及一位漂亮姑娘,还看到了餐桌上的蛋糕,我才明白他们是来陪我过生日的。年轻人的关心温暖着我,也是他们激励我振作精神、重拾往日的工作热情。一个团队中有这样一批关心、帮助他人的年轻人,是这个团队的骄傲和希望。如今这四位帅小伙(昵称:F4)都已经成为出版社集团各公司、部门的业务骨干,他们是:广大教育文化有限公司质量总监张贻松、状元红艺术馆有限公司总经理顾国富、人力资源部主任韦南山、基础教育图书出版分社资深编辑(摄影师)黄国生;而那位漂亮姑娘名叫杨世秋,与张贻松组成了幸福的家庭,如今已是广西师范大学附属外国语学校的高级教师。从那年生日以后,每年我的生日那天,就是一群朋友快乐相聚的日子。借此文,感谢助人为乐的年轻人"F4 + 1",同时感谢所有关心和帮助我的人。

　　一次次的感动,让我庆幸,庆幸因为这个缘分,我在广西师范大学出版社这个大家庭里,结识了一群陪我一起经历喜怒哀乐的朋友,这些朋友中,除了上面提到的"F4"外,还有一起徒步登顶华南第一巅——猫儿山的俩运动健将宋兵、龚雪屏(现名:龚信诚),曾为出版社在学校田径运动会上连续五年夺得团体冠军立下汗马功劳的仨跑男陈亮、苏添、陆润彪,具有艺术设计天分的西北才俊杨鹏广,酷爱户外运动的摄影大师黄珊虎,稳重内秀的谦谦君子施东毅,善解人意的优雅美女梁小勤,精明能干的"女中豪杰"肖子娟,聪颖活泼的可爱佳人陶佳……因为这个"缘分",我收获了满满的幸福。

　　广西师范大学出版社步入而立之年之时,也是我正式退休之日。虽然我人已不在广西师范大学出版社工作,但我的心与广西师范大学出版社相连,因为我与广西师范大学出版社的缘分还在。我珍惜这个缘分,我相信这个缘分,就像我生日的数字1119一样,将长长久久。

"纸"事如烟

龙先华

2002年的冬季，天气特别的冷，桂林罕见地下了一场大雪。那年，机缘巧合，我走进了广西师范大学出版社，从此一直在和纸相依相伴。回首往事，许多人，许多事，或清醒，或模糊，就这样交织在一起，构成了难忘的过往。

2006年3月，正是草长莺飞、春意盎然的初春。我奉命出差湖北，将我社存放在咸宁、武汉、孝感三个地方共五个印刷厂的300多吨纸张调回广西。这批纸张是一年前我社和一批民营书商合作，为了发行方便而放在湖北印制教辅图书的，后因故合作终止，这些还未用完的纸张需要全部调回广西。其时的我，刚接手纸张材料管理不久，没什么工作经验，面对完全陌生的地方，去完成如此艰巨的任务，内心一片忐忑。3月9日晚11点多钟，经过十多个小时的颠簸，火车徐徐停靠在武昌火车站，夹杂在熙熙攘攘的人群中走出出站口，我拖着疲惫的身躯在车站旁边找一旅店住下。第二天一早，我先去拜访我社在武汉的老朋友何仁屏先生。来武汉之前社领导已经和何先生通过电话，让先生给我的此行提供帮助。何先生和我社交情深厚，在出版印刷界德高望重。虽然是初次见面，何先生热情接待了我，在仔细询问了我的计划安排后，他利用自己和湖北各印刷厂的良好关系，亲自打电话和印刷厂沟通协调，为我下一步的工作开展提供了极为重要的帮助。考虑到我初来乍到和时间紧迫，何先生让自己的司机亲自开车送我们从武汉到咸宁。在以后的几天中，何先生在百忙之中仍然不忘几次打电话给我，一一询问有无困难。一位长辈能够给予我这初出茅庐的小伙这样无微不至的关怀，让我深受感动。这样的关心和照顾已经超出了普通的业务范畴，让我深深感受到我们社的合作伙伴，更多已经上升到了朋友的层次。

第一天我在咸宁的湖北开元印刷有限公司和鄂南新华印务的工作就遇到了困难。其时湖北开元已经停产等待改制，很多工人都不上班。我们到达时已经是下午两点钟，事先联系工厂负责人安排的财务、仓库等部门有关人员也陆续到来。等和他们对清账目，盘点完纸张准备装车时，我们从武汉某运输公司请来的车迟迟未到，等得不耐烦的工人准备回家了，我只好耐心和他们沟通，正好也到了吃晚饭的时间，于是请他们在附近的饭馆吃晚饭。经过真诚的交流，加之看到我一个人在异地他乡心急如焚的样子，他们也就慢慢转变了态度。在接下来的装车中，大家挥汗如雨，赤膊上阵，积极主动克服工具短缺的困难，认真细致地装好每一卷纸。经过近三个小时的劳作，两大车装满纸张的卡车终于在夜幕中驶出印刷厂的大门。工人师傅们这种敬业的精神和一丝不苟的工作作风令人感动。

忙完这边赶到鄂南新华印刷厂已经是晚上九点了，照例又是对账、盘点、装车。纸张堆放在一个密不透风的仓库，没有风扇，只有几盏昏暗的日光灯，三月的咸宁天气已经很热。有两百多令平板纸因为包装纸板已经损坏，不能用叉车装卸，只能用手工一令一令往上搬，工人中开始有人抱怨。因为还有一个印季的印刷费未结算，有的工人担心纸张拉走后，印刷费不能顺利结算，开始不配合，个别工人提出装车费要按每令纸一元钱支付现金。工人这种为工厂着想的立场也是可以理解的，我耐心地解释拉走纸张是为了理清账目，加快结算进度，绝非不支付印刷费用。我和他们的业务科长比较熟悉，大家在平时的工作中都是以诚相待，此时他站出来给工人保证，如果广西师范大学出版社的印制费用无法收回，他个人来承担由此带来的后果。这种在关键时刻做出的承诺，不仅是出于朋友的义气，更是对我们广西师范大学出版社深深的信任。装完车后已经是晚上十一点半了，走出仓库，一场小雨如期而至，淋在头上，凉在心里。看看已近半夜，那么多人为了我的事忙碌，干脆请大家在街上的大排档吃宵夜。几杯啤酒下肚，一天的疲劳和之前的不愉快挥之而去，大家开诚布公，把酒言欢。在异地他乡的深夜，和几个在数小时前因素不相识而闹了小别扭，现在却成为朋友的人一起开怀畅饮，酣畅淋漓。其实人与人的相遇相识，就如这今晚的雨，是可遇而不可求的，只要大家以诚相待，少一些戒备，多一些真诚，有了朋友的倾力相助，还有何克服不了的困难？

在接下来的三天时间里，我马不停蹄，上孝感、下武汉，先后到了孝感三环印务、湖北长江印务、武汉大学印刷厂进行对账、盘点、纸张调运，一路上得到书商、纸张供应商、印刷厂、物流公司朋友的大力帮助，工作还算顺利。看到一车车纸源源不断地从湖北发回广西，这次任务算是顺利完成了，我悬着的心终于安定了下来。

独自一个人坐在从武汉回广西的火车上，我在想，我们要怀着一颗感恩的心，善待和珍惜我们各行各业的朋友，不管他们地位高低，无论距离远近，正是他们的鼎力相助，使我们能够在出版事业的道路上继续远航。时间倏忽易逝，一晃十五年过去了，在纸的世界里，我一直在坚守。虽然受到了网络出版、数字出版等许多新型传播方式的冲击，纸也早已不是知识传播的唯一媒介，但是，每当看着一本本印制精美、材质漂亮的图书从我社源源不断地输送到千千万万的读者手中，其中竟然也有自己的一点点的付出，这就够了。此生能够以书相伴，与纸为伍，结识这么多"纸"趣相投的朋友，夫复何求？

纸事如烟，不会忘却！

心若有爱,何忧无缘

肖绍清

人生是个奇妙的旅程,途中常有鲜花烂漫,亦有败草枯黄,常有风平浪静,亦有波谲云诡……身为路人的你,一路上会与各种人和事相遇,有的擦肩而过,有的却倏然驻足,牵手一段奇妙的结缘之旅,而这,往往因了你心中的爱。

出于对出版行业和编辑职业的热爱,2001 年 7 月,我来到山水甲天下的桂林,成为广西师大出版社的一员,从此结下了不解之缘。

回想入职前,本可去部属重点大学或部队院校,可偏偏自己不喜欢,却喜欢上了之前从未接触过的出版行业和编辑职业,所在地还是外人印象中虽声名显赫但偏居一隅的西南小城。

有时,有些事情难以片言只语说清。有时,真的感叹人生和缘分的奇妙。

光阴似箭,日月如梭,不知不觉间,我在桂林这个美丽的西南小城度过了 15 年时光,而我的栖身之所——广西师大出版社,即将迎来她的 30 周岁生日。

30 岁,多么美妙的年华!我日陪夜伴的师大社,30 岁的你,宛若待出阁的姑娘,正备好嫁妆,将与心上人踏上新的人生征程。过去,你经受风雨洗礼,丰富的阅历被你写成了厚厚的大书;现在,你正显成熟优雅,动人的美丽被你炼成了满满的自信;将来,你更待奋力拼搏,用时间和汗水去凝聚骄人的收获。30岁的你,已不再青春和生涩,却也不必过虑世事沧桑和前路艰难。30岁的你,风华正茂,不惧征途漫漫。我知道,你已准备好了。

有人说,职业生涯如婚恋。初恋时的羞涩和试探,热恋时的奋斗和刚强,失恋时的落寞和忧伤,步入婚姻殿堂的信誓旦旦和幸福生活展望,家庭经营的归于本真与平淡,日常琐碎或重大生活中的交融与纠缠……有初心不忘,有忠诚与背叛,有合分聚散。时间会变,地点会变,人会变,事也会变,永恒不变的,是终愿携手共步人生旅程。

而我,在30岁的师大社里,在不长不短的编辑职业生涯里,有如经营自己的婚恋一样,兢兢业业地做好自己的本职工作,默默地贡献着自己的一份微薄之力。入社以来,待过校对室、教材室、综合分社、高教分社,做过校对、选题策划、责编、审读、复审,编过教材、教辅、社科人文图书,介入过市场营销、宣传,有坚毅,也有过彷徨,但无论在什么部门,具体做什么工作,始终保持着对出版行业和编辑职业的热爱。

出版是什么?编辑是什么?出版和编辑将会成为什么?我想,一千个人眼中有一千个哈姆雷特,或许,对此的答案,就如水一般在你我的笔尖流淌,如花一样在你我的梦中绽放。

但无论有多歧出,出版行业和编辑职业中的理想坚守、文化担当,书人的职业情怀和精神家园,应该是出版和编辑本色中永远抹不去的内涵;其间的艰辛、平凡、操劳、琐碎,亦为书人深有所感。有热爱,能坚持,勇担当,就能将厕身书林的书人和出版社紧密联结在一起,同续妙缘,共创大业发展。

多少次漫步于漓江河畔,多少次流连于独秀峰下,多少次休息日伏案于办公桌前,那清清的水,那兀立的山,那熟悉的人,那难忘的事,那浓浓的书香,全融进了我与 30 岁的师大社的相遇里,化进了我对 30 岁的师大社的祝福里……

30 岁的师大社,我愿与你常相伴。

那时的文科编辑室

沈伟东

　　那时的广西师范大学出版社的文科编辑室里,除了从叠得老高的书稿后面探出头来问我"最近读了什么书"的子仲兄,还有捧着大玻璃瓶品着茶咀嚼书稿、时而侃几个典故的赵明节兄,有恭谦如君子状和作者、同事诚恳交流的纳新兄,有赵小兵、罗文波、李涛、伍兵等同事。

　　在我的印象里,在办公室,戴着厚厚眼镜的明节兄舒服地陷在椅子里,翻着书稿,时不时喝口酽茶。据说博学强识的明节兄喝茶每年要喝掉几麻袋——他产茶的安徽老家寄来的。明节兄的渊博是出名的,他把唐宋诗熟读到你点到什么诗,他就能告诉你什么时代什么人的作品——即使他没有读到过这首诗,也能嗅出诗的出处。我没有考证过这个说法是否确实。"老夫子"的渊博,在他谈到读过的书时表现得淋漓尽致,对版本、掌故他能信手拈来。明节后来主持策划编辑"大学人文读本"等图书,书中提出"中国当代的大学生如何面对故土的百年沧桑及其社会—文化转型,确立现代公民意识,以期将自己塑造成现代国民""如何摆正个体与国家的关系,个人的价值与尊严、权利与义务如何得到公正、合理的体现"等命题,成为人文启蒙教育的知名图书,惠及士林。

温柔敦厚的纳新兄素以研究现代文学见长,当时读书多,写文章多。我听他讲民国时期变革时期的社会背景,讲出版工作文化传承和文化创造的社会责任……他对很多问题,都有他自己独到的认识,比如对民国时期大学教授的来源问题,他从史料入手研究,提出多由晚清官员演变而来,具有官僚遗民的性质,由此为切入点,不少问题的研究有了新的视野。有一次,他带着我去上海组稿,到复旦大学拜见贾植芳先生。初次见面,在贾先生列满书架逼仄昏暗的书房里,纳新兄和贾先生聊了几个小时,谈话中涉及的历史人物、事件,他和历史亲历者贾老兴致勃勃,娓娓道来,让我受益良多:没有对现代历史的深入研究,系统阅读原始文献资料,很难引发老先生话题,并作深入交流。这次组稿让我感受到编辑学养的魅力所在。

1998年春天,我跟学教育出身的赵小兵大姐出差到华东。我们潜在杭州的教育书店,对基础教育图书、高等教育图书一本本翻过去,研究选题、研究作者、研究版本特色,记录调研心得,整理选题笔记。杭州教育书店的"潜伏"之旅让我明白,对专业书店大量专业图书的分析研究,可以让编辑对最新专业出版动态有所了解,对策划组稿颇有裨益。随后,我们赶往上海,在华东师范大学和高等教育学教授们交流。小兵策划出"高等教育研究丛书"并向学者们及时组稿。后来这些书稿陆续由文科编辑室编辑出版,举重若轻的小兵大姐策划的这套书获得了国家图书奖。有幸作为图书的责任编辑之一,我跟着小兵这位资深编辑组稿,学会随时利用各种途径研究图书、阅读图书采集信息的方法。小兵及时掌握最近专业出版信息,与目标作者有效沟通的组稿方法让我深受启发。

2000年暑热天,我和文科室同事罗文波到北京出差。我拖着双拖鞋,套一件破旧的汗衫,戴一顶印着"桂林"字号的草帽,背着书包上了火车。在火车上与罗文波会合。我上下摸口袋,一脸慌张:"忘记带差旅费!""说好是你去财务科借钱负责财务啊!"文波急了,到北京可怎么办!她精打细算,想着省钱。两人在火车上埋头看书稿,谈读书稿的心得,把钱的事情暂时搁到了一边。一下火车,被朋友请到"圣陶沙"喝茶吃西餐,服务员看着汗渍斑斑穿拖鞋戴草帽的我,不知道该不该放我进去。好不容易走了进去,我悄悄从书包里拿出一个鼓鼓囊囊的信封,摇晃着给文波看:这里有两万块钱——路上怕她操心,没有敢说带了这么多差旅费;看样子要在北京长期潜伏了。有了钱,两人腰杆顿时硬了许多。当编辑之前,我做图书发行员,对图书选题的编辑介入有了点想法,写了篇论文寄给《出版发行研究》,题目是"论图书选题的深加工",后来发表了,编辑给改了个标题,论文叫作"把土豆做成土豆片"。在北京出差,我们做的就是"把土豆做成土豆片"的工作,把出版社出版的斯坦因的考古巨著《西域考古图记》分类编辑成适合大众阅读的社科图文书,记得我们一起讨论书名:"发现藏经洞""路经楼兰"……在北京一个写字楼里,白天看书稿,晚上回冠城园小区的宿舍读闲书。我们编出了引领风尚的系列插图珍藏版图书。那些天,辛苦工作一天后走回宿舍,吃完盒饭,买零食,读旧书。后来,我回到桂林工作。文波常年在北京工作,在北京大学设了出版社的组稿编辑部。在历史文献图书的策划和编辑方面,她做出了不少成绩。

在文科室工作时,我还和当时的美术编辑、书法家唐长兴编辑了一份叫作《书语》的读书报。这份读书报是广西师范大学出版社面向桂林的大学生和市民办的,倡导读书评书。办读书报的过程中,我们组织过几次读书活动。记得有一次是在小雨中,和桂林市民、大学生一起在公园里读诗歌。这里面,现在就有位诗人成为我们出版社的作者,出了好几本诗歌史的图书;有的,现在还成为我们出版界的同行,比如在《中华读书报》工作的陈香、在《出版广角》工作的刘子岸等。

能在这个相对安静的小城和热爱读书、编书的同事们读好书,编好书,我感到三生有幸。

同行十五年

黄　毓

　　2001年,我正式成为师大社一员,那年是师大社成立十五周年。印象中,社里仅办了一台联欢晚会和一个展览,朴素而热烈。在展览中,看着镌刻在墙上的出版社成立十五年来的成就,我在崇敬与自豪之余不免有一丝遗憾和落寞——可能是自己未能成为这十五年的亲历者的缘故吧——这种感觉至今依然清晰。2016年,出版社成立三十周年。又是一个十五年。这是我参与出版社发展的十五年,是我与出版社的智者为伍、与高人同行的十五年,是改变我人生轨迹的十五年,人生幸事、精神财富莫过于此!

　　2000年,广西师范大学出版社首次在广西师范大学毕业生中招聘员工,这也是出版社第二次面向社会公开招聘新员工。我在报名时,诧异地发现在同届同学中极少有报名应聘的。在顺利通过笔试、面试,正式成为师大社员工后多年,这个问题依然困扰着我,直到后来与几位同学谈起当年出版社招聘的事情才恍然大悟:当时正是全国各级机关单位和事业单位精简分流、严控进人、改企转制的时代,体制内的"编制"还是很珍贵的,而作为企业的出版社并不能解决"编制"的问题。而当时,师大的毕业生还不愁就业，只要要求不高都可以进入一所体制内学校任教。所以，当年出版社录用了我这个不是优秀毕业生的毕业生，还真要感谢同学们不争、出版社不嫌之恩。当然，更为自己能跨越新旧观念间的屏障感到庆幸。也正是这一年，广西师大出版社开始了跨地域发展和集团化发展的战略布局：2000年，出版社成立了北京贝贝特出版顾问有限公司；到2004年，先后完成了在北京、上海、广州、南宁、南京等五地设立贝贝特公司的工作，基本实现了跨地域发展的战略布局。师大社探索寻求到一条适合自身发展的"内涵发展，自我裂变"的道路，并逐渐得到业界的认可，成为出版业界跨地域发展的典型样本，被媒体称为"广西师大社模式"。

2001年，我开始加入到出版社发展的隆隆大潮中，真实体会到"内涵发展，自我裂变"的实质。2002年国庆后，我被社里派到南宁协助曹光哲老总筹备南宁公司。当时筹备小组办公室设在广西区文联大厦三楼，只有三间办公室，有七名员工。2003年7月，又有十三名新员工报到，三间办公室要容纳二十人，局促的窘态可想而知。就这样，大家坚持了四个月，2003年11月18日，南宁公司正式成立，办公驻地设在广西新闻中心八楼，办公面积有近1000平方米，在当年的贝贝特"五朵金花"中是办公环境最好的一个。从此，本着"与企业共成长"的态度，我跟随曹光哲、李庭华两位老总，开始了自己的时政出版之路。这一行，就是十五年。

曹总和李总是广西时政出版高人，在这两位领导的谆谆教诲下，我学会了如何敏锐地捕捉选题，如何策划图书，进而从一名纯粹的文字编辑成长为能独当一面的图书策划编辑；从他们的工作点点滴滴中，我深刻感受到出版人始终保持的严谨认真的态度、一丝不苟的作风、坚持不懈的精神。于我而言，他们亦师亦友，让我在工作和生活上都获益匪浅！随曹、李两位老总期间，我收获也颇丰：2002年，责编的《党员阅读》发行量超百万册，这也是我社发行量为数不多超百万册的图书；2003年"非典"期间，责编《非典型肺炎防治手册》一书，该书从选题提出到图书完成印刷仅用

8天时间,应该开创了广西出版界最快的出版纪录;2004年,第一次独立完成策划选题、责任编辑和策划推广等环节的图书《南博会日常英语ABC》;2007年,责编的《无边的挑战》获得我国具有最高荣誉的文学大奖之一——第四届鲁迅文学奖,获得主办单位颁发给责任编辑的荣誉证书;等等。

　　除了成绩,也有感伤。2010年夏天,曹总提拔到广西出版集团担任重要领导职务。没有了曹总独特的咳嗽声回荡的办公室,大家一时难免神伤。公司创立八年来,曹总为南宁公司的发展摸索出为地方经济、社会建设服务的出版新路子,形成一套规范可行的出版经营管理制度,为公司倾注了全部的心血和智慧,做出了卓越的贡献,为公司可持续发展开创了新局面。2013年5月,李总也提拔到《当代广西》杂志社。2003年,李总到公司担任领导职务,他不仅对出版和选题策划有敏锐独到的判断,更是任劳任怨,身先士卒。2010年接任公司负责人三年来,他在原有的基础上奠定公司出版经营管理模式,将公司的发展带入一个新的阶段,给公司留下了丰厚的财富和良好的发展势头,为公司的发展奠定了坚实基础。南宁公司两位老总接连得到组织的提拔重用,这不仅说明组织对他们这几年来工作的肯定,更是说明南宁公司这几年的发展也得到组织的关注和充分肯定。虽然他们的离开是我们不愿看到的,但我们感念他们为出版社付出的辛勤汗水,铭记一起战斗过的岁月,在精神和情感上,他们会一直是广西师大出版人,同时我也相信,他们仍会关心和帮助出版社和南宁公司的进一步发展。

　　2013年5月6日,在我加入出版社十二年之际,出版社委派我与佳梦、玉东、兰琴四人搭建班子,担任南宁公司负责人之职。记得2013年5月5日,我接到电话通知何社长晚上要约见我。当晚8点何社长、汤总和我坐在一起,何社长直截了当对我说:"经出版社领导班子研究决议,由你担任南宁公司经营管理领导小组长一职,之所以选择你是因为公司的发展需要年轻人勇敢地面对挑战、承担责任,战斗在最前线;出版社也愿意为年轻人提供展现才华的空间和舞台。在发展的过程中,可能会面临种种困难,但我相信只要你和你的班子以及公司全体同人精诚协作、求进创新,一定会为公司创造美好的未来……"在约谈过程中,最振聋发聩的是何社长的告诫:"不要以为老总好当,人前是风光,但风光的背后,是单位里最揪心的事情、最艰难的选择、最难解的难题,最后统统都归由你独自承受、抉择和终结。你可以请人给意见和建议,但最终拍下板子的人还是你自己,没人能帮你!"这是我上任后的日子里感悟最深刻的。翌日上午9点,社长在公司全体大会上宣布了任命决定。从任前谈话到开会宣布整个过程时间都不到一天,容不得我有一丝的兴奋、激动,更不要说思考未来该如何走好每一步。等社长一行离邕后,我才感到"千斤重担"已压在肩上了。在这"千斤重担"压力下,我始终感觉有三条无形的鞭子悬在头顶:一条是学校,一条是出版社,另一条是公司员工。每每懈怠的时候,鞭子就会同时狠狠地抽下来——这就是我任领导职务以来的精神状态。在此以后,我不断得到其他社领导像艺兵书记、姜总裁他们的谆谆教诲。是在他们的悉心指导和帮助下,在公司同人支持下,南宁公司才有今天的局面,我感恩他们。2013 年到 2016 年,在领导们的关怀下,三条"鞭子"的鞭策中,我和公司同事一起跨越新旧观念上的屏障,一起感受横扫九州的雷霆万钧,一起经历着旧俗向新习的转变。我们希望能躬逢一个大时代,在这个注定被铭记的大时代里,尽情绽放独一无二的自己,留下时代印记,开拓更美好的未来!

如今,我在出版社工作已满十五年了。这十五年中,我与同事们一起欢喜、一起伤悲、一起成长、一起蜕变。虽然他们有些已离开我社,但我们都曾因为广西师大出版社相聚在一起,在临近社庆的日子我很怀念他们。

今天,师大社成立三十年了。三十年,在历史的长河中只是水波的一个回旋,三十年磨一剑固然要享受霜刃初成的愉悦,"但我们无心停留,前面的路还很长"。以 2016 为节点,无论来路如何艰难,抹去喜悦与忧伤的泪水,在新的领导班子的领导下,坚守着"开启民智、传承文明"的文化使命,我们相信在未来总能找到前行的方向;也希望在未来,我们能继续同行,一起沐浴这个企业的荣光!

我与师大社的美丽遇见

余向丽

喜欢桂林,喜欢这个桂花飘香的季节,那小小的花儿竟能香溢全城,难怪宋代著名词人李清照在《鹧鸪天》里留下这样的诗句:"暗淡轻黄体性柔,情疏迹远只香留,何须浅碧深红色,自是花中第一流。"而我,也在此时非常幸运地来到广西师范大学出版社——这个让我仰慕已久、心仪多年的大家庭。更令我惊喜的是,时逢社庆25周年,正是出版社蓬蓬如盖之时,而25年后,我也将退去,做一个纯粹的"闲人",可以说冥冥之中,我与师大社确实有着一份缘,注定了这次的美丽遇见。

对于师大社,我最先接触到的是李苑青副社长。第一次见她,是在她的办公室,她那谦和的态度和亲切的话语把我深深地折服了。确实,她与以往的领导都不一样;确实,师大社与别的出版社也不一样。当时心里默默地想,如果能在她的领导和帮助下成长,该是多大的福分! 其实,在未与李副社长接触之前,师大社在我的心里,是高处不胜寒的,是我无论如何都遥不可及的。但是,李副社长的一句话,打消了我的顾虑,坚定了我走向师大社的信心。她说:"师大社看重学历,但更看重的是个人的能力。只要是人才,我们同样欢迎。"后来,在李副社长的安排下,我见到了我们营销中心的总经理张民老师。在走进他办公室之前，老实说，蛮紧张，也很忐忑，可以说心里一点底都没有，不知道自己是否可以很好地应对。记得面谈的时候，张总脸上总是挂着笑容，和李副社长一样谦和、坦诚，让我的紧张情绪一下舒展开来。我们聊工作、生活，甚至人生规划，张总就像一个大哥哥。其间，张总给我递来一块巧克力让我吃，这让我受宠若惊——第一次有领导给我派发巧克力，而且是第一次见面，还是在面试的时候。我诚惶诚恐地接过巧克力，撕开、吃下，心里竟涌出莫名的感动，那种香，那种道不明的甜久久游走于心间。谈话结束后，市场科的全体人员也聚到了一起，我与他们挨个见了面，包括已经决定去读博的段海风老师。同事间活跃的气氛、开放式的工作方式和高度团结的精神，让我暗暗做了一个决定：离开工作8年的单位投身师大社，做一名师大社人。

很快接到了人力资源部的报到通知，在处理好原单位的一些交接后，2011年9月1日我正式到营销中心上班了。刚到科室那几天，简直能用打仗来形容各自的工作状态，真希望一天能有48小时。由于对社里情况不是很了解，很多资料需要时间消化，很多工作方式需要适应，包括很多社里的同事需要熟悉。让我感触最深的是，自己落后太多了，要学的东西也太多了。可谓"学到用时方恨少"，在科室同事陈子峰老师、陆良慧老师及梁书晓、朱彦龙、刘娆不厌其烦的帮助和指导下，我终于慢慢走上了轨道。这当中，我深深地体会到每一位师大社人都非常不简单，都是能独当一面甚至多面的好手，而我，显得如此渺小，就像沙漠里的一粒小沙子。在下班回家的路上，我心里常在打鼓：我能胜任现在的工作吗？我能赶超他们吗？这样的困惑围绕了我好几天，从原单位的得心应手到现在几乎从零学起，其中的滋味或许只有自己能体会。幸好，在李副社长和张总的帮助和指导下，我完成了几篇材料和报告，渐渐找到了感觉，也在他们的鼓励下，慢慢拾起了信心。我知道，他们是在鼓励我，鼓励我继续努力，继续进取，继续开拓。相信，这就是师大社育才之道，这就是师大社的人文关怀，而我从中受益匪浅。

记得何林夏社长在面试的时候,问了我一个问题:"你认为做图书营销最关键的是什么?"我回答:"懂书。"再问:"你在出版社工作了8年,感受最深的是什么?"答曰:"做一本好书不容易。"何社长补充道:"是非常不容易。"然而就在我自认为对出版有较深理解的时候,在回答社长的下一个提问中严重挫败下来,社长问我"喜欢看什么样的小说",我由于紧张一时想不出比较有名的书,欠思考地答了一句"纪实类的",之后何社长纠正道:小说的范畴里并不包括纪实类,应该叫纪实文学。当时我真是惭愧不已,毕竟也做了几年编辑,编了一些书,怎么这点常识都没有注意?可见何社长做事是多么严谨!出版无小事,需要高度的严谨和细致,说的就是这个道理吧。在面试结束的时候,何社长让我们每人向他提一个问题,我的问题是:"社长对我的期望是什么?"何社长看着我的眼睛很温和地说:"做一名优秀的员工。你只要把事情做好,见面不跟我打招呼都可以。"顿时,紧张气氛一下轻松起来,爽朗的笑声在办公室里萦绕。大家私底下都说,原来社长也很可爱。

　　在阅读社里的相关资料中,我不止一次感动得热泪盈眶,这感动在看到诸如出版社对贫困学生几十年如一日的捐助善举中,在一次次得到嘉奖而谦恭进取的企业文化中,在身边接触的人的点滴帮助与问候中,在一次次严谨和配合默契的营销推广中……特别是在读到沈伟东老师写老社长党玉敏的一篇文章时,我更深地感受到了师大社隽永的文化魅力,看到一个出版社繁华背后毫不懈怠的奋斗历程和师大社人对出版拳拳的依恋和爱。正如老社长对沈老师说的:"不要把出版仅仅当职业,要把出版当一项事业来做。"我想师大社乃至每一位师大社人正是秉承着这一理念,走过了30年。此时正是青春之时,正是奋起之时,正是你我共同谱写辉煌之时。就让我们携起手来,在这个有着良好传统与企业文化的大家庭中奋斗,在强手如林的出版界中博弈,相信师大社走向世界将不再是梦想,翘首全国将指日可待!

聆听你的声音

录音工作中的那些人、那些事

肖子娟

2004 年 6 月,音像社成立,我从一个图书编辑转变为电子音像编辑,也开启了录音工作的进程。从开始的租棚录音到后来的自建录音棚,从原来对音像电子出版的一无所知到后来的渐入佳境,我开始享受这一转变。我发觉那一段段让人头晕的音频波形,其实是非常有趣的。现在,我不需要听声音,仅凭看音频波形,就能从音频文件中找到正确的语段。在这期间,我接触了不少人,交了不少朋友。

我参与录音的第一套图书是《I CAN》,这是一套模拟少儿生活状态,引导其学习英语的图书。因为读者的定位是少儿,所以录音者也需要同龄的少儿。这套图书的责任编辑梁小勤老师斟选了许久,最后找到了一家极为典型的美国家庭:姐姐 Mary、弟弟 William 及妹妹 Zoe,还有大表哥 Louis。Mary 是个长满雀斑、害羞的女孩,虽然只有 14 岁,看起来像成年人了,以致我第一次见她,以为她跟我一样大。可是接触下来,才发现她仍是个孩子,还处在叛逆期。弟弟 William 及妹妹 Zoe 极其活泼,无时无刻不在捣蛋,经常使录音不得不停下来,等他们闹够了,才又继续。Louis 是个快乐的美国大学生,他是来桂林度假的,所以待的时间不长。他打算离开桂林后就去找澳大利亚的女友结婚,他们是在旅行的路上一见钟情,是完完全全的"裸婚"。Louis痴迷音乐,最爱披头士,连休息的间隙也抱着吉他哼着歌。他没有烦心的事,是个真正"活在当下"的人。在他离开桂林前,我免费帮他录了张专辑作为离别的礼物送给他。

《魅力汉语》是一套教东南亚学生学习中文的图书,主编是韩梅老师,她邀请桂林广播电台的两位主播(小古老师和飞歌老师)来录音。录音前,他们主动要求将稿子拿回去熟悉两周,并反复练习,保证绝对的正确。因为两位主播老师白天都需要在电台上班,只能利用晚上的时间录音。一天工作下来,到晚上已是非常疲倦了,他们都带着自己的特制润喉茶。我以为他们会录得很快,但没想到在录音的过程中,他们不断地停下请教韩老师:此处用这个语调是否准确,这里是否要用儿化音……事后,他们告诉我,他们是带着敬畏的心在录这套教材:专业人士仍如此敬业、严谨。直到现在,我仍时常从电台中听到小古老师或飞歌老师的声音,回想起那段夜夜加班的时光。

教辅《新课程学与测》需要专业的外教录音,桂林中学为我推荐了外教Gina。记得第一次与她见面是在桂林中学的校园,我在那里等她下课,远远地看见一个眼睛大大的、皮肤黝黑、个子小小的女子。同去的朋友见状,跟我开玩笑说:"终于见到比你更黑的女子了。"刚开始,Gina很害羞,基本上不会主动挑起话题,一般都是我问她答,除了录音中必要的问答,她没有多余的话。我一直以为她是个淡然的、害羞的人,所以也没有刻意表现出热情。直到她回国前的最后一次录音,那天她的状态都不是很理想,录音过程中被我纠正了好几次。录完音后,她没有如常地急急离开,而是留下跟我说她要回国了,她很舍不得我,说我们永远是朋友,说着眼中还泛起了泪光,并将她珍藏的CD送给我。我一直觉得我们之间只是工作的关系,没想到她一直把我当朋友。原来并不是所有老外都是热情奔放的,也有内敛的。

Tom,是经朋友的朋友关系认识的美国人。Tom长得又高又帅,声音极具磁性,虽然来中国只有两年,但中文说得很好,我们对话基本是用中文(这是他要求的,方便练习中文)。Tom 有个女朋友在湖南上大学,他打算等她毕业就过去与她会合。与 Tom 聊天是件很轻松的事。有一次,我和 Tom 聊到了美女的标准。他认为美女最重要的特质是眼睛与皮肤必须漂亮。当然他说的皮肤绝对不是中国人眼中的"一白遮九丑"的那种白皙,而是健康的麦色肌肤。Tom 是个热心的人,他主动介绍了女性朋友 Jennifer 给我认识。Jennifer 是个体重 200 多斤的美国女孩子,因为胖的原因,她比较自卑,Tom 会主动安慰她,告诉她她这样很漂亮,是独特的美。突然有一天我收到 Tom 的一条短信,短信是用中文写的:"亲爱的朋友,我离开桂林了,如果需要录音请找 John,他的电话是……祝你好运!"很难想象,这个美国人是如何一字一字地拼出这段中文的。

Curtis 是桂林一所重点中学的外教,是个在中国定居的美国人,几乎不会说任何中文,却是跟我合作最久的一个老外。对于老外的年龄,因为有前车之鉴,我不问也不妄加猜测:因为我猜测的年龄往往比实际的要大得多。有一次 Curtis 问我多大了,我据实以告,然后顺便问他年龄。当他告诉我他快六十了,我很惊讶,其实我猜他的年龄是四十多岁,他是唯一一个我见过的看起来比实际年龄要小的美国人。他喜欢瑜伽,在美国获得过瑜伽的教学资格证,为此他曾利用暑假的时间办了一个瑜伽班,但由于招不到学生,最后还是惨淡收场。Curtis 是个极其较真的人,他要求录音前先看脚本,发现有不符合美国的语言习惯的地方必定要求纠正。录完音,他每次都会问我是否满意他的表现,或者他的表达是否准确到位。他热爱桂林的美食,曾要求请我去吃他认为最好吃的桂林米粉——"八姐妹"米粉。当然,那一定不是我觉得最好吃的桂林米粉。

12 年的时光过去了,出版社也成立 30 年了,我已经记不起他们中某些人的长相了,但脑海里仍清晰地存留着他们的声音。感谢这些给我声音记忆的人。

广西师大出版社：风景这边独好

陈 克

较早前看过一篇文章，说是国外的很多好书都是大学出版社出的，当时颇不以为然。在本人印象中，出书是很重大很严肃很正规的事。大学这种单位虽说有文化，可要办个出版社实力恐怕还是不够，弄个小印刷厂也许还凑合。我那时当然不知道国家对出版业管理甚严，连同下游的印刷厂都列入特种行业，非"不能"也，乃"不许"也。

对大多数读者而言，阅读的重心在于作家的作品，出版社是哪家并不会太在意和关注的。终究买的是珠不是椟。

2006 年春起，一场大病把我从火热的现实生活中剥离。在家休养之余，常逛书店。我逛书店与女人逛商场一样没有特别目标，一切以是否合"眼缘"为准。

台湾夏元瑜的"老盖仙"系列、赴港定居的老中医陈存仁的作品先后购得。陈存仁的书是看了本地报纸副刊的推荐而留下印象的。买时没注意，回家后发现竟都是"广西师大"版的。当当网风生水起之后，我开始转向网上购书。两年多来，购书上百册，一不留神，又买到了多种"广西师大"的。如梁文道的《常识》，陈丹青的《退步集》《退步集续编》，汤祯兆的

《日本映画惊奇》，白睿文的《光影言语：当代华语片导演访谈录》，刘力红的《思考中医》。看来我的阅读口味、喜好有相当部分与出版社编辑组稿思路相吻合。是缘分是天意，是自然生成而非刻意求工，毕竟读书是很个人化之行为，非行政力量可逼迫。

这家出版社显然野心勃勃。组稿全方位，国内外甚至大洋彼岸；作者高层次，不少堪称业内翘楚。梁文道任职凤凰卫视，兼香港、马来西亚、内地多家报纸专栏作家，为香港新四大才子之一；汤祯兆身居香港，为日本电影评论"达人"；白睿文为美国人，对华语电影研究颇深广；陈丹青早年是插队"知青"，后去美国绘画近20年，"海归"后对中西方文化、艺术的不同处自与国内埋首书斋的研究者有更真切、深刻的理解和判断；刘力红为中医界新生代，有理论功底，有实践经验，对中医"积弱"的分析和认识已达非常高度。

"广西师大"版的书装帧基本朴素无华，而内容大多厚实沉郁。如陈存仁的《银元时代生活史》《抗战时代生活史》《阅世品人录》等，文字朴实，细节丰富，叙述故事简练而从容不迫，所描摹之历史人物如吴稚晖、褚民谊、戴笠等无不栩栩如生。写杜月笙突出其"江湖义气"，与徐铸成笔下的"海上闻人"味道大不一样，让读者有"互见"之快感。写为戴笠诊疗，戴送他金表，作者只取一枚，很有名士风度。戴又送他一张签名照片，在当时兵荒马乱时期，堪抵"护身符"之功。由于作者身份是旧时沪上名中医，与达官贵人多有不浅交往；又写作时已移居香港，所言少束缚与顾忌，故其回忆有极高的史料价值和相当的可信度。我把陈存仁的书买来送给常给我诊治的老中医——浙江唯一被授予"国医"称号的年近九十的何任先生，先生极为高兴。何对陈也有所了解，知道他早就赴港。在诊病之暇，我与何老聊过陈存仁，气氛甚欢。

陈丹青的文字在作家里固然不算最优，但在画家里绝对名列三甲之内。有人把他树为与黄永玉同等高度。文字高低虽难一一量化，但传递给读者的总体感受应该是大致相同的。换言之，在明确表达主题的前提下，比拼的还是文字功底的深浅。陈丹青的文章观点鲜明、语言泼辣，读起来酣畅淋漓。虽谈的是艺术，但对政治的洞见却是罕有的深刻。《退步集》里剖析房地产开发商的推销伎俩堪称入木三分；《退步集续编》写鲁迅的三篇尤为精彩，如此刁钻的观察人的视角，恐怕也只有画家所能。"愤青"的愤是他的招牌，然一旦幽默起来，照样让你喷饭。性情中人，直抒胸臆，指点江山，快意恩仇。

想象该出版社定然拥有一支目光锐利如电的强有力的编辑营销队伍，综观自己所购之书均有不凡见解且生动耐读等特色。书的分层，在我看来，从低到高，不出以下几层：一为实用信息；二为增添识见拓展思维；三为珍稀文献发掘保存；四为滋润心灵升华情趣。广西师大出版社的产品结构显然是丰富而多层次的，比较着力的显然在第三、第四层。

2010年夏日，在新浪博客上看到一篇博文，是以"广西师范大学出版社"名义发布的，邀30名读者8月23日相聚桂林，很觉新鲜。公家文化单位一般都自以为是，除了几家营销意识强烈的报刊，很少会到新浪博客这块私人意见纷杂之地凑热闹。于是就点击，一点就感动。原来还真有把读者当回事的出版社啊。无奈广西路途遥远，赶去赴会成本太高，体力也不支，遂作罢。

拨通博客上公布的与读者联络电话，对方是一柔和女声，称姓沈。热情温婉、谦和有礼、业务娴熟。交谈之后，甚感熨帖。余阅读、购买图书历近四十载，从未想到与出版社亲密接近，此破天荒也。一日，向人文出版分社负责人汤文辉索要该社近年来出版书目，隔天就收到负责宣传推广的段海风先生发来的电子文本，竟有洋洋8000种之巨。很多书名一看便知是学术价值极高的，非我财力可收藏拥有，但对方这番诚恳却着实让人受用。

与该社挂上钩后，对它的了解逐日加深，对它的感情与日俱增。闲时观赏博客上出版社办公主楼照片,为五层,一至四层灰色墙面,第五层红色,屋顶覆蓝瓦。楼周边有树,树正青春;楼远处是山,山色翠绿。规模不大却干净雅致,一如其出版物散发着馥郁的芬芳。这无疑是一处发人遐想、叫人神往之地。相信终有一天能亲临这一让我心灵得以安妥的美丽家园。

读者之爱

贝为任

最近偶然看到一个微博名字叫"BJ 印刷学院 2010 级编辑出版 3 班"，不用猜，我就知道那是什么学校，突然贱兮兮地伤感起来，"转眼十年便过去"。算起来，我也是"BJ 印刷学院编辑出版 3 班"，不过不同年级而已，跟青春新鲜的师弟师妹比起来，徒然老去十多年。

离开 BJ 印刷学院，步入职场第一站就是广西师大出版社，我一度以为她在我生命中不过是个过客，没想到的是，她的影响至今不可替代，天长地久地滋养着我。

遗憾的开始

2001 年夏天，我来到广西师大出版社，很新鲜的是，那一年竟然有近五十名新员工。这其中好些人，后来像同学一般相处。两年后，我离开贝贝特，一直还跟许多前同事保持朋友关系，跟这种同学般的氛围分不开：第一次跟同事们踢球，分拨都是按照新老员工对抗来进行的；踢完球吃饭喝酒，也是新老员工各自分开行动。

短短两年时间，现在想来充满了遗憾，又是似乎一开始就注定。新员工培训临近结束，我当时的女朋友家中发生一些变故，情绪极差，提出让我设法回北京工作。北上的心思一旦涌起，我马上不再顾及其余。向当时主管校对培训的刘哲双老师提出后，她让我征求力主把我招进社里的梁再农、肖向阳两位老师的意见。我完全没有把前辈老师的建议听进去。那次毅然的离开，应该是给梁再农、肖向阳老师带来不小的失望，乃至伤害。尽管从事情本身来看，我返回北京，照顾女朋友，没有什么过错，可是如果可能，我一定可以找到更合适的方式。那是我跟出版社遗憾的开始，更遗憾的是，这种情形日后再次上演。

人生充满诡异的地方正在于此，你得走过了许多弯路才明白些道理；可是如果没有那些弯路，你又不会明白更多。后来，我一直没有找到合适的方式跟两位老师交往，致歉、问候，都无机缘。就跟我后来跟出版社的缘分就是一名读者一样，很遗憾，我也只能接纳。

告别者的聚会

2010 年 11 月 18 日，在北京王府井的一家桂林菜馆，聚齐了三十多位原广西师大社、原贝贝特的同人。到场的人也颇为默契，没有人"走漏一点风声"，来的人也没有一个现在仍然在社里服务的。我记得萧恩明同学的邀请短信这样开头："群贤毕至，美女云集……"

那一晚上，我们只是闲聊，所有曾经的社长、老总、主任、同事的角色全部放下。几乎所有人，对过去共事的那段生活，不管长短，回忆起来都非常开心。那段共处的工作时光让人相信，一定有些东西，可以让我们生活得更开放，更宽容。这是我们在一个以人文出版为主业的出版社工作过的幸运吧。出版是一份好差事，跟其他有些冷冰冰的行业比较，编辑从中得到的滋养，会随着时间的积累愈发显示出厚重和魅力。做一个社科人文编辑,在这个意义上尤其幸运。

大家真诚为出版社的生日祝福。这一群人,为这个组织或长或短地工作,记得那些日子,也默默关心她的今天。可能在出版界,这也是不多的境况。在桂林这样一个边陲小城,走出来一批至今活跃在出版各个领域各个地区的人,他们各自都在为自己的梦想继续游荡。

当年的玩笑和秘密被爆料,也只是博得众人一哂。

当时北京贝贝特行政部经理王三龙老师,负责公司烦琐的行政事务。在考勤方面,凡秉公则必有得罪人之处。他每天早到晚走,打卡记录总是全勤,且从无迟到早退。不料,这样的部门负责人,竟有非常郁闷不解的时候。有一个月的考勤电子系统显示,他多次迟到早退。他反复回忆,甚至去检查机器运行状况,都无法想起有任何迟到早退的原因,机器也正常。原来,有同事跟他开了个玩笑,趁他不注意,把他随手放在办公桌上的考勤卡换了过来,经常故意迟到早退,月底再悄悄换回来,这样,缺勤记录自然就是王经理的……

后来很多年,我在生活碰到很多玩笑,还有黑色幽默,比较起来,这个玩笑其实很轻,轻得如果不是聚会闲聊,我们都想不起来了。

我一直满心期待

2006 年,一次朋友聚会的场合,光合作用书房的一位采购,听说我在广西师大社工作过,马上开起玩笑:"最烦你们这帮人了,这些年,来回转悠的人文类出版人,一半都是你们那儿出来的,世纪文景、人大社、新星社……"

生活兜兜转转,一定有人在你生命中来了又还,他离开你,不是对你有意见,而是一定有他更要着急去做的事情。2003 年 9 月,我急于做一些认为更有价值的事情,选择了离开。后来奔波的日子,有平淡甚至低谷的时候，也见过些大场面，经手过一些数十万甚至百万册发行量的项目，后来组建编辑团队在新领域扎根。有意无意地，我都没有涉足人文出版这个领域。

偶尔会有人问起，现在贝贝特很好，你觉不觉得没有坚持在那儿是个遗憾。我也会稍带遗憾地跟他们说，也许有点，可我离开的目的，基本实现，而在新领域的尝试，也让我收获很多。2008年，我发掘的一个作者，由之前仅仅出版过一本自费书，当年就迈入百万量级作家行列，与马未都一起被《出版人》杂志评为"年度作者"。这样的例子还有好些，成功发掘"菜鸟作者"，将籍籍无名的作者通过一两个项目运作成相关领域的知名卖座作者，成为我那几年职业生涯的最大乐趣。近两年，我转向育儿家教指南原创内容的开发。在亲子关系、两性情感关系、家庭关系等这些陌生的领域，我的兴趣也非常浓厚。也有朋友们好心地建议，你为什么不更专注一点呢？我回答说，在这个领域，我已经学习到很多了，出版畅销书，只是个时间问题。

事实上，我还有个疑问，是否出版了畅销书，真的那么重要吗？我不知道别人如何定义成功的，美国管理学家汤姆·彼得斯的说法，我非常欣赏："成功就是精力旺盛地四处鬼混。"好吧，看起来，仗着年轻，我现在还能精力旺盛地四处鬼混。

现在想来，我日后看待职业生涯的快乐，跟在广西师大社的濡染有关。一个编辑的成长，除了要达成一定的经济指标，一定还要有一个感性的目标，一个文化组织也是如此。这种感性的目标，对一个编辑或一个文化组织来说，也许是更重要的使命。

我有个作者常跟我说，跟蒲松龄同一时代的巨富商贾无数，岁月大浪淘沙，如今流传下来的，只有蒲松龄和他的作品。让我们相信接新娘的时候，不用大奔只用QQ也能无比快乐，只有我们出版行业的人。出版人在今天的使命之一，可能是通过我们编辑出版的作品，传播理念，让我们乃至下一两代人，不至于在不择手段地追求"成功"的道路上过于扭曲，就算扭曲也能寻得些许慰藉;让我们可以按照自己的梦想去生活,哪怕做一个小人物也依然自信自得。

让我感到虚荣心得到巨大满足的是,我的第一个老东家,广西师大出版社,在这个方面,一直都值得满心期待。

他们让我心生敬意

有一天在地铁上,碰到同住一个小区的刘总、吴晓斌、陈凌云。当时我正埋头看史景迁《前朝梦忆》,吴晓斌说,你喜欢这书呀,早说我送你一本呀。我说,不用,我自己买一样的。其实在我离开出版社这些年,作为一个纯粹的读者,贪婪地享受着纯粹的快乐,并且还少了一些纠结。

有次跟陈凌云一起吃饭,他还说起:你现在还读些书,三联的,世纪文景的,我基本上不读了。有时候我会买回来他们出的书,读着读着就想,我还读它干吗,它都已经成书了,我读它又没有机会出版它,不行,我只能把精力用来读书稿,它们才有机会变成钱。

这显然是一句玩笑话,又是一个爱书敬业的编辑的由衷之言。这可能会牵扯一个问题:一个人文编辑的阅读是因此更开放还是更封闭?还关系到一个行业外读书人经常问到的问题:"你是××社的编辑呢?你们社的书真不错,你的工作就更令人羡慕了,那么多机会读到好书,还有人给你付钱。"只要身入这一行当,在阅读这件事情上,大概十之八九都有难言的苦衷。轻者边读边拿起笔来改动几个错别字,如此反复多次,阅读过程变成索然无味的校对工作;重者读书还想到时间空耗金钱损失,自责焦虑不安,严重者则失魂落魄;更别提谁的编辑生涯都得遇上几部甚至几十部捏着鼻子都读不下去的烂稿子了,那境地真是惨不堪言。2003年,贝贝特一些年轻的同人,讨论过组织内部的读书会,现在想来,跟当时的这种焦虑不无关系。

我一度用逃避的方式解决这个问题。从出版社离职后,我从事的编辑工作跟广西师大社的精致人文阅读方向截然不同。我经手过不少卖座的经管图书、养生图书，工作之余其实非常迷恋老东家的出版物。

> hippies：艺术界就是名利场？您怎么看？我涉世未深，能给点意见吗？谢谢。
>
> 陈丹青：何止艺术，人生就是个名利场。（陈丹青《退步集》）

> 我始终想念那些年初访孤山，满地红叶的萧瑟。如今全球暖化，时过中秋，西湖沿岸仍是一片盛暑景象；更别提清洁工人的勤快，每有落叶即刻消失。（梁文道《我执》）

不再多举例，这些都是我非常喜欢的出版物片段。前者让我每次感觉被一个浮躁的世界裹挟进一个名利场的滚滚洪流时，都能平和地接受，是的，"人生就是个名利场"；后者让我看待一座城、一个人、一段生活的时候，多了一些精致和美感——《我执》甚至一度是我的睡前催眠读物。凑巧，这两本书陈凌云都是责任编辑，事实上，我不相信他的"阅读换钱"这种鬼话。我自私的逃避，换来阅读世界依然妙趣横生。而他的坚守，才是让人心生敬意。他也是师大社在中国出版版图里甘于寂寞坚守奉献的一个缩影。（对不起，我在这里说他是代表而没说比他职位更高的诸位领导是代表，仅仅是因为他是我的好朋友。）

事实上，我一直到后来读到台湾出版人郝明义的《越读者》一书，才摆脱了这种纠结不已的"读或不读"的考量。他把阅读分为四类，并用饮食打比喻：第一类是主食，为了学业、职业、工作、生活、身心，一些"现实问题"的"直接解决"方法而来的阅读，经管书、电脑书、健康书、语言学习书，等等；第二类是美食，针对人生的根本方向和本质问题，如大部分文学、哲学、科学、历史、艺术书籍等；第三类是蔬菜水果，帮助解决阅读中碰到问题的工具书，如词典；第四类是甜点，各类休闲阅读，明星八卦轻松娱乐之书。

　　我的前同事们，他们大多以出版"美食类"读物为生，而我大多时候以出版"主食类"读物为生。我在倒腾主食、狼吞虎咽之余，享受起美食来，自然津津有味；而他们大部分时候，在寻觅美食的时候，还想着其实这跟谋生结合在一起，可以更实用一点，偶有断裂和不安之感不难理解。我对他们的敬意也在于此，在其中坚持，苦与乐的煎熬，非常人可以想象。我俗人一个，意志不坚，早早迷失在名利场中了。

读者之爱

　　美国人安妮·法迪曼在《旧书重温忆华年》中说，一本年轻时读的书是情侣，许多年后重读这本书，它成了朋友。我想说，一个人年轻时候工作的地方也是。当年我跟出版社之间的关系，是我为她工作，她形塑了我的职业生涯的基础。后来，我渐渐地作为一个纯粹的普通读者，跟出版社的关系，用今日用滥了的一个词，就是"粉丝"。由于有幸服务过她，我单方面地认为，是朋友。维多利亚时代的艺术家林顿说："那是最好的朋友，既无法疏远，也永远不对你生气／无论你怎样不理睬他，他总是想来就来／带着过去的情谊。"一定是这样的，"当你最需要安慰的时候，你往往去找老朋友，而不是去找情侣。一个人疲惫、悲伤或生病的时候，总是需要熟悉的事物，而不是新鲜玩意"。我们需要安静的时候，也往往是去找那些你读过喜欢过的书，而过去十年间，她出版了很多我喜欢的书。我和她之间没有了情侣之爱，却仍有一份饱满的读者之爱。

　　出版社三十岁了，犹如一个年轻俊美的青年，风华正茂，她召唤我们这些"四海漂泊的游子，无家可归的孤魂"，带着这种读者之爱，以自己的方式再次来到她的身边。作为一个读者的许多喜爱和感激，对我而言，一直弥足珍贵。

老营销那些事

周祖为

前不久，已在学校法学院上班的段海风又在"老营销中心"的微信群里吹起了哨子：这周我做东，请大家抽空来聚一下。群里的人于是你一言我一语地发开了言，有说这里好吃，有说那里好玩，热闹得很。换在 10 年前，大家应该同在一起办公，面对面说这些事的。现在，老营销的人，有的退休，有的另谋高就，即使留在出版社的也分散于各公司，有的还要从外省赶回来，聚一次真的很不容易。好在前两年在滕姐、覃喆等推动下，建立了一个"老营销中心"群，约定大家轮流坐庄，时不时聚一下，也常聊起老营销的一些旧事，其中几件事，我印象也很深。

抢发书

2000 年我进营销部，当时还叫发行科，连我在内 9 人。那时开单、对账、收款都归业务员做。刚刚开始用电脑系统开单发书，而记账基本还是手工台面账，发货单用黑色或蓝色笔注明，账款结清和退书则用红笔注明。那时教辅图书出版已经放开，但主要的教辅图书出版集中在 11 家师大社和教育社。国有新华书店,大的民营书店(时称"二渠道"),都把教材教辅销售当成重点,对畅销教辅的出版社都很重视,不仅铺货积极,回款也很支持。我社当时出有一套《课后练习解答提示》,是与课本同步的教辅图书,是市场上第一套针对课本习题的解答书。这套书很方便家长辅导,学生自学也好用,老师讲解也省心。《课后练习解答提示》最初的同步教材只有人教社一个版本,每学期平均发行二十几万套。因为开机印量大,每次发行科都要就印数开会讨论,记得有一次为主科目起印是 20万套还是 30 万套,大家争论得很凶,僵持之下,有个主张印 20 万的业务员甩手说这活没法干了。还好那年主科目整体销售超过了 30 万套,而初一语文单本竟达到了 40 万的顶峰数字,堪称雄霸教辅市场。此外,我们的《课文英汉对照译注》《中学论说文论据大全》也每年常销几万册。再加上《三点一练》大套书也可圈可点,在很多省店那里,我们都被当作重点教辅社来对待。容罡给我们讲了一个小故事:一次他和北京某出版社的同人出差南方某省店,中午他和省店采购领导一起吃饭回来,见到北京那位同人问他为什么没去吃饭。那位仁兄气得大骂,原来中午省店只给他和另两家社的业务员提供了盒饭;骂完省店他又骂自己出版社编辑没编出好教辅,害得他们被区别对待。

每次开学前,经销商催发书很急,有时直接打电话到仓库问装车情况。一次广西区店的业务员专程从南宁过来,买了西瓜坐在营销中心办公室等着开单。那时,只要畅销书入库,我们便要争分夺秒地发出去,工作非常紧张,周末甚至晚上开单都是很平常的事,也时常帮着扛包装车。开学初图书发运一般走汽运(汽运成本平均约占码洋的 2 个点,铁路运输成本 3—4 个点),但汽运需要凑够数才好发货。全国那么多省份,即使一次入库几万本,也是僧多粥少。怎么办? 通常是先由科长覃喆进行分配。云飞讲原则,科长不在就由他来分。分配标准一般按上一季各省的用量占比分配到业务员头上,业务员可按轻重缓急在片区内调整,为凑整车,业务员之间也可以商量"借"书发。王翰卿手最快,有一次我把发云南的书取消准备重开,结果退出不到 1 秒钟就被他抢开了,他说发南宁的不够数,后天入库还给我,而我的客户此时正眼巴巴等着发书,为此我跟翰卿吵了起来,最后还是领导让云飞协调把那几百件书"还"给了我。现在与翰卿说起当年为发书争得面红耳赤,最后闹到领导那里害得两人都受批评的事,我们都为自己的"憨劲"而相视一笑。但当时就是那样,书早一日到,占领当地市场便多一些机会,所以大家铆足了劲抢发书是理所当然的。

联合体五周年纪念会

2000 年还有一件大事,那就是由我社承办的全国教育图书发行联合体成立五周年纪念会。教育图书联合体也叫一联体,1995 年成立,由全国二十几家主要经营教辅图书的民营书商组成。上世纪末,民营书店大多刚起步,发展良莠不齐,规模普遍散而小,信誉也难有保证,出版社一般都要现款发货或是收押金。民营书店组成联合体可以集中大家的销货能力,确保出版社需要的销售数;同时因为规定每省独家,也能保证经销商省内独家经销权,减少竞争,防止冲货;此外通过联合体内部机制,可以相互调剂产品,尽量少断货和减少库存。

因为我们社是联合体创建的倡导者,与联合体成员关系也都不错,所以联合体把五周年纪念会址选在桂林是理所当然的。具体开会地点在灵川的青狮潭水库。那次成员到得很齐,几个核心成员如西安学海的崔大姐和昆明云安的颜晓明等都提前到了桂林。当时包了一条大船,从坝区溯水而上,时值春日,库区绿水幽幽,两岸山花烂漫,景色宜人,感觉很舒适。我们发行科的人也都在船上,做些服务工作,也在会议间隙跟客户交流。午饭是安排在库区的一个小岛上,水库鱼味道不错,经销商酒喝得也很嗨,讨论的话题很多,作为东道主我们的产品和营销政策也是大家热议的话题。记得会上编辑还准备了我们即将出版的新教辅《三点一练》和《新教案》的样稿,大家也提了很多意见。之后这几套新书的征订也很可观。一段时间里,这个会作为经典营销创意为发行界所津津乐道。去年是联合体成立二十周年,很多成员也来桂林聚首了一次,看到了很多新面孔。叙旧中了解到,老一辈开创者多数只做顾问,早就把业务交给下一辈了。而像颜晓明这样的,早已不再做图书。联合体已日益式微,不再像当年那样在教辅的"江湖"中游刃有余了。

猫儿山发行会议

新千年,一些出版社在图书发行方面做了一些改革,将业务员薪酬与回款和发行码洋挂钩,称作量化管理。师大社中也有一些或在探索或酝酿做。听说华东师大社已在尝试且运作良好,领导考察回来后给营销中心下了一个任务:探索我们社的发行制度改革,并草拟一个改革方案。营销中心当时有三种意见,负责片区发行量大、相对回款好的地区业务员觉得这是个机会;而发行量小、回款又慢的片区则担心完不成任务,怕影响到奖金甚至是工资发放;还有的觉得改与不改无所谓。但总的看来后面两种意见还是占多数。为了打消大家对新发行制度的疑虑,也为了商讨新的发行办法,2001年春节后,营销中心决定召开一个发行研讨会。为了让会议开得轻松些,选在了兴安华江猫儿山脚下的忘忧谷山庄,餐费住宿从大家预交的活动经费中出,社里派了一辆车(那时出版社还有一辆丰田中巴车方便职工跑三里店和王城)。因为山庄没有大的会议室,开会地址最后选在了山腰上的一块空地上。大家或坐在石凳上,或坐在竹子或木头架起的凳子上,四周都是竹林,除风儿掠过竹叶的沙沙声,很安静。覃喆和滕姐就这次改革的重要性做了强调,也介绍了华东师大社等出版社发行改革情况,对部分同志提出的担忧也做了正面回复。最后大家思想基本得到了统一,都认为这次发行改革是势在必行,有风险也有机遇,我们要努力配合,做好方案,执行好。接下来商量具体考核办法,讨论很热烈,也有激烈的争论,主要是原来考虑以回款数为考核基准,但不同地区发行量区别很大,比如说东部地区一个省都可以抵西部两三个省,侧重回款数考核有失公平。后来综合考虑了增长系数,同时对退货做了严格规定,区别大的片区做了小幅调整。猫儿山回来后不久,社里就安排财务与营销中心把考核方案做了细化和调整,并很快于当年就开始试行,而且当年的发货和回款数也确实上了一个大的台阶。我负责的西南四省当年回款就创纪录地达到 540 余万,比头一年增长了近百万。虽然说这次发行改革有些仓促,并不完美,而且试行了一年就停了,但改革对于增强大家的成本意识是有用的,也有效激发了大家的积极性,促使业务员与新华书店和民营书店老板保持更紧密的联系,跑片出差更勤,服务方面也大有改进。而出版社又何尝不是通过改革创新,摸着石头过河才有了今天的成就。

省店献花

2003 年我和海豚社的董发智去重庆出差,刚好碰到重庆新华集团第二天在解放碑书店前搞文艺汇演。记起一次出差到杭州解放路书店,有个叫詹月禅的店员告诉我有一年革文老师出差到杭州,给他们书店教辅柜台送了一束花和一包糖果,搞得他们很感动,后来不管认不认识姜老师的,每个店员都会把广西师大的书往最好的位置放,那一年解放路书店广西师大社的书销售得非常好。如果我们来个登台献花,是不是也很有效果?小董当场赞同。我们于是连夜订花,商量好由小董给门市店,我负责给采购部。记得就送什么样的花我们俩还有不同意见,他主张送蓝色妖姬，三两支就行。这种花很贵，在当时很时髦，但不艳丽。我主张送大束的玫瑰花，大束又显眼，这样能影响到评委印象，最后他也认可了。第二天，这两个部门表演完后我们分别登台献花，他们拿到花非常惊讶，也很感动，后来听说有小姑娘还感动得哭了。而且那次献花的只有我们两人是外单位的，主持人还把我们留在台上发言。我们介绍了出版社，又把我们献花的两个部门大大表扬了一番。这一年，重庆市店给我们回款特别快，门市店小姑娘也和我们熟了，书总能摆到最好的位置。多年后我和小董说起这个事还很得意。可惜的是，小董 2008 年因为车祸意外去世，我和重庆市店的温璐霜确认这个事时，都很悲伤，唏嘘不已。

参加成都大学订货会

2004 年成都大学订货会，我们买的是火车硬卧票。刚上车，发现肖启明社长也在车厢里。肖社见我们诧异的表情，笑着说，不欢迎我这个同伴？大家才醒悟过来表示欢迎。车子开动后，肖社从行李箱拿出一些袋装小吃，有豆干、鱼、鸡翅等，还有些卤菜，竟然还有啤酒。肖社说，这是王老师（肖社爱人王海燕）买的，大家多吃点。这些小吃很多还是肖社家乡湖南武冈出产的，于是他和我们边喝啤酒，边给我们讲武冈的特色小吃和他小时候的事，还有出版社成立初与党老师和陶征老师一起出差的故事，也聊到了跟其他大学社领导在一起的事。喝到兴起，有人说猜两码，肖社劝住了大家，说车上影响不好，以后还有机会。他还向大家了解大学会的几场活动安排怎么样了，我们汇报了其中一场客户招待会，是由几家师大社共同举办的，其中还安排有各出版社表演的节目。滕姐是招待会节目策划之一，我们社表演的是发行科的经典节目——《采蘑菇的小姑娘》，这个全由男生反串小姑娘的节目原本是出版社的团拜节目，第一次就得了特等奖。之后又在全国百家城市新华书店会议上表演过，也是掌声雷动。

肖社看过这个表演，认为很有创意，也预祝大家再次成功。这次表演确实也收到了很好的效果。记得表演完后一位姓左的重庆经销商给我发来一条短信：原来觉得你们师大社政策太苛刻，卖书赚不到钱，很失望。看了这次你们在台上的演出，很感动也很佩服，觉得你们社很有生机，希望能进一步合作。原来，这个经销商因为退书太多我们按协议让她承担了一部分，她心中有怨气。这些年随着QQ、微信等社交平台的使用，信息往来越来越方便，订货会功能日益减弱，好些订货会也已经消失了。或许只有那赶会的情怀，还留在记忆中，经久难忘。

书之缘：我与广西师大出版社

董新兴

　　广西师大出版社成立三十周年了，而济南分社从 2015 年 6 月中旬签订合作协议开始算，现在刚刚 9 个月的时间。所以在广西师大出版社，我只能算是个新人。然而，我与广西师大出版社的缘分可谓由来已久，这个缘分可以说都是因为书。

　　很早我就是广西师大出版社的忠实读者了。

　　对师大社图书的关注大概始于十几年前《温故》的出版。《温故》是用书号出版的连续出版物，跟我主持的《经济学家茶座》同为杂志书，而且其主编刘瑞琳是我在山东出版集团时的老同事，所以《温故》一出版就引起了我的关注。后来我越来越喜欢广西师大社的书，"理想国"的《退步集》《常识》《辛亥：摇晃的中国》等等以及"新民说"的政治专业图书都是我的至爱，并且我发现圈子里许多人都喜欢读师大社的书。慢慢地，我内心里形成了一个判断：真正的读书人大多喜欢读师大社的书。随着对师大社了解的加深，这个判断今天更加强烈了。

　　我从读师大社的书开始，最终成了师大社的一名编者。

　　事情的缘起是这样的。师大社的刘春荣和覃亚仄两位老师是 2008

年我在漓江出版社出版《小书包里的经济学》时认识的老朋友了。2014年3月下旬，覃亚仄来济南找我，说可以在济南成立一个分社，以出版经管图书为主。我毫不犹豫就答应了——最近十几年来师大社品牌越来越响，影响力越来越大，书越来越畅销，成为出版界的一面旗帜，出版界谁不知道啊！我作为一个老出版工作者，对师大社早就心向往之了。亚仄当即就向领导（现在知道是汤总）做了汇报，并很快回复说领导很支持，并邀我4月上旬去桂林面谈。这样4月我去桂林见了汤总、春荣、亚仄等，详谈分社规划和合作细节。后来便是不断通过电话、qq、email联络。6月上旬何林夏董事长在汤总等的陪同下亲自来济南与我商谈分社规划定位和合同细节，6月中旬我去桂林与集团签订合作协议，7月上旬张艺兵书记一行来分社指导工作，11月何董事长、张书记、汤总等来济南给济南分社揭牌。从开始商谈到签约，用了不到3个月的时间。这充分体现了集团领导的务实，以及双方合作的诚意。

在成立的这9个月的时间里，济南分社经历了筹备、创建、招聘、正式开展出版业务等几个阶段。目前，分社正式工作人员已经达到八位，已经有三种书办理了付印手续，有一批图书即将付印，已上报选题计划七八十种。2015年12月份在桂林，以集团的名义与上海极视文化传播股份有限公司签约，这对济南分社的品牌建设以及两个效益都有重要意义。2016年3月分社得到通知，"一带一路书系"入选"广西文化精品"项目。

在已经上报的七八十种选题中，经济管理类占到了三分之二以上的比例，体现了济南分社以经管图书为主、兼顾其他人文社科图书的特色和定位。以经管为主，打造经管图书文化品牌、实现两个效益是成立济南分社的初衷。亚仄来济南与我第一次面谈，就跟我说了他的这个想法。由于我过去在山东人民出版社做编辑时就以经济学图书的出版为主，有十几年主持《经济学家茶座》的积累，加上我如今在高校做经济学的教学和科研，所以做经管图书的出版还是有一定优势的。出版方向很快确定了下来,但是品牌的名称长期未能确定,直到 2015 年 6 月上旬。那天何董事长来济南与我商谈合作事宜,在济南舜耕山庄大堂休息时,我们俩不约而同地想到了"国富论"这个名字。《国富论》全名是《国民财富的性质和原因的研究》,是经济学的开山鼻祖亚当·斯密的巨著,被称为"经济学的圣经",它的出版标志着经济学的诞生。用这样一本书名来代表我们要打造的经管品牌不仅是非常恰当的,而且与广西师大社的"理想国""新民说"等品牌相呼应。要打造的品牌名称就这样定了下来。

在"国富论"微博开通之际,我写了一篇名为《〈国富论〉,我们的旗帜》的"长文章",来表明"国富论"品牌继承亚当·斯密的自由与科学精神"探究国民财富的奥秘"的宗旨。我认为,"国富论"的这一宗旨,与我社一贯倡导的"开启民智,传承文明"出版宗旨是完全一致的。现将这篇"长文章"摘录如下:

苏格兰启蒙思想家亚当·斯密在 1776 年出版的《国富论》标志着经济学的诞生,被称为"经济学的圣经"。如今整整 240 年过去了,她的思想与理论仍然是我们的旗帜!

《国富论》是自由的旗帜!她通篇贯穿着经济自由的思想,认为经济自由是增进国民财富的保障。"看不见的手"为自由市场经济理论奠定根基,自由贸易是书中重要内容……

《国富论》是科学的旗帜!她以"看不见的手"为基本假设(即后人所说的经济人假设),构建了一套相对严密的理论体系。她的出版,使经济学从其他学科中分离出来而成为一门独立的学科。

亚当·斯密的信徒在《国富论》的基础上,二百多年来高举她的自由与科学这两面大旗,一步步把经济学这门学科向前推进,并进一步发展出了管理学科。在 21 世纪的中国,经济学和管理学要发展,社会科学要进步,整个社会要前进,更是离不开这两面旗帜!

济南分社的基本定位和打造的品牌定下来了,那么具体要出版哪些图书呢? 我们的打算是,我们的"国富论"要着重出版以下三个板块的经管图书:第一,高端经管学术论著;第二,面向大众的经济学普及读物和财经评论读物;第三,经济学教育图书,包括高校教材和面向青少年的经济学读物。要与走在前列的经管专业出版社竞争,我们就必须扬长避短,发挥优势,做出我们自己的特色。那么我们的优势和特色在哪里呢? 第一,借助我与学术界的密切联系出版经管学术书。第二,借助我在主持《经济学家茶座》时积累的资源和经验出版经济学普及读物以及财经评论读物,目前所报选题《经济学家看世界丛书》以及《首席经济学家丛书》就属于这一类,每年要出版几种有影响的畅销书。第三,借助我以前对青少年的经济学教育的研究成果和经验出版青少年经济学教育、财商教育图书。2009 年我出版了被梁小民教授称为"中国人写给中国孩子的第一本经济学读物"的个人专著《小书包里的经济学》,在社会上产生了广泛影响,被中央电视台、新华社、中国教育报等主流媒体报道,也取得了较好的销售效果。中国社会对青少年的经济学教育刚刚开始重视,政府还没有将经济学纳入中小学教育的内容,青少年的经济学教育读物在中国还比较少,这方面的图书出版还有相当大的潜力可挖。目前分社对此类选题有待进一步开拓。第四,引进国外经管著作版权。济南分社目前已经招聘了具有国际视野的专业人才负责这方面工作,拟推出"诺贝尔经济学奖得主讲座系列""经济学新经典系列""经济学与语言艺术系列""国外经济学权威教材系列""经济学大师传记系列""经济学原典系列"等,目前已经与海外签约几种图书。

　　广西师大出版社已经走过了三十年的辉煌历史,济南分社还谈不上对师大社有什么贡献。我们将秉承师大社"开启民智,传承文明"的出版宗旨,在集团领导的支持和各部门密切配合下,克服困难,努力工作,在师大社未来的辉煌历史上写下自己的一页!

猴年马月来了，我在知更社区等你

郭开敏

朝阳大悦城的单向空间。阳光正好。此刻是 2016 年 1 月的最后一天，这个北京最具人文思想的书店并没有因为年关将近而人少客稀。

明天就是北方传统意义的小年了，文艺公司想必早就放假了吧，普通公司也应该开完了年会发完了年终奖。路上弥漫着归乡气息，北京即将又一次变成一座"空城"，没有雾霾，没有拥堵，不用限号……传说中的猴年马月就要来了。

一杯蜂蜜柚子茶。我望着窗外阳光映照下楼宇平房交错，这一年就这么结束了？

一年前的这个时候，我还是一名颤抖着观望着彷徨着刚刚踏入出版圈的小兵，不过还是做媒体。纸媒的衰退除了风声鹤唳的大环境，更多的沉重其实来自媒体人本就十分脆弱的内心。那半年尽管每天正常上下班、采访、写稿，但身体和心理总是时时刻刻伴随着疲惫与焦灼，每天的平静如水被我理解成是在等待死亡。因为曾在纸媒干过，总觉得每天发生的故事都是昨日重现，我又在重蹈两年前的覆辙，在和传统力量孤独的较量中一点点消散自己。

时间来到 7 月,生活状况迭出。一向不善理财的我赫然发现财政赤字惊人,信用卡绑架的生活蒙蔽了真实收入水准,生活压力成了心理坍塌的最后防线,那一刻情怀、理想一文不值……于是萌生了换个高工资工作的念头,想至少落个心理或生活单方面的心安理得。但还想做出版,想去这个据说落后 20 年的行业瞧瞧。倒不是因为出版圈妹子颜值高,可能还是想做书的内心使然,缘分未尽,而且打心底觉得做书的人都不会差,与这样的群体打交道自己也不会变得很差。

　　记得那是 7 月下旬的某天,我踌躇着打开拉勾网想看看市场行情。拉勾网很互联网化,简历反馈及时且工资普遍不低,但一般很少有出版机构懂得用它去招人。我清楚记得当我随意输入出版社三个字时,欣喜发现跳出来的有且仅有那个近十年来最受读者欢迎也是我喜爱的出版社,早些年能进入那工作一直是爱书人心中的念想,事实上这也是当初召唤我来北京的重要原因,便毫不犹豫点了投递按钮。

　　行业媒体的从业经历加上多年在新媒体自媒体领域的耕耘有些看似玄乎的粗糙经验,我很快便收到了面试通知。那时觉得等待自己的无非就是一个运营岗做做图书宣传推广罢了,无非是帮着编辑卖卖书,联络媒体发展感情多发发稿,把微信微博粉丝玩命往上弄……这些想想都还心中有数,野路子多得是。

　　亚运村的一幢住宅楼,推开门那一刻我还是有一些疑惑和忐忑,当时心想这个出版社不应该是在化工大院吗? 同时也生怕一个紧张又像刚来北京面试读库时那样玩砸。人就是这样,越是面对自己喜欢的东西反而越有所顾忌不能坦然。只好鼓励自己:就当一次采访吧。

　　面试的汪老师是东北汉子,职业习惯我早就了解到他是有多年出版经验的策划人,手中走过的畅销书少说也有十多本,简短寒暄后直奔主题:对互联网的理解、对互联网和出版结合的观察以及那个"小锄头"是什么鬼……紧接着他抛出一个叫"知更社区"的东西,绝口不问如何做书卖书的事。枉我还在面试路上匆匆在多看书城买了本《公天下》电子书仔细琢磨怎么卖更好……当时直犯嘀咕：出版社不做出版，搞什么读书会？搞什么O2O知识社区？他们什么时候看上读书会了？虽然听着很互联网，但这能赚钱吗？都说出版社穷，还有钱搞这？在汪老师的粗略构想中我约莫听懂这是一个做中小读书会的互联网创业项目，好玩，行业目前还很空白，大有施展余地。他说他就想做点出书以外的事，并告诉我公司老总下周来京让我再来聊聊……

几天后，我在同样的地方见到了汪老师口中那位老总。虽然因此错过了出版资格证考试报名确认，但听那位儒雅的老总畅谈互联网媒体融合和出版集团对这个创业项目的决心和支持之后，我便鬼迷心窍加入了团队，没想到"苦"日子正式开始，并且一来一去就到了今天……

8月的北京炎热焦躁，刚开始因为找不到合适的接班人离职一直没办妥，两边都是特殊时期，一边适逢改革关口忙得死去活来另一边则是产品急着要铺上线。那段时间只好七天满打满转，每天要从东四环跑到南三环，再从南三环跑到北四环……新媒体的工作随时要抢热点抢资源，记得最惨一次，早上刚去新单位进行完头脑风暴下午又去参加另一边的会议，紧接着新任务接踵而至：老板出差，授意会上演讲的PPT要传过来当晚编发。而我那天刚好没带电脑，原以为头天做的内容肯定稳妥，还答应朋友去排队索要刘若英的签名……万般无奈下急中生智在皇城根找到一个修手机的小铺，借了老板的电脑，开始做微信。记得那天晚上北京下了这一年最大的暴雨，等一切结束几乎是趟着水进了地铁……

大概两周之后终于结束了那种两边都不是人的"两难"的奔波，安心坐下来才发现仍是要每日挑灯夜战，远不是自己想象中的朝九晚五，甚至每周六都要去加班。团队人少，每个人都掰成几半使，汪老师工作狂，每天会安排各式各样的活，经常是分分钟就要切换一次脑细胞：前一分钟刚联系完场地，后一分钟又在敲写给读书会的措辞。而且汪老师看似不求完美不重结果,用他的话说那叫试错,目的是要找到最合适的,于是我不得不尝试各种方式,并且经常做着做着就变换方式,这对感性大于理性、追求完美的处女座来说简直是一种磨难。那时我所兼的不仅是运营的角色,还有客服、内容……尤其是对于各式各样的合作伙伴我总不能很快地识别并区别搞定,社交恐惧症和骨子里的传统观念作祟使我不能很快地单刀直入谈事,总觉得陌生更应该铺垫一下,然后想只要认真聊、花心思沟通总会有个结果……

仔细想来,从 8 月份到现在,我们每周甚至几乎是每天都要约见、走访和打电话、微信聊各种人。他们有的是手拥数个微信大号,粉丝以百万计的自媒体大咖;有的是常年耕耘在阅读推广一线,颇具影响的品牌读书沙龙推广人;有的是坚持数年,默默耕耘的读书会……生性内向的我开始每天和各种人打交道,每周参加各种读书沙龙。那段日子整个人都是忙碌的,虽然很多时候并没有那种写出一篇好文章的酣畅喜悦,但从内心讲却又都是在做从没做过的事,每天接触各种有意思的人,总会有新的收获。粗略掰指一算,几个月间单我个人见过的、聊过的读书会、读书人、(自)媒体人就超过 500 人……

拿读书会来说,区别于传统的学校讲座和出版社新书发布会,这样的组织规模更小、更零散,形式更容易操作,对参与者要求也更高,当然参与者收获也更大。通过不断地挖掘和接触,我们发现北京至少有 200 多家这样的中小读书会,并且联系到了其中近百家。同时我们也发现读书会的发展水平非常参差不齐,阅读水准高低、发展状况也是各式各样,这其中尤其是媒体牵头的像凤凰网读书会、经济观察报书评读书会、《东方历史评论》新知沙龙、南都读书俱乐部(深圳)等都发展得有声有色,而且这两年越来越多的媒体也开始重视起了线下活动,像共识网、北京青年报团结湖参考、文化纵横杂志等 2015 年都进行了系列尝试,这也许是在纸媒江河日下的今日他们寻求生存转机的另一种探索吧。

当然,接触最多的还是民间读书会,他们才是北京读书会的中坚力量。他们有的已经坚持了很多年,有稳定的核心团队,像阅读邻居、一起悦读俱乐部、爱思想读书会、同道学园等都是其中的代表。拿爱思想读书会来说,迄今他们已组织了70多场读书活动,读书会发起人王大鹏、领读人李雪等都是有相当经验的组织者。知更社区第一次线下活动"人类会不会最终走向孤独"以及之后策划的任剑涛教授系列讲座中的一讲就是和爱思想读书会一起合办。他们无论是从线上组织、报名到线下领读、分组讨论、自由讨论,都驾驭自如把控得体,给读者留下了很好的印象。读书会中以专业性阅读著称的也有很多,像集智俱乐部、知止中外读书会就是以高大上著称。前者关注人工智能等前沿科学领域,非专业读者不能驾驭;后者则更是以社科院研究人员为主体,门槛相当高。二者都是具有相当专业水准的读者方可参与的读书会。前者的创始人张江老师是大学教授,后者的发起人刘国鹏也是社科院工作的留洋博士后,他们主张精致阅读,都是真正的读书人。民间读书会中,印象很深的还有石恢老师,他也是我们所接触到的万千读书人中很具代表性和普遍性的一个。2011年创建的一起悦读俱乐部至今已策划组织读书活动200多场,石恢本人也一直在孜孜不倦地进行着阅读推广,并总结研发了一系列阅读理论和操作方案,一起悦读俱乐部已成为北京地区最具影响力的品牌读书沙龙之一。事实上石恢也是首届读书会发展论坛的发起人,知更社区在协办第二届读书会发展论坛并编写《2015北京读书会发展调查报告》的过程中,我们也和他进行过多次研讨,一起悦读俱乐部常年耕耘在线下,现在也在寻求线上的突破。事实上这也是我们看到的民间读书会普遍存在的问题,他们都有一定的熟人圈子,有一位带头大哥,都是真正的读书人,但如何引来更多更优质的读者,碰撞、刺激出更多的思想火花,利用互联网手段提高每一个人并促进读书会长久发展,也是他们需要思考并去解决的问题。

一个读书会发展得如何,如何发展,与主创人的眼光和思考息息相关。在北京,每年都有读书会在产生,每年也都有读书会在消亡。像新兴的以明读书会,尽管初期阅读书目很杂,但主创潘望身为国家图书馆馆员,以极强的组织能力将会员制做得小有特色,同时她也懂得借用互联网手段宣传读书会,呈现出良好的发展势头。像传统的读书会如阅读邻居,他们本身就以出版人和媒体人为主体,如今也开始尝试起了"DIAO"计划等知识输出。而像经管类的读书会则更多、发展更成熟。当然,也有像沙之书等读书会,随着主创沙飞求学深造早早夭折,令人扼腕叹息。

其实,北京读书会的发展状况也是全国读书会的一个缩影,这在 10 月 31 日举办的第二届读书会发展论坛上有清楚的呈现。该论坛由民间机构发起,背后也得到了中央编译出版社、广西师大出版社等出版机构以及北京阅读季的大力支持,是真正的"全民阅读"盛事。120 多家各地读书会蜂拥来到北京,像武汉隐形人读书会、威海相聚星期三读书会、南京嘤鸣读书会、深圳后院读书会、樊登读书会、总裁读书会等都是其中的优秀代表,而从论坛的讨论来看,这些读书会反映出的问题也是与北京读书会呈现的状况如出一辙。

几个月的接触来看,全国各地的读书会发展水准同样参差不齐,既有高度专业化的读书会、商业模式十分清晰明朗的读书会,又有偏居于城市一隅的读书会、全公益化的读书会,还有势头强劲风靡全国的读书会,甚至更有相当一部分中小民间读书会还会为场地发愁、为人数发愁、为嘉宾发愁,而且更重要的还是思想观念让人着急。最令我崩溃的是在联系、约见过程中,我们有时发现了某个读书会有特别好的主题,我们策划并为之联系好了特别契合也是特别厉害的微信公号,万事俱备,各方收益,最后竟会被读书会直接谢绝,始终绕不过读书人的那个弯,想要发展又不敢发展……当然,在这过程中也有一些读书会甚至在我们还没联系上之前就已死亡,也有的则一上来就向你兜售其会员制度,把认识所谓的人脉作为一种金钱交易……

在那次民间读书会发展论坛上,最让人眼前一亮的是南京嘤鸣读书会的发起人赵健。他是南师大学生,1994年出生,如今他和嘤鸣读书会的故事已经成了众多读书会羡慕和学习的对象,甚至还引起了联合国关注。也许这是读书人的幸运,也许这是时代的幸运,因为我们看到有越来越的年轻人加入到了其间。

如果说从民间读书会的发展状况,我们看到的是从线下到线上的拓展,那么从阅读类微信公号我们则看到的是从线上到线下的开拓。说到阅读类微信公号与读书会的关系,十点读书、不止读书无疑是其中最具代表性的两家。前者坐拥数百万粉丝,线下也从厦门一步步拓展,扩张之路越来越快,他们已经找到了自己的商业模式。不止读书也是如此,其主创魏小河以一己之力,在用自己的笔头从线上到线下拓展着他的阅读王国。如今不止读书在全国很多城市都有读书会,深圳、北京都已极具规模,北京不止读书会的负责人冉冉也是一位出版社编辑,已经坚持了两年,每个月都固定有活动。诚然,不止读书和前面提到的一起悦读俱乐部正好是截然相反的两种读书会发展形态,前者从线上走到线下,后者则常年耕耘在线下,刚开始寻求线上突破。魏小河和石恢也在不久前的中国书业年度评选中共同获得了年度阅读推广人提名。

在和阅读类公号的接触中,几乎所有有想法的公号主创都表现出想做线下、想做社群的期许。从小处说,这是他们增强粉丝黏性的必经之路;大处讲,事实上从以往对一些大号的调查和采访看,如今充当越来越多媒体职能的阅读类微信公号商业模式和生态并不明朗,并没有统一的玩法和规定,带有极大的自主性和个体性,往往和微信主创的个人能力及处事风格息息相关。尽管他们靠着隔三岔五的广告收入也能将小日子过得滋润,但如何长远规划将线上粉丝转化为用户进而产生商业估值几乎是所有公号都梦寐以求的事情。人人都想把自己的百万粉丝转化为商业估值,但现实却是他们普遍或没有精力或没有经验一直或没能开展或半途而废或无从下手,时间和机会在一点点流逝,人人都在一边鄙夷一边羡慕罗辑思维蓝狮子十点读书,但人人又都不能超越。当然,有一点是共通的,无论是具有超强原创能力的内容生产者,还是很多通过搬运内容发展起来的微信号,都有自己的粉丝,背后都是一个人格魅力体,都有线下的需求,他们也都曾有过自己的尝试。

这几个月接触了很多自媒体人,我们看到了希望,也看到了迷茫。我们看到了很多人的成功,也似乎看到了很多人的彷徨甚至失败……

大象公会是接触较多的一个自媒体,他们以强大的内容生产力著称。我们去拜访黄章晋的时候带着谦卑的学习心态,也带着兴奋和期待。雪茄、可乐、风衣是教官的标配,我们在他们位于阳光100的办公室谈出版,聊出书,聊中产阶级,谈未来构想。这位《凤凰周刊》前主编的睿智和智慧正像民间流传的那样让人钦佩和印象深刻,往往是几个字几句话便会给你很大的启发。事实上2014年大象公会也曾数度搞过几次心理沙龙,但也是因为人手等各种原因后来停歇下来。几次畅谈下来,我们在一些共同认同和契合的话题上,陆续策划了"何为一个优秀民族的精神结构""生于哪个年代,最容易成功?"等系列读书会,并有图书等更多方面的合作。如今大象公会已有了几轮融资,估值6000万,他们像很多当红的内容生产者一样,也在寻求视频方面的突破。站在互联网的风口上,也许大家能做的就是不断尝试,直到发现成功的模式。

古典书城的老米来编辑部的时候,一上来就单刀直入直言自己是文化商人,从不打着公益的方式行事。我们从图书、出版聊到新媒体,聊到文化产业,虽没暂时的合作,但都相信未来一定有很多可以合作的地方。老米的方式是轻易不去尝试那些在他看来没有意义的小打小闹。古典书城最近刚刚搬到了豪华写字楼,其app业已上线,自诩为文化商人的他正在悄然践行着他的理想。和古典书城相似的同类号还有像淘漉文化等,他们都是极相似也极具有调性的优质阅读类自媒体。

在和微信公号的接触和合作中,有时会遇到你满怀热情,他却敷衍了事的人,有时会遇到你费尽唇舌他却保持着自己都不知道的所谓调性的合作者,有时你也会遇到甚至不需你详细阐述他就能猜到你想法的契合者。其实,正像某个自媒体人说的那样,在这个生态没有形成之前,并不存在所谓的竞争,在竞争的环境形成之前,我们都要整合资源,互相壮大。

在最初的筹划过程中,我们曾策划过两个主题:其一是"我们的零度历史"招募行动,其二是任剑涛教授系列讲座。我们试图借此发现优质的作者,也试图逆出版而行从源头上做一本畅销书。当然,我们也借此对历史类和政治学类的微信公号进行了一轮研究和摸底。

先说那次玩砸的招募计划。我们在9月初满怀期待地策划了这次招募,那时知更社区刚上线没几天,完全不在人们关注视野之内,为了推动招募行动我们联络了《国家人文历史》,拜访了《文化纵横》杂志,并经由安安老师认识了澎湃思想、高和分享,同时还对几乎是排名前100的历史类微信大号筛了个遍。经历了若干拒绝甚至不屑一顾,最终促成了招募,然而事实也证明发现一个好的作者是多么困难和过于理想,我们并没有得到想要的结果、收到想要的稿件、发现能力出众的作者……以至于时至今日根本就无从评比。当然,我们也借此机会知道了这样一个群体的真实水准,知道了这样一个群体的特点,尽管也许是我们还没有通过对的方式找到对的点。这期间,我们经历了差点犯错的惶恐,洞悉了这个群体的群体性,也结识到特别像历史百家争鸣主创鲁速那样的自媒体人,他身在杭城,工作繁忙,但业余一直坚持着做公号和写作,同时在写与工作之间也展现出很多人同样面临的无奈和彷徨。

燕南园爱思想前身是爱思想网,在圈内颇具名气,我们正式建立合作是在任剑涛教授系列讲座的初期。联络燕南园爱思想的时候,我们刚刚在历史领域受挫,许多公号甚至"善意"地拒绝了我们并不抱任何企图只是建立联系的赠书,抱着提防态度以为我们在挖坑。爱思想却不是,不知道是不是政治学的天然敏感性,对于我想要表述的想法,爱思想黎老师甚至不用我详细阐述便一拍而合。事实上,我们所做的一系列策划和活动也都是建立在对读书会、公号了解的基础上,没有一次不是拿着气质相同的二者一起整合资源。之后我们和爱思想一直保持着良好的合作,并进一步和诸如政治学与国际关系论坛、壹学者、政治学人等公号进行了系列合作。任剑涛教授的系列讲座在几个月间进行了十讲,这十讲的过程,既是对一个学术明星的包装和粉丝的寻找过程,也是对出版的一次新探索、新尝试。我们从第一次的惨淡收场,到慢慢地每次人满为患;从大学教室,走到读书会、互联网公司;从北京走到北京以外……如今书稿已经进入了编辑过程。在这系列策划中,我们对时间、学生、平台、社群等等一系列未知的或是已知而并不熟悉的领域进行了探索,走了很多弯路:诸如没有留下视频资源(后来参与集团另一条探索路径中的一次碰撞会上才发现为时已晚),没留下精美活动照片(这也是在参与南都的评奖活动中才发现捉襟见肘)等诸多遗憾,这是我们不成熟的表现之一。当然,我们从此也学会了防患于未然,也摸清了一条条生态链,习得种种模式,到了最后反而发现书成了其次,过程远比预先设定的那个结果好很多。

过去的这半年多时间,我们从读书会、阅读类公号两条线路同步着手,一直在找他们的痛点,也一直在思考究竟哪个点才是真正的切入点。随着耕耘,随着我们的读书会库、阅读类微信公号库、专家库、免费场地库不断扩张,8月15日知更社区正式上线。这是一个服务于读书会和读书人的O2O知识社区。项目介绍中,我们这样写道:有酷炫思想,哲学、人类学、心理学、医学……极尽高冷之能事;有线下读书,高谈阔论、红袖添香。首家O2O知识服务社区,足够让你嘚瑟!

知更社区的形态首先呈现在微信公号上。基于这个平台,读者可以找到自己喜欢的读书会、喜欢的读书活动;读书会可以找到和他们气质相符的微信公号、优质读者,可以解决场地,找到合适嘉宾……围绕着智趣二字,知更社区的内容主要是文章搭活动,文章有一套特殊编选流程,所选皆是经典著作中仍符合当下语境的酷炫思想,活动则围绕着固定主题,围绕着书,微信大号+读书会的标配,线上 2 周 300 多人的讨论,再到线下固定时间固定地点 20 多人面对面……

五个月的风景像窗前的云,时光又一次悄悄地溜走,数字并没有实际意义,但我想数字还是可以呈现一些东西。近五个月我们交出了怎样一幅答卷呢?截至目前,知更社区在没有进行大力推广的情况下已通过线下活动累计粉丝近万人,已经和全国近百家读书会近百个优质微信公号建立了联系,文章精选发布 50 余篇,发起策划及参与联合主办活动 50 多次,发布活动近百次。我们的微网站已进入测试阶段、app 也已提上日程……

都说文化是一场不赚钱的生意。每每遇到同行总会问起如何来检验成果,这样做有什么意义。甚至当他们听说因为新公司注册的原因,我长达四个月一直没有拿到一分钱的工资只能刷卡度日时,都以为我被互联网烧坏了脑子。实在不敢告诉他们是因为太忙没时间去仔细考虑这些东西,也不好意思说是因为所谓的情怀和信任不会担心公司坑了我。我常想起一次读书会后一个书友朋友圈的感叹:分不清明清还是五四,真正的仁人志士,真正的自由讨论,没有政治……我想说我们没有想那么多,我们有强有力的支撑把这件事一直做下去。这是一个浮躁的时代,人人在谈纸媒将死,出版已是夕阳产业,人人在说全民阅读,我们只是默默地在做这样一件事,我们一直在畅想这样一幅局面:未来我们可能因为知更社区而结缘,因为阅读而成为朋友,在这个城市不再孤独;可能因为互联网打破一切、连接一切,我们可能通过一个个能引人思考的主题,通过一场场叩击灵魂的读书活动,一步步借助线上平台,突破一座城,相约一场跨越时空的阅读。

如何将粉丝转化为用户？如何将粉丝变现？这可能是 2016 年，所有人都在思考的问题。前面的标杆有吴晓波、罗振宇，后面又有谁呢？又有哪个阅读类大号能涌现出来呢？是长期坚持 UGC 模式的花边阅读？是同样从读书会开始拓展图书销售渠道的慈怀读书会？还是学术中国、淘漉文化、逻辑学甚至富兰克林读书俱乐部？我们不敢说我们找到了未来的方向，但我们已经隐约知道，有些东西坚持下去，一定会有化学效应产生。事实上我们也一直在不断尝试：现在的知更社区正在慢慢树立起口碑，我们发挥自己的策划和出版优势，能向知更社区的读者甚至更外围的读者提供最优质的阅读体验；我们服务越来越多的出版社；我们可以为中小读书会、中小商家提供独到的包装策划；我们积攒起来丰富的资源，未来可以以最快的速度提供最合适的场地和最有效的推广途径；我们可能会做会员，可能会联合几家中国最牛的出版社做知识服务，读者只需花很少一部分钱，就能在每年任选中国最具影响力的几大人文社科出版社的优质图书，参加他们的优质活动，并优先得到签名本、毛边本；我们可能会在线下有自己的据点，我们可能会将阅读与生活更好地结合在一起，呈现一种中产阶级的生活姿态……

这半年最大的感悟就是通过知更社区，了解了很多有趣的思想认识了许多有趣的人，要感谢的也正是这些，而我自己也是借他们获取了力量。

比如要感谢知更的主编大人，为了筛选最牛最好玩的文章，他一次次深陷孔夫子旧书网，一次次跑潘家园、国图、北大图书馆、杂书馆……我们看到的一篇篇脍炙人口、饱含志趣的文章就出自他手。当然这于我也是最大的刺激，因为在和他的对比中我越来越感觉变成了公司读书最少的人，虽然可能从加入这个公司那一天就是。新的一年，我们将围绕知识服务，呈现更精彩的东西，服务读者，也服务自己。

比如要感谢很多在读书会上认识的有趣的人，特别是像通过知更大象读书会认识的王彧老师、张宇老师、陈进老师……他们或指点江山激扬文字，或身体力行跋涉在世界每个角落，或以自己的坚韧坚持挑战生活的心酸，或在不惑之年急流勇退寻找人生新的生机……

感谢每一个加班的夜晚。我觉得这段日子给我最大的变化同样来自身心。很多个夜晚都是整理东西到很晚，跨越大半个北京城回到住的地方，早上又早早起来去上班，但并不觉得累，至少少有那种心累的感觉，甚至学会了走路快跑，会挥着拳打气加油给自己力量。记得有次准备完周末的活动，几个同事来到公司附近的东北菜馆，二锅头就着大白菜、猪肘子穿肠而过，我们叫嚣着理想，我们大谈时代，大谈互联网……酒后打车行驶在空荡荡的北四环，雨水随着车轮溅起，感觉真好，而这样的生活似乎也就是北京这样的城市才有？

这一年要感谢的人还有很多：感谢团队，感谢公司的智囊团、技术团，无论是对我们一个小小的点子，还是更大的规划，他们都不辞劳苦鼎力支持。感谢可爱的实习生，还有一个个为知更社区付出过的志愿者。事实上，从8月份甚至更早，我们就层层选拔招募了一拨实习生。他们大多来自京城名校，他们深入北京各种类型的读书活动现场，亲身体验，撰写测评报告，更有甚者像潘晶晶同学，离开北京回学校了还一直在帮我们做着事，时刻关心着我们的成长。感谢读书会的志愿者们，任剑涛教授的讲座韩一鸣同学逢场必到，并帮我们录音。感谢沈小胖，上海的第一次活动在他的极力促成下终于成功落地，尽管人员惨淡只有五个小伙伴到场，但如今我已习惯了从每一次不完满的开始中看到成功。我们从北京出发，上海首先慢慢实现了同步，未来深圳、南京、重庆……都会一步步实现。

想起第二届读书会发展论坛数百家读书会齐聚北京的盛况，想起在深圳，首届华文领读者颁奖典礼上知更社区的入围词：用"出版"和"互联网"武器行走江湖，解了北京百家读书会在场地、会员、嘉宾方面的困惑，通过线下读书活动增强了近百个阅读类微信公号的黏性，一场场叩击灵魂的读书活动突破一座座城的"知更模式",前途无量。这件事、这份工作,说大了是传承文明,启迪智慧,说小了是一份属于我们的事业。

这一年,对行业,对互联网,对北京,对阅读,有了很多的思考和认识。我看到了同行对于出版的坚持,对于读书会的坚持,看到了人情,看到了圈子,看到了那个以人情淡寡来谈广告的时代一去不返,也看到了隐隐走来的机遇。学会了从一个个小小的细节去看一个人,看一个号。学会了不抱希望,学会了有些事努力也是不会成功的。学会了有些人强求不得。学会了不同的社群应该怎么维护,学会了真正的维护就是不维护。学会了在每一个环节互联网化。最重要的是学会了看事、识人、思考——也许是在打开社交恐惧症的枷锁,也许是在加剧社交的厌恶。

有时候想,这也许是打心中对这个即将走过三十岁的公司的文化传承吧,前人一步一步坚持成就了今天的局面,站在新的历史节点之上,希望我们在未来的使命中也能做出一点点。

要说2015年我们最大的遗憾是什么,那就是还不够快。恍惚间又回到两年前那个夏天,当我即将离开胶东半岛那个滨海小城北上时写下的一段话:若干年后,他乡夜雨,我是否会想起这样一段倾听大海、码字为生的生活?此刻,已是万家灯火,合上电脑走出书店,深吸一口冬日的新鲜空气,明天我将和大多数人一样踏上返家的列车,只想说,若干年后,他乡夜雨,不管我是否仍吸着雾霾,不管我是虚度在江南还是塞北大漠吹着寒风咂一口兰州,想到曾经在自己喜欢的地方,做过一些喜欢的事,认识了一帮有趣的人,就会满是知足、满是感动。

还是那句话:行色匆匆的时代,更要保持清醒。未来,让我们,知更前行。

为书相聚

我与先锋书店这几年

冒海燕

南京的街道两边有高大的法国梧桐,萌生出绿色的叶片。春天里,先锋书店在冷清的地下有点儿寒意,也有敞亮和孤傲的清高。

2005年3月,我到南京出差,第一次走进先锋书店——五台山体育馆对面的地下停车场,有种从地上走向地下的感觉,店面宽敞,图书陈列精心而有序,几乎能让每本书有全面展示的机会。长廊和店内高大的墙上最醒目的"大地上的异乡者"——先锋书店的成长历程,一个年轻小伙和书店在一起的照片,一张张照片让我看到了先锋的过去。原来那位年轻的小伙子就是书店的老板。钱总给我们介绍着先锋的过去、现在和将来,并计划出版关于书店的书。我早就听说老板钱晓华是位诗人,走进书店,隐约能感觉到诗人的气息。钱晓华在这里不仅仅是在经营一家书店,也在经营着一种文化,一种生活方式。

我在店里先找到了负责我社业务的业务员高晓丽。高晓丽与我通过电话联系比较多,和我见面后聊得更多。除了和她聊我社的图书销售数据变化,我主要请她陪着看店里我社图书的上架品种、上架位置等细节。我知道,销售业绩固然重要,在先锋书店这样的城市文化坐标式的书店,对我社更重要的是形象展示。

那年十月，《先锋书店：大地上的异乡者》在我社出版了。再后来，到书店，看到的是在书店的每一个书桌上都有这本书。我社编辑这样介绍钱晓华、推荐这本书："钱晓华——南京先锋书店总经理，一位才华横溢，散发着诗人气质的书店老板。先锋书店是他铭刻着旅人崇高的乡愁，是搅拌着乡愁塑造的空间，是流放者守望的旅程。本书通过作家的眼睛、学者的眼睛、媒体的眼睛、读者的眼睛、网络的眼睛和先锋自己的眼睛，带我们更深刻地了解先锋、了解钱晓华。"书的封面设计醒目而有品位：先锋书店的标志——罗丹的"沉思者"在黑白反差的色调中沉思着。这本书成为读者和书店同行关注度颇高的图书，那天我看见几位读者在翻阅。我和高晓丽谈到钱老板，她评价钱老板是理想主义者。她谈到南京文化人对先锋书店和钱老板的评价，作家苏童曾经说过，钱老板选书是唯"格调"论，唯"品位"论，"这种坚定的经营观使先锋书店在南京独树一帜"，说先锋书店迎来了真正的读书人，这批人后来成了先锋书店的常客，其中不乏学界精英、作家、诗人。缘于相同的志趣，也缘于清淡而忠贞的"买卖关系"，书店的客人和书店的老板大多成了朋友。有这样格调的民营书店，我觉得与广西师范大学出版社的出版理想是契合的。对与这样的书店的合作，我想，除了追求利润的目标，还有呵护出版理想倡导人文阅读的目的。

这次出差，我在先锋书店有点冷清的宽大店面里一本一本找我社的图书，用照相机拍摄下来。我还与书店业务员现场沟通，对我社图书的摆放提出要求。高晓丽对广西师范大学出版社也有较多的了解，也告诉我我社在先锋书店是深受读者喜爱的出版社之一。她对我提出的由于我社是综合性社科人文出版社，需要各个版块都有重点展示的要求也基本同意，我当即和她一起选择位置，重新梳理了我社图书的展台位置。

我拖着高晓丽忙碌了一个上午。钱老板个子不高，架一副厚厚的眼镜,声音有些沙哑浑厚,话语间面带笑容。正值3月,出版社同行出差的高峰期,整个上午有十来位出版社同行不约而同地到了先锋书店,钱总请我们去了"徐州人家"。时隔六年我仍记忆犹新,"徐州人家"店门口摆放着一个大大的炉子,刚出炉的热乎乎、外酥内软的烧饼散发出暖暖的香味。这曾经是我读初中高中时候课间的美味,也是紧张学习中的调剂,时隔多年,那次看到,感到非常亲切。一大桌人中,有我们北京分社的楚尘老师,留一头卷卷的长发,个子高高的,偶尔谈谈新书的策划思路。吃着带有乡土气息的徐州菜,钱老板和我们谈他的关于书店的理想,谈和各个出版社的人的交往,他一直把我社的滕晓玲老师当大姐,说她对先锋书店有很多帮助。此外,那次聚会给我留下印象的还有"徐州人家"的特色凉菜,熏鱼、夹花椒吃的狗肉、农家土制豆腐,特别是地锅鱼,除了味美,还有平实与淳朴的乡村气息,而关于书的相聚,又让这次午餐有了值得我记忆的关于图书和理想的话题。

之后由于业务的调整,我跟先锋书店的交往有些少了。几次常规拜访,到书店也很少遇见钱总,高晓丽说钱总出差比较多。

几年后再次见到钱总,是2009年的3月,我和北京分社的同事杨宁一起去拜访先锋书店。进了书店,还是顺坡走到地下,转个弯,不经意回头,见一个巨大的黑色十字架,钱晓华似乎有了信仰,说话节奏也慢了,沉静而内敛。他和我们见面就谈起《圣经》,谈到宽容和忍耐,谈到人的神性。先锋书店扩大了,之前的库房位置,也已经改造成店面。这次,我跟钱老板谈我们社的布局,我们的社科分社的图书格局。钱晓华谈到我们社的"海豚文库",说那套书他喜欢,做得很好,只是装帧有些"过了"。我思考着他说的"过了"的意思,大概是说我们图书设计太刻意,有点像做菜没有把握好火候,做"老"了。他还谈到《但丁传》,随手从书架上拿出一本,低头摩挲着,目光安详。这一不经意间的动作,让我有一丝感动,作为图书营销人的感动——对书的热爱。我也知道了钱晓华喜欢但丁,收集了有关但丁的许多版本。我们还由图书谈到信仰。这是个缺少信仰的年代，钱总多年前开始信仰基督。他说到店里搞卫生的阿姨，每天把店面打扫得干干净净，一尘不染。店面装修的时候，阿姨主动给工人熬绿豆汤，她精心地挑出绿豆里的草屑、泥土，精心地掌握火候……在钱晓华看来，这种做事情的"精诚"就是那位阿姨的信仰。

我们还谈到电视的话题。钱晓华说他是不看电视的。我也是只在出差的时候看看电视，平时不大看的。之前我看过一篇评论电视节目的文章，说得有些粗俗，却也不无道理。评论说，一会儿哭，一会儿笑，一会唱，要不打来打去，要不就算来算去，一锅糨糊，你的喜怒哀乐被屏幕左右着。我不看电视，是为着给孩子做个好榜样，看书，为了让孩子跟着学。钱总不看电视，该是因为他的文化喜好和格调的选择。"你很安静，你合适开个书店。"似乎突然之间，钱总对我说了这么一句。因为我和杨宁还约了去拜访其他客户，在先锋对好账，聊了一会儿天，我们就告辞了，钱晓华送我们出来。下午四点钟，南京的出租车还真是难搭。钱晓华又陪我们在马路边聊了20分钟，直到把我们送上出租车。

社科分社出版的《内证观察笔记》是本选题冷僻的中医书，是龙子仲老师组稿策划，邹湘侨老师编辑的。这本书上市不到一个月，就上了先锋书店的排行榜，引起社科分社编辑同人的关注，进而我们组织在全国销售网点重点推介这本书。这本书最终取得了良好的营销业绩。为了深入了解这本书的读者分布情况，我和先锋书店保持了热线联系，先锋书店店面业务员对购买这本书的读者都做了交流，为我们分社及时了解读者需求，选择有效宣传渠道起到了参考作用。在这样的沟通和合作中，先锋书店与我社的关系也更加密切。

2009年6月底我到南京出差，先安排拜访先锋书店。到了先锋书店，我发现进入店面走廊的展台摆放了许多创意产品——笔记本、杯子、相框、印着"为人民服务"的黄挎包，等等。这次我没有见到钱晓华，他去上海出差了。我跟高晓丽聊得很好，重点推荐了刚出版的《佛智今用》，和店员交流，把这本书挪到更醒目的陈列位置。后来这本书在先锋书店的销售量也上来了。在和先锋书店业务员的交流中，我谈了我在上海得到的一部书稿《别被 office 干掉》。高晓丽对这本书的选题策划的见解让我受益匪浅。在后来图书的编辑和营销过程中，也得到先锋书店的帮助。

2010 年 8 月我到先锋书店拜访钱晓华，他给我泡了绿茶。我们谈到广西师范大学出版社的出版风格，谈到先锋书店的格调和经营模式。他还谈到他将随柳斌杰署长去欧洲考察，费用是国家负担的——这说明主流对他和先锋书店的认可。面对网店对实体书店的冲击，钱总似乎不太担心，对先锋书店的发展仍然充满信心。他认为，先锋书店在这种经营模式下，路只会越走越开阔。展望未来，他说，不久的将来，先锋书店将在世界开花，或许，会在美国开一家，英国开一家。

这一年，先锋的业务做了调整，高晓丽开始做馆配，喻流娥接手业务采购。中午，高晓丽、喻流娥和我一起在先锋楼上的"云南人家"吃的饭。在路上我们仨惊奇地发现，三人穿着一个风格的裙子。喻流娥告诉我，今年我们社在先锋的零售已经跃居第一了。

当一家书店经营到成为一座城市的文化地标，成为一座城市历史文化的一部分的时候，这家书店或许就不仅仅是一家书店了。试想，一座城市没有了书店，那将意味着什么？

2011 年 3 月，我再次走进先锋书店。一进门，我闻到的是咖啡香。先锋书店的格局又有了新的变化，为创意产品辟出了专门销售区域，有了投影设备，读者可以点播老电影。在读者活动专区，开设了咖啡厅，提供现磨咖啡。我先看了创意产品馆，长长的一个区域，创意商品品种丰富，来自世界各地，什么稀奇古怪的都有。钱晓华告诉我，古旧风格的热水瓶这样的怀旧商品销售得很好的，去年创意产品在先锋书店的销售利润有 100 多万的。"你可以在桂林开一间，选在繁华的闹市区，启动资金 20 万吧，一年就可以收回成本。"钱晓华这么跟我说。咖啡厅装修是英伦风格,桌椅舒适,在里面看书聊天喝咖啡很惬意。照片墙越来越丰富了,有关于阅读主题的照片,有西方作家,有经典图书封面,最多的是钱总到世界各地的书店留影。喻流娥见我来了,也过来一起聊天,还给我推荐了"拿铁"——先锋书店现磨的"拿铁",口感跟星巴克的差不多。因为当时南京正开江苏省新华书店的图书馆馆配图书订货会,出版社同人集中到各家民营书店拜访,钱晓华也就在书店的咖啡厅和各出版社领导、业务员轮流交流。一时先锋书店云集了不少出版界的人。

从咖啡厅出来,我见一位妈妈带着孩子在咖啡厅里写作业,这是年轻的妈妈带孩子来感受先锋书店的文化氛围的吧。

在钱总的办公室,有出版社同行惊讶于他的办公桌创意独特。钱晓华说,其实,办公桌只花了 200 块,请乡下木匠做的。他不说还真看不出来。他的办公桌上放着一本刚花 50 块从旧书摊上淘来的图册,还是外国的,彩色铜版纸印刷,32 开本,30 毫米的厚度,我的感觉,这价钱连成本都不够啊。钱总很得意,意外收获了宝贝:"里面全是创意啊。"钱总是个古旧图书藏书家,潘家园是他到北京必去的地方。先锋书店的柜台是藏书垒起来的,书脊朝外。全国的社科人文书店这样做的估计就这么一家吧。

"给我介绍个女朋友吧。"走在路上,钱总跟我们说。我们竟一时没反应过来——看似淡定的他也把高仰的目光投射到世俗层面了。我们惊奇得没继续这个话题。或许将书店当老婆的钱总的人生观有了变化。

南京大学出版社的司增斌老师说下次我到南京,他要约钱晓华和几位朋友出来一起喝茶,谈谈书店,也随意谈谈关于理想和信仰的话题。

从出版社经营角度看,假如先锋书店的账期再缩短一些,出版社会更加乐意有先锋书店这样一个合作伙伴。

理想和现实总是有点纠结。

邮购部记事

唐玲艳

2009年,因毕业论文需要使用《田汉传》一书核实一段引文,我到大学书店(原邮局对面大学书店旧址)想购买一本。那个时候我天真地认为,出版社会备有他们所出版的所有图书。结果当然是不言而喻的,1996年出版的一本并不畅销的传记图书,10年后在市场上肯定是买不到的。但是随后便发生了一件对我人生而言极为重要的事情,我看到了店里的招聘启事。

读初中时,我内心有两个非常渴望从事的职业,开一家书店和一家精品店。整个中学时期,只要是不补课的周末我都会约好友把县城的书店、租书铺和精品店都逛一遍,当然很少买。自从看到大学书店的招聘后,中学时期的愿望又突然在我内心里变得鲜活起来。于是在答辩完后,经过覃喆总经理的面试,还未正式毕业,就在大学书店上班。一转眼,7年时间就过去了。在这期间,我做过网络课堂推广工作,管理过零售门店,但这两个工作我都没有坚持下去,倒是邮购部的工作一直在做。这其中有几个人几件事对我影响很大,有同事、有领导,更多的是读者。

刚到大学书店时,邮购部只有朱亮一个人,主要接听邮购电话,通过社官网的 QQ、电子邮箱和信件处理和回复读者的图书邮购和其他图书咨询问题。有一次，接到一个读者想购买《摸史集》，因为对该书不熟悉，我要求对方一个一个字拼，当时读者就非常生气，问我怎么对自己出版社的图书这么不熟悉，我只好硬着头皮跟他解释我是新来的。后来还有一位家长想购买《壹嘉伊方程》系列的读书，我也因不熟悉书挨了批评。这两件事对我的打击还是很大的。当时原市场部的陈子峰老师正好来书店锻炼，跟我们一个办公室，他可能注意到了我的沮丧，对我提了两点建议，至今记忆犹新。他说，小唐，想要尽快做好工作要做到两点，一是要尽快熟悉我们出版社的所有图书，二是要尽快转变自己的身份，要从学生身份转变为企业的员工。他同时给了我几本我社的书目。这或许是陈老师不经意的一两句话和行为，但是对那个时候的我来说，真的像是航海迷途中的一盏明灯，知道自己的问题所在和解决之道。以后，但凡有新同事或者是实习生来问我如何进入工作状态的问题，我都会把陈老师的话转述一遍。

刚来邮购部，覃喆总经理就跟我说过，邮购部看似小，可以做的东西很多，但是有一点必须要牢记，出版社把邮购部放在我们书店，邮购部和零售门店一样，都是出版社最重要的对外窗口，一定要把服务工作做好，盈利还是次之的。记得有一年，有一位家长非常着急想要一本《暑假作业》。要知道，像《暑假作业》这类系统发行的书，一般出版社不会留有库存，运气好样书库会有点库存。覃总当时正好在我们办公室，听了我和读者的对话后，专程到社本部用自己的样书经费买了一本寄给读者。从此，很多读者因弄丢了图书馆的图书，或是考研考博和学术需求需要我们出版社已经绝版的图书，我都会向覃总求助。

出版社同事中，还有一位给了我很大的帮助，那就是原大学书店总经理卢建东。我来大学书店时，经常在书店同事中听到"卢总"这个名字。因为那个时候他已经调回社本部，任社科的发行总监，所以在业务上与我们书店也经常有来往。我也经常从同事口中得知他的一些稍带"传奇"色彩的经历。最先跟他沟通是因为我们大学书店的网站出了问题,我们广智系统的图书数据没有办法与网站的数据对接,只好求助他这位网站建设者。我们先是电话联系,讲了大半天,我估计自己都没有表达清楚。最后卢总说,中午下班,他从中华路来育才找我。那是我们第一次见面,果真是位心宽体胖的性情中人啊。他努力捣鼓了2个小时左右,但最终也没有办法解决。随后他给我非常中肯的建议:我们这个网站因缺乏维护,能用这么几年实属不易,如果想继续使用,必须要找正规的公司重新建设和维护。再后来,只要是有关社科图书的问题,我都是直接找他,他总是会第一时间回复。

　　在邮购部每天都能接触到不同的读者,有向我们寻求帮助的,有向我们提建议的,下面我来讲讲几位读者的故事。

　　有一天,有读者在我们网站上下了一个大订单,码洋有一千多,多是我们社和三联社的新书。朱亮告诉我,这位读者叫李文慧,是我们书店的长期客户,以前居住在北京,现居海口,每次都买很多书。因为这次批销单有本书在实体店被人买走了,所以需要我打个电话跟她沟通下,是换本同价位的其他图书还是等下次购书再补寄。电话接通了,她的声音很温柔、亲切,对我们的工作失误也表示理解。她只要求,我们一定要用纸箱人工打包,因为之前有几批图书,用牛皮纸机器打包会破损好几本,那么好的书,破损太可惜了。爱书人的这种惜书心理,我深有同感,尽管近几年大学书店仓库已经购买了好几台打包机,但是邮购部发出去的书,我基本上会用一张干净的牛皮纸加一张防水打包纸用手用线打包寄出。在后来的几次接触中,我得知李文慧最大的爱好就是看书,因她曾经随先生前往日本,所以我们书店带"日本"二字的图书她都会购买。鉴于她这种资深读者,我开始是很害怕向她推荐图书的,担心有班门弄斧之嫌。因我平时对日本也稍有关注,一次就忍不住向她推荐了我们社的《烧梦》和上海文艺出版社出版的莫言的《北海道走笔》。《烧梦》是一本很薄的书,我记忆中作者李锐在现行的中国当代文学史读物中少有提及,但是他对当代中国的了解和思考特别是对当代中国农民的现状的认识比很多现当代作家都深刻。《烧梦》是旅日作家毛丹青策划应日本国际交流基金会的邀请前往日本做交流的访谈录和见闻录。《北海道走笔》则是毛丹青邀请莫言前往日本的访谈录和见闻录。李文慧当时就购买了这两种图书,并向我推荐了另一位我不知道的旅日作家李长声及其作品《日下书》。可惜后来我们的网站瘫痪了,李文慧就再也没有来我们书店购书了。

江西鹰潭的读者张建民也是很有意思的人,他最先给我们打电话是询问《藏书票》一书。我也是通过他才得知藏书票。他不时会给我打电话与我聊聊我们社的图书,他比较关注我们社的《周作人散文全集》,就顺带向我推荐了钟叔河、止庵的作品。印象中,张建民并没有在我们这里买书,反倒是送了我一本《查令十字街84号》、一本译林书评关于卡尔维诺的特刊《想象·卡尔维诺》和一本名为《书人》的小刊物。现在回想张建民送给我这些图书的用心很是惭愧,我并没有如《查令十字街84号》中的科恩书店那样用心经营与读者的关系。张建民最后一通电话是询问我们某本书是否有毛边本,我给的回答是没有。这其实是一个错误的答案。后来我才得知,我们社有很多书会有少量的毛边本,只是没有主发到我们书店而已。如果张建民您能看到这篇文章,我向您说声"对不起"。

在邮购部有时候会接触到一些稍有名气的作者,其中最著名的大概就是钱定平先生了。原来桂林三里店圆盘喜洋洋一楼有一家书店,当时他们处理一批特价书,其中有一本辽宁教育的《海上画梦录》,好像就5元钱,我觉得有意思就买下来了。应该是在2009年末,我突然就接到了钱定平先生的电话,他想写一本关于蚩尤的专著,需要我们上海贝贝特的那套《中国古代北方民族史丛书》。因这套书数量较多,电话一时讲不清楚,我便和他用电子邮箱联系。有一天我盯着他邮箱的签名,突然就觉得很眼熟。后来一查,果然是《海上画梦录》的译者。更巧的是,我才看了《朗读者》的电影，他也正好是《朗读者》一书的译者。后来钱定平先生慷慨地送了我《朗读者》《春天去布拉格》签名本各一本。他有意向在我们出版社出版关于蚩尤的这本专著，我就把我们上海公司的联系方式转给他。后来我还在我们书店看到了这本图书，却是由上海古籍出版社出版的。

河南项城的徐汝芳和山东商河的王永情两位读者是至今还与我联系的，我称二位为"老师"。徐老师经常购买一些历史类图书，如温故系列等，每次购书他都会问我书店里是否有其他值得阅读的老书。鉴于他的阅读兴趣，我推荐的我们社的"戊戌前后的痛与梦"系列、中华书局的《顾维钧回忆录》和"近代日本人中国游记"系列，他都非常满意。其实徐老师是项城市政协的一名官员，组织编写了好几部项城历史的图书，如《张伯驹先生追思集》《周兴嗣与〈千字文〉》，也有个人著作《仁斋问道：对历史与未来的沉思》。这三本书徐老师均有寄样书给我。在得知我在学习编辑业务时，还特意让我帮他校对《张伯驹先生追思集》一书，说此书虽已出版，但因出版时间紧张，有不少错误，希望再版时能少些错误。但因我个人懒惰，他的书我只校对到一半。

王永情老师则是这几位读者中年纪最大的，今年已是86高寿，是一名名副其实的老师。王老师自撰的座右铭为"天下第一等好事读书，人间最上乘欢娱写字"，可见他一生的爱好就是读书写字。王老师偏爱年纪稍大的作者的图书，如资中筠、章诒和、余英时、张充和以及《温故》系列。王老师虽已是耄耋之年，但仍执教讲台。2011年他曾让我帮他选购一本关于陶渊明诗歌的图书以在老年大学讲课之用。我最终给他选定了中华书局的《陶渊明集笺注》，邮寄10本给他与学生。王老师虽然有着非常充实、安详、宁静的桑榆晚年，但是年轻时却有着颇为辛酸的经历。1954年从海军学校毕业留校执教，后学校派遣他去上海海军第五舰队实习。但是后来因帮一位"右派"老师讲了几句好话，也被打为"右派"。这个"右派"的帽子一戴就是几十年。王老师的这些经历我都是从他这几年写给我的信中得知的。王老师的信还是老派作风,用毛笔字书写,也经常随信夹带相片和他的字画。徐老师和王老师都是我在工作不久就已经结识的,那个时候我还未婚,他们也经常询问我个人的问题和职业规划。徐老师非常关心我的业务水平,王老师则更关心我的个人问题。2012年我结婚了,王老师特意从商河寄来老粗布床品一套;2013年我当妈妈了,他又寄来200元贺礼。我用这贺礼又买了同价值的图书寄给他。去年春节,他又寄了一千元给小女做压岁钱。只是这钱我是无论如何不能要的,我不过是做了我应该做的事情罢了。

我们出版社经常说出版图书的目的是"为了人与书的相遇",我想这不仅是书与读者的相遇,更有因书而结缘的出版同人以及与作者的相遇。在这些所有的相遇里,可能会有摩擦、误会甚至不愉快,但是心怀善意的人,总是会像读者遇到一本好书一样,让人既增长见识,又让人愉悦、难忘。

我在地产的这几年

赵 娜

走出校园大门,步入社会,来到我们出版社集团公司的桂林市广大地产有限公司,已经三年多了。现在仍清晰地记得 2013 年 5 月刚入职时的情景,初出茅庐的我,带着激动与感恩的心,开启了我的职业生涯,开始了我新的生活,新的工作。一点点地积累,一步步地熟悉,师大出版社就像一个温暖的大家庭,带给我无数的感动与启发,让我逐步成长。

记得 2013 年的新员工培训有素质拓展训练和新员工培训课程的学习,让我明白一个企业发展的不易,坚守的艰辛,一代又一代出版人带给我们的财富不仅是知识上的,更多的是精神上的洗涤。通过这个培训我不仅学到很多知识,也从主讲老师那学到很多经验,还与新员工们结下了友谊,这对我以后的工作有一定的帮助,更让我们明白要有一个好的发展就需要从各方面不断地提高自己。

社里的活动也是多种多样,气排球赛、趣味运动比赛、包汤圆比赛,还有那每年一次的校运会等等。忙碌的工作充实着我们的生活,这些活动则让我们工作之余变得丰富多彩,也让我明白好的身体是革命的本钱,保证良好的战斗力,必须劳逸结合,锻炼自己,这样才能更好地为公司添砖添瓦。

有这么好的企业氛围和工作环境,工作当然不能马虎。我们地产公司在2014年3月底从五里店迁移至临桂金山路,这一次搬家,是我们工作一个新的开始。为大家制造一个良好的工作环境很重要。从房屋租赁、装修、网线电话线迁入到设备配置,从整理、打包到顺利搬迁,每一个环节都进行得井井有条,这离不开我们每一个人的付出与配合。我作为财务部成员,保证财务资料的安全尤为重要,认真打包、仔细登记、及时归档整理。同时与办公室成员一同参与了办公用品的采购、休息区用品和电器的配置,从询价、采购到安装、使用,每一个环节我都亲身参与,为的是让大家放心,尽力做一个优秀的财务小管家。看到大家脸上洋溢的微笑,心里有一种说不出的满足。

驻扎到翰林金苑项目部,我们的项目有了很大的推进,我也懂得了一个项目从报建到开工的不容易。从土地变性(工业用地变成商住用地)→取得土地证→项目可行性研究、环保评估、灾害评估→办理规划许可、拆迁许可→勘察单位勘察并出具勘察报告→勘察报告审查→户型方案和风貌方案设计及反复征求意见→严格执行建设工程招投标法,严格按照建设工程规章走各项审批流程→工程图纸设计遇到一系列建筑新规实施→人防地下室设计要求高、难度大,各专业间相互配合冲突和制约因素多等原因,造成设计多次返工,总体规划多次调整→施工图设计(交叉进行人防工程设计)→交审图公司审建筑、施工图→人防专业审图→消防专业审图→建筑设计院修改图纸→返回各审图公司审核(任何一方审核不通过都要根据审核意见书重新进行修改)→通过审图公司签章→送住建局备案→商品房建筑面积预测→编制工程预算→工程监理招标→施工单位招标→基坑施工方案设计、评审→办理施工许可证→签订施工单位合同→开工建设。一环扣一环,领导们倾注了很多的心血,各种大会小会的召开,各式意见建议的收集,为的是社里的安居工程能够让"业主们"用得放心，住得安心，这使得我不由敬佩起来。

项目报建有条不紊进行的同时，翰林金苑项目的销售工作也在推进着。还记得第一次翰林金苑项目报名费的收取工作在 2014 年 11 月下旬。那时在社领导的安排下紧张有序地进行：前期准备、POS 机的办理、银行收款、现场收款到数据整理。这是我第一次面对多人多量的收款，打完这一仗深刻的体会便是：做好任何一件事都需要多方面的考虑，良好的应变能力也是提高自己的一种技能，跟数字打交道细心很重要！俗话说不打没有准备的仗，在一些事情的前期考虑上我还缺乏经验，考虑也不算周全，这让我在处理一些事情上走了一些小弯路。好在凭借自己良好的心态及耐性，最终完成了这一阶段的收款工作。这是一种经验的积累，也给我接下来的工作打下了良好的基础。

2015 年夏季，为了推进翰林金苑项目的开发，也为筹集到更多的运营资金，在领导的带领下，我们向出版社各员工再次发出收款通知。通知内容从初稿到定稿，经过反复修改，有时候一个小小的差错，影响的是整个效果。作为拟写初稿的我，深深地体会到，切断错误就要从源头做起，有时因为对个人的信任或是阅读的不仔细，一些显而易见的文字或语法错误会被忽略掉，倘若一开始就认真审核再将稿件发出，错误率会降低许多。

为了让大家更了解项目情况，解说更直观，宣传效果更好，我们在翰林金苑项目部大厅和社本部大厅安装了翰林金苑项目景观模型，吸引了不少人过来咨询。有时候总经理亲自带头解说，还去到工地实地讲解。那时总经理为了做好一个方案，写好一个报告，理清工作思路，布置好工作任务，晚上加班是常有的事。她的敬业精神，让我自叹不如。工作中我也曾因为这样或那样的困难而束手无策，在这几年的锻炼与学习中我明白到，要完成一件事，不论有多麻烦、多复杂、多困难，只要自己摆正心态、积极向上，为办成事努力找办法，不畏困难，任何事都是能拿下的！而且最终顺利完成的喜悦也会将之前的烦恼与疲惫一扫而过。

我们小的时候就知道："百年大计，质量第一。"而实际上真正好的建筑都不止百年的历史，一个好的建筑能够记录一个时代的历史。2015 年10 月12 日，我们翰林金苑项目举行了奠基仪式，投资方、开发商、施工方、监理单位、出版社员工以及各业主齐聚盘山脚下，喜迎开工庆典。虽然现在的翰林金苑还处于施工初期，相信建设好的翰林金苑可以为出版社添上光彩的一笔。

瞧，由我们地产公司代建的南宁"教育路3 号住宅小区危旧房改造项目"已经挖好地基，如火如荼地开始建设了。

再看看我们五里店的集团大楼，从2014 年开工建设到现在，也即将封顶，再过些时日便可投入使用了。

我仿佛也看到了翰林金苑未来的样子。

创刊那些事

马苗苗

你知道期刊基本参数的各项都代表什么吗?

你知道中图分类号、文献标识码和文章编号要怎么填写吗?

你知道基金项目对于文章的意义吗?

你知道第一作者和通讯作者有什么区别吗?

你知道中文摘要的写作要点吗?

你知道参考文献的规范写法吗?

你知道脚注和参考文献的区别吗?

你知道文章的相似度/重合率是什么意思吗?

你知道学术不端检测系统吗?

……

你觉得期刊的页码定多少合适?

你觉得一页排多少字符合适?

你觉得版面费标准定多少合适?

你觉得文章要附上英文摘要吗?

你觉得文章的相似度/重合率要控制在多少?

……

从哪里征到稿件？

从哪里征到可以收费的稿件？

从哪里征到高质量的稿件？

从哪里征到高质量的可以收费的稿件？

……

怎么宣传刊物？

怎么在没有样刊的情况下宣传刊物？

怎么撰写征稿启事？

怎么制订稿件规范？

……

2012 年 5 月，我正式入职，成为《教育观察》的一名编辑。入职时，面对的是编审《教育观察》创刊号（220 页，60 篇文章，30 万字左右）和上面这些问题。当时的《教育观察》只有我一个编辑，而我之前从事的是图书编辑工作，所以我有点不知所措。但庆幸的是，有梁艺总编的指引，有温尚超的支持，有其他少儿编辑的帮助，还有行政部的协助。

《教育观察》该如何定位？如何处理稿件质量和版面费的关系？如何借助广西师大和师大出版社的力量宣传推广《教育观察》？如何向专家学者约稿并让他们帮我们组稿？在这些问题上，梁老师为我做了详细讲解，并同我分享了《作文大王》一路走来的经验教训。"坚持学术性并创造一定的经济效益"，梁老师为《教育观察》提出的定位坚持至今，在她的指引下，《教育观察》比较好地处理了社会效益和经济效益。梁老师还充分利用自己的人脉为《教育观察》征稿，创刊号的很多稿子都是梁老师帮忙组来的。是梁老师为《教育观察》指明了发展方向并做了具体规划，在她的指引下，我的编辑工作开始有条不紊。

《教育观察》创刊时，组稿、收费和邮寄工作都是由温尚超负责。小温当时还是《笑话大王》的编辑，所以她身兼两职，不仅要完成《笑话大王》的编审工作，还要处理《教育观察》的日常事务。"每个版面1500字400元""我们的投稿邮箱是gljygc@163.com""我们是总局网站可以查到的正规刊物"……小温的电话是全办公室最忙碌的，她不是在接办公电话，就是在打手机。上面那些话因为小温每天都要重复好多遍，全编辑部的人基本都可以背出来了。有些作者没有时间概念，常常晚上十一点或者早上六点打电话给小温，这些作者也没有什么重要事情，只是说文章发邮箱里了，或者版面费已经汇过了。我和小温在同一个办公室，又住在同一个出租房里，我亲眼见证了她像陀螺一般不停忙碌，很心疼她，更感谢她。她的忙碌成全了我的专心审稿，她的八方应对成全了我的独当一面。不过，直到2013年末，我才真正理解小温的付出有多大。2013年末，我从小温那里接手《教育观察》的日常事务，同时负责《教育观察》上旬刊的部分审稿工作。接手第一个月，我负责的稿件都是带回家加班审完的，因为在办公室要不停地接打电话、回复QQ留言、回复邮件，根本没有办法静下心来认真看稿。而小温当时负责的是《笑话大王》全刊，还参与《成语故事》的部分内容，可以想象她付出了多大努力，才能完成《教育观察》《笑话大王》《成语故事》三个刊物的任务。

因为《教育观察》当时只有我一个编辑，审稿之后的校对工作都是由少儿编辑协助完成。当时的排版由金豆文化负责，排版软件为InDesign。因为这个软件不能像方正书版那样自动避免单字成行、背题等错误，而《教育观察》又是以文字为主，所以排版稿出来后存在大量单字成行、背题、首行缩进字符不对、标题字体不一致等错误，这大大增加了少儿编辑的校对工作量。起初《教育观察》准备呈现英文摘要，但90%的作者来稿都是没有提供英文摘要的。于是，全编辑部英文好的编辑都上场了。翻译校对，所有编辑都以某种身份参与了《教育观察》创刊号的制作。

作为一本学术期刊，不仅要在新闻出版广电总局的官网查到刊物的相关信息，其电子版也要被知网、万方等数据库收录。为遵守学术规范、避免对他人成果的侵犯，《教育观察》采用的文章需要经过学术不端检测系统的检测。《教育观察》同知网、万方、龙源、维普等数据库的诸多合作都是由行政部协助办理的，他们为《教育观察》提供了政策和数据保障。

创刊不易，但众志成城终会迎来胜利，感谢为《教育观察》创刊付出努力的所有人，是你们的付出，让我们的编辑工作走得更好更远。

我与《出版营销》的那段日子

罗　梅

　　我是 2008 年 10 月来到杂志社的。作为一个刚刚研究生毕业不久的应届生，我只有在学校里学习的出版传播理论知识，实践经验很少。怀着对新工作的憧憬热情，还有几分初入职场的忐忑，我来到广西师大杂志社北京办事处。北京办事处当时只有七个人，主要专注于一本新杂志的创立，即后来面世的《出版营销》。我进入杂志社的时候，大家在做《出版营销》的创刊号。能见证并参与一本新杂志的诞生和创立过程，对于刚入职场的我，是一种异常特殊的经历，也是一件令人兴奋的事情。当时，北京办的人虽然不多，但是每个人都充满了十足的干劲和热情，都在为一本杂志的诞生而努力着，忙碌着，那种感觉仿佛是对一个新生命的期盼和精心培育。

　　杂志创立之初，充满了各种未知。杂志从定位、市场空间、内容特色、作者资源到发行渠道等都是一片空白，需要整个杂志团队的摸索和实践。当时，由业内营销专家三石老师做杂志的主编。三石老师凭借着多年丰厚的业内实践经验，对杂志的发展提出了总体的架构和设想，指明了前进的方向。由于有富有资历的三石老师的带领和指导，我们这个年轻的团队在创刊的时候更多了一份坚定和自信，以更加饱满的热情投入到新杂志的创立中。

当时，杂志团队由专门做运营的同事和专门做文本的团队组成。团队成员都非常年轻，充满干劲和活力。那时负责杂志运营的三位同事，经常是大半个月都在外面出差，去全国各地出版社做杂志推广和宣传，为杂志创立后的经营打下基础。在一个杂志品牌创立之初，去做市场拓展，没有成形的产品做基础，难度可想而知。可是，运营部的同事谁都没有说苦，不论遇到多少闭门羹，他们还是怀着对事业的坚持和信念，不断地去努力。运营部同事的努力，为杂志的前期市场宣传做了很好的铺垫，也为后面的杂志运营打下基础，保证了杂志相当长一段时间的生存能力，为文本的制作做了很好的铺垫。

在一个团队中，大家的工作氛围都在相互感染。当时，我和其他两位同事负责杂志的文本。《出版营销》杂志的内容定位非常明确，要做一本出版行业的市场化刊物，为出版行业提供最实用的营销解决理念和方案。与市场上同行业的刊物相比，杂志的差异化明显，特色突出。为了打造好这本出版行业的第一本营销类刊物，我们几个做文本的同事压力都很大。我们要保证杂志内容的可读性、实用性、权威性，也要保证内容的前瞻引领性，以内容特色来打造我们的优势，树立杂志的品牌，开拓杂志的市场。杂志在确立了基本栏目框架和内容风格后，就是紧张的组稿工作。因为杂志刚开始创立，几乎所有稿件都是约稿，当时，包括三石老师也参与其中，约稿对象从业内专家、出版社、书店实践人员到院校教授。约稿之初，因为很多作者并不了解杂志，过程并没有想象的那么顺利。同时，由于我是新人，缺乏实践经验和作者资源，组稿工作更是艰难。但是，大家并没有被困难吓倒，为了能把杂志做好，大家相互鼓励，共享资源。运营部的同事也把自己在出差中接触到的作者资源拿出来，同心协力，共同做好组稿工作。作为新人，在领导的关心和同事的帮助下，我学到不少东西，组稿工作也很快上手，步入正轨。那段时间，为了做好杂志选题，大家经常在一起针对杂志选题方向、组稿情况、组稿中的困难进行热烈讨论,进行头脑风暴,经常为了一个选题,大家讨论到很晚。那段时间,编辑部人少,组稿审稿任务繁重,加班已是常态。为了筹备创刊号,大家那段时间工作经常废寝忘食,忙碌却快乐着,没有人因为任何理由懈怠。为了做好一个人物采访,运营部的同事和做文本的同事会共同协作,加班加点做准备工作,了解人物的背景和特点,挖掘亮点,做好采访提纲。为了配合当事人,采访的同事经常利用下班之余的休息时间采访。

每一位同事都在用心努力着,我们既要保证杂志的生存能力,做好杂志的运营,又要肩负杂志的社会责任使命感,做好文本,为业界奉上精品的内容,做到杂志的双效。虽然每位同事身上都有这么重的担子,但我们都没有被困难吓倒,我们像呵护一个新生命一样,辛勤地浇灌和付出着。团队的每一位同事相互帮助,共同进步,没有人计较工作付出的多少,大家互相共享资源,整合资源,为杂志的发展出谋划策,共同努力着。

经过辛勤的付出,当创刊号呈现在大家面前的时候,每个人都异常兴奋,仿佛是一个新生命的诞生,掩饰不住的喜悦呈现在大家的脸上。这是一个新的开始,是杂志诞生的起点,也将是我们为之努力的事业起点。

创刊号面世后,引起了业界的很大反响。杂志以其全彩铜版纸印刷的精美制作、独特的市场营销定位和多角度权威的内容赢得了业界不少赞誉。很多业内人士给了我们积极的反馈和宝贵的意见,也给了我们很大的信心和动力。为此,所有的辛苦付出都值得。

迈出了创刊杂志的第一步,我们知道前面还有很长的路要走。要把《出版营销》杂志做好,这只是一个开始。在杂志前行的过程中,还需要我们不断地摸索实践,倾听业内反馈,学习借鉴同行杂志,不断创新,突出优势,树立品牌。

《出版营销》杂志在找到市场定位后,一直按照创刊时的初衷来做。杂志不是以严肃的面孔来展示给读者,而是以更加活泼、务实的风格呈现在读者面前。杂志无论从内容还是从形式都体现了新意，给读者眼前一亮的感觉。每期策划的专题都在一定程度上反映了业内热点，引领了行业话题，聚焦了行业关注度；每期栏目都有亮点和权威的稿子，突出实践性，当时一些经典的营销案例内容成为很多业内人津津乐道的话题，对业内的营销理念和方法起到了很好的指导促进作用；杂志团结了一大批业内的专家、学者和优秀的实践营销作者，初步建立了稳定的作者群；杂志相继举办了一系列营销培训活动，受到业内人士的肯定，以活动带动杂志的发展，实现经济效益和品牌发展的双赢。

《出版营销》杂志在运行两年后，因为种种原因停刊。作为经历了其诞生到运营到结束的一名编辑人员，对其充满感情，有诸多不舍。因为《出版营销》，我度过了我职场成长最快的两年。在这两年，我从一名青涩的应届生成长为能独当一面，能全程策划专题，完成专题采访、写稿、组稿、审稿的一名杂志编辑，完成了职场上的一次重要蜕变。因为《出版营销》，我学会了如何和作者、客户打交道，如何维护好自己的作者团队，锻炼了自己的协调沟通能力；因为《出版营销》，我知道了什么是敬业精神，什么是职业态度，什么是一个专业的杂志人；因为《出版营销》，我遇到了最好的杂志团队，充满激情和活力，那种为了事业的专注和付出，让我至今感动；因为《出版营销》，我学会了面对困难和挫折应有的坚持和韧劲，让我在今后的诸多困难挑战中，依然能坚定信心，努力完成，不断挑战自己，提升自我。

《出版营销》杂志开启了我的职场生涯，也教会我如何做好一个杂志人。尤其在今天，纸质杂志受到新媒体的冲击，面对诸多变数和挑战，杂志人面对未来充满了各种焦虑，但是不论杂志形态如何变化，只要当初做杂志的那份心还在，我相信，我们杂志人定能在杂志的这条路上走更远。

谨以此文来纪念《出版营销》杂志，纪念我们那个充满朝气和活力的杂志团队，也纪念自己初入职场的那段成长岁月。

致亲爱的《求学》

莫　双

　　猝不及防又像是命中注定,财政学专业的我,却意外地成了一名编辑。编辑是什么? 常听人说编辑的工作就是"为人做嫁衣"。当初不理解,甚至觉得这种说法轻看了编辑,如今,我深以为然。

　　最平凡的岗位上也有斑斓的梦想。

传说中的脸盲症患者

　　活了二十多年,第一次发现自己是脸盲症患者是在入职的第一天。编辑部的同事不多,但是对于我这个刚入职的脸盲症患者来说,将每个人对号入座却不是易事。于是,小本子成了我记住每个人的"秘密武器":长头发的是××,短头发的是××,个子稍高的男生是××,说话很温柔的那位女生是××……可是天有不测风云,一次坐电梯恰巧与领导同行,尴尬的一幕出现了:"××,早上好。""啊? 我不是××,我是××,你是新来的同事吧……"所以,如果你的朋友在街上碰到你时没打招呼,不要太在意,也许,TA 只是没认出你来而已。

老师,我真的是一名编辑!

要成为一名编辑不容易,要成为一名好的编辑更不容易。

初次约作者写稿,各种亲昵的问好后,对方冷不丁的一句"你是谁"将我打回了原形,我只好一遍遍地对其加以解释说明,这是编辑耐心养成的第一步。犹记得第一次跟一位语文特级教师约稿,一番寒暄之后,老师仍然对我的身份表示怀疑,甚至在后面的聊天中跟我透露好几个老师正在对我进行"防伪鉴别",为此,好些教师特意组建了一个群,最后给我发消息说:莫编辑,我们好几个老师已经把你的身份弄清楚了,你是真的(编辑)!让我既觉得好笑又尴尬了一番。

如此说来,你以为编辑的工作就只是约作者写写稿吗?那你就错看编辑这个职业了。

编辑人员除了要做到"积极主动地约稿,扎扎实实地审稿改稿,认真仔细地校稿"这三个要点,同时还要充分熟悉潜在作者的情况,而同他们交上朋友,并非一日之功。策划组稿、市场调查、寄样刊等对编辑来说,一样都不能少。

《求学》这个温暖的大家庭

NO.1 Miss Z

编辑部里的老大,幽默风趣、知识渊博,是一个极富思想的新时代女性。最爱问同事的一句话就是:"××,你有(男)女朋友了吗?没有的话,你觉得××怎么样啊?哈哈……"

NO.2 小北

编辑窝里帅气的男编辑,经常被一班女编辑"折腾"却毫无怨言的新时代好男人。"小北,新书今天发货啦,你今天去趟仓库帮帮忙吧!""小北,我的座位底下有一只老鼠,你快来帮我弄出去!""小北,有作者催我给他们寄样刊了,你跟我一起去办公室搬书吧!"

……

编辑的工作是孤独的,但是这并不影响我找寻自己的快乐。《求学》编辑部这个大家庭,它不足以让我凭恃,但至少能让我凭借;它给不了我最好的,但总能给我带来惊喜;它不是最好的平台,但至少能让我往好的方向发展。

灯火几扇窗,好梦共珍藏。

一本期刊的三十而立

郭敬锋

子曰:"吾十有五,而志于学。三十而立,四十而不惑,五十而知天命,六十而耳顺,七十而从心所欲,不逾矩。"(《论语·为政》)——孔子将自己不同的人生状态用这句话进行了完整且真切的概括,"我十五岁立志于大学之道,三十岁能够自立于道,四十岁能无所迷惑,五十岁懂得了天道物理的根本规律,六十岁所闻皆通,七十岁能随心所欲而不越出法度"。

这其中"三十而立"在我看来具有"承上启下""融会贯通"的特殊意义。

先说"承上启下",十五岁少不更事,二十岁懵懂青春,到三十岁时年轻的轻狂、浮躁和青春的迷茫、困扰都已远去,留下的是成熟、自信。而"融会贯通"则是到三十岁时,看过浮华、喧闹、悲喜,对世事已有清晰认知,懂得取别人之长补自己之短,善于学习、总结并加以改良为己所用。

三十岁是一道分水岭,越过三十岁,责任扛在肩,道义放心中,拿得起也能放得下。

三十岁,对每个人都有重要意义,同样的,三十年,对一本期刊更有着非同寻常的意义。此时,在我办公桌上就放着这样一本有着三十年历史的期刊——《规划师》。

我与《规划师》杂志相识于 2010 年的金秋时节，到现在，已经相伴度过五年的美好时光。《规划师》杂志创刊于 1985 年，到今年正好创刊三十周年。在这个值得纪念的日子，想写一些关于《规划师》杂志的文字，朋友说，那你要跳出《规划师》来看它、解读它，这样才全面、深刻，我想这就是"当局者迷，旁观者清"的意思吧。

于是，我从《规划师》杂志从业者的身份走出来，以一个普通人的角度追寻《规划师》杂志三十年的历史和故事。翻阅三十年 200 多册的杂志，品读上万篇的文章，突然，几个词出现在我的脑海，想来这正是《规划师》创刊三十年最好的总结词语。

我想到的第一个词是"坚持"。

1985 年至今《规划师》杂志大致经历了三个阶段。

1985 年到 1997 年可以算是杂志的创始阶段，由一本规划行业内部出版物，成为取得国家统一刊号的全国性刊物。

1998 年到 2005 年是杂志的基础建设阶段。由季刊变更为双月刊，再到月刊；创办了杂志理事会；聘请全国规划行业的专家学者担任杂志顾问编委和编委；开设了影响至今的"规划师论坛""规划设计""规划广角"等栏目；开通杂志网站，实现网络投稿审稿；举办了"规划师杯"全国城乡规划摄影大赛……

而 2006 年至今则是杂志的快速发展阶段。连续三次入选中文核心期刊、中国科技核心期刊；被评为"广西双十强报刊——广西十强期刊""中国最美期刊"；实践传统媒体与新媒体的融合发展，杂志网站改版，创建新媒体宣传渠道；社会效益和经济效益齐发展……

这些成绩的取得都得益于"坚持"两字，而坚持的背后是办刊的艰辛、成长的艰苦和发展的艰难。

《规划师》杂志现在有近30名员工,在杂志社工作10年以上的员工近10名,这其中工作15年以上的员工就有2名!在跳槽如家常便饭的今天,在一个单位能工作满5年已经是很不容易的了,而《规划师》杂志却拥有这么多忠诚的员工!

《规划师》杂志主编助理、编辑部主任刘芳,自1998年至今一直与杂志风雨同行,我曾问刘主任:是什么样一种精神或力量支撑你到现在呢?

刘主任说,当年办杂志确实艰苦,最初的那几年稿源少、创收渠道少、发行量少,我和同事们也曾动摇过,但拿着刚印刷出来的杂志,闻着油墨的芬芳,看着自己编辑的稿件变成铅字时,心里很激动,特自豪!

我说,刘主任,看来是职业梦想引领您走到今天的!刘主任笑笑,说,那时还真没想那么多,自己喜欢编辑这个工作,觉得做一行就要爱一行,不能辜负作者、读者对咱们的期望。

刘主任简单的话语道出的正是《规划师》杂志三十年的成长之本——坚持!

最近有句话很受大家的喜欢,即"不忘初心,方得始终"。我们出发时对远方都会有憧憬,也会有最初远行的心愿,但征程遥远,路途荆棘丛生,也许刚出发不久就有人放弃了,然后又有人在中途退缩了,还有些人距离终点很近了却失去信念也停步了,最终走到终点,实现最初心愿的不过寥寥几人。

所以我想到的第二个词是"坚守"。

《规划师》杂志是中文核心期刊、中国科技核心期刊,是国内三大规划专业期刊之一,同时是全国唯一一份以规划师为核心的人文化的国家级专业杂志。

三十年来《规划师》杂志坚守学术期刊底线,质量不高的文章坚决不刊发!不管是关系稿还是专家学者的稿件,第一要求就是既要有学术价值又要有实践性，那些空而虚的文章从来不会出现在《规划师》杂志上。正是因为一直坚守这条底线，规划行业的从业者、专家学者都认可《规划师》杂志，他们说如今学术期刊很少有这种坚守精神、底线意识了，《规划师》杂志能始终如一，不容易，值得佩服！

《规划师》杂志能一直坚守期刊底线，源于有一批坚守职业理想的办刊者。上至主编，下至编辑，《规划师》杂志的办刊者都在坚守职业理想，都在为他们的"期刊梦"而努力。

《规划师》杂志的编辑不仅仅上班时间审稿编辑稿件，为保证每期杂志在规定时间出版，他们还经常加班，每次都是到深夜，有时出差的路途中也是稿不离手。

有次到北京开会，遇到外省一家期刊社的编辑部主任，当她知道我是《规划师》杂志的员工时，她说，我太敬佩你们杂志的编辑了！我问为什么这么说，她答，前年我参加期刊编辑培训班，与你们杂志的编辑合住一个房间，培训班课程紧张，但你们的编辑每晚还是坚持审稿，这种敬业精神让我深深感动……

——"坚守"必然是艰苦的、寂寞的，却也是喜悦的、幸福的。《规划师》杂志三十年来一直坚守"期刊梦"——办一本"关注城乡规划学科的发展，关注规划理论的创新与实践，关注规划师及其作品"的杂志！

正是有了"坚持"，所以一直"坚守"，因为《规划师》杂志"坚信"明天更加美好！所以我想到的第三个词就是"坚信"。

不管是一个人，还是一个单位都要有梦想，为梦想努力，并相信梦想会实现。

《规划师》杂志的从业者是一批有理想有勇气有干劲的人！他们知道从事期刊工作是寂寞的，想在这个行业获得大富大贵是根本不可能的，但他们热爱期刊工作，愿意通过自己的汗水培育期刊这朵花的盛开。

"坚信"，因为有目标，所以路途遥远我们也不怕！

《规划师》杂志创刊以来一直以前瞻的角度思考问题，"创新"这个词可以说与《规划师》杂志密不可分，所以我想到的第四个词就是"创新"。

杂志由内部出版物，到取得国家统一刊号，由季刊变更为双月刊，一直到现在的月刊，都是因为"创新"！坚持主题化办刊，"规划师论坛"栏目每年12期主题，因为"创新"所以栏目深受规划从业者欢迎！探索期刊经营管理新模式，杂志理事会、广告创收、举办"规划师论坛"全国性会议等都是因为敢于"创新"、勇于"创新"！"互联网+"时代，《规划师》杂志更是积极探索传统媒体与新媒体的融合发展，网站建设的风生水起，新媒体运营的娴熟热闹，"创新"又一次让《规划师》杂志抢得发展的先机……

2014年，《规划师》杂志获得"中国最美期刊"称号！视觉艺术行业的专家说，《规划师》杂志是一本学术期刊，但在封面、版式的设计上却融入现代感和时尚风，使人眼前一亮！新闻出版行业的专家说，《规划师》杂志刊发的文章质量高，学术价值高，实践经验高！——"创新"成就了《规划师》杂志三十年的成绩！"创新"必将会使《规划师》杂志取得更多的成绩！

三十年，在历史长河中实在微不足道；三十年，在人的一生中却演绎着最美好的时光与故事；三十年，对一本期刊来讲是经历过苦与痛、笑与泪，更是今后成长的基础与动力——《规划师》杂志，风雨路上继续远行……

"坚持""坚守""坚信""创新"——我以局外人的角度看《规划师》杂志所总结的四个词，一本期刊如此，一个人也应是这样。

一本期刊的三十而立——祝福《规划师》杂志，致敬《规划师》杂志！

源于书刊，缘于书刊

罗礼萍

进入广西期刊传媒集团，成为一名编辑，我的内心是非常欣喜的。我小学的时候就看《作文大王》，那时候的我完全没有想到，十多年后我的名字会出现在自己喜欢的刊物上。这种感觉很奇妙，是一种缘分，似乎冥冥之中早已注定。在这一年半的工作中，奇妙、幸福、感动的感觉一路伴随着我，让我真正喜欢上这样一份工作，并且乐在其中。

刚来的时候，战战兢兢，好像是小粉丝要去见崇拜多年的偶像。后来慢慢地，进入到编辑的角色，体会到了编辑工作的不易，然而，更重要的是体会到了编辑工作的责任重大。作为一名编辑，承担着文化传播的重任，不得有半点马虎，依然可谓是"战战兢兢，如履薄冰"。

对于一名编辑来说，最大的幸福莫过于自己编辑的刊物得到读者的喜爱，为读者点亮一盏阅读的灯。不管这些书刊是让他们开怀一笑或是感动落泪，是给他们的寒冬带去一丝温暖还是给他们的炎夏送去一阵清凉，又或是给他们在迷途中指明方向，我想，这都足以让编辑感到幸福，感到满足。

通常我们的刊物送到孩子们手中，只能算是锦上添花，因为现在的孩子物质并不匮乏，他们有各种各样的玩具，有 ipad，有智能手机，如果他们还愿意走到书刊中，吸收其中的养分，这样的锦上添花，小编我已感到非常满足。然而，相对于"锦上添花"带来的满足，"雪中送炭"带给我的就是满满的感动。

这份"雪中送炭"的感动来源于我们组织策划的一次赠刊活动。而这次赠刊活动，恰好也起源于我们的刊物。

我们的刊物每一期都会有十多位作者，有些是常常联系的，在这其中，有一位作者跟我的联系比较密切。这位作者就是芷涵老师，她在家乡吉林开了一所幼儿园，爱好写作，经常给我们刊物投稿。她的童话、童诗天真烂漫，非常有意思，我们的刊物经常刊载她的稿件。久而久之，我对这位作者有了深刻的印象。一天，芷涵老师联系我说他们那儿有一所偏远地区的小学，条件非常艰苦，问我能不能送一些不需要的刊物给那里的孩子们。我一听，便欣然答应了，准备寄一些自己手头上的过刊给他们。

我答应寄过刊给他们，这让芷涵老师非常高兴，她将那所小学的情况更加详细地告诉了我。而我这才知道，在遥远的北方竟然还有这样一所小学。

吉林省松原市长岭县太平川镇五十二小学，这里只有 29 名学生，8 名教师。校长贾奎带着妻子在这所学校扎根，一干就是 16 年，他不仅是校长、老师，还是修理工、校警、园丁、清洁工，学校里的大小事情，他一一亲为，毫无怨言。为了丰富孩子们的知识量，扩大孩子们的视野，他还编了成语接龙等集知识性与趣味性一体的游戏，坚持搞作文竞赛、赛诗会、数学竞赛、日记展评、读书交流等文体活动。贾校长说，平时搞活动时，没有钱买奖品，就用红纸写上两个字：奖状。就是这样，孩子们也高兴得不得了。学校条件艰苦，学生们课余时间，很少能看到课外书。看着孩子们渴求阅读的眼神，校长很心疼，他想方设法地找一些书来……

听到这里，我内心有些小小的惊讶：我原以为这样的事只会出现在

"感动中国"里,没承想这样的事实实在在地存在于我们身边。我被贾校长感动,也很想为那些孩子们做一些力所能及的事儿。我一个人的力量有限,手头上的过刊也有限;可是我们整个社、整个集团的力量却是强大的,我们的过刊足以给他们建起一个小小的图书馆。把我们的刊物送给那些喜爱阅读而又没有阅读资源的孩子,真真可以算是物尽其用,雪中送炭呀!

很快,给五十二小学送书刊这个爱心公益活动得到了我们集团领导和各位小编的大力支持,我们的刊物整装待发。在社领导的指导下,我们根据孩子们的年级,为他们每人准备了一份刊物"大礼包"。为了让孩子们更加了解我们的刊物,为了鼓励他们继续坚持阅读,小编们还给每一位学生写了一封信。社领导还特别细心地考虑到五十二小学的老师们在那样的环境下工作非常辛苦,也为他们准备了刊物"大礼包"——《教育观察》可以让他们了解教育现状,各种少儿刊物他们也许可以拿回家给自己的孩子阅读。

刊物寄去的时候正好是11月底,北方正大雪纷飞,希望我们这满载着墨香的刊物和信件能够为五十二小学的孩子们打开一扇阅读之门,能够为他们大雪纷飞的寒冬带去一丝温暖。芷涵老师作为我们这次爱心赠刊活动的牵头人,负责将这些刊物送到五十二小学,还给我们发来现场报道:孩子们和老师们早早就出来迎接送书刊的队伍了,农村条件不好,他们还特意换上了自己最新的衣服。大家一拆开包裹,都高兴得不得了!当老师发现他们也有礼物的时候,又惊又喜。从来没有人给他们送过礼物,他们高兴得合不上嘴。老师们很羞涩地说了一些感谢的话,还说一定会好好教学生。孩子们很认真地看着刊物,一下子就被精彩的内容吸引住了。临走的时候,孩子们小心翼翼地问可不可以给编辑们回信……

看着芷涵老师发来的现场报道,看着那些照片,我感觉心里暖融融的。我们的刊物,孩子们那么喜爱,埋头想要一口气读完;我们的信件,孩子们那么宝贝，小心地捧着读了一遍又一遍！

后来，孩子们还真的给小编们回信了！我一看那些信件写得工工整整，就跟芷涵老师夸赞他们字写得好，可芷涵老师告诉我说孩子们都是先写好了，再抄写到信纸上的，不知道他们抄了多少遍才抄写得如此工整。多么质朴可爱的孩子，一尘不染的真心！看着他们的回信，我的眼泪都飘起来了。在信息如此发达的年代，这些在白纸上一笔一画写出的文字所传达的温度，绵长而久远，让我铭记于心。这份温度也让我更加看到编辑工作的意义、情怀所在，让我更加热爱自己的工作。

做一份自己喜欢又能养活自己的工作是幸福的，我想我就是那样幸福的人之中的一个。这份幸福源于书刊，缘于书刊。

刊与人，变与不变

郑桂平

　　一个人做责编负责一本刊，从栏目的策划到最终的印刷出版，这种情况在我们单位的编辑部门是很常见的情况。也因此，刊深深地打上了人的烙印，它们合二为一，成为一个有机的整体。

　　人如刊，刊亦如人。一个个栏目似乎是大脑，是躯干，是四肢，是五官。每个栏目都有自己的功能，刊就因此如人一样健全和完整了。刊里的每一篇文章都是编辑的选择，每一个细节都印着编辑的心思，它们是否把小读者带向光亮和温暖的方向，带到一个美妙的精神世界中，在很大程度上都取决于责编。于是，刊就这样带上了编辑的性格、主张、精神和向往……

　　在组稿时，面对海量的稿件，要精挑细选，一篇文章是否适合放入刊物中，应该放到哪个栏目，要如何呈现，想向读者传递什么，将收到怎样的阅读效果……这些都是需要责编深深思量，细细策划和编辑的。

　　我们的主编常跟大家说"不要剜到碗里便是菜"。每一个责编仿佛一个主厨，必须要将各种精心挑选来的食材用心烹饪，要做特色家宴还是满汉全席均需有成竹在胸。做成的菜肴是酸是辣是甜是麻，是餐前甜点还是饭后水果,是餐中主菜还是装饰配菜……一道道菜一种种滋味都出于主厨之心,出自主厨之手,最终归结为:烹一桌"色香味"俱全的菜,做一本可读性、趣味性、知识性俱全的儿童读物。

在编辑的岗位上一路走来,不知不觉中,人影响了刊,刊也改变了人。

做刊让人变得更细心,更有耐心,更有责任感;做刊让人不只要有想法,更要有做法,讲效率;做刊也鞭策着人更具学习力。

编辑是内容的筛选者,是内容的审订者,能否出版一本高质量的刊在很大程度上取决于编辑。所以,提供正确的知识和人生导向,出版无错漏的刊物是我们的义务;努力学习专业技能,严格把关,提高刊物品质是我们不可推卸的责任。如果编辑可以提高对作品的见解,提出有益于作家、画家的意见,那他一定能够得到作者的尊重。如果编辑善于合作,用自己的人格魅力把画家和作家结合在一起,让图文融为一体,那高品质的刊物一定指日可盼。如果……

> 我们的生活,总是在不变中变化着:
> 刊还是那本刊,读者却不是那些读者;
> 数字还是那些数字,算式却不是那些算式。
> 栏目还是那些栏目,内容却不是那些内容;
> 纸张还是那些纸张,故事却不是那些故事。
>
> 我们的生活,也在变化中不变:
> 读者不是那些读者,编辑是那些编辑;
> 算式不是那些算式,知识是那些知识。
> 内容不是那些内容,作者是那些作者;
> 故事不是那些故事,精神是那些精神。

做刊让我在不变中变化着,年龄大了,皱纹多了,头发长了,阅历丰富了。做刊也让我在变化中不变,梦想不变,勇气不变,对出版的敬意不变。

编辑的工作,文化企业特有的包容氛围让这里的同事们多元发展,让我在编辑的岗位上慢慢成长。在这里,你大可以有自己的小世界,既不与人为伍也不与人为敌,编辑这样一份工作依然会让平静的生活有起伏的别样景致。感谢这本刊,感谢这些人,感谢这些变与不变。

一场蓄谋已久的相遇

薛志丹

为了人与书的相遇

上海书展在今天落下帷幕，一场蓄谋了一个月，历时七天的相遇在台风过后的晴天结束。

八月的上海被台风突袭，暴雨不止，城市内涝，交通拥堵，电视播报书展的讯息只是开幕当天的一则快讯，而城市水患的新闻却困扰市民许久。整日值班的小编和同事一直担心，会不会有人冒雨来看书。因为对于快节奏的上海，要牺牲难得的假日，要克服中转交通的麻烦，要拼过电商直送的便捷……任何一条作为不去书展的理由，我们都能够理解。

然而，书展的倒数第二天，台风来袭，暴雨如注的周一，最让我们感动。

从中国到法国

8月26日周一，在雨中徒步半个小时到达会场的我们心情绝望，暴雨倾盆，许多出版社活动的嘉宾被堵在路上，迟到2个小时。将近10点钟，会场几乎没有读者。小编和同事满心沮丧，这时一对年近七旬的白发老人走近我们的摊位问询，"请问有没有带魔法的书？我们找带魔法的书"。同事一脸疑惑。书展期间有太多问询：厕所在哪里？名著在哪里？好词好句在哪里？这个问题却是第一次听说。

老夫妇掏出手机，显然不太会操作智能手机，"这是我女儿给我发的图片，你看看，就是这些书，带魔法的。我女儿在法国，要教我外孙学中文，买了要寄去法国"。同事拿过手机，看到图片，"对！就是我们家的书，你看！"

身在法国的女儿将选中的11本魔法象的图书封面截图，一张一张发给老夫妇，特别交代是魔法象的书。七旬老人提着书，高兴得像个孩子。说女儿在法国已经3年了，去的时候外孙2岁，"我可不想小宝贝不会说中文，我就帮我女儿在中国买书寄过去。我没读啥书，女儿选了，我和老头子就去书店找，然后寄过去。不然，不会中文，这小子回来就不认我啦！"老夫妇提着书，相互搀扶着走去书展邮寄处。

童书展位的玻璃棚被水幕包围，我们被童书包围。活动区的嘉宾终于到场，儿童文学作家梅子涵的声音传来：看看一个国家还有多少希望，就是要看有多少人到图书馆去，有多少人到书店去，有多少人还会冒着大雨到书展去……

有人味，才有书味　献给书展期间遇到的每一个人

俄罗斯姑娘

书展第一天，熙熙攘攘的读者穿梭在摊位间。高鼻梁的外国少女经过魔法象的摊位，只是扫了一眼展台，小编还在感叹这外国的少女如此美丽，她突然停下，呼唤同伴一起来到展位前，直接翻开《雾中的刺猬》，立刻显现出少女式的兴奋和急于分享的热情，用俄语和同伴交流，比着手势，

像是在解释故事内容。

小编走上前，解释这个故事正是来自俄罗斯，原来是一个经典的动画片，而且其经典程度应该是每一个俄罗斯的小孩都有看过。（当然，小编是用简单的英语词汇表达的。）俄罗斯姑娘的英语也带着俄罗斯口音，兴奋地同意，应该是惊讶于在中国，在浩如烟海的书堆中遇到自己的童年记忆。

于是毫不犹豫地拿起一本，抱在怀里。虽然，这位俄罗斯姑娘还看不懂中文。

保安大哥

书展第四天，周六的书展已经爆棚。小编已经成为展位人肉故事机，和每一个感兴趣的读者讲故事。我和一对热爱美术的年轻夫妇讲《神奇理发师费多琳》，画面的每一个细节都逗得他们发笑，并且小编和他们一起完全沉浸在这位有马戏团生活经验的奥地利画师的神奇创作之中，每一个细节都匠心独运。

旁边一位身穿黑色安保制服和黑色马靴的年轻男子也在默默地跟着我们听故事。那对年轻夫妇走后，保安大哥继续在摊位上看图画书，看到现实主义画风的《你有害怕吗？》，还和小编探讨，如果真实的画面会不会吓到小孩子。在摊位上默默地看着，小编猜测他会是个年轻的爸爸，但他并没有透露自己的信息，若有所思地看完，对我说："我还是选择《神奇理发师费多琳》吧，这个画家很特别，他的细节很丰富，这样我值夜班的时候可以自己琢磨下。"

拿起这本书，保安大哥便径直走去收银台。

小编在他讲完那句话之后被彻底感动了。我们身边有太多平凡的人做着平凡的事情，但是，能够在万籁俱寂的时候拿起一本曾经打动自己的书,让自己的心变得柔软而丰富,我们的人生会不会变得与众不同?

文艺女青年

除了家长和孩子,魔法象的展位上还经常会有一种特别可爱的人群——文艺女青年,她们的行动分三步:拍明信片,找明信片,要明信片。当然,这一切要归功于我们充满文艺心的同事们精心布置的"明信片风帘"。

一个背着帆布包的女孩在展位前拍魔法象展位出镜率极高的"明信片风帘",突然两眼放光,直奔展位,"可以送我两个女孩牵着手的那张明信片吗?"(《我的妹妹是只狼》的最后一页)同事怎么忍心拒绝一颗赤裸裸的少女心,便送她一张。拿着明信片反复摆拍的少女仍不满足,"这本书在哪里? 好美呀! 太像我和我妹妹了! 和我们小时候一模一样!"

把这本《我的妹妹是只狼》连读两遍,兴奋地抱着书:"可以再给我一张那个明信片吗? 我要寄给我妹妹。"

文艺女青年爱图画书,文艺妈妈更爱图画书。其实,书展期间不少年轻家长选书,除了照顾孩子的喜好,更有一大部分的私心是因为自己深深地爱着图画书。

处女座老师

书展第五天,展位上迎来一位教创意绘画的女老师,颜值高品位高(原谅小编忘了拍照)。仔细翻阅了展位上的每一本书之后,她已经抱了一摞书,画面唯美的《奶奶的帽子》《蓝色天空》,搞笑夸张的《电梯上行》等五六本书尽收囊中。

翻开《纽约侦探路易丝》,女老师的同伴显然不太喜欢,这书黑乎乎的,小孩子肯定不喜欢。(小编听了不高兴呀!)没等小编开口解释图画,女老师直言反驳同伴："这你就不懂了吧！这个特别好，教画画的是可以先画出来城市的楼房，然后教小朋友贴窗户，还有这本书的灯光也很特别，做剪贴画特别好！"

果然不是一般的女老师呀！小编暗自庆幸遇到懂书人。

事实证明她确实不是一般的老师，她是处女座的女老师！用了半个小时，来回三趟选好自己要的书之后，处女座老师开启疯狂挑书模式。把展位上所有带塑封的书都用人肉激光眼扫描每一个细节，保证每一本书没有任何一丝压痕，折皱。

小编就这样眼睁睁地看着她人肉扫描了半个小时，实在看不下去了，问她原因，小编又不幸被感动。

"我们要给小孩子看书，然后学画，会把每一本书都精心包起来，但是小孩子反复翻阅肯定会受损。网上买的书，快递员都不珍惜，乱砸乱扔，我就是想趁书展，真实看到书的品相，尽量保证买给孩子的是完美的书。"

七天的书展，提前筹备将近一个月。为了书、儿童、成人的相遇。这场盛大的相遇，有真实的感动，短暂的停留，或者只是擦肩而过，至少，在这个空气中都飘荡着故事的阳光篷里，我们曾发现了最美的人和故事。

其实在编辑眼中，书展本就应该面向一个个普通读者，每一个人都真真切切地触摸、翻阅实体书，闻一闻书的香味，摸一摸书的纸质，读一读书中的文字。真正具有匠心的编辑也许都是保守的，不希望被科技撼动的，甚至是逆潮流而存在的。默默地在汹涌的人流中观察读者，拿起自己反复打磨的图书，仔细阅读，抑或草草翻页，简单评价，赋予一本书人的气味和情感。有人味，才有书味。

记第一次接待作者

张　洁

2014年11月初，我刚入职两个多月，是一个什么都不懂，什么都要问的小虾米，说话做事小心翼翼，用赵老师的话来说是过分紧张。一天，接到汤总一个电话，说让我负责陪同清华大学人文学院历史系教授、博士生导师彭林教授和他女儿在桂林时的游程。我一下懵了，彭林教授是我社的重要作者，是《中国经学》的主编，而我是毫无经验的小职员，搞砸了怎么办？但是我又不敢拒绝，只能硬着头皮将任务接下来。

依照汤总的指示，我去跟文献分社的雷社长和肖爱景老师对接任务。战战兢兢走到文献分社的办公室，畏手畏脚敲开门，自我介绍并说明来意，雷社长疑惑地看着我："你是刚入职的吧？"我"嗯嗯"地点头，雷社再次打量了我几秒钟，说道："彭林教授是很重要的作者，汤总怎么让一个新人接待，怠慢了对方可如何是好？"我呆呆地立在那里，脸上红一阵白一阵，心里也严重怀疑自己是否能完成好这次任务。

"好吧，张洁，我将详细行程和注意事项跟你讲一遍，你拿纸笔记一下。"

不及多想，我又急忙找来纸笔，将雷社交代的事项一一记下来，然后去找专门负责这次接待的肖爱景老师。肖老师很细心，她知道我是首次接待作者，所以耐心地将每一个细节都交代好：接机用的接机牌要用红色纸张，不要打印作者名字，要打印出版社的名字；要提前与作者联系；申请用车、预订酒店；准备好充足的现金；景点门票、饭店要提前预订；要随时跟领导汇报行程；等等。我认真地将事项一一记好后，就开始着手接待准备工作。

其实心里一直是很没自信和底气的，彭教授是经学研究领域的巨擘，是学界泰斗；我只是一个小小研究生，而且所学专业也与彭教授研究领域不同，我担心仅凭我的学识没法和彭教授交流，更何况是全程陪同。赵老师看出我的担忧，鼓励我说："不要紧，我们以学习的心态来跟作者沟通就行，态度诚恳，服务到位，就能打动作者。"赵老师的这番话使我稍加安心。准备过程中，我一边请教有过接待经验的老师，一边在网上搜集有关彭林教授的资料和桂林的历史文化，以期做好全面的准备。

经过紧张"备战"，我的信心一点点增强了：关于资料准备，桂林历史文化，对方学术背景、研究领域、学术主张、曾经参加的活动等，都在我的"掌握"之中了；关于交流，我决定先简单介绍桂林，然后多提问，多问"是什么""为什么""怎么办"，把"发言权"交给对方；再加上我诚恳的态度和周到的服务，应该没什么问题！

作者抵桂的那天，我提前一个小时出发去机场接机。司机是农师傅，是一个很和善、健谈的人。一路上，农师傅跟我聊趣闻轶事，提醒我跟作者接触时有哪些值得注意的细节，让我受益颇丰。到了机场，还有二十分钟左右飞机才到站，我举着印有"广西师范大学出版社"字样的牌子定定地站在接机口，心里在琢磨该如何跟彭教授及他女儿打招呼：我该主动问候、握手，然后接过行李……对了，赵老师说过彭林教授是个很重礼仪的人，我应该注意一下……正想着，彭教授和他女儿就到我跟前了："你好！"

彭教授跟我打招呼,我马上伸出双手迎上去:"彭教授好、姐姐好!欢迎莅临桂林,司机在那边等,我们走过去吧!"见面比较顺畅,自我感觉稍好,有礼有节。彭教授高高的个子,比照片上稍显年轻,十一月的天气比较寒冷,他和他女儿都穿着厚厚的黑色羽绒服、戴着绒帽,不像我想象中那样严肃,倒是有点和蔼可亲。回社的路上,我坐在副驾驶,他们坐在后排,我不时扭过身子给他们介绍桂林。幸而桂林的山山水水总是渗透着历史文化,我在之前就有了解,所以只要倒豆子般倒出来就好。

聊天中,彭教授问到我的籍贯。"湖南湘中明珠娄底。"我不假思索回答。这是我一次坐火车经过娄底时广播里的介绍词,从此这就成了我介绍家乡的必备语了。

"娄底为啥叫娄底?而不是楼上、楼下?"

这把我问笑了,但马上我就不好意思了,"娄底"的命名确有其渊源,似乎是跟天上星宿有关的,我记得在哪本书上看过,有点印象,却怎么也想不起来。见我支支吾吾了好一会,彭教授笑了,说每年清华大学研究生复试时,他都会要学生解释自己家乡命名的来源,如果连这个都答不上来,肯定不合格。彭教授是用开玩笑的语气说的,却让我着实羞愧,对自己家乡的文化都不够了解,却侃侃而谈桂林文化历史,真是"数典忘祖"。

在接下来的聊天中,我发现彭教授爱问"是什么""为什么"(这本是我的台词),谈话完全没按照我设想的方案来进行;而我所做的准备都是浅层次的蜻蜓点水似的内容,根本不足以应付他提出的"为什么",我数次被问倒。第一次交流,就遭遇"大寒流",这让我有点猝不及防,我代表的可是师大出版社的形象啊。我默默祈祷接下来的几天不要再有这种情况,可不要再给社里抹黑!

晚宴在六合小院,我社领导有何总、汤总、雷社、赵运仕老师、赵艳老师等,我作为陪同人员,也有幸参加了此次晚宴。何总很平易,也很豪爽,"未见其人,先闻其声",跟彭教授打完招呼然后入座。这是第一次跟何总一起吃饭，他的随意和爽直让我感觉很亲切，席间大家谈笑风生，聊做书、聊历史、聊文人逸事甚至聊娱乐八卦。聆听大家讲话是一种享受也是一种学习。沟通交流能力，是一项需要逐渐积累、不断修炼的内功，得以观摩大家的交流，实感庆幸。其间还有个好玩的事情，在我端着酒杯要给彭教授敬酒时，彭教授教授笑着说："刚才几位老师给我敬酒时动作其实不符合礼仪规范，张洁你是学古文学的，知道应该怎样敬么？"我以前了解过这个，但不确定能否过这位礼学专家这关，心一横，只得根据已有了解，将衣袖掩住杯子，做了个敬酒的动作。"是这个味道，但是晚辈给长辈敬酒，饮酒时晚辈身子要背过去一点，不能直直的面对面，否则互相瞪着喝酒，也不自在啊。"彭教授笑着说道，大家都哄堂大笑。在轻松愉快的氛围中，我的心也落了下来，心里暗喜：这次总算没有"大溃败"！

有了前面的接触和了解，接下来几天的陪同就轻松而愉悦得多。我陪同他们参观七星公园、象山公园，游漓江，参观银子岩，观看刘三姐演出。从大城市来到山水小城，面对如画的景色，彭教授兴致盎然。其间，彭教授告诉我这是他第二次来桂林，第一次是十年前带着母亲一起来旅游。每到一处景点，都能唤起彭教授对与母亲同游桂林的美好回忆。"这个骆驼我记得，当时我母亲见了高兴极了。""象鼻子我还有点印象，我和母亲在这里拍了合照。"……静静地听着，心里泛起一阵阵的感动，不只为彭教授的孝心，更为其对我的信任。我相信，至少此时此刻，彭教授对我是信任和基本满意的。

我泪水都快涌出来了，内心澎湃。此前，凭着想象，我将作者作为假想敌，想到的是怎么去接招拆招，去"对付"他们，将会讨论到的话题甚至意外情况罗列出来并做好预案；在交流受挫时，我想到的是我学识不够，能力不强，就马上谦卑、自责起来；为了做好服务工作，我甚至过分客气过分讲究……此时，我突然明白，其实一切都没有那么复杂，开启这门学问的钥匙是"用心"。良好的沟通能力、不卑不亢的态度、丰富的学识是基础,在此基础上,"用心"跟作者去沟通交流,即使暂时还不能站在跟作者一样的高度,也能得到作者的尊重和理解。

逛西街时,彭教授对很多新鲜小玩意儿感兴趣,东看看西瞧瞧,还特意买了一个仿宣纸水写布,说是给他小孙子练习书法;晚上在"大师傅啤酒鱼"用餐,彭教授和他女儿对富有桂林特色的啤酒鱼、田螺酿等各种别致的酿菜赞不绝口。送别教授那天,彭教授特意跟我道谢,说谢谢我这几天的接待陪同!

偶遇，便是一生的"天堂"

文秋鸢

　　"如果有天堂，天堂应该是图书馆的模样。"博尔赫斯在《关于天赐的诗》中如是说。博尔赫斯曾回忆："我一生受到过许许多多不相称的荣誉，但是有一个我却特别喜欢：阿根廷国立图书馆馆长。"他担任此职务达18年之久。我曾经也有和他一样的感慨，图书馆像天堂一样吸引着我。面对学校图书馆里一架架密密麻麻沉静等待的图书，我无法想象如果离开了大学校园，开始了忙忙碌碌迷迷茫茫的上班生活，我该去哪里找到这么多自己想读的书。当时有一种迷茫，有一种恍然若失的痛。

　　人生就是有这样多偶然的改变。"非典"肆虐那一年我毕业了，因为没有抓住机会错失了工作的良机，或许潜意识里是因为不愿意离开大学校园，我选择了留在学校考研，在我的"宏伟蓝图"里是这样构思的：先去西北读硕，再去首都读博，然后折回江浙一带找份大学老师的活一直生活下去，终老美丽宜居的江南。可黄粱一梦，我失败了。然后继续四处碰壁头破血流地寻找养活自己的立足之地。面对人才市场"高中以上学历，体貌端正"的招聘要求，我心力交瘁。如此茫然奔波四处寻找几月后，饥困疲乏之时，去人才市场对面的花溪王吃粉，在门口看到一张大红纸，上面

335

写着招聘,要求"本科以上学历"!我顿时来了精神,立即照上面的电话打了过去。接电话的是一个中年女性,言语之间很是平和,让我少了紧张,多了一份对自己文字功底的自信。她问我在哪里,我说就在您楼下,现在我就可以过去面试。她说那就上来吧。到了她的办公室,也没有一般面试会有的拘谨和问话,她从一叠稿子中抬起头来,透过眼镜看看我,简单交谈了几句,给我一本稿子,叫我拿回去看,看完给她送过来。我心里很没有底,但还是认真地拿回去细看改好,再送回去交给她。她什么话也没有说,只是问,看完了?看完了再看一本。如此看了三本稿子,第三次交稿的时候,她一边翻阅我看过的稿子一边说,你明天来上班吧。听了这话,我欣喜若狂。很真诚地对她表示了感谢以后,回到住处准备入职试用。

这便是我踏破铁鞋无觅处后,找到的第一份真真正正的工作——出版社校对,从此与出版工作结下不解之缘。这是我从来没有想过的工作,对一个从农村出来的孩子来说,出版社门槛太高了,这个行业是我们八辈子都不曾熟悉的,因为不熟悉,从而甚感高深敬畏,找工作也从没往这方面去想过。临近毕业时,我的同学到出版社考试,我都没有奢想过要到这里递递材料,因为那些同学都是班上比较优秀的,老师推荐给出版社的。当然,他们是作为编辑人员参加考试的。那时,我对自己的职业认知还极为有限,中文系,性格又不适合做文秘,靠写东西挣稿费过日子终究不是个长久之计,除了找份中学教师的工作,恐无其他。虽然在出版社是做最基层的校对,我依然很珍惜,很努力,也很满足。出版让我找到了自信,找到了自身的价值,也收获了别人的羡慕和自己的荣耀。自此,每次回到家乡,有乡邻问我在哪里工作,我回答在出版社时,他们依然不知道出版社和报社的区别,他们一直很认真地确信我是做报纸的,并且听了单位名字以后便无来由地认为很厉害的样子。这和我当初找工作时对出版社的认知别无二致。

工作日久,"夕阳行业"的说法日渐听多,才知道这只是份工作,没有尊卑贵贱。在日渐浮躁的物化社会,依然过着拮据的生活,没有房没有车没有家没有钱,领导很诚恳地告诫我们年轻人说:想要发财,就不要做出版,做出版发不了财,这是个有情怀的人、耐得住寂寞的人才待得住的地方。十年过去,身边的人换了一拨又一拨,曾经的同事,实习的大学生,来了又去了,领导的话让我深以为然。我们尽管清贫,但我们有一颗很"情怀"的心,很文艺的"范",我们就喜欢这份工作。对于我而言,它不仅是谋生的职业和发展的平台,更是我一直钟爱的生活方式和理念体现。我爱这种可以和书与文字相处的方式。我更爱出版社里的人文风气和同事之间纯朴的人际关系,以及与作者平等尊重的朋友似的合作关系。十年之间,编校过很多图书,接触过很多不同领域不同个性的合作方,总体上感觉到自己的工作是有意义、被尊重的,职业荣誉感与日俱增,工作积极性也不断加强。每每接到一本新书稿,都迫不及待地想把她做到自己力所能及的高度。每次拿到新出版的样书,心里总会涌动各种情愫,注视刚面世的新书封面良久,再仔细翻阅每一页,做到了自己满意的,心里会感觉甜,没有达到想要的状态会感到失落、追悔,总结每次的经验与不足,个中滋味全在心中。

　　十多年过去,有过太多与书、与人有关的感悟和感恩:感恩有这一路相伴的同人,感恩密切相关、互尊互敬的作者,感恩获得一本好书的编校"权",感恩领导的支持和帮助,感恩我的编书"天堂"。

编著二三事

黎丽华

　　不知不觉,在《出版广角》负责专栏已逾两年。我和几位专栏作者已较为熟悉,时时可以调侃几句。这种熟悉,是一种编者与著者之间的熟悉,是一种君子之交淡如水的熟悉,并非生活细节上的熟稔。两三番约稿,随意谈谈天南地北,趣话几句家常,足以对几位作者的脾性略知一二。但凡有才华者,个性都较为鲜明,如一树桃花,灼灼其华,令人印象深刻。

　　孙建江社长热爱儿童文学,读他的文章,字里行间,总能感受到他对童真童趣的追求,以及对青年作者的爱护。孙社长对接触过的出版人和事,尤其是青年儿童文学作家,非常关注,是一个真挚通达之人。

　　半夏先生很有文人风骨,细心、执着,对自己的文字十分负责。在他看来,中国传统文字之美,无可企及。比如他喜欢使用"更其"一类比较生僻的词语,如有改动,便会和你较真改动之处文字的深意,坚持不让自己的文章失了特色和味道。

　　全冠军热爱出版,喜欢写系列文评,对所研究的事物尤为专注。比如前一阵子他研究鲁迅,于是好长一段时间都在给写我关于鲁迅的稿件,久而久之,我对鲁迅先生的鱼肝油、药和酒都可倒背如流了。而后,我央求说,全老师换个写作角度吧。他不情不愿了好一阵,才换了。但仍是对他的鲁迅研究念念不忘,让人忍俊不禁。

茱萸非常年轻且有才华,他给自己定位为传统诗人。其文笔细腻,擅长写作图书与出版小趣事。最让我感动的是他非常非常守时,君子一诺,必会兑现。所以一两日内要完成的紧急约稿,我往往要求助于他。种种感激,铭记于心,此处不一一言表。

林东林酷爱读书,也爱思考现实社会的种种问题,很是书生意气。他挥斥方遒,时时指点江山,激扬文字,但有时也回归自然,畅谈汉唐盛事与各地风光。对于这种肆意,我内心其实是十分艳羡的。我们因生活种种,总难免困顿于牢笼之中,放不开手脚去任性,能如此潇洒人生,岂不令人羡慕。

丹飞从事出版业多年,爱好广泛,其人十分随性,只想写自己喜欢写作的题材,最不喜欢命题作文。往往找他约稿,十约六七不成,但如能应稿,便会文思泉涌,一挥而就,也是不可多得的好作者。他常常为《书香两岸》写稿,但和我直言,对你们《广角》,仍是最有感情。

王谦爱书画琴棋诗酒花,却也很接地气。在我看来,这是个在时代的指尖旋舞之人,是个非常适合大数据时代的人。他对网络妙语无一不精,微博、微信、公众号……从不落于人后,每每他的微信订阅号"谦与谦寻"里的文章点击量一高,便像个孩子一样喜不自抑。

张国功君子端方,从出版行业走上讲台,对自己学生十分爱护。张老师向来重承诺,言出必行。前段时间向他约稿,他身体出了问题只能婉拒我的约请,十分可惜。但他仍坚持为我修改了前一篇稿件,病榻执笔,令我十分感动。在这里也祝愿他身体尽快恢复健康。

短短一篇小文,无法一一记叙这些年来在《广角》所遇令人感动之人和事。只言片语,寥寥几句,且留此刻心情。也许多年以后,翻开看看旧时光中邂逅的作者和趣事,还会欣然一笑。

来　信

黄春兰

2001 年 8 月 8 日,是我到杂志社报到的日子。

我那会儿还剪着超短发,穿着一套白色的裙子,裙边上镂空的花,曼妙美丽,像我彼时愉悦的心情一样美好。

我穿过校园,听到郁郁葱葱的大树里,蝉扯着嗓子热闹地叫着。不一会,广西师范大学杂志社那栋绿色玻璃幕墙的大楼映入我的眼帘。我轻手轻脚地走上四楼,只见第一间办公室的门上挂着一张牌子,写着"《作文大王》编辑部",牌子上有个卡通小老虎萌萌地看着我。我轻轻地敲响了门。"请进。"温和的声音传来,我推开门走了进去,只见一位女老师正埋头在一个箱子里翻看着一大堆信件。她扎着短马尾,身穿一套淡灰紫色的套裙。不一会,她抬起头来,移正转椅,一双神采奕奕的眼睛望着我,她微笑着说:"我是《作文大王》的梁老师,你也可以叫我梁艺。欢迎你!"哇,居然还可以直接称呼这位老师的名字,我可是第一次碰到这种情形。轻松温暖的氛围,让我的悬起的心缓缓地放了下来。见我正好奇地盯着那个大箱子,梁老师解释说:"这是来自全国各地小朋友的稿件,你来做我们的编务,真是解了我们的燃眉之急了!"现在想来,尤感时光匆匆,那会梁老师正是像我这会三十五六的年纪，一晃，已过了 15 年。

梁老师带我来到四楼走廊尽头的一间小办公室，告诉我，要做好编务，当好编辑的助手，就要充分了解社里的刊物，以及刊物的栏目构成，这样才能为编辑组稿提供稿件支持，当好编辑和读者之间的沟通桥梁。她对我说："《作文大王》从 2001 年初创刊至今，都坚持每信必复。每个小读者都有颗最真诚、热情的心，所以处理小读者来信一定要及时、耐心，这样才不辜负小读者对我们的喜爱。"看着那几大箱子信件，想着每信必复，我心里既佩服又觉得不可思议。

报到的第二天，我还在寻思着怎样给稿件分类、安排复信时，邮局大叔扛着一个麻袋冲进了我的办公室，他重重地把麻袋放在办公室地上，喘着气说："这是编辑部的信件，我下面的车里还有半麻袋。"我听了倒吸了一口凉气，望着那些都霸占了办公室一半的信件有些发愁。我异想天开：如果有一种能自动把信件排整齐了，然后一刀铡下去就开口的机子就好了，那我可就省了好多时间了。一番胡思乱想后，我还是拿着剪刀，老老实实地一封封地把信件剪开口。对于一些信纸太大塞满了信封四个角的来信，为了避免剪坏信纸，我还会举着来信在亮堂堂的窗户前，像给它照 X 光一样，清楚地看到信纸所在位置后，再小心翼翼地剪开口。编辑都知道我这里要装的信件多，所以但凡有大大小小的纸箱要处理前，都会向我汇报，我成了箱子收藏爱好者。

随着时间的推移，我渐渐对拆信、稿件分类、组织回信的流程和细节都有了一些心得体会。我发现拆信是一件不容易的事，也是一件很有趣的事。

说它不容易，是因为小孩子的思维实在太具跳跃性了，一封来信里经常是既问 360 个为什么，又会针对多个不同栏目投稿。我基本上都不会把这些投稿和问题拆分开来，而是把投稿复印好并把姓名和地址标注好后，再归类到相应栏目中去，这样保证了来信的完整性，复信员可以全面地解答小读者的疑问并对其投稿进行点评，同时可以保证编辑能够第一时间选用到相应栏目小朋友的来稿。对于一些小朋友千奇百怪的问题，我经常会在信纸旁边标注复信的思路，或者直接当面和复信员沟通。因为我们都觉得给小读者一个正确的引导，又保持他们一颗宝贵的童心，是件很重要的事情。拆信久了以后，我对"坚持把简单的事情做好就是不简单"这句话产生了深深的共鸣。

说拆信有趣，是因为拆开信那会的心情就如同在拆开一份礼物，你会充满了期待、好奇。首先是信纸，小朋友可不像我们大人家一样都是用方方正正的信纸来写信，一封信里，长方形带正方形，杂着三角形的信件都是正常的。我印象深的是有位小朋友，他寄来了一张口纸，我百思不得其解，一层一层地打开口纸后，只见最里面写着几行歪歪扭扭的话：阿木老叔，给你出汗的时候擦汗用。我忍俊不禁的同时又被深深地感动。还有一些小朋友，会经常换着花样亲手做出各种各样的礼物，有千纸鹤、幸运星、风铃、贺卡等等，看到这些我能想象出，他们做这些礼物时认真的样子，可爱的模样。这些礼物我都舍不得丢，柜子装不下后用麻袋装。在来信中，小朋友最信任最喜欢的一位栏目主持人就是"阿木老叔"。他们会把很多平时遇到的烦恼，不轻易对父母说出来的话全部向阿木老叔倾诉，让我们既有成就感，又深感责任重大。还有一些小朋友，是《作文大王》的老读者了，他们会在信里问："阿木老叔，你年纪多大了？你喜欢什么？你每次给我回信的笔迹怎么都不一样？"这个时候，我就有点头疼了，怎么解释呢？后来，编辑部在"木木信箱"这个栏目中专门分设了"编辑部的故事"子栏目，让小朋友们把对编辑的想象画出来、写出来，这样，小朋友的好奇心得到了很大的满足。同时，根据来信的地区，指定相应固定的复信员，这样就尽可能保持回信思路的流畅性和笔迹的一致性。

在我当编务的 6 年时间里，随着毕业，复信员换了一批又一批。但是每信必复都一直坚持下来，伴随着《作文大王》成长到现在。在如今这个网络时代，能收到有墨香的来信、一笔一字亲手写信、心怀期盼拆开信件，实在是件很美好的事情！

弱水三千,我只取一瓢饮

刘晓燕

"忽然得之,欢愕相伴",于十眉《寄心琐语》的这一句,说的是霍小玉与李益的初相遇,也刚好可以概括我与广西师范大学出版社的缘起。

大历年间的长安城,霍小玉是"生门族清华,少有才思,丽词佳句,时谓无双"的青倌人,贪其美貌爱其才华的王孙贵族不在少数;李益则是以诗才名满京城的"大历十才子"之一,他的诗不玩深沉但深情,处处透着长烟引素水如蓝染的美,所以往往墨迹未干,就被乐工们拿去谱了曲,歌伎们更是以吟唱为荣。青倌人霍小玉最爱的是那首《江南词》——"嫁得瞿塘贾,朝朝误妾期;早知潮有信,嫁给弄潮儿。"她吟唱一句,眼泪就莫名其妙落一串;她不是怨妇,却感同身受地疼,仿佛那是她的前世。女人的心是和身连在一起的,身疼了便有了以身相许的心。彼时,她不知道李益家住何方年纪几何样貌如何,其实这都不重要了,她在意的是郎才女貌的才。她仰慕他的才,也因此日益深情地在心底把他描化为千年等一回的那个良人,痴痴复痴痴。

才子佳人从来都是一国的,人与书的相遇亦从来都是或早或晚的事儿。确切地说,我是从2006年开始关注广西师范大学出版社的,当时陈丹青出了本销量 30 万的书《退步集》。在出版前,有记者问陈丹青:"下一部书将在哪里出版?"陈丹青指着旁边的师大社总编辑刘瑞琳说:"刘瑞琳就是我的出版社。"这样的字眼跳跃着进入眼帘,好奇的感觉总是如影随形,当即买来这本书连夜捧读。这多像霍小玉走近李益的感觉啊,分明带着绵密的植物气息,抖开来,又兀自清欢,灿然成锦。

之后,对广西师范大学出版社的书一往情深起来。比如木心的《素履之往》,初见书名便使我牵挂。它出自《易经·履卦》:初九,素履往,无咎。《象》曰:"素履之往",独行愿也。大意是说如以素朴之心做人处世,大可以"明哲保身"。当下不由得一惊,再看书的目录名字:庖鱼及宾、朱绂方来、白马翰如、巫纷若吉、亨于西山、翩翩不富、十朋之龟、贲于丘园……眼睛触摸着文字,心就跟着薄凉了,是为人生而寻觅、为生活而沉思的薄凉,但读罢又觉得:窗前一丛竹,清翠独言奇。

再后来,情有独钟地收藏了广西师范大学出版社全套温故系列丛书。这套丛书颇似豪华版的《老照片》,它们根本就不是用来写的,而是看的。看吧,全铜版精装,大开本,虽是泛了黄的旧人旧物,少了几许鲜艳,但无论从哪个角度看都美,这美有世味和风骨。它是一种浓郁的人文精神和高雅品位的出版气质,因为气质独特,吸引名家无数,钱穆、唐君毅、牟宗三、萨孟武、何炳松、何炳棣、劳思光、杜维明、李欧梵、黄仁宇、许倬云、余英时、白先勇、王尔敏、孙隆基、傅斯年、钱存训、木心、梁羽生、朱光潜、王世襄、叶澜、陈丹青、钱理群、李泽厚、韦伯、房龙、纪德、瓦尔特·本雅明……读他们的广西师大版好书,不能坐也不能卧,唯有屏息,屏息了才触摸得到那种遗世独立的美好气质。

或许所有的相遇,都是为了久别重逢。广西师范大学出版社济南分社的成立,给了我天涯咫尺的缘——我慕名应聘,董新兴社长诚意邀约加盟。那一刻,我有些眼湿,心底却是翻江倒海,既兴奋,又紧张。兴奋的是,一个长久的愿望终于将变为现实:我自从舞文弄墨以来出了几本书后,一直期望的下一个目标就是进军出版界;紧张的是,之前一直在传统纸媒间穿梭,能胜任出版社工作吗?……正式到出版社上班后,果然发现这份工作看上去很美,其实却不容掉以轻心。以前在杂志社工作,只管稿件的齐、清、定。版式是统一的,封面由美术编辑自行设计,用纸由办公室决定,很多时候我只管清闲地坐在办公室里喝茶聊天。现在做出版完全不同了,从联络作者、选题申报、合同签署到编辑校对,事无巨细,全要亲力亲为仔细认真,同时还要考虑新书面世后的版式有没有新意、封面是不是吸引人、营销的亮点在哪里……也就是说,所有印前的工作都需要编辑来统筹完成。刚开始确实手忙脚乱一头雾水,但我很快发现,出版不是一个人在孤军奋战,而是一群人的战斗:工作中,有关编辑出版业务,我们的董新兴社长会不厌其烦地讲解和不遗余力地帮助;有关选题策划内容,集团领导经常来指导工作,刘春荣、覃亚仄两位老师会时时指点迷津。很多时候"听君一席话,胜读十年书",敬仰他们,因为他们用言行告诉了我什么叫没有完美的个人只有完美的团队。个人之于团队,正如小溪之于大海。小溪只能泛起小小的浪花,大海却能迸发出惊涛骇浪。出版编辑生涯,愿与良师益友同行,做大海中最勇敢的那朵小浪花。

深信广西师范大学出版社的风骨是在"开启民智、传承文明"中历练而成的,就像山东人的性格,有着一种坚韧的进取精神,还有着一种朴实、敦厚、安静内敛、不事张扬的为人准则。两者交融,让我陶醉,更让我感受到了不尽的滋养。

弱水三千,我只取一瓢饮。女人霍小玉的想法,也是我现在的想法。

其实,我想要的这一瓢饮,是至爱,是一生一世,博大而情深。不如用沈从文的文字表达下吧:"我一辈子走过许多地方的路,行过许多地方的桥,看过许多次数的云,喝过许多种类的酒,却只爱过一个正当最好年龄的人。"那个正当最好年龄的人,当为永远的广西师范大学出版社。

世上无难事，只怕有心人

张旗歌

　　光阴似箭，日月如梭。本人1995年2月来到广西期刊传媒集团的前身——广西师范大学杂志社工作，至今已有21个年头。21年间，企业在不断发展壮大，而我也从青春年少逐渐步入中年。其间有多少同事，为了企业的发展殚精竭虑，呕心沥血，已无法一一记起。作为集团的一员，在领导的关心指导下，在同事的热心帮助下，我不断成长。在每天的工作中及工作之余，我经常在思考：如何应对工作中的困难，如何用最快、最好的方法做好手头的工作。当我完成一件又一件复杂或简单的工作，我明白了一个道理：世上无难事，只怕有心人。

　　21年间，我做过的工作有办公室秘书和营销内勤。工作之余，还参与过《中学生文科月刊》和《英语大王》两本杂志的编辑工作。其中做得最多的，还是每天和数字打交道的内勤工作：在系统内录入订单、查库存、订单转为销售单、报印数、加印、登记来款、制作分班明细表……说起来很枯燥的一项工作，而我却很少觉得乏味。因为工作内容繁杂，而且和数字打交道需要十分耐心和细心，需要考虑周全，一不留神就会出错，容不得半点马虎，所以时刻都要绷紧神经，也就不会觉得枯燥了。

这些年来,工作中难忘的人和事有很多。要说最难忘的,那就是 90 年代时"兼职"做销售的事。那时发行科人员少,工作却不少。于是我作为发行科内勤,在科长的安排下,与业务员一起接待客户,出差收款。曾去过广西的城镇拜访客户,核对账目;也曾孤身一人去偏僻的乡镇收款,那感觉有害怕、惶恐,但更多的是一个坚定的信念,在心里支撑着我走下去,那就是:一定要完成科里交给我的回款任务。

90 年代时,社里出版了一套中考复习资料——《中考先锋》系列,深受初三毕业生的欢迎。有一年,因为各种原因,这套图书剩余了一些库存没有销售出去。社领导很着急,开会号召全社同事想办法,最后决定全社员工齐出动,把库存的杂志销出去。

对于发行科的业务员来说,这任务也许并不难,但对于其他部门的同事来说,还是有些难度的。于是我和当时的英语编辑一起想办法,拿着我们的《中考先锋》样书,先后来到了桂林市的四中、七中、十一中、十二中、十六中、大河乡中学等学校。我们怀着有些忐忑的心情,敲开一间又一间老师办公室的大门。老师们工作都很忙,没有太多时间听我们介绍,于是我们简短介绍说我们是广西师范大学杂志社的编辑,这套杂志留给科任老师,请他们批评指正。如对杂志的内容有任何意见建议,可随时跟我们联系沟通,尽量改进;如果觉得杂志编得不错,就烦请他们帮忙在所教班级里宣传组织征订。同时把我们当时的困境告诉老师们,希望他们多多理解支持。有些老师听说过我们这套资料,有些则不了解,但看我们态度谦和,因此还是表示理解,并很愿意帮助我们。

接下来的几天,我们陆续接到了各校老师电话报来的订数,内心充满兴奋与感激。然后便是去书库提货、一一送货给学校,同时收款。有的学校需找好几位老师收款,还有的学校交给我的是一大包零钱。我不怕麻烦,一张一张地清点,再去银行存入我社账号。

在后来的总结大会上,社领导对我这次的销售业绩提出了表扬。我作为一个行外人，凭借自己和同事的努力，取得这样的成绩，也深感不易。但是这恰恰印证了那句老话：世上无难事，只怕有心人！

其实做任何工作都是不容易的。这次销售的经历让我体会到我们的业务员工作是怎样的辛苦。除了要对外宣传推销我们的杂志，售后服务也是必不可少的。接订单、发货、与客户对账收款，无一不需要他们的耐心与细心，而不只是单纯的推销。

有时我想：我们的集团就像一台机器，每位员工都是这台机器的零件。只有每个零件互相配合，正常运转，这台机器才能正常运行。各位同事，让我们共同努力，为广西期刊传媒集团美好的明天而奋斗！

那些无形的力量

韦春桃

刚刚进入这个行业的时候,教我做稿子的老师便说:作为一名编辑,要用自己的双手,让一本书变得美丽。资历尚浅的我,对于"美丽"一词还有点懵懵懂懂,没能明白这其中深层的含义。

还在学校时,对于自己的专业我以为已经有了很多的理解——不外乎就是沟通读者跟作者,"润色""再创作"之类的理论词语背得滚瓜烂熟,工作的时候突然会发现"物我两忘":在赶着把稿子做出来的时候,根本没有发现所谓的"作者""读者"在哪里,以为自己偷偷犯的一些错误会掩埋在浩如烟海的出版物里,甚至有时候还想,像我们做教辅书的,学生换了一拨又一拨,书也是每年都有改变,谁会记得你写过什么、说过什么呢? 这么一想之后,有时候思想便没有那么高度集中……

回想起来,我们会因为生活的一些事情而成长,让自己明白一开始并没有明白的道理。

去年休年假的时候正好也是学生放暑假的时候,家里有一群阿弟阿妹在读书,小学的初中的都有,作为教辅编辑的我当然会利用这个时间"假装"一下辅导老师。

读初中的堂妹首先给了我一个下马威："姐姐，你还可以背《木兰辞》吗？"当然，这个我初中就可以背了，在做稿子的时候也会碰到，还算熟悉，说背就背。于是在弟弟妹妹们敬佩的眼神中，我自豪地充当了"权威"。

接下来是读小学的堂弟让我教他作文，我告诉他：写作文并没有什么死方法，要多读书，多写，要培养想象力……

说着，我把"想象力"三个字写下来，装模作样打个圈，敲敲桌子。

堂弟没等我说完，立刻插嘴："姐姐，你写错字了。"

啊？我慌了，我确实经常犯这样的毛病，被一个小孩点出来多丢脸，我低下头仔细看，没有啊——想象力。

堂弟接过我的笔——"想像力"，他写下三个字。

弟弟呀，你可算碰对人了，我立刻把我在办公室跟同事们谈论过的话题拿来教育他。

他头摇得飞快，说："我昨天刚看了书，'想像力'就是这么写的。"

平时这两个词的取舍，我们会严格按照课文的写法，我让他把课本拿来，翻完了都没有找到。他又拿出一本课外阅读练习说就是在里面看到的，并翻到那一页。的确，这上面的"想象力"是写成了"想像力"。我当然不同意了，摆事实讲道理举一反三，企图说服他纠正这个写法。

他把头别到一边："我不要听你的，我相信书上说的。"说完拿着书走到一边，一副拒绝再跟我讨论的架势。

我气不打一处来，刚想用强硬手段迫使他屈服，突然想起来大学时候编辑老师说过很多次的话：小学生最听老师的话，最相信书上的话，你就是他父母他也会怀疑你而不会怀疑他看到的书。

我当时还很怀疑主义地对这样的说法不以为然，可就在堂弟别过头的那一刻，我明白了，我想到自己参与编辑的书正是给堂弟这样的小读者看，而且会有一些小孩子像他这样，无条件地相信我们在书上说的，于是我的心突然变得沉重。我甚至想起了少时的我，每看一本书都会很执着地把各个角落看完,当时的我很佩服能做出这样一本书的人。而如果我看到某个细微的错误,就会去查证,然后因为自己发现"权威"的错误而小小地得意……想到这里的时候,我的心不止沉重,而是打了个寒噤。

你以为你犯的一些小小的错误就此埋在密密麻麻的字中间吗?会有一些小孩子像我堂弟一样无条件地相信我们,也会有一些小孩像我一样,从各个方面欣赏我们的书,如有一丝瑕疵,就会像夏日里晒在阳光下盖了一个冬天的棉被上飞舞出来的微尘,暴露在他们雪亮的眼睛下。

我一直以来忽略的某些问题突然赤裸裸地出现在我的眼前,刺得我眼睛生疼,我突然明白了刚工作时老师说的话,也明白了作为前辈的师姐的话:工作不像读书时候的考试,考试的时候可以随你的意愿只考及格,但是工作,必须都是 100 分,不要为了做完稿子而做稿子。

从此,我也学会了提醒自己:当我做稿子的时候,应该在字里行间看到他们求知的眼睛;当他们看书的时候,也许会在字里行间看到我希望的眼神。在时空上的某个点,其实,我们相互注视着,交流着……

那些我们从未谋面的小读者,便似一股无形的力量,足以让我们想起来的时候,正襟危坐,如履薄冰。

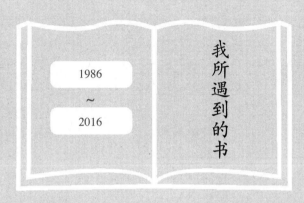

我所遇到的书

1986

~

2016

书本身是有生命的

我们让它自己长出来了

设计师消失了

编辑也消失了

一切都浑然天成

在自己身上，克服这个时代

刘瑞琳

"在自己身上，克服这个时代。"这句话，是尼采在100多年前说过的。今天听来，依然具有穿透我们心灵的力量。因为对今天的中国，对我们的时代来说，这个永恒的主题具有特别的新意。

"时代"，是一个具有魔力的词；它就像是《指环王》里的那一枚魔戒，人人都想戴上它，人人都想站在时代的潮头浪尖，人人都害怕被时代抛弃。历史上，有太多时代的弄潮儿被时代所吞噬，也有太多英雄豪杰因为克服了自己的时代，推动了时代的进步，而成就功名，造就伟业。

人在时代中。某种意义上可以说，人，终其一生，都在处理跟时代的关系。我们批评这个时代，我们却和我们所批评的东西如此相似；我们与这个时代抗争，而我们抗争的手段却来自这个时代；我们试图逃离这个时代，最终却发现，所谓时代，其实就是我们自己。

"在自己身上，克服这个时代。"其实就是说：要克服我们自己。而克服，并非简单的批评，嘲笑，抗争，或者逃离。克服，是指来自我们内心的某种觉醒。

现在想一想，我真的是非常幸运，二十多年来，能够一直从事自己热爱的出版工作。而书籍，又是那么奇妙的一个东西。它诞生于自己的时代，却又呼应着过往的岁月，召唤着未来的日子。每一本伟大的书，其实都渴望着超越它的时代。我们在每一本伟大的书身上，都可以看到它与时代搏斗的痕迹。而我们这些做书的人，也在这个过程中，和书一起，与时代搏斗，并参与到一个追求不朽价值的文化进程中去。这，或许是一个做书人最大的幸运和光荣。

下面，我会与大家分享一下我们做过的几本书，看看它们是如何克服这个时代的。

一

2005年，我们出版了陈丹青的一本书，叫做《退步集》。在此之前，陈丹青刚刚宣布，因为无法忍受日趋功利和僵化的教育体制，决定辞去清华大学的教职，由此引发了媒体和社会的广泛关注和争议。而在这本书里，陈丹青对于中国艺术、城市、教育、文化等诸多领域、种种现象，进行了痛快淋漓的批评。

书出版后，受到读者的热烈欢迎，一口气卖了20多万册，还获得了国家图书馆的文津奖。

很多人问：为什么这本书叫《退步集》呢？香港的词作家林夕就说过，光"退步"这个书名就让他心有戚戚，他说："大部分人都患上了进步强迫症，忘了顺其自然，让目标若有若无……"

我觉得林夕所说的"进步强迫症"非常传神。不过，就个人层面来说，每个人追求更美好、更幸福的生活，当然无可厚非。现在的问题是，我们这个时代，这个社会，患上了"进步强迫症"，并以进步、发展、富强的名义，劫持了我们每个人应有的自然而然的生活。

记得在2011年动车发生事故的时候，有一条微博写道："中国，请停下你飞奔的脚步,等一等你的人民,等一等你的灵魂,等一等你的道德,等一等你的良知!"

与动车一般飞速前进的时代相对照,"退步"是一个无奈却清醒的选择:既然我们不甘于随波逐流,那么不妨自甘退步;我们不愿意被时代所裹挟,那么我们就回归自身。

退步,还有一层意思是说:"始终将自己置身于历史之中。"

陈丹青是我所见过的,少有的,真正具有历史感的作家。虽然他并非专业的历史学者,但往往能以一种历史的视角看待我们今天的问题。他一再强调记忆的力量。因为我们的历史被一重重的谎言所遮蔽,被一代代的遗忘所割裂,我们已经习惯以一个时代涂抹另一个时代,以一个时代覆盖另一个时代。

"退步",就是要退回到历史中,恢复我们的记忆,这样,才能真正认识我们所处的时代。

这就是我今天想和大家分享的第一本书,以及它给予我们的启迪——

面对时代的喧嚣,我们不妨退一步,退回到自我,退回到历史,退回到基本的人性与价值,从而获得审视这个时代所必需的距离,获得与这个时代周旋的余地。

二

记得还是在 2008 年,奥运会前后,西藏事件,汶川地震,火炬传递,发生了太多的事情。各种纷乱与喧嚣,令人目不暇接。在这个时候,我读到了梁文道写的一篇关于西藏事件的文章,《为西藏问题寻找最大公约数》,文章中透露出的理性、睿智,乃至慈悲,给我留下了非常深刻的印象。我当时就想,有机会一定要为这个人出书。

在这一年的年末,我们出版了梁文道的《常识》。这本书就像是给我们这个时代的各种狂热妄想开出的一剂解药。到今天,销量已经超过了30万册。

《常识》的热销,说明我们真的是处在一个常识稀缺的时代。我们这个时代,有太多的主义、思想和理论。与它们相比,常识显得朴素得多。面对光怪陆离的中国现实,我们能够拥有的最谦逊,最理智,也最诚恳的立场,或许就是——回到常识。

回到常识,我们就能开启一个公共讨论的空间。我们所有人,都可以作为一个有理性的公民,参与到公共话题的讨论中去。我们所有的讨论的基础,就是常识。

依靠常识,我们可以抵御各种极端的主张;通过常识,我们寻找解决各种问题的最大公约数。

回到常识,不仅是我们面对这个众声喧哗的时代的理性选择,而且也是我们在出版方面一直以来的追求。

我们做出版,抱持的是一种文化的立场、价值的立场,而非利益的立场,更不是政治的立场。但在这个变革的时代,各种思潮、理论、学说,层出不穷,各执一端。出版作为一个公器,如何既能够参与这个时代的变革,又能够具有超越这个时代的眼光与坚守?

我想,很重要的一点就是,回到常识。我们需要依靠常识,在体制约束与独立思考之间寻找平衡,在各种思潮之间保持清醒。

如果说,《退步集》给予了我们一个审视时代的立场,那么可以说,《常识》给予了我们一个与这个时代相处的态度,那就是:不困于主义,不惑于现实,回归理性,在常识中寻找共识。

三

2014年年初，我们推出了广西师大版龙应台"人生三书"，刚好这一年也是她的《野火集》出版三十周年。刚刚我们推出了《野火集》的三十周年纪念版。

当年，《野火集》在台湾出版的时候，21天就加印了24次，台湾几乎每个家庭都有一本。这把野火，对台湾民主浪潮的勃兴，起到了非常重要的作用。

但在《野火集》出版后的这三十年里，历史似乎跟我们开了个玩笑。

我们眼见了台湾民主浪潮的兴起，眼见了政党的兴替，眼见了反对者变为执政者，执政者又变为阶下囚，眼见了民间社会的兴起、言论自由的勃发，也眼见了文化品质的衰落、理想主义的幻灭。这三十年里台湾的民主化历程，就像是我们经历的另一场人生。

龙应台在序言里问道：从威权到民主，不是从奴役到自由吗？可台湾的现实却告诉我们：奴役的反面并不意味着是自由。

原来，威权时代有威权时代的压迫，民主时代也有民主时代的捆绑。

美国作家菲利普·罗斯回忆1970年代他访问捷克的情形时说："我用一句话来比较捷克作家和我们美国作家的处境：在那儿什么也不许做，但每件事都很要紧；在这儿什么都可以做，但什么都无关紧要。"

我们目前的处境或许是：凡是无关紧要的，我们什么都可以去做。而要紧的事情，我们要么不能去做，要么不知道什么是真正要紧的事情。

身处这样一个时代，我们依然需要野火。这也是我们出版《野火集》三十周年纪念版的意义。

这野火，不是别的，就是启蒙。用康德的话来说，就是走出不成熟的状态，勇于运用自己的理智。

今天我们再读《野火集》，已经有了不一样的体会，我们已经知道，启蒙是一个没有尽头的过程,而过程,可能比目标更重要。

这是我想说的第三个意思:想要克服时代,我们要有足够的耐心,没有一劳永逸的胜利,只有一代人一代人的薪火接力。

四

上面我们所谈的,或许过于宏大了。有人会说,并不是每个人都能够像陈丹青、梁文道、龙应台那样,有能力,也有机会去超越这个时代,甚至改变这个时代。但我想说的是,想要克服这个时代,恰恰需要我们每个人的努力,只有我们在自己身上克服了自己,我们才有可能克服这个时代。

我很喜欢我们出的一本书,叫作《留住手艺》。里面讲述了十多位日本手艺人的故事。他们中有木匠,铁匠,船匠,竹编手艺人,等等。每个人都在一项单纯的手艺中,投注了一生的心血。他们与他们的手艺已经长在了一块儿。他们死掉了,手艺也消逝了。手艺消逝了,会觉得可惜。但度过这样的一生,却没有遗憾。

我们曾经出过一本有大量历史照片的书,因为是历史照片,很多都布满了刮痕、脏点,我们的艺术总监,花六七个小时,用鼠标一点一点地,以纯手工的方式,擦去了一张图片里的上万个脏点。为什么要用手工的方式呢? 因为如果使用电脑程序里的去杂点工具,就会丢失掉图片里很多丰富的细节。这本书的出版单纯为了修图就花费了半年的时间。

对于大多数人来说,这些照片上的刮痕与脏点,似乎是无关紧要的事情。在这些无关紧要的事情上面,耗费这么多的时间和心血,值得吗?

面对这些照片上的刮痕与霉点,我仿佛看到了我们所经历的各个时代,就这样草草过去,就这样敷衍了事。我们习惯了带着脏点的照片,习惯了玻璃建筑上的污垢,习惯了大街小巷的小广告,习惯了下雨天的污水横流,也习惯了在雾霾中生活……我们习惯了把一切都推诿给时代,然后诅咒这个时代。

对于中国人的马虎、不认真，鲁迅在世时就已经提出了批评。可迄今依然如此。

据说，日本京都大德寺附近，有一家开了一千多年的小食店，几乎与京都同岁，他们家只卖一样东西，一种烤着吃的小年糕。虽然看似简单，但一家人还是全力以赴，一丝不苟。

每次看到这样的手艺人的故事，我都很感动。在他们面前，时代，时间，似乎都消失了。我只看到一种专注而决绝的精神。

这是我想说的第四个意思：真正能够穿越时代而不朽的东西，其实是我们每个人的精神，一种专注而决绝的专业精神。这种精神，我们每个人身上都有，只是看我们有没有勇气与毅力去坚守。

五

好了，让我们再回到尼采的那句话："在自己身上，克服这个时代。"

不断克服自己的有限性，不断趋近那个永恒的价值。如果能够这样，那么，理想国就在你的身边。

重现抗日战争历史真实　讴歌中华民族伟大胜利

重读《抗日战争史》丛书

王 昶

20 年前,我有幸作为第一批读者,喜读了广西师范大学出版社出版的、列入国家"八五"出版规划重点图书的大型学术丛书——《抗日战争史》丛书。在迎来伟大的抗日战争暨世界反法西斯战争胜利 70 周年的喜庆日子里,我又重读了这套丛书,重温了革命老前辈、身经抗日烽火的开国上将杨德志为丛书撰写的"总序"中指出的:"这是我国学术界、出版界为推动中国抗日战争史研究,实事求是地向广大读者展示中华民族抗日战争之全貌,以实际史实进行爱国主义教育而做出的有益尝试,是很有意义的。"这是极为正确的。丛书是一套重现抗日战争历史真实,国共合作、全民抗战,既展现正面战场,又展现中国共产党领导的广大抗日根据地军民抗击日本侵略者的中流砥柱作用,讴歌中华民族伟大胜利的,具有教育性、学术性、可读性的有特色的丛书。

杨德志在"总序"中指出:"在抗日民族解放战争时期,在中国共产党倡导的抗日民族统一战线的旗帜下,以国共两党合作为基础,全国各族人民,包括各民主党派、各抗日团体、社会各阶层爱国人士、海外华侨团结奋斗,经过长时间的艰苦卓绝、前赴后继的顽强斗争,中华民族终于取得了彻底打败外国侵略者的民族解放战争的伟大胜利。……也是世界反法西斯人民的伟大胜利，在世界历史进程中占有十分重要的地位。"他特别指出："这套丛书不仅以大量篇幅反映中国共产党领导的人民武装在抗日民族解放战争中所作出的巨大贡献和取得的卓越成就，而且对广大爱国的国民党官兵在抗击日本侵略者的战争中所作出的贡献，也作了实事求是的评价和论述……力图使读者能全方位、多视角、多层次地来了解抗日民族解放战争的全貌。"丛书以毛泽东思想为指导，坚持历史唯物主义，重现抗日战争的历史真实，展现中华民族全民抗日的全貌和精神。所以，全面性是丛书的一个显著特点。

丛书时间上始于1931年的"九一八"事变，迄于1945年9月日本无条件投降，长达14年；内容包括政治、经济、军事、外交、人物、文化、综合7个系列，达40余部，八九百万字。为展示全民抗战的全貌，丛书既有研究抗日"正面战场"的《血染辉煌——抗战正面战场写实》《炮火下的觉醒——卢沟桥事变》《抵抗与妥协的两重奏——一二八淞沪抗战》《大捷——台儿庄战役实录》《兵火奇观——武汉保卫战》《抗日军人之魂——张自忠将军传》等；也有《中国战区的"最高统帅"——抗战时期的蒋介石》《在历史的旋流中——抗战时期的国民政府》等。更有研究在抗日全民战斗中起中流砥柱作用的中国共产党领导抗日武装斗争的《浴血奋战——抗日英雄八路军》《铁军纵横——华中抗战的新四军》《砥柱中流——抗战中的解放区战场》《新中国的雏形——抗日根据地政权》《鏖兵华北——震惊中外的百团大战》和展现在延安如何领导抗日战争的中国共产党毛泽东主席的《八载干戈仗延安——抗战时期的毛泽东》等。也有展现抗日时期国共关系的《度尽劫波兄弟在——战时国共关系》《失去的机会？——战时国共谈判实录》和《挽危救亡的史诗——西安事变》。也有记录远征军英雄事迹的《铁血远征——中国远征军印缅抗战》，有记录宋庆龄抗战活动的《深谷幽兰——战时"国母"风采》，有讲述华侨爱国行动的《华夏向心力——华侨对祖国抗战的支援》。也有展现战时民族败类的《历史的怪胎——汪精卫国民政府》《历史的毒瘤——伪满政权兴亡》;也有讲述日本侵华野心与战败投降被审判的《征服之梦——日本侵华战略》和《浴血八年树丰碑——受降与审判》。还有展现战时中苏关系、中美关系、中日关系、中共外交和战时的民主运动、经济、货币、交通、文化、海外学人群像等。从上述的列举中,可以看出丛书内容极为全面、涉及面广,有的学者将其称为"全面研究全民抗战的第一套百科全书",是中肯的、恰如其分的。

《抗日战争史》丛书不是一般记传性图书,而是一套展示研究成果的学术性丛书,所以学术性是它另一特点。好的学术图书要有一流的作者,要有作者撰写的高质量的书稿。这已是大家的共识,也是出版业的一个规律。学术图书书稿是作者学识、研究深度和功力的结晶,出版社一开始就重视作者队伍的组建。首先是聘请著名史学专家、博导王桧林教授任主编,他和社里共同商请每部书的作者,并审定每部书稿;聘请一批在该领域长期进行研究、有造诣的专家学者撰稿,如请长期从事国共关系研究、出版过多部专著的学者李志良和杨奎松分别撰写《度尽劫波兄弟在——战时国共关系》《失去的机会?——战时国共谈判实录》,《历史的毒瘤——伪满政权兴亡》就是由长期从事伪满洲国史研究和史科、档案整理的解学诗研究员撰写的。丛书是作者长期研究成果的结集,他们坚持实事求是的科学精神,敢于发表自己的观点,展示最新研究成果,对当时学术界尚无定论的问题,在介绍各家各派不同观点之后,能阐明己见,并力求公允、正确。这也是丛书学术性的体现。如抗战时期的宋庆龄处于她一生中活动最频繁、斗争最激烈、思想最光辉、贡献最伟大的一个时期,理应深入研究。但据我所知,当时一些著作中虽有论及,但由于资料、篇幅等原因,研究欠深入,不能令人满意。而丛书中的《深谷幽兰——战时"国母"风采》就弥补了这方面的不足。这部专著将宋庆龄置于抗日战争大环境中，主要从她与国共两党关系中进行研究，全面、客观、准确地反映了这一特定时期一代伟人的风采，这是极正确的。因为她的抗日思想和活动正是围绕这两方面关系展开的，而她的思想与实践的日趋成熟也正是在处理这两方面的关系中体现的。专著的研究视角新颖、观点正确，展示了最新科研成果，因而受到同行专家和广大读者的好评。时任国务院学位委员会学科组成员张静如教授曾称赞该书："对于宋庆龄开创了由歌颂走向思考、由纪念走向研究的先河，为广泛持久地开展纪念和学习宋庆龄的活动奠定了坚实的科学基础。书中有一些新的见解，在史料的挖掘上，也填补了一些空白。在众多的有关宋庆龄的著作和文章中，该书是一部有深度的好的专著。"丛书中的《华夏向心力——华侨对祖国抗战的支援》展示了对抗战中华侨群体研究的新成果，给人以启示。专著对战时国共两党的侨务政策做了客观、全面的分析，进行了比较研究，指出国共两党由于执行不同的侨务政策而导致的必然不同的结果；对汪伪政权的侨务活动也做了客观的评述，深刻地揭示了其虚伪性和反动卖国的本质。过去学术界对八路军驻香港办事处在执行侨务政策中的作用研究甚少，而该书对此首次做了较为全面的研究，还对陈嘉庚南洋慰劳团、南洋运输团和诸多侨领人物做了较为深入的研究。这些研究在观点和史料上均有出新，在一定程度上弥补了学术界在上述方面研究的不足。丛书大量展示的研究新成果，是丛书学术性的又一体现。在阅读丛书中，我还看出作者尽量使用第一手材料，不少还是首次披露的材料，如《深谷幽兰——战时"国母"风采》中有1/3的材料和一些照片就是首次使用的。材料新，是学术著作的一个要求，也是其学术价值的体现。另外，我还发现丛书编校质量好，这与该社一贯重视编校质量有关。编校质量好，也是学术图书价值所需要的。

可读性也是丛书的一个特点。往往学术著作的读者面窄，除专业因素外，可读性不强也是原因之一。其实学术著作的学术性与可读性不是相斥的。由于丛书研究的是抗日战争，有其特殊的教育性和现实性，因而具有可读性更为重要。为此，丛书的作者和编辑人员在这方面是下了功夫，取得了成效的。一是行文中做到平实流畅、通俗生动，让仅有初中文化水平的读者也能读懂；二是书名既有文学色彩，又能体现书的内容，令读者喜欢，如《八载干戈仗延安——抗战时期的毛泽东》《浴血奋战——抗日英雄八路军》《铁血远征——中国远征军印缅抗战》《争吵不休的伙伴——美援与中美抗日同盟》等；三是将一些专著的书名改得更具文学性和可读性，据介绍在这方面编辑是下了功夫的，如将《峥嵘岁月——第二次国共合作史》的正副标题改为《度尽劫波兄弟在——战时国共关系》，将《汪精卫国民政府史》改为《历史的怪胎——汪精卫国民政府》，将《深谷幽兰——抗战时期的宋庆龄》的副题改为"战时'国母'风采"，将《海外抗日烽火——华侨对祖国抗战的支援》的正题改为"华夏向心力"等；四是在封面设计上下功夫，封面绘有咆哮的黄河、血染的长城、长鸣的警钟，加之以凝重的深灰底色，配以"总序"中的一些文字，较好地体现了丛书的内容和指导思想，受到广大读者特别是青少年的欢迎。不少读者说："看了书名和封面，'第一印象'极好，就想急着看内容。"一位女中学生读了《深谷幽兰——战时"国母"风采》后来信说："读了这部书，我更崇敬宋庆龄。这样的学术专著我们读得懂，喜欢看。"

今年我是带着深深的感情来重读这套史诗般的丛书的，深受我们的前辈、当年广大爱国军民抗击日本侵略者的英雄行为的教育，他们有的用枪弹与敌人浴血奋战，有的拿着大刀"向鬼子们的头上砍去"，有的没有刀枪，却用血肉之躯，阻挡敌人的入侵，终于战胜了敌人。这就是我们伟大的民族，我们伟大的爱国军民，为了祖国的尊严，民族的尊严，我们可以付出一切，乃至生命。忘记历史就意味着背叛。70多年前日本侵略我们的国家，中华民族到了危亡的关头，3000多万同胞惨死在敌人屠刀下，南京大屠杀惨绝人寰、被强征的慰安妇的血泪……这一切我们不能忘！我是近年八旬的老人，日军侵占家乡桂林时我刚上小学，当时也随家人逃难。特别不能忘的是，在逃难时我母亲患上肺结核因无法医治在逃难途中病逝。这些国恨家仇，我们永世不能忘！当今以安倍为首的日本右翼势力妄图重走军国主义老路，我们要高度警惕，并正告这些亡命之徒，70 年前我们伟大的抗日民族解放战争在艰苦卓绝的环境下都取得了伟大胜利，今天的中国、中国人民是不可战胜的。

《书之旅——一个出版社 20 年的故事》编辑手记

肖向阳　施东毅

下午刚刚上班，社里《工作简报》的责编海风就给我们来电话说：给《书之旅——一个出版社 20 年的故事》的编辑过程写个随笔吧。给逝去的日子勾画背影，是不易的。但我们都知道，为了办好《工作简报》，海风向来都在孜孜不倦地无私付出着，于是答应了。

眼前的办公桌上静静地躺着一本书，线条柔和，米黄色的封面简洁素雅，用黑漆烫上"书之旅"三字，行草，俊秀灵动；书脊上方用一帧方印，上镌"书人事"三字，古隶，苍劲朴质。翻开来，阳光正好从窗外斜着打在米白色的轻型纸上，优雅的版式，淡淡的墨香，显得朴素而温暖。季节已是初冬，阳光一如既往地灿烂着。凝视着眼前静静地躺在午后阳光下的书本，《书之旅》编辑过程中的一幕幕情景在我们的脑海中渐渐清晰起来，心中的感动也随之涌起。

社领导给《书之旅——一个出版社 20 年的故事》的编辑工作提供的各种形式的支持和帮助，是我们首先要感谢的。

9 月 13 日，我们正式接到社里交来的编辑 20 周年社庆散文集《书之旅》的任务。第二天，在姜副社长的召集下，王书记、何总编辑、李苑青老师和我们社庆三本图书的责编在四楼会议室召开了碰头会,商议了这三本书各自出版的背景、编校思想、作者组成、对出版进度的把握,等等。当时,会上确定了社庆散文集《书之旅》在内容上将细分为"书"、"人"、"事"三大板块(待来稿到齐后,我们发现有不少文章无法归入以上三大板块,遂另辟了"我的回忆"板块,此是后话了)。指导思想明晰、分工明确后,我们开始着手进行《书之旅——一个出版社 20 年的故事》的组稿工作。

此后,姜副社长、李苑青老师又召集我们开了几次关于社庆图书的编校工作碰头会,给我们工作提供了切实有效的指导和帮助。此外,刘健斌副校长、王书记、姜副社长、沈副社长、曹副总编辑百忙之中宝贵的赐稿,肖社长对本书编校进程的几次亲自过问,何总编对本书的终审、对封面书名一丝不苟的斟酌,等等,我们都无法忘怀。

出版社全体员工对我们编校工作的支持,同样让我们感动。

在我们接到《书之旅——一个出版社 20 年的故事》的编辑任务时,市场科的海风已经于两三个月前给全体员工发出过这本书的约稿函。根据 9 月 15 日会议的精神,我们用电子邮件的形式,给出版社全体员工再次发了一份约稿函。这次收到约稿函后,不少员工都跃跃欲试,表示要写一写,用文字记录自己在出版社所经历的一些片断和感想。为了保证组稿工作能按时、按质、按量完成,我们给社里的许多员工又单独打了约稿电话,接到电话的员工都表示要支持社里的工作,给我们投稿。组稿工作有条不紊,接下来的半个月里,部分员工的稿件陆续到达了。但可能是忙于生产经营,社里的大多数员工都没有时间静下来写稿,直到 9 月底,来稿的数量离能集结成书相差还较远,这时我们开始隐隐担心这本书能否在 20 周年社庆典礼前出版。于是,在十一长假前两天,我们向全体员工发出了催稿函,希望大家能利用长假的七天时间写稿。甚幸,长假结束后,我们的稿件终于陆续收齐。正是有了全体员工强有力的支持,《书之旅——

一个出版社20年的故事》才得以在较短的时间内与大家见面。

其中，南宁公司和北京公司的员工对我们工作都给予了大力支持，两个公司的员工踊跃投稿，尤其是南宁公司几乎是人手一篇，使我们这本书在内容上更加充实丰满。此外，社本部的几位资深的文科编辑宾长初、龙子仲、赵明节、沈伟东对全书体例的设计、板块的设置、内容的取舍、书名的定夺等都给我们提供了有益的帮助。

特别值得一提的是，已经退休的老领导、老员工们对我们工作的支持。当接到我们的约稿函后，老领导、老员工们纷纷给我们赐稿，出版社的凝聚力由此可见一斑。师大老校长、出版社原社长王炜炘，原总编辑贺祥麟，原总编辑黄理彪，原副总编辑江淳，原发行科科长张晶义，原文科编辑室主任王昶，等等，这一个个让人肃然起敬的名字，用纯真的情感、朴实的文字为我们寻回了出版社在岁月深处闪耀的斑驳的光影。

以上这些，都是我们心存感念的。

当我们用心梳理《书之旅——一个出版社20年的故事》的编辑过程时，我们发现，两个多月的时间里，除了紧张和忙碌，我们收获的更多的是感动。随着这本书的孕育、诞生，我们也完成了一次真正意义上的"心灵之旅"。一抬头，窗外的桂花正静静地绽放，有一群鸽子轻盈地掠过古城墙上空，洁白的羽翅在阳光下散发出耀眼的光芒。

我为《做个积极向上的人》做设计

张 明

2012年7月,《中国编辑》的陈老师联系到我,让我为《做个积极向上的人》一书做设计。得知书的作者赵智勇先生是江西省委领导,也是博士生导师,公务繁忙之余不忘著书立说,非常钦佩。这本书是作者自己心路历程的回望,也是自我悟世之所得,还是对女儿远行的叮嘱——作者在篇首语中提及,在女儿第二次远行时,作为父亲的他不是像第一次那样唠叨"注意安全""照顾好自己""好好学习",而是送给女儿五句话二十个字:积极向上、上善若水、有容乃大、为而不争、大爱无疆。他心底里,是希望女儿永远做一个积极向上的人,始终追求上善若水的品质,时刻保持有容乃大的胸怀,时时处处为而不争,身体力行大爱无疆。全书围绕这五句话二十个字进行了倾心诠释,阐发了古今中外圣贤先哲共同的修身途径。简短的五句话二十个字,蕴涵了五种不同而又相通的价值观,浸染了他治学为政的宝贵参悟,道出了为人处世的智慧。"做个积极向上的人",没有华丽的辞藻堆砌,没有急功近利的言语说教,朴实而又深沉。

作为书稿的首批读者之一,我被这样一本励志书、智慧书、心灵书深深打动了。作者的宝贵体悟就像暗夜里的明灯,照亮前路,指引方向;又像一束温暖的阳光,守护着一颗积极的、乐观的、健康的心。面对当下社会转型出现的浮华与喧嚣,我觉得自己有责任、有必要把作者的"自度曲"通过书籍设计展现给读者,把这缕积极、乐观、向上的光辉传递开来。这也成为我设计本书的灵感来源。正是这种情感,激励着我努力寻求一种恰当的艺术形式,赋予这积极的内容和深刻的体悟以适宜的载体,并力求通过自己的设计使该书成为内容美与形式美的统一体。

一

在构思的过程中,寻找概念成为最关键的一步。设计概念,即设计者通过对书籍内容的理解、感受,在头脑中所形成的主题思想,以及如何通过艺术形象来表现主题的想法。它和中国传统美学里的"立意"有着异曲同工之妙。我国传统绘画主张"画贵立意"、"意在笔先"、"意奇则奇,意高则高,意远则远,意深则深",表达的就是这一道理。

读罢此书,"灯"这个形象一直在我脑海中挥之不去——对读者来说,这本书是人生路上的明灯,也是激励我设计此书的灵感之"灯"——何不从"灯"入手?通过对主题的思考与概括,我首先由"灯"想到了"光";由"光"的发散性,再次联想到光明、光芒、阳光或曙光等。显然,"光"丰富又积极的内涵,与此书的主旨不谋而合,因此我最终决定将"光"作为贯穿全书的基本设计概念。

从这个设计概念出发,我尝试了多种表现形式,有抽象的也有具象的,不一而足。一个方案是用向上汇聚的五条线代表光线,线条采用烫银工艺,突出光的质感,以象征书中提到的五个重要理念;另一个方案是在白色的光芒中,做一个月牙形烫银,利用正负形的效果,形成日食消退、太阳重现光辉的景象;还有一个方案使用密集的印金线条,形成放射形的光芒,给人一种光芒万丈的感觉;再有一个方案,摒弃了抽象的象征图案,采用了比利时版画家麦绥莱勒的木刻作品，主体图案取自他的连环画《光明的追求》……经过与作者、编辑的沟通，并综合考虑材料、印制施工等多种因素，我们最终决定采用木刻连环画《光明的追求》这一方案。进而，我从《光明的追求》中继续选取了五幅作品，分别使用在内文的五个辑封上，从而形成系列的效果。

在西方，木刻与书籍的渊源由来已久，书籍插图中似乎永远少不了木刻的倩影。在艺术层面上，木刻本身便是一种极具张力的表现形式，它"原始单纯的趣味，黑与白强烈的对照，简洁又复杂的手法"，是其他艺术形式所无法比拟的。麦绥莱勒是著名的现代木刻艺术大师，致力西方版画引进与学习的鲁迅先生也非常喜欢和推崇他的作品。他的作品，无论是线条的疏密、曲直，还是黑白大小、聚散分布，看似随性，实则精心考量。他的木刻用于书中，具有浓厚的人文气息和独特的装饰美，给人耳目一新的感觉。《光明的追求》这部作品，采用现实主义和浪漫主义相结合的手法，既表现真实又展示想象，刻画了一个抱着理想和热情追逐太阳的人，他在梦中披荆斩棘、上天入地，让人不禁想起中国的"夸父逐日"。其在主题上也营造和烘托了积极向上、追求光明的意境和氛围。以他的作品作为封面主体图案和内文插图，精神内涵与本书的主旨亦非常契合。

书籍设计犹如一个探索的征途：提取设计概念，寻找表现形式，尝试多种方案，最后尽力实现形式与内容的完美契合。于我而言，这整个创意过程，可以说是以设计概念为基础，发挥想象力进行再创造的过程。首先确立设计概念，通过艺术联想去扩大意境，从而突破有限的空间，由此及彼，由表及里。在形式的创意上，以情感人，开拓和创造更深邃的意境，使读者加深对书籍主题的理解，产生精神共鸣。

二

　　书籍的设计概念既成，表现形式已定，接下来便是对细节的推敲和把握了。

　　细心的读者可能会注意到，此书封面和辑封的图案、文字都集中于书的天头部分，而下面和辑封处大面积留白，空空如也，像是为读者留下的许多思考空间。而且，内文版心也偏上，地脚留空较多。这当然是有意为之，整体构图靠上，无形中会给人以"向上"的感觉，恰似读此书的那种升华感。本书的设计构图基本上由两大部分组成，即实体形象和空白部分。实体形象固然重要，但空白也是平面构图中不可缺少的，就像繁杂的建筑群中间要有一块广场。凡是成功的构图，无不在疏密、虚实上下功夫。此书在构图上运用中国画的"知白守黑"的原则，封面和辑封都采用以虚代实、平中见奇的构图框架，一如马远的"边角之景"，空白处反而营造出一种"此时无声胜有声"的氛围。虚实相依相生，矛盾运动的形式所产生的节奏和韵律，使整体构图充满了音乐性和抒情性，令人遐想飘然。

　　一个设计师要非常了解色彩的美感和内涵，才能在书籍设计中游刃有余。色彩表达书籍的性格与特征，奠定书的基调——昂扬的还是低沉的，欢乐的还是忧郁的。因此，书籍的色彩要与书籍整体的风貌和格调一致。运用色彩，不妨"惜墨如金"，以最简约、凝练的色彩构成达到最佳的视觉效果，一色多能，一色多用，用之不尽，变之无穷。同时，还要注意色彩的装饰性与独创性，色彩格调高雅，才能富有魅力，令人心旷神怡。在这个过程中，设计者也还要从生活中汲取经验和感受，融入到对书籍内容的体会中，升华书籍主题，开拓新的色彩意境。遵循上述原则，我选用了调入红金墨的专色油墨来印刷图文，以暖色调营造出积极的氛围，红褐色中散发着金属光泽，既独特醒目，又简约大气。色相极简，护封、封面、环衬色彩协调单纯，但搭配恰当。一眼看去，看似平淡实则丰腴，整本书给人素净淡雅、新颖简约的阅读体验。

材料是书籍内容的载体，也是设计概念和表现形式的载体。书既是拿来看的，自然免不了眼睛的注视和手指的触摸。因此，在装帧材料的使用上，注重材料质感的展现，把握对材料的视觉感受和触觉经验感受，实现美感和触感的和谐统一。由此，护封选用米色的哑面纸，进行压纹处理，保留纸张的原色而不印色，既节约了成本，又突出了纸张材料的肌理；精装封面使用布面材料，并进行烫金处理；环衬使用纹理纸，富有质感；内文采用80克轻型纸，阅读时的视感和手感都很舒适。在保证阅读舒适的基础上，整本书看起来简约精致。

经过多方努力，《做个积极向上的人》一书的设计风格稳重大方，富有书卷气。有别于时下流行的励志类畅销书籍，它摒弃了张扬夸张的色彩，更对流行的套路有所突破，反而追求一种清新淡雅的风格，既包容了传统的人文精神，又充溢着现代的设计气息。可以说，它既是传统的，又是现代的；既是经典的，也是时尚的。在各个环节的默契配合下，《做个积极向上的人》一书面世后，达到了预期的效果。

三

通过此次设计《做个积极向上的人》一书，我深切地体会到，创意乃设计的灵魂。成功的书籍设计之所以能在同类作品中脱颖而出，关键在于设计者选取了一个独特的角度，一个恰到好处的表现手法，并使二者完美结合。优秀的书籍设计必定有一个新颖的创意，以鲜明的个性彰显自己的特点，反映设计者对美学意识的体悟和形式美的创造。在创意上突破常规，才能使书籍不致平庸，达到别开生面的艺术效果。图书的质量和品质，不仅需要作者独到的智慧和语言，还需要一套与众不同的外衣——有创意的书籍设计，这些更需要作者、编辑，尤其是文字编辑与设计师的倾心沟通和高度契合。

同时,书籍设计者不仅要有扎实的专业技能,更要具备广而厚的文化修养。设计的根本是构思并寻找设计概念,它需要深厚的文化底蕴和扎实的技术。没有广博的文化素养,设计出的作品往往没有深度可言,或构思不巧,或格调不高,或落俗套。没有深厚的文化底蕴,既不能解决设计中遇到的种种问题和矛盾,更不用说创造出富有寓意和高水平的经典作品来。

此外,设计者还要努力提升自身的编辑素养,学会换个角度思考问题。有些设计者把眼光只盯在装帧、排版上,而思维广阔的设计者却会以策划编辑的眼光和视角来做设计,从整体出发思考设计,将编辑、读者、作者的需求和书籍的定位、市场考虑在内,进而掌控书籍的全部信息。归根结底,设计者所有的思虑,还应回归书籍设计的本源——为阅读服务!

艺术无止境,没有最好,只有更好!积极向上,孜孜不倦的探索是我的不懈追求!

上升的一切必将汇合

许舜英《大量流出》《我不是一本型录》编辑小记

王罕历

许舜英是我来广西师大出版社签下的第一位作者。

三年前一个午后，我致电告知她我现在从事出版行业，而第一时间想推荐给大陆读者的，就是她的作品。

那时候，距离《大量流出》繁体版的问世已经将近九年，而这本"奇书"也早已绝版，坊间文案、指导、总监竞相传阅复印版；《我不是一本型录》在港台地区正热销；《古着文本+购物日记》还在概念成型中。

那时候，大陆有一本杂志叫《明日风尚》——当然现在仍有，却不是一回事。许舜英是特约撰稿，陆智昌是艺术总监。这是他们的"首度合作"，两位素未谋面，却都对对方赞赏有加，许舜英是非常爱书之人，她觉得陆智昌对"阅读的设计"是优雅而恰如其分的，而心里早有想法，如果要在大陆出版作品，一定要拜托陆老师来操刀设计。

许舜英非常认真谨慎，当然这与她的创意理念和生活概念并不相左。多数读过她文字的人都会去假想一个挑剔、苛刻、难搞的许舜英，而忽略了一切建立于专业度这一背景。其实"说服"许舜英全凭一点：在她看来，你是否够专业，从而是否能够让她安心交付她的作品。于是，从 2009 年底,我们赴沪与许舜英交流编辑出版规划,到2010年4月,许舜英来京与陆智昌首次碰面,这之间差不多过去了半年,编辑方案基本确定,该项目进入了如何实际操作的阶段。

四月份的会面至今记忆犹新,北京的四月天飞沙走石,"无烟不欢"的我们却没事儿人般地坐在世贸天阶的室外咖啡座边抽边聊,许舜英穿一件Comme des Garcons大衣,不时整理着被风吹乱的头发。他们聊的大多数问题似乎与出版的关键流程及具体操作无关,现在回想就如电影《一代宗师》里宫宝森和叶问掰饼那场戏,但不是较量,而是问道。在我的职业生涯里,确实很少有作者为了自己的书与设计师那样坐下来面对面谈自己,而对于陆智昌来讲,他也不亦乐乎,毕竟他知道,要用书的设计来传达理念及态度,这样的谈话不可多得。"其实在我看来,书就是文字的装置";"我喜欢看上去不太快乐的事物";"克制在我看来是种美德也是种审美";"如果让我做汉堡的广告,我一定不会想到它有多好吃多实惠,也许是冰箱、大象或其他任何别的,但绝不是汉堡"……就是这样的谈话,却让双方都明确了要开始着手做这个案子的决心。最后许舜英就交代了一句:那这两本书就拜托陆老师和出版社了,我完全没有时间的顾虑,相信你们做成什么样都有自己的理由和专业的考量。这样的信任和托付,让我们对这两本书倍加用心。

到了具体操作层面,我们开始就开本、版式、用料、工艺进行细致的规划和讨论。也是从这两本书开始,我才算真正同陆智昌老师紧密合作,从而以身体力行的方式实践做书的观念、乐趣与艰辛。

最早定下的是两本书的开本。这两本书出版相隔将近十年,在内容上其实无大联系,一本更接近许舜英所说的"文字的装置",一本则更像喜闻乐见的生活方式读物。既然确定两本同时推出,就必须考虑并想象它们摆在一起时的面貌:既要相映成趣,又能有各自存在的理由。既然无法在开本上实现一致,那干脆一本放大,大到仪式感;一本缩小,小到能装进口袋。

开本确定后，陆老师和我开始讨论用纸，用什么纸呢？我们的共识是不能太白，甚至要比米白再黄一些，含纸浆成分要够高，手感要柔和，书要很称手好翻，让它有点"女性"特质。于是我们开始选择几种纸做dummy，其中一种是日本的书纸，一种是芬兰的轻质涂层纸，当做成dummy后，芬兰纸的翻阅手感和呈色的优越性就体现了出来，它似乎更适合用来制作许舜英的这两本书。然后，问题来了，由于两书都非常规开本（《大量流出》[185×250]，《我不是一本型录》[115×165]）代理芬兰进口纸的香港纸行没有现货，需要预定生产，于是从选择用料开始，我们就踏上了于今后而言漫长的路程。既然需要预定，工期加运输在三个月左右，我们就根据开本定制了合开的特殊规格的纸张，并等待从海外走海运抵达，所以，内文用纸的问题算是解决了，可以暂时将精力集中到版式与封面的设计及工艺上。

《大量流出》繁体版的版式很"炫"，肯定很多读者会有印象，在新世纪初有一段时间的版式设计非常"特别"，图文混排、字体混排、横竖版混排……繁体版《大量流出》就是这种状态，它确实呈现了文字的装置化，一种纷繁并置的躁动、奢华和现象感，有点David Carson和服部一成附体的感觉。当初《大量流出》的话题性，很多也来自它的设计，还有包括锡箔纸的包装，它的物质性和商品化让人联想到Damien Hirst。但十年后的许舜英作品，仍然应该是这样的么？从她希望陆智昌操刀设计开始，我想她就有了不一样的考量。对于简体版的《大量流出》，对于十年后的许舜英，陆智昌给出了不一样的方案，即使都是"文字的装置"，也许Damien Hirst是一种，而简体版的《大量流出》，则应该更像Donald Judd，克制而更注重阅读本身，却又善用原先的摄影作品，从而形成文本与图片的互文。按照陆智昌的说法：这本书要在繁体版的程度上做减法，抛弃一切影响阅读的因素，并做出永远不过时的样貌。而《我不是一本型录》也是一样，繁体版是基于 PPAPER 杂志的再设计，但基本保留了 PPAPER 惯有的设计语汇：概念化摄影彩图配以访谈双色文字，它无可厚非地漂亮，但既然从杂志结集变为书，是否应该更突出书的特质呢？于是，我们将原先每个章节中的精彩语录和篇章页都提到书的前面，做成了一个近乎"导读"的版块。读者翻开这本书时，可以先根据前面彩色的导读版块进入阅读状态，甚至可以根据自己的喜好和兴趣点选择跳读。这也同这本书做成小开本口袋本不无关系，这样无论读者在公共交通上、等人时、坐咖啡馆时，都可以随手拿出来，即兴翻阅感兴趣的段落。所以，书的设计也和产品一样，所有审美与风格导向最后都趋于功能性，我想这就是体贴与恰当。当然，这只是整体调性的把握和确定，由于从内文的用料开始这两本书的成本就比普通书高出好多，所以接下来，我们就开始在版式上做精打细算的设计、调整，以期能更精确地控制印刷成本，又不影响整体的呈现。大致的原则是，可以避免四色或专色印刷的地方尽量避免，于是前前后后，我们调整过不下五次版式，包括字体、字色、图片尺寸……每次打样时总默默告诉自己：这应该是最后一遍了！而通常陆老师都会苛刻地对自己提出意见再做修改。曾经听陆老师说过自己做封面设计时，如果时间不紧张，他都会将传统打样封面摆在家中，看上一两个月，直到看到顺眼，觉得可以下厂印刷为止。当时不以为意，现在才觉，不要说封面，我想对于内文版式，陆老师也巴不得能够给他两个月时间盯着看，调调改改再定稿。

如果大家觉得这已经差不多了，这还真是未过半。做完以上这些工作，其实才是 2011 年 8 月份，似乎再做个封面，这两本书再怎么也能赶在 2012 年初出版吧？——我当时也是这么计划的。而正是两本书的封面，让出版日期一而再再而三地推后。

陆老师一次拿来两本国外的本子，软精装的封皮，柔而韧，它可以弯成很大的弧度，但是复型又很好，特别是外面的裱纸，一种之前未见过的材质，似纸非纸，似布非布，有日本粗麻布的纹路，却有裱纸优于裱布的工艺加工特性,薄而韧,好裱壳,好烫印,不易脱色,不易起毛。我们看到的第一眼,脑中就有了许舜英两本书该有的模样,达成共识:就用这些材料!于是开始各处询问来源。其实这样的软精装,内里的卡纸是筋骨,外面的裱纸是血肉,要想达到理想的效果,两者都不可缺。最先确定的是"筋骨":美国黑卡。这种黑卡纸没有顺不顺纹一说,它在各个方向的韧度和恢复性都很好,可以任意�},都不变形,通常它拿来做软精装高端记事本的封面内里,手感一流,但是它比普通卡纸贵出好几倍,所以国内很少有软精装会用这种材质。而我又是没法凑合的人,看到过最好的,若因为成本回头再退而求其次,总能在心里挑出一堆毛病,最后来说服自己精益求精,对于这两本书,美国黑卡就这么定了下来,并调好货备用,觉得离成书又近一步。

下一步当然是裱纸,前面提到的那一深一浅卡其和米色的特种纸来自伦敦的一家纸行,拜托代理询问,得到的答复是:这两种纸因为价格高,产量低,很少库存现货,而我们制作此批书所需的用量也没有达到英国这家公司生产的基本量,所以无法定制,只能等待有其他客户定制时将我们的生产订单合进去一同生产出货,而至于谁在什么时候会定制这批纸却是个未知,也许一两个月,也许一两年。这种不确定性让我们对此材料望而却步,从而开始寻求"替代品"。首先想到的当然是麻布,那段时间,我几乎翻遍了全国所有纸行的裱布样,不要说是陆老师,连我自己都说服不了自己从这浩如烟海的布样中挑出能与这两本书相配的裱布:纸行的布太常规,虽品种色彩繁多,但都大同小异,欠缺质感,不是颜色不对,就是纹理不对。因为此时已经购买了高价的美国黑卡,似乎只能照着这样的思路深入下去,没法回头去考虑传统精装和平装的可能。至此,我和陆老师也都笃定地认为,这两本书,要在质感和细节上做文章,最后一个存在感较弱的烫印与之相配就很好,而不是走照片、图样、炫技路线,所以,封面裱纸(布)和烫印就变得至关重要,几乎是成败关键——陷入僵局——

首先是布面材料不满意,其次是即使采用现有布面材料,我们对布面烫印的效果也不满意。就在这当口,我认识了当时正起家做 letterpress 独立纸品设计的孙杨。他那时刚做出一批用麻布和烫金机手工制作的口袋型笔记本,而我们试过多遍而不得的效果,他却能比较到位地呈现。于是那段时间,我不断上门请教孙杨烫印工艺的问题,甚至有想过与他合作的可能,但是因为毕竟是批量生产而不是工作室性质的手艺活儿,最后还是未能实现,但孙杨潜心琢磨、不断钻研的劲头使我们备受鼓舞。他以一己之力,解决国内所有出版社及印厂都未能很好解决的布面烫印问题,这让我不得不跳出原有做书的框架和惯性去拓宽思路和手段:纸行的裱布也不就是在布上裱一层热烫纸么?为什么不可以跳出纸行的范畴自己去布料供应商处挑布,然后委托纸行加工裱一层热烫纸呢?豁然开朗,于是,我那段时间去得最多的地方:北京南城木樨园布料批发市场。第一次去那时,简直是另一番天地,从没有选择到太多可能:日本棉麻、涂层麻、竹节麻、印花细布……执着于材质的人不可自拔,挑得不亦乐乎,并想象它们各自做成书的样子,询价、剪布样,再带回去和陆老师讨论,陆老师看到这些布样也很兴奋,又开始着手调整封面设计方案。而等我再回去找当时的匹布深入方案时,却发现很多都已经售罄。原来我去的那个市场是专门销售外贸布料尾货的,有时候一些布匹的供货非常不稳定,有些量也不多。所以,了解行情之后,我再回去计算两书用布量,开始以量为前提询问合适的布料:之前的兴奋大打折扣,几乎 90% 看中的布料都没有那么大的库存量供这两本书的制作,而剩下 10% 的价格从加工、运输再到裱封,已经快超过最初设定的那款英国麻纹裱纸的价格——又是两难——是继续费时费力,以期在布料市场找到一种质优量足的货源,还是回头睁一只眼闭一只眼重新投入传统纸行供货渠道,做一本有惊无险的书?此时已是 2012 年初,距离签下两书合约已两年,在此境地,实在尴尬至极,陆老师和我都不想凑合,继续寻找可能的出路,但从时间成本、营销契机、选题周期来讲,若再往后拖,都将会变得越来越被动。于是,算是为了促使自己赶紧想对策,我将两书的内文先下厂印刷并装订了,另一头,与陆老师再沟通实践各种方案。时间过得飞快,经我手的其他书一本本都出版了,而这份"初心",也成了"隐痛"。这期间,许舜英从来没因书迟迟未出版而打过一次电话询问,我中间也只有在关键节点时会邮件告知进度,她总是回复表示完全理解,让我深深感动。同事也时常关切询问《大量流出》啥时候开始"流",我总打趣:再憋会儿,憋越久,量越大。当时信誓旦旦许下豪愿:2011年底出版!2012年理想国沙龙时出版!2012年初出版!到最后总觉自己像"狼来了"里不靠谱的牧童,难免有读者怀疑和责难。这些压力,都不及书本身的问题令我困扰。从而开始生出对所谓出版的"平衡"的思考:两年前,以80分的面貌出版这两本作品,迎合各种契机和热度;现在,为了趋近100分而顶着各方压力去守住做书的本分与文字的尊严,最后,到底哪者才是更优选择?我想这并没有答案。过去的总归过去,而需直面的,就必须迎头。

到2012年8月,有次因为其他书的设计问题同陆老师回头再聊到这两本书的困境,也将自己的困惑与他探讨,这两年,他确实也没少为这两本书操心,有时我太忙有所懈怠时,反而是他督促我去跟进和思考。那次谈话中,我们又回到做这两本书的"初心",用最好的质感来呈现许舜英的文字,于是回顾这每一步走来:芬兰纸、美国黑卡、日本麻、海德堡letterpress烫印……有确定的,有失败的,有遗憾的,但每次的搜寻和实践,都是对出版的一次体认和试图改进的决心。"不知道现在还有没有当初的那种伦敦的麻纹纸哦?其实用它还是最好。"陆老师无意的一句话,突然点醒了我,我似乎在这寻寻觅觅中已经淡忘了当初这些寻觅所要的就是接近这伦敦麻纹纸的效果。我抱着试试看的心情,重新联系当时那家英国的纸行,而令人惊喜的,由于经济危机或是出版不景气,现在这家纸行的库存竟然够这两本书的制作了!当时各种"蓦然回首""踏破铁鞋""船到桥头"在心中奔腾,三个月的备货和海运期,现款结算——可以接受!——也许是缘分,也许这两本书本就是对我的锻炼和考验,时机一到,它们就在那儿了,兀自闪光。

前几天,我将制作好的两本书送到陆老师手头,也将让许舜英等待了两年有余的作品寄了出去。陆老师捧在手中摩挲着,用他那广东普通话笑着说:"嗯,就是我们当初想要的样子,现在看来,这两本书等上个两年还是值得的喔!"到这一刻,我才真算一块石头落地,却没有了任何感慨,也没有了当初心心念念要在两书出版时写下特"许舜英"的概念营销文案和书评的冲动,而只愿老老实实地将两书的编辑制作历程大概写出来,与大家分享。当然可能还是会有读者觉得书贵,而我也有权以沉默来保持各种尊严,毕竟,不是所有书,都耗得起过去的时间,经得起将来的时间。若相遇了,就当是久别重逢吧!我相信,上升的一切必将汇合。

让书自己长出来

雷淑容

一

2010 年，一个叫小安的人开始在《南方人物周刊》写专栏，叫"疯子的故事"。我一篇一篇地追着读，越读越喜欢，尤其一篇《甜蜜蜜》，写一个叫丽九的女疯子，喜欢唱甜蜜蜜，最后跳了青衣江。文章很短，我数了一下，一共 706 个字，故事简单得要命，句子和词语也都简单得要命，但是行文中的节奏、语感和意味，怎么说呢，实在太让人意外了。成都出产的文字和文人我都熟悉，或绮丽或麻辣或幽默或颓废，就像川菜那样刺激多变，可是小安不一样，她的文字简单，平淡、直接，没有任何迂回和铺陈，像落在雪地上的雪，或者像无色的笔写在白纸上。《甜蜜蜜》的结尾小安是这样写的：

> 天亮了，到处都是她的歌声，甜蜜蜜，甜蜜蜜。头发里衣服里，地板上。我坐上火车，歌声跟着我，唱到成都来，二十年，甜得要命。

这些都是再平常不过的成都话,可是组合在一起,地域性就神奇地消失了,气象万千地从字与词之间跑出来,像是有一股雾气升起来,扑进眼睛里,让人有流泪的冲动。这让我想起了另一个疯子,她也爱唱歌,不过她唱的不是甜蜜蜜,而是妹妹找哥泪花流。那是上世纪七十年代末川南农村很常见的故事。一个叫小芳的村姑一夜之间发了疯,因为和她相好过的成都知青说走就走了,坐上大卡车一溜烟就消失了,像人间蒸发了一样。小芳的疯症有两种,一种是骂人,另一种是唱歌,她坐在自家门槛,坐在山头,先是骂人,见了一个人就骂,甚至一条狗从她身边经过也骂,骂到声嘶力竭,然后唱妹妹找哥泪花流,一把鼻涕一把泪地,唱到肝肠寸断,最后就在村子里游荡,傻笑。家人嫌弃她,用绳子把她拴在石磨上,她就成天坐在磨头,唱,骂,笑,呜咽,发呆。妹妹找哥泪花流,渗进土里,掺到水里,和进山风,飘进树林里,让整个村子都苦得要命。歌声跟着我,进了城,离家几千里,但只要我读到悲伤的诗,看到悲伤的场景,就会想起小芳揪着辫子哀哀吟唱的样子,妹妹找哥泪花流,流了三十好几年。我跟小安的记忆如出一辙。

有关精神病人的文字和影像总是能扯住我的眼球,莎士比亚,帕斯卡尔,尼采,弗洛伊德,福柯,加缪,卡夫卡,海明威,梵高,戈雅,拉斯·冯·提尔,吕楠,小说,电影,戏剧……但是谁都没有像小安的文字那样引起我最直接的反应,或者说他们谁都不像小安那样写得直接和动容——四川话是一个原因,另一个原因是小安二十多年来一直是精神病院的护士,跟一群疯子朝夕相处,耳濡目染,她写疯子,完全没有距离,没有评判,没有隔膜,有的只是平静的觉察、平静的体会和平静的接受,以致疯子的故事某种程度上成了她的故事。我忐忑不安地追看小安的专栏,仔仔细细地咂摸她笔下的故事,生怕有一天会戛然而止。果然不出意外,小安的专栏只持续了不到二十期,就默默地中断了。作为一个多年来被驯养得中规中矩的编辑和麻木不仁的读者,我并没有在第一时间想到做一本关于疯子的书。而且,我跟小安还不算真正认识,我只是在成都的某一个饭局上见过一个叫小安的诗人,据说是上世纪八十年代非非诗派的著名诗人,出版过一本诗集,叫《种烟叶的女人》——我看到的是一个漂亮的成都女人,烫着大波浪,涂了口红,一支接一支地抽烟。这个小安和那个小安是同一个人吗?我对自己摇摇头,不像。

二

出书的念头冒出来是在一年以后。有一天我在随园书坊跟朱赢椿聊选题,说起一本养蜂人的书。他随口说了一句:"养蜂,还不如疯子呢,如果有一本疯子书,我一定特别有感觉。"我脑子里"轰"地一下,小安和她的疯子故事在我心头刷刷地蹿出来,像疯长的野草。往成都打了好几个电话,每个人都告诉我,"是的,小安就是那个漂亮的女诗人;是的,小安在精神病院工作,她也写疯子","小安文字极好,人单纯,但就是不把自己当回事,朋友们都希望读到她的疯子故事,等你给她做出来哈"。

于是给小安打电话,可是没有人接,一遍一遍地打,打了一个礼拜,始终没有人应。成都的朋友又给了一个号码,说是她的单位电话,拨过去,只听见一阵欢声笑语,有人问:"找哪个?"

"找小安!"

"没有小安,快说,到底找谁?"

"我找安学蓉……"安学蓉是小安的本名。

"没有安学蓉!哈哈哈……"电话那头迸发出一声大笑,挂断了。

两个号码都是对的,可是一个没人接,一个人不存在。我彻底迷惑了,有一种迷失在精神病院高墙外的感觉。成都的朋友似乎见惯不惊,又给了一个号码。这回终于有人接了。是小安。

"出版我不懂,好几家都来问过了……都没下文,你觉得可以的话,就拿去出嘛。"电话那头小安的成都话淡淡的,跟我印象中涂了口红抽烟的卷发女子不像是同一个人。我补充了两句关于出版社和设计师的事宜,她只"嗯"了一声,并不关心。

小安的选题在理想国很快就通过了。大家的想法一致,都认为小安所写和她的写作方式有一种深刻的独特性,是一本好书,但是需要准确定位,赋予它美好的形式感,总编刘瑞琳给我写了一封郑重的邮件,嘱我如何把一本厚重的书做轻,又如何把一本轻书往厚重里做,以达到完美的平衡。

但小安的《疯子故事》却不是轻和重可以简单概括的,它看起来很轻,却是"生命中不能承受之轻",小安触碰了一个沉重和古老的话题,却自觉地过滤掉了其中的沉重和古老,她用轻松活泼的笔调刻画与自己朝夕相处形形色色的精神病人,为读者打开一个陌生有趣的疯人世界:光怪陆离,诡谲奇幻,同时又简单淳朴,天真烂漫。小安无意中把疯癫从医学现象和社会学现象抽离出来,还原成为一种美学现象和日常生活现象。

小安把书稿发过来,才不到七万字,从分量上来说,我也觉得轻了,或者毋宁说是觉得可惜了——天底下的小安就这么一个,既是作家,又是精神病院的护士,这种百年不遇的题材,如果她不写,就没人写,如果她不好好写,永远不会有人好好写,她完全还可以再写,写得越多,分量就越重。我又给她打电话,让她再写点。小安没有推脱,她竟然用三个月时间,补足了十万字。后来我才知道这事情有多么破天荒,因为疯子的故事小安已经断断续续写了五年,却怎么都写不完,朋友鼓励没用,恐吓没用,专栏悬在头顶也没用,结果倒是一纸出版合同逼得她再也没有任何借口。

三

现在轻重与缓急都移到了朱赢椿手里。一看到小安的文字,他就哑着嗓子神秘兮兮地说："实话告诉你吧，我也常常觉得自己精神不正常……"

老朱不正常的时候多，我不觉得奇怪，可看他两眼放光的样子，突然有点担心，生怕他一时兴起，设计出一本疯狂的书或者奇怪的书。他要由着性子来的话，十头牛都拉不回来。我赶紧泼冷水，"小安的疯子故事不同于一般意义上的疯子，所有的疯都是不疯……"确实是的，看了小安的书稿，我觉得疯子们都不疯，疯狂的是我们所处的现实世界。如果说疯子的状态界于天真与荒诞、激情与谵妄、纯洁与疯狂之间，小安选择的都是前者。在我的想象中，这是一本干净、纯粹且意味深长的书，而不是带着种种标签的样式复杂的书。

老朱和我达成两点共识，一是换书名，一是配插图。小安给自己的书稿命名为《疯子的故事》，没有特点，是要换，不过不着急，我相信，随着书的形态一步步显现，一个更贴切更上口的书名会自然而然地冒出来。配插图就有点伤脑筋了。什么样的插画师才能画出小安文字里的韵味呢，况且还要跟疯狂有点关系？我想到了老友胡晓江，独立成人漫画杂志《SC》的主编，著名的插画师。晓江的插画有木刻风味，调子诡谲、怪异、黑暗，充满了疯狂的意味。晓江是个大忙人，但他拗不过我的请求，答应试试，两个月之后，交给我一幅画，是为其中一篇《几个不著名的人》配的，"一个名叫魏雨的青年，有一天晚上，梦见一只白毛猴子"，画面上，一只体型硕大的猴子手拿苹果，正对一个熟睡的少年发号施令。颜色、造型和意思都对，就是过于沉重和黑暗了，而小安的文字是轻盈的，飞扬的，哪怕写的是悲剧，她也能让悲伤飞起来。我只能向晓江告饶。

要不找精神病人的画？朱赢椿提醒我，在南京的江心洲，有一家原形艺术中心，专门以挖掘、收藏、研究和推广精神病人艺术为主，主持人叫郭海平，他曾经主办了国内第一个精神病人原生艺术展。辗转找到郭海平，他热心地推荐了南京一个患有精神分裂症的画家李奔的画。李奔的画五彩缤纷,奔放、热烈、奇异,充满了速度感和眩晕感,让人震撼,可好归好,跟小安的文字也不搭,小安的世界是安静的,朴拙的和伤感的,以不变应万变。于是只能跟郭海平说抱歉。

小安的朋友听说要插图,自告奋勇地画了,寄到南京来了。朱赢椿却不看图,只看小安信封上的字,问:"小安会不会画? 看她的字,气息很好,要不让她试试?"

当即就给小安打电话,转达朱赢椿的意见。小安在电话那头惊叫:"要不得,我从来没画过,不会画!"

朱赢椿说:"试试!"我只能如实转达:"试试嘛!"

小安拗不过我们两个人异口同声,只好答应一试。老朱还特别交待她,不要郑重其事地画,随随便便涂鸦就行,画在医院的处方签背面最好。

第一幅画犹犹豫豫地从成都传到南京来了。画在处方签的背面,一张脸,两只眼睛一只嘴巴,然后从头顶垂下来一串红水笔画的桃子。小安画的是梦境,梦里的小偷王少年在偷桃子,落得满身都是。寥寥几笔,就把梦境的飘忽和王少年的神不知鬼不觉勾勒出来了。大家都夸好。

小安一鼓作气,一幅接着一幅:许许多多的小脸围着一张大脸——欢迎来到精神病院;很多笑眯眯的花瓣掉下来了,其中一朵画个叉,说明是女疯子掉进河里淹死了;还有疯子们去参加歌唱比赛,个个打了红脸蛋,小安画的像俄罗斯套娃,小脸套进大脸,然后一连串饱满的胭脂红……小安的插画,更像是儿童画,都是喜滋滋的,简简单单的,每一个画面都像是一个小宇宙,充满了天真与好奇,怪诞与美好。小安笔下的精神病院立刻就形象化,那是一座尘世之外的幼稚园,那里有一条落满樱花的小河,一座小桥,一座花园,疯子和护士们在里面唱歌,踢球,吵架,生病,看电影,谈恋爱,像一群永远长不大的孩子。

四

一个天大的难题结果在作者身上得到了解决，真是得来全不费工夫。欣喜之余，发现时间已经拉拉杂杂地过去一年了。可是书名还没有出来，直觉告诉我应该就藏在小安的文字里面，于是我就拿了校样，站在朱赢椿面前用四川话念："我们这儿是精神病院，有一条小河，有小桥，有一个花园，是真正的花园。有些什么花呢，铁脚海棠怎么样？桃花，樱花，栀子花，花花。"书名果然就有了，《我们这儿是精神病院》。

小安的插画黑红两色，配进文字里，活泼泼的，翻阅起来充满了幽默感和节奏感，令人愉悦。可是我总觉得在小安的文字和插画之间应该还缺了点什么。或者应该这样说，我没来由地觉得小安还可以压榨出一些东西来，她那么神秘，像一个隐士，她那么被动，像一座矿藏需要人去挖掘。我茫然地看着自己给小安写的简介，"诗人，作家，精神病院护士"——对啊，小安首先是诗人啊，怎么可能不写疯子的诗？

一问，果然有，而且都跟书里的人物有关，小情、基督徒、门卫都入了诗，这简直让人喜出望外。诗歌截取的都是几个精神病院的瞬间，对文字是极好的补充，加进去，就像精神病院的上空飘来了五六朵白云，流动感和层次感马上就有了。比如这首：我是一个精神科护士/背后的房间里/关着我的病人/他们都觉得很正常/只是一心想打开房门/走到外面去……

一本书配了图，又配了诗，按理说应该够了，很饱满很耐看。可是我还觉得再添点什么，《我们这儿是精神病院》对小安来说是一本有意义的作品，对读者来说也不同凡响，但精神病院是一个多么冷僻的词，小安又是那么自甘冷落，需要有人给这本书定个位，在作者和读者之间搭座桥梁。我首先想到了韩东，因为他深知小安的价值所在，他说"小安的诗没有受到应有的评价和足够的重视"，他还写过一篇文章，"小安的诗歌里有一种特别优雅平静的调子。但不知道为什么,每次读她的诗我都有一种流泪的冲动"。韩东为小安写序,义不容辞。果然,韩东很快就把一篇诚恳的文章发过来了,"小安这样的写作者在某种意义上是无路可逃的,也就是说她想写得差都不可能,因为她从不想写得更好。小安是典型的'跌倒高处'的人,而非那种向往好因而可以更好的作家。小安就这么写着,你就这么读着,于是就有福了"。他写得真到位。韩东写的是小安的创作,那么小安这个人是不是应该有人向读者介绍一下? 好像是心有灵犀,成都作家何小竹就在这时写了一篇《四医院的小安》,被我抓了个正着。

只剩下封面了。大家都觉得白底子好,干净。朱赢椿挑了几幅画往电脑上一摆,大家都觉得"歌唱比赛"那张抢眼,有喜感。"我们这儿是精神病院……寡淡了一点,添一句话怎么样?"朱赢椿问。他总是会冷不丁地抛出问题,要求作为编辑的我马上接住。

"我们这儿是精神病院……这里住着花花,李弯弯,门卫老头,王少年,驼子,玉皇大帝,基督徒,尼姑高小花,有护士小情,非哥,当然还有我……"我顺口接下去,于是这些名字就围成半圆排在了"歌唱比赛"的笑脸外,呵,真像一队人马在放声歌唱。

好像该做的事情都做完了,《我们这儿是精神病院》应该可以出炉了。朱赢椿却并不着急出手,让我等两天。出现这种情况,我的理解是,他还不太满意,还有待改进。我能做的就是等待——就像楼下的人等待楼上邻居的第二只靴子落下来。

果然,两天之后他叫我给小安打电话,让她手写书名,"封面图是她画的,如果用印刷体气息不对,嫌工业化"。远在成都的小安只好遵命,用粗粗细细的笔写了满满几大张,再寄到南京来。

五

一本新书做完,照例要总结一下。老朱泡了茶跟我聊天,旁边摆着《我们这儿是精神病院》的打样。

奇怪,按理说,一本新书摆在面前,应该很兴奋才对。但是我看着它,一点也没有大功告成的兴奋,高兴是有的,但只是一种平静的愉悦。朱赢椿与我感受差不多。他说:"你发现了吗?这一次完成了一个新的尝试——书本身是有生命的,我们让它自己长出来了。"

实际上,跟老朱合作多年,这是最不像朱赢椿出品的一本书,到处都找不到他设计的痕迹,封面用图,内文插图,书名题字,都出自小安的手,设计师消失了,编辑也消失了,一切都浑然天成。打开书,你会发现打开的是一座幼稚园或者世外桃源,寺庙或者教堂,一切都安静极了,简单极了。或许,这正是小安心目中的精神病院?

《平如美棠》：我们与 RAO 的故事

阴牧云

2012 年年初我进入广西师范大学出版社的上海分部，正式成为师大出版社的一员。在这里，很短的时间内，我对于何为一本好书有了更直观的认识，面对着总社图书陈列室中的满屋好书，我仿佛看到了它们如何克服了时间变成能够长远留存下去的东西。

也正是在 2012 的 7 月，我第一次知道了《平如美棠》这个故事。网络上当时正在流传柴静的一篇采访文章《赤白干净的骨头》，一读之下，我的内心震动不已，立刻产生出编辑式的强烈冲动。我马上给我们上海分部的领导打了个电话告诉他这个故事，而他在电话一端听完我的讲述后只回复了我两个字："拿下。"

后来我与饶平如爷爷家人取得联系，登门拜访。那时心里其实很忐忑，因为我很清楚，这本书肯定会出现多家出版机构同时争取的情况，另外我们对故事背后的材料状态也不是特别清楚。

在饶爷爷家中，我迫不及待地翻看起材料，有画作、照片、实物票据和证明，还有毛笔字、铅笔字和钢笔字的各种记录。材料很多，记录的是两个人、两家人的故事，表面上看着有些零乱，但无论图文都意味深长、细节饱满。后来我曾和《平如美棠》的设计师朱赢椿老师一起再次翻看这些材料,朱老师当时就说,这些文字本无意出版,画作也并非出自专业人士,但这些恰恰是它们的好处。张定浩后来为此书写书评时也提到饶爷爷人有静气,所以才能见到万物纷乱中的安宁。总之,摆在我眼前的,就是饶家两个人这一生的记录,一笔一画,看着平平淡淡,但又似静水深流。

就是从那一刻起,我开始了解到,我们面对的材料还不是现成可用的东西,但它们足够丰富和有光彩——我们接下去要做的最重要的一件事就是:如何把这些材料用进一本书中并且在图书这个有限的形式中尽力保留和传达出这个故事内在的意境和美。

从饶爷爷家回去,我们出版团队在第一时间准备了一份详细的策划案:饶爷爷的资料册内容非常丰富,在众多可供选择的材料线索中,我们建议拎出"情感"一线,这样可以做到主题明晰、结构合理,其他诸如家史、战争、时代背景、人文风物等均可化入主线之中;这本书讲的是饶爷爷与妻子一生悲欢离合的故事,但画作大多色彩明艳,文字淡泊宁静,情感基调欢喜多于悲伤,是为怀念之作,所以我们也希望在书中呈现出同样的感觉;考虑到现有材料虽然很丰富,但跟着故事线索走的话仍有空白点和结构不平衡的地方,所以此书操作宜"慢"并由出版社做前期介入,与作者家人共同整理并补全所有素材。这最后一个建议在当时其实是很冒险的,因为同时期与我们一道在争取这本书的出版机构几乎都是建议与正在热起来的饶爷爷的新闻事件本身相呼应,从速出版这个故事。

但最终,饶爷爷和他的家人们选择了广西师范大学出版社。我相信这首先是基于我们出版平台的力量,其次也是因为饶爷爷及其家人认可了出版社对于书稿的理解和规划。

于是,从第一次见到饶爷爷直到次年的 5 月,我们差不多花费了十个月的时间才向读者和市场推出了《平如美棠》。具体参与此书编辑过程的每一个同事,我、小乔、黄越都好像看着这本书在一天天生长,结构和篇章逐渐显现，材料一点一点地丰富起来，犹如先有树干，再长枝叶。

随着书稿日渐成形，领导建议我找南京书衣坊的朱赢椿老师来设计此书。然后他说——"但你首先得说服他接受这个项目"。

为了"说服"，我们编辑团队先后给朱老师发了四封电邮详细介绍书稿情况。幸运的是，朱老师被这些材料打动了，他很快邀我们面谈，于是我们尽可能多地带上一些实物和媒体报道去了南京。当时此书尚在完稿阶段，暂名为《我俩的故事》，而大家对这个名字都并不满意。在书衣坊中，朱老师一边深有兴趣地翻看饶爷爷的资料册子，一边听我们介绍，他突然建议道，"平如美棠"四字既是书中人物的原名，又是极美且普通的中国人名字，这四字与内容相合，做设计时字形也兼具美感，不妨用做书名如何？——大家都说好，于是此书的名字就这么确定下来了。

朱老师接下来又提出，若要接下此书，还需先去认识作者饶平如先生，见人如见字，见字如见人。于是几天后大家又在上海的饶家再聚，一群编辑和设计者们一边吃着饶家三伯买来的小笼生煎，一边热烈地聊着此书。

正是这些充分的讨论决定了《平如美棠》的外在形态——开本、用纸、用色都是为了共同营造出温暖、厚重而朴实的整体效果：开本定为不大的方形，内文用轻型纸，让这书拿在手上时厚而不重，封面选择热烈的中国红，而毛边、部分裸脊等细节更让这本书具有一种"中国味"。另外，书中所有图片都不作修图，而是完全按照老爷爷绘图时本来的样子来做呈现，所以读者甚至能在插图上看到老爷爷用铅笔打草稿的痕迹——坚持以本来的面貌让读者看到，这是设计的一种态度，更体现出设计师对这个故事、这个题材的理解。

后来这本书赢得了"中国最美的书"的评奖，我觉得就是因为朱老师抓住了这本书最本质的东西，把他对这个故事和饶爷爷这个人的感觉"照其本来面目"呈现在书中并交到了读者手中。

《平如美棠》于2013年5月正式出版，作为此书编辑团队的一员，我在之后陪同饶爷爷走了不少地方，和很多媒体及读者进行了交流。在每一次的交流中我都看到，虽然这个故事中有那么多遗憾和失去，虽然人生苦短、聚少离多，然而书中处处可见富有意趣、含义深长的细节，它是那么真切地记下了生与爱的欢乐和美好——这种能从内心生长着爱和幸福感的力量，打动了所有读者。

　　当《平如美棠》被《新京报》评为"2013年度好书评选"之"年度致敬图书"时，知名学者何怀宏上台颁奖并致辞："这本书不是思想或政治的巨制，然而，任何思想的探索和制度的改善，其旨归不正是应让所有人过好的生活，美的生活？而每个人也都有如此生活的权利。于是，我们在这里向《平如美棠》致敬，向生命致敬，向长者致敬，向普通人致敬，向所有在生活中发现美和传递爱的人们致敬。"我觉得"传递"二字是如此精当，使得我身为广西师范大学出版社的编辑更意识到自己所从事工作的意义——我们正在做的与纸页、文字、油墨打交道的这件事情，它是与这个世界、这个时代和我们周围的人们在精神上相互联系着的；每一本好书都具有思想、情感和力量，而这一切，都将要，也应当汇入到更多、更广大的人们中间去。

　　2015年10月，随着各种相关准备工作的齐备，《平如美棠》终于被带进了法兰克福国际书展的视野并先后收到了来自意大利、西班牙、法国、荷兰与韩国5家出版社的报价。2015年12月6日，上海编辑部又收到来自版权代理的博达公司通知，得知《平如美棠》有望进入英语世界：

　　　　先前通知您英文版权在竞价中，所有编辑被"平如美棠"的图文并茂深深吸引，有极高的评价，称之"动人的爱情，难忘的坚忍精神，崇高人性的见证，令人着迷的现代中国历史"。

　　　　我们的合作伙伴 Janklow & Nesbit 建议了 Penguin Random House

的全球英文版权提案,美国版由地位崇高的 Knopf 出版社出版,这是作家余华的美国出版社,英国版由同样是企鹅蓝登集团旗下的 Squar Peg/Vintage Books 出版,其出版社的实力堪称是最好的选择,希望贵社与爷爷都能同意。

同时,版权代理也同时转发来美国出版同行令我们深深感动的来信。在信的开头,美方详细介绍了他们未来操作此书的团队情况和对这本书的一些细节想法,在来信的结尾部分他们这样写道:

"我们的生产和设计团队拥有数十年的经验并曾做出过最美的图书。我带过一本《平如美棠》中国版的样书给我们生产团队的负责人安迪·修斯,他特别崇拜这本书的工艺,甚至用放大镜去仔细查看纸张和油墨——我们将尽力使英文版同样不凡。现在我还不想给出更多细节,但是我们很可能会采用和中国版相同的尺寸,考虑到英语市场,我们选择首先以精装书形式出版。对于出版 RAO 的故事的前景我无比期待,我们将用英语真正推出这个故事并努力使之产生更大影响力。请让您在中国的同事们放心,我们将为此书投入热情、创造力、专业知识并怀抱尊重去出版 RAO 的故事。"

《平如美棠》的作者饶爷爷,他之前从来没有想过此书能够出版,更不曾想到这个故事将变成不同的文字传播出去——使用了不同的语言,这就像是在不同的乐器上演奏"RAO 的故事"。至此,这个发生在中国的故事将为其他不同国家的人们所阅读,而这也如同身在世界不同大陆、不同地域的人们之间的一次分享,分享人们共同的情感和共同的珍视——我们觉得,这是"RAO 的故事"从中国走出去的最重大意义。

田园记忆与复自然之魅

现代性视域下《图解〈物类相感志〉》的意义

汤文辉

《图解〈物类相感志〉——不插电的生活》是一本独特的书。

大约在 2010 年秋天，天气开始有点凉了，一部画稿寄到我书桌上，是为《物类相感志》作的插画。《物类相感志》是成于宋代的一部著作，该书按传统的类书分类法，以身体、衣服、饮食、器用、药品、疾病、文房、果子、蔬菜、花竹、禽鱼、杂著十二个部门，分别记述了类似"磁石引针""蟹膏投漆漆化为水"等物类相感的种种特殊现象四百四十八例。而这部画稿为书中的每一例现象（涉及杀生的除外）都配有一幅画，其画风颇接近丰子恺先生。

不多久，画稿作者陈立华来到了桂林，原来是一年轻女子，原籍台湾。她在台北念书的时候，常给报纸杂志画图，也写文章。后来不知怎的来到桂林阳朔，做了一件比较有趣的事情：开了一家文身店，做了一阵子文身师傅。其后又到了大理，住在离大理古城约有一个小时路程的山村里。

台湾、桂林、大理……看官读到这，多半会想象一小资颇有余资，故有闲暇，专访旅游胜地，其实完全不是。作者并不富有，甚至可以说是囊无余钱，且没有稳定的收入来源，而且并不以此为意。她在大理时，平日多作道人装束(也有图方便的意思,人们便理解为此女子居此是在修行),还种了屋后一片地,是某种草药。

"给卖吗?"如我等俗人,马上想到此事的"商业模式"。

"不卖。"

"那——给干什么呢?"

"可以少量吃,另外,这东西极好,以后朋友需要,就寄给朋友。"

在离出版社不远的麦香坊,我请她吃饭,发现她几乎不吃东西,唯可饮啤酒约半杯。

"你在辟谷吗?"

"没有,我吃素,所以吃得少。"

聊天中,她谈到素食,谈到不杀生的人道、和平主义,谈到宗教信仰。她的信仰,并不具体是某一种宗教,道家或释家,而是更接近中国前现代社会的信仰状态,这种状态下,佛、道、天道信仰、家族信仰融为一体,神明无所不在,天地人神各安其位。

一般人,若瓶无储粟,不免面有忧色。她则不然,看出我为她的生存状态担心,她反问道:"颜子乐否?"

一句话把我带入颜回的世界,子曰:"一箪食,一瓢饮,在陋巷,人不堪其忧,回也不改其乐。贤哉,回也!"我于是笑着说:"看来,你是贫而不穷。"

在我看来,她虽外形柔弱但内心强大,其精神力量就来源于此。我马上想起给中国人提供几千年信仰和价值支撑的儒家的教导:士志于道而耻恶衣恶食者,未足与议也;君子忧道不忧贫。

而在她的画中,这种内心的平静、祥和都展现得淋漓尽致。一本书中,主要人物不过三五个,以一青年女子和一青年男子为主展开各种场景,女子温婉娴静,男子温文可亲。其场景中往往有一两个小孩,在其笔下,面目不甚清楚(丰子恺先生的画作亦然),或欢笑,或惊讶,或憨态可掬，无不展现出纯净的快乐。

有趣的是，细心的读者也会发现，图中人物的服饰没有统一的时代特征，女子多半民国以来的装束，男子服饰近乎汉代，小孩服饰则跨度更广，但主要以民国至共和国之间为主。无论哪个时代，都无疑属于"前现代社会"。

《物类相感志》就是一本记载"前现代社会"种种事物之间发生特殊影响的种种现象的图书。作者收集了大量诸如"磁石引针，琥珀拾芥……灯心能煮江鳅，麻叶可逼蚊子"的"物类相感"的事例，涉及古人日常生活的方方面面。它只能产生在"前现代社会"，其价值也只能在这个时代得到充分认可，因为现代社会在"祛魅"之后，科学发达，已经能有效解释书中所录的几乎所有现象。对于现代读者来说，书中提到的种种事例，似乎只有生活常识和生活百科的意义。

那么，陈立华手绘几百张插图并出版此书的意义在哪里呢？仅在于其插图的艺术价值么？

"《物类相感志》可能是伪托苏轼之名。"我说。

"不是的，我相信是苏轼所做。"陈立华说。

我们没有就此再讨论下去，因为我想此书究竟是苏轼还是赞宁所著并不重要，重要的是书以及插画。

"物类相感"在前现代社会其实是很重要的思考，它同阴阳五行、天人感应的思考和理论一起，是古人建构一个有价值、有秩序、可理解的世界图景的努力。物类相感，实际上是传统社会混沌一体的世界图景下，人与自然之间、事物与事物之间一体同仁互相联系的表征和象征。在这样的前现代社会中，世界是一个有意义的体系，事物的安排和联系有其内在的依据，事物及个体均能在一种有意义的超越性的体系中确定自己的位置，并获得其目的及意义，个体生命因而在这样一种世界图景中安放自己的身心。

但是在前现代社会进入现代社会的过程中,也就是韦伯所指出的"世界的祛魅"中,工具理性高歌猛进,人类中心主义和主体性确立,人类理性成为最高标准,自然、世界成为被分析和解剖的对象,于是神圣的超越世界崩溃,世界进入了一个没有神秘和神圣之魅力的时代,也就是现代社会。它所带来的是信念伦理和价值理性的解体,整个世界已完全失去给人提供一个普遍的、客观的意义和价值秩序的功能,因而再也不可能为个体生命的安顿和生活的价值提供方向和目标。这是一个韦伯所说的"专家没有灵魂,纵欲者没有心肝"的"祛魅"的世界。

韦伯指出:"我们这个时代,因为它所独有的理性化和理智化,最主要的是因为世界已被祛魅,它的命运便是,那些终极的、最高贵的价值,已从公共生活中销声匿迹,它们或者遁入神秘生活的超验领域,或者走进了个人之间直接的私人交往的友爱之中。"(韦伯:《学术与政治》,冯克利译,生活·读书·新知三联书店,1998年,第48页。)

于是现代人的普遍处境就是:"一个文明人,置身于被各种知识、思想和问题不断丰富,进步永无止境的文明之中,只会感到'活得累',他不可能有'尽享天年之感'。""文明人的个人生活已被嵌入'进步'和无限之中,就这种生活内在固有的意义而言,它不可能有个终结,因为在进步征途上的文明人,总有更进一步的可能。无论是谁,至死也不会登上巅峰,因为巅峰是处在无限之中。"(韦伯:《学术与政治》,冯克利译,生活·读书·新知三联书店,1998年,第29~30页。)

受工具理性的支配和制约,人越来越工具化和物化,有意义的生活越来越远离现实的人类。这就是祛魅之后人类生活的真实状况。

我想,理解陈立华为《物类相感志》画插图的意义,要在这个现代性的视域之中进行。作者用一系列画作,以寥寥可数的几位服饰并不统一的主人公,就描绘出一种前现代社会田园之中的生活图景,隐约唤醒了现代都市丛林中人们残存的田园记忆。在那个世界中,物类相感,神人以和,是以人们内心宁静、表情平和,孩子或戏或谑,不失其真;成人各司其职,不失其序;所有人各得其所。夫大块载我以形,劳我以生,佚我以老,息我以死,所以人们可以"尽享天年"。

作为现代性的先知,韦伯毕生都在为如何走出现代化过程中价值理性与工具理性二律背反的迷宫而殚思竭虑。他的思考中,实则蕴含了用"复魅"中和"祛魅"的议题。其后的理论家从各自的角度发展了他的思考。如法国思想家塞尔日·莫斯科维奇在《还自然之魅:对生态运动的思考》一书提出了"还自然之魅"的议题,他指出整个 21 世纪将以"还自然之魅"为己任。只有克服人类视自然为纯粹客体的物欲,恢复人们对宇宙万物的敬畏之心,才能找回人与自然万物的原初亲缘关系,走出现代性的祛魅陷阱。

陈立华的画作及其独特的生活方式,正合乎这种努力。这些被唤起的田园记忆,进一步提出一种吁请:重新理解和定位人与自然(我们身处的环境)的关系,重新建立人与自然万物一体之仁的共同体的感觉,并重新在可尊重、可敬畏的自然中安放我们的身心。

在后记中,陈立华问道:"现今的人们究竟在为什么而忙碌呢?许多人或许会回答,当然是为了更好的明天啊,为了那幸福美好的未来。那么请大家好好地想一想,您心目中的明天到底是一个什么模样呢?"

陈立华朴素的提问,完全可借用孔子的话评价说:"大哉问!"因为作者问的乃现代性之困惑。而作者的解决方案是"素食",看似简单其实颇有深意,展现了作者秉持"民胞物与"之心、体察天地万物一体之仁。她提的素食方案,或能有助于达成"还自然之魅"的目标。

仁者不忧,我想象作者在大理山村之中,用几支画笔、一沓纸稿,于清贫之中,画出厚厚一叠插画,乃在于内心有大愿力。

书已出版，但有近两年没有见到她了，偶尔听到她的消息，大约是在为《太上感应篇》配图——你知道，这是道教劝善之书，又或是在云游？平日营营忙碌之间，偶尔会想起这位特殊的朋友，她隐居在云南大理的苍山洱海之间，与现代都市保持着距离，但依照内心的信念在行事，希望这个世界更可亲、更美好。

让个人史书写具有持久生命力

从《平如美棠》说起

赵运仕

2013 年,广西师范大学出版社出版了一本《平如美棠:我俩的故事》,这本设计别致的红皮书,写一对老夫妻人生的风风雨雨,温馨感人,一下子就占据了读书类媒体的头条,占据了各大书店里最显眼的位置,并在当年及以后的几年里,荣获了各种各样的奖项。而最重要的是,无论从内容到形式,它都给人一种爱不释手的感觉,赢得了读者的喜爱。

这是一本什么样的书呢? 读这本书的第一个感觉是:这是一本在个人史书写方面最成功的书。

什么是个人史书写? 在这些年的编辑工作中,我接到并阅读了很多与《平如美棠》同一性质的书稿,有的类似回忆录式的按年代书写个人生活;有的以人物或事件为中心,辐射家族及社会,多为片断式描述;有的是某段特殊生活经历的呈现,如"上山下乡"。这三种类型中,以后两种类型为主,这两种的写作形式比较容易驾驭。这种写一个人的历史,或以一个人为中心,写一个家庭或家族的历史,可以统称为"个人史书写"。

为什么不能把这类书稿归为回忆录或是传记呢? 这类书稿与回忆录或传记有两大区别。首先,作者的身份带有民间性,或者说是名不见经传的"小人物";而回忆录的作者或传记中的传主,他们是"知名"人物,或是国家意识形态的代表,或是体现时代核心价值的典型,或是护卫家国的英雄,或是行业里的先进分子。其次,个人史书写有很强的业余色彩,从表达角度来说,你可以说它灵活,也可以说它写法较随意;而回忆录或传记,总是有很强的专业性,写法严谨、规范,表现出强烈的文学想象。

出现"个人史书写"的现象不是偶然的,我们可以从两个方面来回答。

一是时间因素或年龄因素。写这一类书稿的作者大多是老年人,他们已经从工作岗位上退休或离休了,他们出生于二十世纪四五十年代甚至二三十年代,整个的个人生活或者个人命运与国家命运、社会变迁密不可分,像新中国的建立、知识青年"上山下乡"、"文化大革命"、拨乱反正、改革开放等国家的重大事件,他们都亲历其中,并在他们的内心刻下了很深的印记。现在他们退休了,进入了回忆往事的年纪,很多人都有一种强烈的表达欲。因为他们觉得他们的一生是丰富多彩的,是有价值的,有很多东西不仅值得他们自己去怀念,而且让后人知道,那个时候他们的痛与恨、情与爱,这是一笔财富,对后人是有启发的。上海的一位李先生,年轻时在部队当放映员,在广西桂林待过很长一段时间,与当地民众结下了很深的友谊,其间还认识了一位美丽的桂林姑娘,后来因为工作的原因,离开了桂林。他对他的这一段人生经历非常在意,对桂林有一种强烈的依恋之情。他把他的这一段经历写成一个5万字的小册子,甚至有些偏执地认为,出版这个5万字的小册子,是他晚年最重要的一件事。

二是社会对历史认知的转向。本来,如史学家阿兰·施纳德所说:"我们生存的历史中,无论怎样费尽心思地寻求解脱,历史总会将我们虏获:不管大人物还是小人物的记忆,历史都不会忽略。"但很长一段时间,我们的历史只是宏观层面的历史,或是民族战争史,或是阶级斗争史,而基本不触及沉淀于民间的生活史。但随着国家、社会的改革开放,历史认知发生转向。从大历史到小历史,从宏观叙事到生活细节,这种历史认知的转向确定了认识历史的另一种视野:历史的民间性。也就是说,大历史是国家兴亡,社会变迁,大历史书写帝王将相、侠士英雄;小历史是百姓生活,书写市井风情,悲欢离合;大历史风起云涌,小历史生动迷人;大历史呈现的是一种政治化的或主流的社会形态,小历史呈现的是百姓的普通社会形态。小历史这种历史认知的转向可以从一个广泛的民间行为得到印证,那就是修家谱。自二十世纪九十年代以来,对一个家族来说,修家谱是一件很盛大的事情,有时一姓一族,牵涉全国。百姓把修家谱作为整理家族的档案来做。当然,家谱是资料式的表达,而个人史书写则是文学式表达。这种历史认知的转向为个人史书写提供了社会环境,也可以说,这种审美风尚为个人史书写提供了读者市场。

尽管个人史书写的书稿很多,但真正像《平如美棠》一样成功的并不多,甚至很少。主要有这样几方面的原因值得思考。

一是写法过于业余,没有形成某种叙事框架,或者说是某种讲述历史的范式。当然,这是由作者的写作素养决定的。即使有好的素材,也因为缺乏生动的表达或呈现方式,让人读起来觉得索然无味。一位老人叙说自己四年的大学生涯,除了男女情事,便是人事斗争,视野太狭窄,不善于选材;一位地委书记写自己的为政生涯,一二三四、甲乙丙丁地列出所谓政绩,比流水账还没有意义,没有表达技巧。这就像一位蹩脚的厨师,一桌好的食材,却做出一桌无色无味令人难以下咽的菜。本来很有料的内容,在他们笔下反而成为一潭死水。

二是处理不好事件与情感的关系。因为个人史书写者的经历,其人生回忆中离多于聚、苦多于乐,所以一些作者用一种宣泄情绪的方式来写作,表现出对历史的非理性抵抗。一位从医三十年的退休医生,给我拿出一篇文稿《我从医的三十年》,开篇第一句话是"我要控诉××医院的领导",一上来就摆出一副苦大仇深的面孔,整篇书稿情绪泛滥,除了荒唐言就是辛酸泪。对人生的回忆与描写,当多一份冷静,多一份理性,记忆是欢愉抑或痛苦,都是为反省或反思,给人提供某种具有启发性的东西。也就是说,作者的心态要平和,客观地写一本个人日常生活甚至在某些方面超越日常生活的历史。

三是把小历史不当历史,缺乏"史"的观念。小历史也是历史,它具有世俗情调,讲究的是民间社会的伦理规范,注重的是亲情、友爱、和谐,是百姓乐于接受的民间伦理。而且小历史往往以大历史为背景,或映射大历史,有时还可以为大历史的某些迷局提供答案。所以,小历史可以世俗,但不是庸俗或低俗;可以是家长里短、趣闻逸事,但不是流言蜚语。有的作者为写而写,自娱自乐尚可,非要拿来出版,就没有多大意趣了,更不要说写作的意义。也就是说,个人史书写如果没有建立起一套讲述历史的规范,并建立历史的主体意识,就留下了一个致命的软肋。

相反,《平如美棠》在这几方面就做得相当好,不妨读两段仔细体味一下。

　　每至中秋夜里,家里便在天井处备上方桌,围上大红桌围,上供香烛果品,主角当然就是月饼。南昌的月饼薄而稍扁,一般都有饭碗口那么大,更大的也有。饼的馅子是冰糖、红绿丝、核桃和瓜子碎末。饼的表面撒白芝麻,其上再以黑芝麻写个"月"字,若是更大的月饼,就写"中秋月饼"四个字。硬而甜,自有其特殊味道。

娓娓道来,不言情而情自浓,小场面却不乏温馨,让人对作者小时的中秋夜不胜欣羡。最可贵的是,作者几笔写出了地方风情,很有几分文化意蕴。

　　一九五七年,形势发生了巨大变化。一九五八年九月二十八日,我赴安徽劳教,自此开始了与家人二十二年的分别。家计陡转直下。

动荡的年代,五个孩子正要度过他们人生中最重要的青春期,长大成人、读书学艺、上山下乡、工作恋爱。岳母日渐年高,所谓母老家贫子幼,家中无一事不是美棠倾力操持。美棠和我眼看身边太多家庭妻离子散亲人反目家破人亡,但幸我们从没有起过一丝放弃的念头。

写痛苦,写别离,很冷静,没有牢骚,没有怨天尤人,相反,却是坚持和希望。这里传达了民间社会和谐的伦理观和"明天太阳照样升起"的乐观情绪。

讲述过去,是重视当下,也是思虑未来。有"史"的意识,体现"史"的价值,至少成为研究人生或社会的一个样本,能够以小见大,个人史书写才有持久的生命力。而这也正是《平如美棠》的范本意义所在。

浅谈地域性中医药文化资源的开发

从《民间良方》出版策划谈起

冒海燕

　　一本中医药图书,在一个中等城市引起市民的关注和追捧:出版后两天内,市民在销售点排队求购,销售超过13000册,一个月内连续加印两次,销售达到60000册。这本广西师范大学出版社2010年2月出版的《民间良方》引发对地域性中医药文化资源的开发利用问题的思考。

　　这本书的策划来自《桂林晚报》开设的中医药专栏。从2009年4月开始,《桂林晚报》在全市范围内征集"民间良方",历时8个多月,由地方晚报的征集活动到成果结集出版。《桂林晚报》对这个策划的可行性和出版可行性上有非常明晰的判断。《桂林晚报》专栏负责人认为,健康养生是市民关注的问题,"历史文化底蕴深厚的桂林,在民间流传有大量的实用验方、单方、偏方和秘方。通过我们的媒体平台,把散落于民间的良方集中起来,一定会受到广大读者的热烈欢迎",桂林具有深厚的中医药文化传统,桂林人多热心肠,能够把秘方验方通过媒体贡献出来,造福更多的人。在图书的出版上,《桂林晚报》在栏目策划之初就有明确的计划:"到年底,把这些民间良方一一收集起来,整理汇编成书,既传承了桂林乃至中国的历史、医学文化,更可造福千千万万的人。而且,提供良方的读者将绝大多数是桂林人，这就决定了活动的本土化、贴近性，肯定会受到读者的热捧。我们在活动启事里承诺，凡是提供了方子并且见报的读者，都将得到《民间良方》的赠书"。

从《桂林晚报》的"民间良方"专栏，到广西师范大学出版社的《民间良方》图书，出版策划都立足于服务读者。"良方"内容从读者中来，经过桂林中医院专家分析研究后遴选出简便实用的方子分类整理出版。在晚报专栏和出版社图书策划中，策划者认为，在目前"看病难，看病贵"的现实中，这样一个地域性征集出版"民间良方"的活动本身就是强化市民保健意识，传播中医药知识的过程，民间方药简便、有效、价廉、环保的特点自然会引起市民的关注。同时，在策划的实施过程中，出版者始终引导献方者以实际使用过的方子为准，并由桂林中医院专家点评，在报纸专栏上作"特别提示"："请提供验方的读者，详细说明方子的使用方法用量以及来源，使用情况，以达到安全可靠的目的。同时请来稿者切莫忘记在验方后面提供详细的联系地址、电话，以便沟通交流……"在报纸上刊登了一些常见病、疑难病的方子后，读者在使用后及时互动，反馈结果，引发市民的关注。《桂林晚报》在该选题策划总结上谈道："一位读者来信说，她在使用了永福县民间草医莫玉连治疗颈椎病药方后，效果很好。编辑部刊登了她的来信，但是许多读者反映其中白龙须到处买不到。于是编辑部与莫玉连联系，让他从乡下带来白龙须以满足患者的需求。当天，报社一楼人满为患，带来的200多份白龙须一抢而空。为满足更多人的需要，第二天第三天，莫玉连又带来更多的白龙须；同时还带来了自制好的药，解决了一些人别的病痛。""编辑部在读者之间架起一座座桥梁，比如患者因为不认识某味药，或者对药方还有疑问，而需要良方提供者帮助，我们便当红娘。更有素不相识的好心人，带患者去采药，亲自为患者治病。"《桂林晚报》开设这个专栏后，很多离退休老人纷纷因为这个专栏购买晚报，形成全城"到处逢人说项斯"的效果。有的老人甚至把自己珍藏了数十年的药方册子寄(送)到编辑部。

本书的内容具有地域性特点,某种程度上反映了桂林地区多发病常见病的民间防治方法。例如,桂林位于湘桂走廊,气候潮湿多雨,居民中患关节炎、风湿病、湿疹等皮肤病的较多,民间中医和少数民族医药对这些疾病的治疗有独到的疗效。在本书中,就记载了苗医廖德银用鳖壳、黑蚂蚁治疗类风湿的验方,记载了以蚌壳黄檗治疗湿疹的简易方法。在选编方面,《桂林晚报》和出版社责任编辑讨论出版内容,对2009年4月初至12月底刊发于《桂林晚报》"民间良方"栏目上的偏方、单方、验方进行了认真仔细的整理,个别见报后反响不好甚至用药不准确的方子被删除,最后优中选优敲定近700个。良方按照内科、妇科、儿科、外科、五官科、皮肤科和其他杂病七大类编排,各大类下面再分小类和细目。对于有疑难和配方较复杂一些方子,聘请桂林市中医院的专家进行解析、评点。这样,便于读者和患者提纲挈领掌握和运用它们,当有什么症状时,只要查看一下目录,就能迅速找到自己所需要的良方。并在该书"附录"里收录了部分患者在使用方子后的反馈,以供读者参考。书出版后,读者反馈良好。

民间中医药资源的开发需要充分利用地方媒体,让市民参与中医药文化资源的挖掘过程,提高中医药文化的社会影响力。晚报作为地方主流媒体,在市民生活中具有重要的影响力。《桂林晚报》素以亲和力见长,被视为与"桂林米粉"并列的"桂林人的文化早餐"。在这个中医药专栏的策划上,选题牢牢把握了社会大众的期待心理。在策划实施过程中,报纸和图书编辑深入细致,做了大量文字编辑之外的组织、引导工作。在图书出版方面,晚报和出版社做到了引导读者全程参与"民间良方"的征集活动和出版活动,让图书出版成为市民关注的一个话题。

《民间良方》的成功给地方中医药文化资源的开发有如下启发:

地方中医药资源的开发要紧贴地方特点,满足地方读者的需求。

桂林素有中医药文化传统，桂林地方中草药资源丰富，民间验方是市民口耳相传的实用医疗方式和自我保健方式；同时，当前不可否认地存在着"看病难，看病贵"的社会问题，这样简便价廉的民间医疗方法正是广大市民需要的。正如图书序言中谈到的："历史文化底蕴深厚的桂林，在民间流传有大量的实用验方、单方、偏方和秘方。如果我们把这些民间良方一一收集起来，整理汇编成书，不仅传承了桂林乃至中国的历史、医学文化，更可造福千千万万的人。"正因为有这样的社会群众基础，"民间良方"的征集和《民间良方》图书出版就形成了市民广泛参与的社会活动，波及桂林市属的十二个县区。而整个过程，都让市民把这个活动（征集活动和图书出版活动）当作自己的事情。有了这样的社会群众基础，图书的成功是必然的。

地方中医药资源的开发要充分利用地方媒体等资源。广西师范大学出版社《民间良方》的选题策划《桂林晚报》起了主导作用，晚报、日报、地方志、地方电台、地方电视台都具有地域性影响力。《民间良方》选题的成功也启发我们多从地方媒体中寻找线索，开发地方出版资源。例如，对于上海中医文化方面的选题，就可以研究民国时期上海出版的中医药期刊来整理出版当时的上海中医药状况，这样的图书（比如《民国中医那些事儿》《上海旧时风物》《经典膏方》等）会引起上海市民的阅读兴趣，更可以联合《新民晚报》等地方媒体做一些相关活动，这样的中医药选题的图书会在上海地区会有稳定的销量。

可以说，《民间良方》的成功，让我们对地方中医药资源的开发有了更多的期待。与桂林一样具有良好的民间中医药群众基础的城市有多少，是否可以联合全国100家城市晚报，上报国家中医药管理局联合起来继续做这样的选题？在官方，可以作为调查民间中医药资源、普及和传播中医药文化的一个项目；在地方媒体，可以作为一个引起市民广泛参与并关注的选题，并从而提升媒体影响力的活动，而作为类似广西师范大学出版社这样一个积极倡导传播中医药文化,在中医药界具有良好声誉的出版社来说,要是能复制桂林版《民间良方》出版案例,在全国 100 个城市掀起《民间良方》热,也是具有良好社会影响,树立自己注重民间文化的出版品牌的良好途径。

《民间良方》一月多次重印,一个月内在桂林市区发行达到六万册的图书销售业绩,看似偶然,实际上偶然中有必然,为中医药书报刊出版从业者重视来自民间的选题,积极探索地方中医文化出版资源的开发作了一个示范。

《内证观察笔记》编辑手记

邹湘侨

一、缘起

写这个手记，心情是沉重的。因为这事本来一直是等着龙子仲先生来做的，可惜，我们永远等不到了。

子仲以策划编辑《思考中医》一书，在国内掀起一股中医热，及至现下，对中医的关注和讨论仍是大有方兴未艾之势。子仲生前对出版中医文化类图书有一个全面的构想。这些年，中医养生类的书越出越多，越出越滥，而我们始终关注的是中医文化，不去涉足所谓"养生"，其宗旨也在龙的这一构想。

2008年，《内证观察笔记》一书开始进入编辑阶段，当时书名初拟为《身体秘境》。审读完初稿，觉得"身体秘境"这个题目还是太窄，不足以包容书稿所提出的思想。这本书谈的不仅仅是人的身体的秘密，它更关注人的生命与宇宙的交流的独特方式和通道。这个"通道"，是非常有意思的东西，古人所讲的"天人合一"是怎么个合法，其实是有方式有通道的。身体如何如何，那是一个物理概念，西医研究的就是这个。生命如何如何,却是超越物理的一个概念,因为中医所研究的,从来都是活人,是有精气神的活人,是生命,而不仅仅是身体。所以最后我们索性只从本书的方法着手,给这书取名《内证观察笔记》。

书的原稿光是文字就有近 30 万字,加上图片,已足够做成两本厚书。与作者无名氏沟通的结果,是删减掉一半内容,被删减下来的,尽可以经补充丰富写成第二本书。于是在 2009 年的春天,无名氏飞来桂林,我们一起用了一个多星期的时间,敲定了本书的最后内容。

二、关于内证

道家有内观,释家讲禅定,儒家讲静思;但内观禅定并不是一上来就可以开始的,它还得有一个先期的修行准备,道曰修德,佛曰戒,儒曰修身。其实这些都是一不是二,法门不同,其实质一也。

无名氏这部《内证观察笔记》,其主旨在记录他内证观察的过程及内观到的现象,至于内观的方法,不作重点介绍,因为师门不同,方法不一,道可道非常道。不过书中有太多的启示与提示,其中最值得大家注意的有几点:本书提出了"无物质""太极器官"这些概念,这是生命与宇宙沟通交流的基础所在,也是中医理论基础所在。在我理解,"无物质"一如老子所说的"有物混成,先天地生"的这个"物",甚至是更早于这个"物"的"那个"。"独立不改,周行而不殆,可以为天下母",老子名之曰"道"。道生一,一生二,二生三,三生万物。"无物质"是未分阴阳的"混成",是道,而"太极器官"是阴阳已成,是一生二。太极器官的运行,就是阴阳的生克变化,哪一方出了偏差,就会成病。而人的生命的阴阳运行,又是与宇宙星宿的"气"(说能量也可)紧密相连的,中国古人提出的"天人合一"理念,也正是基于此吧。

有了这些观念上的认识,才可以谈内证。至于五藏与十二正经的观察,那已经是具体的"术"的层面了。本文之所以分上中下三篇,原因也在于此。

三、谈谈科学

著名的反中医"学者"方舟子有一个很"搞"的论断:因为很多中药的副作用不明,所以不能吃;转基因食品因为到目前还没发现有什么副作用,所以应该推广。方舟子的这种"二"重标准,很能代表反中医的科学派们的混乱思绪。对于他们不懂不理解的东西,他们一概斥之为"不科学","不科学"这帽子一扣,简直所向披靡。他们没想过"科学"这东西,不过是近两百年才产生的新东西,拿这不到两百年的新东西去套存在数千年的中医,本来就已经够搞笑。如果你真有科学态度,那就以你们科学的知识去小心求证或证伪,也还算得上是正道。

举个例子来说。高血压在西医看来是病,在中医看来是征。西医的治疗便是降压,中医却是针对不同的产生原因而作不同的治疗。一味地降压会对高血压者造成更大的伤害,这已经得到证实。于是问题就来了:同样是高血压,中医用药却各有不同,搞什么名堂呢? ——这问题,也许令西医永远困惑难解了。这就又扯出了一个能否重复实验的问题——专业的话是怎么说来着? ——其实在这地球上,有一种东西是永远无法重复实验的,那就是生命。从来没有完全相同的生命,所以你拿生命来实验的话,肯定也就从来不会有完全相同的实验结果。你在小白鼠身上做一万次实验,最后仍然避免不了一个事实:小白鼠不是人。你解剖一万具尸体,最后也仍然避免不了一个事实:尸体不是活人。尸体没有了生命所具有的"精气神",而中医更关注的,恰恰就是这"精气神"。中医在谈生命,"科学"要和你扯小白鼠;中医谈精气神,"科学"要和你扯尸体解剖。整个都不在同一个话语层上,鸡对鸭讲。中医是道之术,与科学迷信者们谈中医他们都已经无法理解,遑论论道。所以要和科学迷信家之流谈医论道,那只能是对牛弹琴。

如上所说,中医与西医("西医"这个称呼,用在这里本来就不够严谨,据说应该叫"西方传统医学",也就是说,西方还有很多其他的医学)关注的重点不同,中医更关注生命的精气神,认为如果没有了精气神,人也就是一具行尸走肉。在中医师的眼里,每一个人都是不一样的,甚至每一个人的每一个阶段都是各异的。所以中医的最高层次,走向道;本书副名"中医解剖学纲目",也是因此。西医更重视肉体,对于"精气神"这些他们用仪器看不到摸不着的东西,无法理解之余,一概斥之为"不科学"——它本来就不是科学,它就是精气神。在西医师的眼里,每一个人都是一样的,每一个人都是由器官组成。所以西医的最高层次,走向的是术。中医的药,几千年用下来还是那一些,来自大自然;西医的药,数百年来发明了一种又一种,种种都最后被淘汰,被发现给人类带来的毒害同样巨大。

说句题外话,在西方"宇宙大爆炸"理论没有得到广大认同之前,中国古人在两千年前就说了,"天地浑沌如鸡子",然后被一个叫盘古的人给辟开了,于是生出日月星辰,形成宇宙。老子更是说了,"有物混成,先天地生"。不管这是传说也好神话也好,对于中国的"科学家"们来说,是不是也够震撼? 当然,他们也许能理解"天地浑沌如鸡子",但他们不能理解怎么又冒出了一个盘古。这个盘古真是千古罪人,把我们的科学迷信家们给搞蒙了。

四、关于本书的增订

《内证观察笔记》出版两年来,渐渐被同道们认识、认同,也渐渐有了一些影响。这样一个被认知认同的过程,无论对作者还是编者来说,都是一件愉快的事情。本书的台湾繁体字版已经出来，著名中医师及学者刘力红教授为该版本写了序言；《问道》杂志也曾采访了作者无名氏，今天我们把这些内容增订进来，这些都能帮助我们更好地读懂理解这本书。

最后说一句：所谓内证，是要向内去求，向内去证，向你的内心去证。

喝茶，做书，都是美好的事情

《茶之路》编辑小记

余慧敏

　　《茶之路》是我社"新民说"品牌与《生活月刊》（以下简称《生活》）合作出版的第一本书。从《生活》团队的问茶之旅，到结集成书出版上市，历时一年零八个月。正如《生活》创意总监令狐磊在前言中说的"我们相信已经找到了沟通情感的媒介，那就是茶"，接下这本书的编辑工作也是因为爱茶的心。在我看来，喝茶，做一本与茶有关的书，都是美好的事情。

肯学陆羽著《茶经》　《茶之路》缘起

　　《生活》一直致力推动优秀传统文化和礼仪的复兴，"茶"是他们着重的一个核心介质。《茶之路》就是一本实地探访茶山茶人，追寻和探求茶的源头与真味，反思人与自然、生命与生态关系的踏实诚朴之作。鲜活的人物、事件，纪实性的图片，以及主创团队致力优秀传统文化复兴的拳拳之心使其鲜明区别于市面上普通的茶类图书。

　　《茶之路》主笔茶小隐，作为《生活》的特邀编辑，一手规划了八省区的"茶之路"，与《生活》团队造访江浙、四川、云南、福建、台湾等省，和记者、摄影师爬了四十多座茶山，共同成就了这本《茶之路》——这个书名朴实贴切，因为这本书确实就是一群爱茶、爱传统文化的人用脚丈量出来的。"一年走八千里茶路"让主创团队非常自豪，他们说这是连"茶圣"陆羽都办不到的事情。

作为专业的评茶师，书中大部分极具专业素养又清新耐读的篇章都出自茶小隐的手笔，也以此定下了《茶之路》的基调。立足于普通茶人、茶农的生活，"倾听山里的茶农、工人和茶人大师他们原生态的、活生生的山里智慧"（《茶之路·前言》），回望茶的历史，关注制茶手艺的发展和传承，思考人和土地、自然的关系，以茶为核心，风物人情、文化历史甚至世态人心尽收笔底，《茶之路》努力从深度和广度上达成"新的复兴年代的'新《茶经》'"的预期。

《茶之路》集结成书时，之前别册中囿于版面和篇幅舍弃的部分内容得以补充完善，一些细节问题也得到修订，最后呈现给读者的这本书内容相对更全面扎实：从茶类来说，绿茶、黄茶、白茶、红茶、花茶、乌龙茶、普洱茶等主要茶类品种均有涉及；从地域来说，从北到南甚至海峡对岸等重要的茶产区都有探访；最重要的是，以与茶相关的普通人的故事为依归，让文化的内涵中有了鲜活的生命内容和真切的体验感。

《茶之路》让我们看到了茶叶背后的人，那才是真正的生活和文化。

冷水泡茶慢慢浓 　《茶之路》成书

《茶之路》之前由《生活》在 2013 年分四辑以别册的形式出版，读者反响不俗，这种可以预知的读者基础在给我们信心的同时也让我们感觉到了挑战的压力：如何保持《生活》一贯的高水准？如何超越杂志鲜明体现出书的特点？这个压力在做书的过程中也是我们一直坚持的方向，在这个方向下，我们希望能精雕细琢，把各种细节都做到极致——就像凉水泡茶,茶叶一点一点地舒展,香气一缕一缕地发散,待奉给读者诸君时,一切刚刚好。

我们希望这本书的编排设计和最终的呈现都是爱茶爱书之人觉得"刚刚好"的。在书稿编辑中,茶小隐和《生活》编辑总监夏楠全程参与,小到一个标点、一个名词、一种字体,大到结构编排、封面选择、材料选用,对每一个问题都反复交流讨论,保证和提升了成书的品质。

《茶之路》原别册为分辑出版,春茶开采,他们去四川、江浙探访绿茶,春夏之交去到福建武夷,而后云南、台湾,最后折回福建,算是走到哪杂志就出到哪。在结集成书时,内容的编排让大家颇费思量,是按照茶类串接还是按照地域别类?这两种分类各有特点,但都无法解决内容不均衡的问题。最终成书时确定了现在的框架面目:贴合"茶之路"的行走路线,大体以地域勾连全书内容,在地域分类中再以茶类相区别,而内容较多的福建省也按当时的行走规划分为"闽东、闽北"和"闽南"两部分。同时为了呼应"茶之路",成书设计中开篇用手绘地图完整展示了"茶之路"造访的重要茶区,其后各章节辑封上都用了该地域的路线图,在框架和整体上显得明晰、流畅,能让读者一目了然。

"茶之路"由《生活》摄影总监马岭全程跟拍,图片无可挑剔地精彩,尤其是目前辑封所选用的跨页大图,大气恢宏,极富冲击力。"茶之路"系列别册于2014年6月获亚洲出版业协会(SOPA)颁发的卓越生活时尚报道奖,评语中"整体筹划及制作宏大而细腻"也是对摄影作品的褒奖。书中精选的上百幅作品是呈现"茶之路"的另一条线索,更是一种不动声色的叙述:种茶、采茶之人的劳作,动静皆宜,毫无做作;制茶人的工艺流程纪实,手法娴熟处如行云流水,举重若轻处似淡月轻风;亦有茶山、茶叶的样貌,一派天然,满纸清芬。如何运用编排的匠心让图与文的配合更恰切妥帖也是"做成"这本书的关键。在延续别册编排风格的基础上,美编也下了很大功夫去琢磨转变为"书"的文和图的配搭怎样更能符合读者的阅读习惯。为了把那些富有生命力的摄影作品以完美的幅面呈现出来，书中多采用超版心和超版面的大图；为了让读者有更好的阅读体验，图的幅面尺寸在划一中富于变化，并恰到好处地运用留白舒缓节奏。如此，我们希望、也尽可能做到《茶之路》的图文编排是相得益彰的，是两条线索的相依相生。

《茶之路》原定与春茶一同上市，但后来雕琢与打磨花费的时间已经远远超出了我们的预期。在快节奏的今天，慢慢地做成一本书、做好一本书是一件很奢侈的事，也是对读者最大的诚意，就像——冷泡茶已经流行起来了。

一盏清茗酬知音 《茶之路》宣传

《茶之路》有"茶"这个媒介，可以在宣传中很好地加以利用，把书的宣传推广做得与众不同，贴合人心。在新书发表会和分享会时，我们采用了茶会的形式——饮茶谈天，不仅聚集了一群爱茶之人，也吸引了平时较少喝茶的人。上海书展期间，苏州河畔的良友生活记忆馆的茶会上，大家围坐茶席，赏器物，品茶点，清心静意，喝下主礼者泡的茶，在些微的郑重其事中体验离我们的日常生活稍有些久远的茶道礼仪之美。竹炉汤沸，清茗一盏，片时从俗务中解脱，短暂的诗意生活修炼，不是惯常的新书发布的阵仗，更像一次惬意的朋友间的聚会。在这个场合，人与茶的相遇，与书的相遇，都是闲适的，美好的。

《茶之路》已经面市，作为一本书，它真正的旅行开始了，希望它能抵达想亲近它的读者，就像茶汤抵达身体和心灵一样。

责编一部千万字的书稿是一种怎样的体验?

杂谈《宋代登科总录》的编辑出版

虞劲松

一名编辑,职业生涯碰到千万字书稿的机会不多,我碰到了,有义务分享一下责编这样书稿的体验。我碰到的书稿为《宋代登科总录》,故结合其编辑出版的一些重要事项来谈。

一、完工 千万之作

2014 年底,经过编辑室几位同事两年多的编校,《宋代登科总录》终于清样付印了。《宋代登科总录》是目前搜录最全、规模最大的宋代登科人名录,共辑录两宋 320 年 118 榜 4 万多登科人传记资料,填补科举史研究的空白。全书总版面字数 1080 万,共排 7896 码,493.5 个印张,采用大 16 开圆背精装,分 14 册出版。虽然 1080 万字是版面字数,但在出版业,据此称其为千万字的书稿,也不算夸大之言。在统计书稿版面字数时,真正算得的字数是 10827 千字,但个人觉得"10800 千字"和"1080 万字"写出来读起来看起来更简洁爽快,令人心动,故舍弃了 27 千字的"余数",而取"10800 千字"(虽然编辑工作量是我们工作的重要考核指标,平常都具体到千字),算是动用了责编的"特权",随心所欲,任性了一回。

二、接稿　无知无畏

《宋代登科总录》为国家社科基金滚动资助项目、全国高校古委会规划重点项目《中国历代登科总录》五大卷之一。《中国历代登科总录》被学者称为"21世纪科举研究第一大工程",另四大卷为《隋唐五代登科总录》《辽西夏金元登科总录》《明代登科总录》《清代登科总录》,是我社关注、培育十几年的项目,早在2002年就与主编签订了出版合同。2012年4月,《宋代登科总录》率先完稿交付出版。稿子最先是落在文献图书出版分社,当年7月,因工作需要,转到我所在的社科图书出版分社,由我担任主任的编辑室承担。当时编辑室刚设立,就我一人,是为"光杆主任",独自负责这部书稿。当时对这部书稿完全没有概念,领导安排接那就接,可以说是糊里糊涂接下了这书稿。但当我从文献分社同事那抬回一大箱十几小捆五六十斤A4纸打印的书稿及一个存电子稿的U盘时,我的心情有些沉重。

然而毕竟年轻,无知者无畏,尽管看着沉重的一大箱书稿心情有点沉重,但还是乐观地盘算该怎么做好,并以当时没杂事缠身的高效率编校为标准,每天编辑多少页,多长时间编完发排,多长时间完成三校清样,似乎总算起来书稿可以在一年内完成出版。但,后来实践证明,这确实是过于乐观了……

三、申助　后顾无忧

接手书稿不久,赶上2013年度国家出版基金项目申报,社领导认为《宋代登科总录》符合申报条件,指示进行申报。于是赶紧熟悉书稿,学习相关知识,撰拟申报材料,联系推荐专家,按照"做好项目申报书就是项目申报成功了一半"的要求,以"整个申报材料不能有一个差错"为标准,两周内忙得焦头烂额,却每天也有点兴奋,因为申报材料经领导反复指导修改,逐渐完善、定稿。当时,所联系的两位业内推荐专家,其推荐意见对书稿评价甚高,这让因专业和水平所限未能很好把握书稿的我对书稿的学术价值有了底。2013年2月,《宋代登科总录》获国家出版基金资助,消除了做这样大部头书稿在经济效益上的后顾之忧。出版大部头书稿,人财物投入大,周期长,出版后也未必能通过市场销售获取利润甚至收回成本,若没有相关经费的资助,出版的压力会比较大。因而启动实施大项目,须慎之又慎,开源节流。

四、编校　全心揉面

从2013年7月起,编辑室补充人员,可以带着大家一起来做了。做这部书,我们制订和遵循两个原则,一是整体设计实施,二是书稿质量第一。整体设计实施主要为两方面:(1)编校上的整体观。《宋代登科总录》是一个整体,编校团队也是一个整体,编校团队的编校标准要保持一致。作为大部头书稿,编校时尤其需要注意体例、术语的规范统一。因而,编辑组由我带领,在编辑之初即整理《〈宋代登科总录〉编校样例及说明》文档,分发各编校成员知晓,同时根据编校实际不断增补、完善。至项目完成,《编校样例及说明》共积累30余页、200余条、3万余字,既保障了编校质量,也成为一份厚实的编校实例。(2)装帧设计上的整体观。《宋代登科总录》的装帧设计不只从它本身考虑,而是整体考虑。一是把它作为《中国历代登科总录》之第一种来考虑,如封底加"中国历代登科总录"图标压凹;二是与我社已有文史工具书系列的装帧风格保持一致,既借助该板块的品牌效应,又进一步增强该板块的实力和影响力。书稿质量第一原则体现为:《宋代登科总录》规模较大,引文书证是全书主体,出于众书,手动录入,皆为文言,作者原稿在体例统一与引文核对方面尚存在一定问题,故在引文查核、索引编制、异体字处理、职官及历史地理知识等方面,都对编校有较高要求,为确保书稿质量,编校团队不畏繁难,广泛查核,增加校次,向作者请教,并另请专家审校,虽然延长了出版周期、增加了成本,但这是必需的。

人生应追求"不以物喜,不以己悲"的平和境界,但编辑大部头书稿,很考验你的修炼程度。编辑大部头书稿,你很难独自一人承担,也很难让书稿周转自如,也不是发奋加几天班就可完成,其艰难困苦难以详说。有一个感受就像是揉面团,这个面团不是巴掌大的那种,而是感觉人被扔进了一个超大面缸,面对数倍于自身大的面团,揉啊揉,有时仿佛不是你在揉面团,而是面团在揉你。你需要更专注、更高效、更有耐心。

编校书稿,虽难免枯燥、烦闷、痛苦,但这不应也不会成为心绪的主流,因为你在追求成为一个平和的人,而且编稿也会有很多欢乐。这样大部头的书稿,显然不缺乏编稿之乐,只是要善于发现、感知。

宋代的生育观念和生育政策可能跟今天不同,可能也没有好的避孕药具,因而多子多兄弟的情况很常见。在书稿中,罗列登科者的书证,往往会提到他的家庭情况,因而常出现罗列某人的多个兄弟的名字。如庆历元年"韩绛"条引王称《东都事略》卷五八:"韩亿字宗魏,其先真定灵寿人也……八子:纲、综、绛、绎、维、缜、纬、缅。"八子八兄弟都取绞丝旁(纟)且意义美好的字作名,列在一起,让人从内心觉得好,似乎仅此一句就能让人感受到一缕中华文化的光辉,直想静心沐浴。觉得好,愿点赞,甘皈依,正体现了中华文化独特的魅力和潜移默化的感染力。兄弟名字让人觉得好的还有不少,如庆历六年"孙适"条引弘治《徽州府志》卷七:"孙抗……子適、邈、迪、适、遇,适从王荆公游,年十四,论议著书已惊人……"五兄弟名都为走之底(辶)字,老大"適"和老四"适",还给繁体简化出了一个不好处理的难题。更有一些登科人的名字直接具有冲击力,让人一见精神即会为之一振，如"康师服""史癸""高清""吴总""李安""闻人大雅""赵痈""胡整"等等。

咂摸人名获得编辑之乐可能有点专，书稿的其他有趣点，也比比皆是，完全可以当作段子看，碰上一条含趣量较高的，能让人乐半天。

有的让人觉得有意思，似乎能见出古人的真性情。如天圣八年"欧阳修"条引叶梦得《石林燕语》卷九："故事，南省奏名第一，殿试唱过三名不及，则必越众抗声自陈，虽考校在下列，必得升等。吴春卿、欧阳文忠皆由是得升第一甲。"又仁宗朝"丁讽"条引丁传靖《宋人轶事汇编》卷九："丁讽以馆职病风废于家。一旦，有妄传讽死者，京师诸公竞致奠，纸酒塞门，讽曰：'酒且留之，纸钱一任别作使用。'讽本乏资，由是获美酒盈室焉。"

有的令人称奇，激起好奇心。如皇祐五年"黄中庸"条引李俊甫《莆阳比事》卷三："兴化县碧溪仙人岩上有野橘，其实无时，得者以为瑞。庆历间，陈方、黄中庸，元祐间方亚夫、薛审皆以九日游岩，人得一橘，登第。"

有的非常励志，不自觉间获得正能量。如仁宗朝"张举"条引《宋史》卷四五八："张举字子厚，常州人。登进士甲科。以无他兄弟，独养其亲，不忍斯须去左右。亲友强之仕，乃调青溪主簿，亦不之官。闭户读书四十年，手校数万卷，无一字舛。穷经著书，至夜分不寐。元丰中，近臣荐其高行。"

更有意思的，还会碰到对编辑具有警醒作用的史例，要求编辑必须重视语言文字，马虎不得。如嘉祐八年"李昭远"条引黄仲昭《八闽通志》卷五三："李昭远，莆田人。御试《寅畏以飨福赋》，本中第三人及第，以误写御题，降第三甲第一人……"

如此种种，欢乐多多，难以枚举，有心者可自揽书披寻。

有人也许会问，上面列举书稿中的一些实例是信手拈来的吗？这是一个很好的问题，涉及编辑的一项基本技能，即编辑书稿的过程中必须做好书稿资料的积累。所谓"书稿资料"，就是你接触书稿后，见到的、想到的、听到的、写下的有关书稿的一切，如编校书稿时看到的精彩语句，观看《新闻联播》时与书稿沾边的一条报道，睡梦中神仙姐姐对书稿内容的一句精彩概括（如果你醒后还记得的话），如此等等。当然，积累这些书稿资料，要着眼于它的有用性，如是否有助于书稿审读编校，是否有助于宣传营销，是否有助于提升自己，凡是有帮助的，都可以积累。小的书稿如此，大部头书稿更是如此。《宋代登科总录》前期在撰写书稿初审意见、填报国家出版基金项目申请表时下了一番功夫，有了积累，因而后期在提炼书稿宣传文案、整理结项验收材料、参评第二届（2015年度）全国优秀审读报告时，就比较轻松，也顺利获得了全国优秀审读报告评比三等奖。在书稿编校之初，我就发现书稿中的有些资料很有趣，今后可能用得着，于是提醒编校成员注意积累。积累有不同的方法，我们采用的是简单的方法，即在觉得有价值的地方加批注，批注为一叹号"！"，或一两个字加叹号，如"哈！""牛！""励志！""神异！""好名！"等。这样积累，既不费时力，又便于今后查检使用或进一步整理。前文引用的一些"段子"，就是这样"拈"来的。

五、沟通 借力解难

书稿编校，不是责编一方可以包揽的，大部头书稿尤其如此。《宋代登科总录》的编校出版，责编投入大量精力与作者、审读专家、领导、同事、美编、营销、发行、读者等沟通交流，借助各方的力量推进书稿的编校出版。经粗略统计，与作者往来电邮为256封（电话和短信未统计，皆在百数以上），与审读专家、领导、同事等的往来电邮为142封，共398封，按平均每封邮件100字计（不算附件），与各方一块写邮件，也写了几万字。这些邮件，主要沟通交流书稿审读编校、装帧设计、宣传营销、项目实施等方面的问题，有效解决了责编各阶段面临的问题，保障了书稿的顺利出版。

此处有必要延伸说几句。现在,电话、短信、QQ、微信等通信方式非常方便,有年轻同事对是否还需要通过邮件沟通交流存有疑问,认为不够便捷、效率不高。我在入社之初,有幸在本社资深编辑赵明节老师的编辑室工作,他教导我们,与作者、读者、领导、同事等的交流,重要事项最好用电子邮件,虽然写邮件要稍费时,但邮件比电话、短信、QQ等更正式,更便于集中说清问题,也便于保存查阅,还可备查核对证以作依据,同时便于群发抄送。多写邮件,还能锻炼书面表达能力,而书面表达能力对于一个编辑的重要性不言而喻。赵老师的教导——包括前文提到的编校书稿时必须做好书稿资料的积累,也是他反复强调的——是在教授良好的职业习惯,是授之以渔,这是真正的传帮带。因而,我觉得,是否用邮件是不用存疑的了,应更多考虑怎样用好。

六、索引 高峰体验

如何才算优秀的编辑,见仁见智,有不同的考量标准,选题、码洋、学术水准、案头功夫,等等。如果"没有做过一本畅销书的编辑生涯是不完满的"可以成立的话,那么也可以说:没有责编过一部千万字级书稿的编辑生涯是不完满的。在书稿编校这一块,我认为,真正的高峰体验是编制索引;没有为大部头较复杂书稿编制过索引,不能说有过真正的专属于编辑的高峰体验。

我所说的"编制索引",主要不是指前期的条目提取,因为这个工作现在主要由排版人员操作电脑自动完成。但电脑提取,也会碰到问题。《宋代登科总录》在初次提取人名条目的时候,出现一个问题,就是电脑导出的人名条目,其所带页码不准确,其规律是正文最前面的人名条目导出的页码是准确的,几十页后,开始出现页码不准确的情况,越往后,页码出入越大。我们责编本来对排版软件和索引标注不熟悉,但为解决问题,而与排版人员一块研究排版软件，反复试验，结果发现原来是排版人员采用了老版本的索引标记命令，像"〖XP（〗2Ω 文天祥〖XP）〗"这样，未考虑到书版软件的升级，应采用新的索引标记命令，为"〖XP（X〗2Ω 文天祥〖XP）〗"这样，两者差了一个"X"。问题解决，保证了全部人名条目导出的页码准确。"编制索引"真正考验编辑功力的是在提取条目之后，电脑导出的条目需要责编处理。如在页码前加上册数问题（即如何从"朱熹/2837"变为"朱熹/⑥2837"，"⑥"表示第6册，这样更便于使用者查找）、笔画排序问题（4万多条超出 word 自动排序范围，且有500多个生造字无法参加自动排序）、重现合并问题（同名同姓者），等等，都需要有方法有效率地细致处理。本书索引的人名条目有几万条，三栏9磅字排了312码，为此，我们接受专家建议，为索引做了索引，即《姓氏音序检字表》。做这个索引，对编辑来讲，可能是吃力不讨好的事（要花更多时间，且因姓氏多音，排序可能有不准），但想到此索引对一部分使用者会有用，故还是克服困难做了。

有一个问题与索引编制相关。我们在该书的宣传介绍中一般称"本书辑录两宋320年118榜4万多登科人传记资料"，具体是4万多少人，这并不是一个容易回答的问题，很怕别人这样问。现书已出版一年多，可以透露一些较为准确的具体数字：作者提供的原稿共辑录41040条（以鱼尾括为标志），经编辑校对，移动、删除、合并、增补，最后付印稿为40877条（也以鱼尾括为标志），书后所附索引，则合并了同名同姓者，为36494条，共552个姓氏。之所以可以得到这些数字，是因为作为该书责编，了解该书体例，有该书可供检索的电子文档，也掌握了一些检索方法，否则几乎是"不可能完成的任务"。之所以统计了这些不能保证绝对准确的具体数字，一是作为责编好奇，另外也是怕读者（包括项目结项验收组的专家）询问，故有所准备。现在过去一年多，对当时统计的方法、程序已经生疏，要再做此统计，尤其是要真正搞清本书具体收录的登科人数（40877 并不是最终的登科人数,因为有同一人参加不同科年、不同科目的情况,分别出条分别统计了),已觉无从下手了。

七、宣传 扩大效益

做出版应把社会效益放在首位、实现社会效益和经济效益相统一,获得财政资金资助的出版项目尤应如此。在《宋代登科总录》的编辑出版过程中,编辑团队贯彻"全员营销、全程营销"的理念,重视宣传推广,扩大社会效益,争取经济效益。一是与社内宣传营销部门一块,通过出版社微博、微信等自媒体进行宣传;二是与作者一道,向业界专家和媒体寄送该书资料,《光明日报》《中华读书报》等大报先后发表该书的专业报道和书评5篇,产生了较大影响;三是在多场图书馆配会上重点推介该书,争取采购商及出版同行的关注,实现销售,扩大影响。曾有多位学者看到该书宣传报道后,来电来访,咨询购买。

作为国家出版基金资助的项目,该书出版后,我们即着手准备材料申请结项验收,其中一项工作就是准备该书宣传推广及双效情况的材料。结项验收时,经验收组评审,认为该书成果与社会反响体现了国家出版基金资助的价值,并最终以95分高分顺利通过结项验收。

八、遗憾 焦羞无奈

编辑前辈常说:出版工作总是难免遗憾。《宋代登科总录》的编辑出版也是如此。该书体例、内容等方面是否存在大的遗憾,这要由该书的作者和使用者提出。该书在编校出版方面的遗憾,可以简单说几条。

立体开发的遗憾。做书,并不是完成编辑出版就了事,应力求效益最大化,大部头书稿尤应如此。《宋代登科总录》规模庞大,资料丰富,很适合做深度开发、立体开发。这在我们编辑之初就有所考虑。一是考虑在出版常规版本后出版缩排本。常规版本14册,缩排本则采用小字号、字典纸,将14册内容汇为1册,定价较常规版本低,以适合更多个人读者购买。二是考虑重新编排书稿,按同年、按区域、按姓氏等出版一些单行本。著名学者王瑞来先生在《中华读书报》所发的书评《宋代科举人物的渊薮——评龚延明主编〈宋代登科总录〉》中指出:"有了这部《宋代登科总录》,研究地域社会文化的盛衰和人才的消长,研究宋代政治史、社会史中的重要人物与同年现象,便有了基本的数据,获得了极大的便利。"有了这些单行本,将更便利王先生指出的相关研究。现实中也确实有这类需求。广西师大一位退休教授花时间翻检了该书全部14册,对宋代广西籍登科人做了统计,整理了相关资料。广西梧州一位陈姓族长来电,说正在修族谱,发现《宋代登科总录》上有他们宋代祖先登科的记录,希望帮他们找到所需的详细资料。三是考虑纸本与数据库同时推出。这些立体开发的设想,因种种原因,未能趁热打铁、一鼓作气实现。

索引编制的遗憾。该书索引编制虽然花了很大的精力去做,但可提升的空间还很大。首先,因篇幅原因,书后只附了"姓名笔画索引",有的读者可能更习惯"姓名音序索引""姓名四角号码索引",都未提供。其次,我们只做了"姓名"的索引,未做异名、"姓+字"、别号等的索引。如乾德四年进士"毕士安",小传中有"本名士元,字仁叟"的信息,但我们只对"毕士安"做了索引,未对"毕士元""毕仁叟"做索引。要做到这些,只有期待正在编制的"宋代登科人物数据库"来实现。

编校差错的遗憾。《宋代登科总录》规模大,文言书证是全书主体,通过摘抄文献制作卡片重新录排,出错几率大,故编校难度大。虽然编校团队在该书的编校上下了很大的功夫,但通过成书质检,仍发现存在少量差错,尤其是责编某次随手翻阅,竟也发现一处差错。这些差错,白纸黑字,拿斧头砍都砍不掉,令人焦羞。

《宋代登科总录》编辑出版最大的遗憾,也许是没有实现编辑的专业化。责编不是宋史、政治制度史等相关专业出身，对书稿的把握毕竟有欠缺，尤其是对书中所附20多万字《宋代科举总论》的把握。这就是我在整理该书的宣传资料、汇报材料时，涉及书稿内容的评价往往只是转述他人对书稿的观点，自己是几乎不敢下一语。这可悲，亦无奈。真正实现编辑专业化、编辑学者化，还有很长的路要走。不过，话说回来，编校书稿的过程同时也是责编学习的过程，责编通过编校书稿增长知识、开阔眼界、拓宽领域、提升能力，是这一行业能够存续的关键，正体现了编辑这一职业的乐处和益处，是令我辈乐此不疲之一重要原因。但还是给自己留一个梦想：希望有一天能责编一部专业对口的千万字级的书稿，由当代最顶尖学者编撰，代表当代该领域的最高水准，那又将是怎样一种体验呀?!

九、结尾 砥砺前行

责编一部千万字的书稿，笼统地说有苦有乐、有心塞有傲娇，与废话无异，其体验具体而微，表达体验也应具体而微。然既称"体验"，真正的贮存之所是心脑、是时空之轴，诉诸口舌、纸笔，终究隔了一层。

最后，借领袖的话自励："世上无难事，只要肯登攀。"再借王安石的话，与立志出版事业的可爱同人共勉："世之奇伟、瑰怪、非常之观，常在于险远，而人之所罕至焉，故非有志者不能至也。"

像对待新生儿那样策划每本书

胡适《中国哲学史大纲》(卷上、卷中)编辑手记

赵　艳

　　胡适《中国哲学史大纲》(卷上、卷中)是我社 2013 年出版的一部大部头书。回想该书出版的前一年,我与这部书的"耳鬓厮磨""死缠烂打",不禁感慨万千。现将一些幕后故事梳理出来,呈现给业内外同行或读者。

先下手为强

　　《中国哲学史大纲》(卷上、卷中)的整理者肖伊绯先生是我的老作者,曾在我社出版《民国达人录》《民国表情》。除了撰写民国先生奇闻逸事方面的文稿,肖伊绯先生还是古籍收藏爱好者。2012 年 3 月的某一天,肖先生的 QQ 对话框里忽然跳出一句话:"如果我有胡适《中国哲学史大纲》的卷中,你们出版社会感兴趣吗?""卷中"? 难道"半部哲学史"真的有另一半? 胡适的《中国哲学史大纲》我们见到不少版本,但都标明是"卷上",尽管《胡适全集》(安徽教育出版社 2003 年)收集有卷中的残篇,但是以"《中国哲学史大纲》卷中"命名的书从来没有出版过。

关于这个卷中，胡适研究专家楼宇烈曾在《胡适的中古思想家史研究述评》一文中述及，并说这个注明有"北大出版部铅印本"的讲义"今已不可得"。难道今天竟然得了？我立刻将此信息呈报给社领导，催促领导早日做出决策。社领导高度重视，很快与肖伊绯先生达成了一致意见。我们刚刚签完协议，就听闻中华书局、上海古籍出版社先后与肖伊绯先生联系、沟通版权事宜，很庆幸，我们先下手为强，拿到了"卷中"的版权。

字斟句酌

为了让更多读者了解《中国哲学史大纲》的全貌，我们准备先推出卷上、卷中的简体字合订本。我们以民国十一年"北京大学丛书之一"的《中国哲学史大纲》（卷上）为底本，进行排版录入，并参照 2011 年商务印书馆版、1997 年上海古籍版、1998 年中华书局《胡适学术文集》版，经过三次精校，卷上的面目基本上清晰了。

2012 年 8 月末，我们拿到了卷中的原版扫描件，因为这是 1919 年胡适给北大历史系、哲学系学生上课的讲义，留有很浓重的未定稿色彩；又因为这个卷中毕竟是未公开出版发行的内部铅印本，排版方面如错字、漏字、倒字等情况比较多见；再者这个卷中讲义本上有大量的手写批注，因年代久远，这些手批的字迹有些模糊不清，而且这些手批为行草风格，近乎"天书"，必须根据文意来推测和辨识。所以在肖伊绯先生的整理稿基础上，我们也组织了三次校核。为使《中国哲学史大纲》（卷上、卷中）趋于完善，编校人员以战战兢兢的严谨，做到了字斟句酌。

书为悦己者容

为了使《中国哲学史大纲》（卷上、卷中）呈现出其大家闺秀式的隽永气质，文字编辑、美术编辑、技术编辑紧密配合，从开本、版式、封面设计、用纸及制作工艺到宣传策划，无一不是经过反复论证。我们选择了150mm×230mm 的成品尺寸，使其更具有书卷气。

　　与此同时，我们将原整理稿中的"编者注"从夹注改为脚注，而为了与"卷上"统一体例，我们又将脚注改为章末尾注；蓝样出来后，发现原先设计的横向书眉使得地脚过于拥挤，于是就在下厂付印的前夜，我们又将书眉移至切口，改为竖向；封面的设计，力图展现该书大气内敛、文雅庄重的气质；在封面用纸上，更是经历了一番甄别与修订，纸的特性、纹理与制作工艺是否相合，换了两个品种后，方才有了结论；封面书名，我们用了民国八年初版的书法字体，为避免版权纷争，我们先后向胡适研究专家耿云志老先生以及台湾胡适纪念馆求证，最后得知是钱玄同的手迹，方才放心。

　　近乡情怯，我们相信这个洗刷干净的、面貌相对姣好的《中国哲学史大纲》（卷上、卷中）读者能够喜欢。其实，我们一直像对待新生儿那样策划《中国哲学史大纲》（卷上、卷中）以及其他每一本书，但每个孩子出生时或多或少都有些先天不足，我们的这个"孩子"也一定会留有某些遗憾，我们期待社会各界的批评指正，以便在修订版中及时更正。

一个人 10 年的当代文学批评史

《批评的本色》编辑手记

冒海燕

　　《批评的本色》印刷样本拿在手里，令人有欣然品味的阅读欲望。封面干净朴素，淡淡的底色，树皮纸有柔和低调的沉静。右上方竖排书名，左下方是蜿蜒的细茎，几弯浅浅的叶芽，几颗花蕾。书名和叶子凸印出来，似在纸张间生长。

　　翻开书页，环衬是灰黄布纹纸，内文为 70 克轻型纸，300 余页，拿起来手感不错。

　　这是一本文论集。在接受编辑任务之初，对"文论集"这样的书稿还是颇有些踌躇，担心陷入文艺理论高深莫测的技术术语、玄虚论述、生僻概念组成的"泥淖"。初审时，却读得很流畅，成为愉快阅读的过程；复审时则更注意研读，成为学习的过程。三四个月来，翻阅书稿，如同阅读一本另类的近 10 年中国文学批评史：在这里，有对 10 年间文学创作、文学批评、理论期刊等的理性反思，有对广西文坛的扫描，也有对 10 年间文坛重要作家作品的解读。某种意义上说，这本论文集已经远远超越一般论文集的简单编排方式，而是通过对 10 年间作者不同时期、不同选题的文论的编排，使本书的文章之间互相贯通交融，有系统地展示了 10 年间文坛的作家、作品和文学批评，使本书成为一本颇有特色的文学批评史——一个人的文学批评史。

编辑也得到了难得的阅读体验。愉快的阅读过程来自犀利的理论思辨特点、充沛的情感色彩、优雅平静的叙述风格。作者反思了当前文学创作、文学批评的问题，提出："我们以同情之理解与批评对象对话时，能否发出作为阅读者和批评者自己的真实声音，能否以坚韧的爱与理想造就自己的金蔷薇，这是今天批评的难度。"作者"同情之理解"对生命、理想的痛惜贯穿文本，《公元1999——怀念张钧》《一棵精神之树》，学者张钧、程文超的命运、精神追求令读者含泪。作者的文字如静水深流，看似平静，却深藏着情感的激流。

学习的过程来自作者作为文艺理论家和资深编辑的亲历的出版案例、书刊编辑心得对我们编辑工作的启迪。

在编辑工作中，我们一直在研究，要把这样有特色的文论著作以什么样的出版风格或者说图书品相展示给读者。

首先，了解文本，了解作者，分析作者的审美趣味，从而选择适当的图书风格。作者张燕玲，为《南方文坛》主编，编审，广西文艺理论家协会副主席，中国作家协会会员，主要从事文艺理论评论和散文创作。责任编辑和美术编辑仔细研读了本书中作者关于图书评论的文章，还找到作者的另一本书《静默世界》，阅读作者的散文，从中分析作者的审美趣味。作者在《书一样的台湾》中，对"梦想书房""散发出的浓郁书卷气和理性思考"的感叹给了我们启发，书的设计风格定格在"优雅""书卷气""知性女性"等关键词里。有了这样的判断，在图书的整体设计中就注重素雅、平和、婉约元素的应用：封面、环衬、内文用纸的柔和色调、温暖的触摸感，封面设计的简约而灵动，内文版式的内敛质朴，整体色彩的淡定……设计师杨琳女士前后设计出三种风格九个封面与责任编辑沟通交流，责任编辑选取之后又与作者研究，最后选定印制稿。在装帧风格的选择方面，作者提出了自己的审美取向，但再三表达尊重编辑的意见。编辑听取了作者的意见，也修正了一些细节，例如，环衬，按照作者的意见应该是深色。在出版社材料供应部办公室，责任编辑、美术编辑和技术编辑及材料供应部主任对环衬的色调进行了深入研讨，按照纸样一张张选纸。最后，责任编辑认为，环衬不是孤立的，要与封面及内文用纸协调考虑，依据本书整体风格，环衬不宜使用过于重深的色调。这一观点得到大家的认同，选择了灰黄色的布纹纸，印刷出来之后，整体效果不错。

编校方面，编辑在尊重作者的前提下积极提出问题，提出建议，提高图书的编辑含量。作者本是书刊出版资深专家，对书稿的文字质量有底气。责任编辑进行了三轮审读，审读过程中，与作者主动沟通，力求文字准确规范。在论文的编选上，责任编辑也参与了意见。例如，作者为了压缩篇幅，在二校之后还想删去一些访谈性文章，认为访谈不宜选入个人文论集。编辑认为，作者作为访谈的重要引导方，在提问中蕴涵了自己的思想，阐释了自己的观点，有些访谈具有重要的出版史、文学史、思想史价值，不宜一概而论，贸然删去，例如《一份丰富的精神档案——关于〈郭小川全集〉的对话》，张燕玲在对话中起到了引领话题的作用，且在文学理论的阐述、郭小川的文学史价值的分析中有自己独特的视角，与龙子仲侧重阐述郭小川的思想史、社会史价值，探讨全集出版方式，郭晓惠侧重阐述郭小川生活经历、思想变化等内容相得益彰，不应删去。最后，作者采纳了编辑的意见。

印刷样书一出来，编辑们传阅着，有欣喜，也有遗憾。欣喜的是一本经过作者、编辑、印刷厂共同努力的书已经捧在手里，每一个细节都是精心设计的，如封面上隐约生长的枝蔓和细小的叶芽，这些心思和设计成为书香流溢的印刷品的时候，令人深感作为图书编辑的快乐。遗憾的是还是有些许值得推敲的地方，比如由于采用柔性内文纸，印刷切割出现了毛边。

这本"一个人的 10 年中国当代文学史"为读者打开了一扇观赏当代文学的窗,尽管只是一扇窗,视角却是独特的。在质朴的阳光里,一起倚着窗,倾听作者娓娓道来:"以同情之理解与批评对象对话……"——给读者的感悟是"以同情之理解观照人生"。

探索传统出版与新型出版融合发展
策划推出首套"互联网+教材"

张贻松

    2014年11月,李克强出席首届世界互联网大会时指出,互联网是大众创业、万众创新的新工具。在十二届全国人大三次会议上,李克强总理在政府工作报告中首次提出"互联网+"行动计划。在信息技术飞速发展的今天,人们的衣食住行都越来越依赖网络,人类行为的各种相关数据呈几何级数增长,"互联网+"的概念蔓延到各行各业。在教育界,依赖于互联网的在线教育方兴未艾,新的教学模式 MOOC 等又扑面而来;在出版界,"互联网+出版"的新形态产业,会使我国的教材出版面临着怎样的变革? 陪伴了我们多年的纸质教材,是否会如同相机胶卷一般,永远地退出历史舞台? 而对于全国依赖出版教材为生的数百家出版机构,互联网技术的发展和普及,"互联网+"模式的步步入侵,究竟是挑战还是机遇? 是衰落还是崛起? 带着这些问题,我们一直在学习、跟踪、探索最新的发展趋势,寻找最适合自己的发展模式。

    以互联网+、移动互联、大数据、云计算、智能化为重要特征的后信息化时代已经到来。教育界应顺应大势,探索"互联网+教育"的教育教学新型有效模式,其首要任务就是要提高教师的信息技术应用能力。

正当陷入如何才能找到一个比较好的切入点，使传统教材与互联网很好融合的迷茫的时候，2014年4月的某一天，我在与前来桂林参加学术会议的广西教育学院现代教育技术中心的岑主任聊天时，聊到了目前网络教材和培训教材的开发和市场前景，首次得知教育部要启动"中小学教师信息技术应用能力提升工程"这个重要信息后，我当时就非常兴奋，这是一个不错的机会！就建议岑主任采用新的形式编写一套培训教材，岑主任说他说话不算数，只是给我一个信息，具体还得"工程办主任"、他们学校的副校长王兴辉拍板。我说，王副校长是我的作者，我在2012年给他做过两本专著，当时他对我的工作评价很高，也很满意。我马上就给王副校长打了电话，他对我印象很深刻，肯定了我的工作，当时我们在电话里聊了很久，最后他说："张老师，下周你找个时间到南宁来，我们见面好好谈谈。"

找了个时间我专程去广西教育学院拜访了广西中小学信息应用能力提升工程办公室主任，广西教育学院原副校长、广西广播电视大学现任校长、清华大学博士研究生导师王兴辉教授，从他那里得知，他想为"能力提升工程"编一套培训教材，但要符合现在"互联网"教材的主流，要编出特色，目前有四家出版社在和他谈，也都交了策划书，谈了一些细节后他让我回去写一份详细的策划书。从他那里我还得到了有关"能力提升工程"的详细信息，那就是教育部已于2013年10月下发了《关于实施全国中小学教师信息技术应用能力提升工程的意见》[教师〔2013〕13号]，提出全面启动中小学教师(含幼儿园)信息技术应用能力提升工程，采取符合信息技术特点的新模式，到2017年底完成全国1000多万中小学(含幼儿园)教师新一轮提升培训，每五年不少于50学时的信息技术学习。广西将在2017年年底前，分步骤、分时间完成40万中小学教师(包括幼儿园教师)的培训任务。

这真是个天大的商机呀！即使除去一些网络研修和校本研修学员，

我们能占有10%的市场份额，也有4万套呀！回来后，我立即向分社领导汇报了这个项目的具体情况，分社领导很支持这个有前途、有前瞻性和创造性的项目，指定我全程负责这个项目，撰写项目策划书，与"工程办"紧密联系，一定要拿下这个项目。

在后来的几个月里，我和分社的领导多次赴南宁与王校长商谈项目的事情，说服他把项目放到我们社做。基于我社在大学出版社的名声和王校长是广西师大校友的关系，以及我们为项目所做的详细的策划和营销方案，最后我们从四家出版社中脱颖而出，王校长最后选择了我们与"工程办"合作，确定了丛书名——"中小学教师信息技术应用能力提升工程丛书"，签订了出版合同。

签订了出版合同，才是"万里长征"的开始，后续的工作面临着前所未有的挑战，如何编写出具有特色的教材，如何把纸质教材与互联网很好地融合，如何建立平台，录制微课等等问题都摆在我们的面前。这些问题，除了我们在教材的编写方面有一些经验，其他的问题都是第一次碰到的，如何解决，怎样做得更好，我们没有一点经验。几天的兴奋期过后，我彻底陷入了苦恼，感觉到前所未有的无助。

"能力提升工程"不同于以前的计算机全员培训、教育技术应用能力培训以及相关的专项培训，这轮提升培训有四个显著特点：一是推动应用，旨在提升教师信息技术应用能力、学科教学能力和专业自主发展能力；二是制订标准，出台了教师信息技术应用能力标准、培训课程标准和能力测评指南等文件；三是创新培训模式，在培训模式上采用网络研修、校本研修和现场实践相结合的新型混合模式；四是推行移动学习，为教师使用手机、平板电脑等移动终端进行便捷有效学习提供有力支持。

因为我们社以前从未有过利用互联网和教材相结合出版教材的实践经验，虽然也有涉足过数字出版的项目，但真正有很好的盈利模式的似乎还没有。怎样既能最大限度发挥我们传统出版社的优势，又能做到符合

"能力提升工程"所要求的主要采用在线学习,利用手机、平板电脑等移动终端进行移动学习;如何才能将传统纸质图书与互联网很好地结合,我们与广西教育学院现代教育技术中心、广西中小学教师信息技术应用提升工程办公室进行了多次沟通和探讨,提出了好几种合作模式:一是我们只单纯地出版纸质图书,主要依靠广西教育学院以及合作良好的"国培""区培"单位在有培训的时候使用,这种模式完全是传统出版模式,旧的营销手段,未能满足"能力提升工程"的要求,首先就被否定了;二是我们出版纸质教材,由广西教育学院现代教育技术中心录制视频,利用我社音像社出版配套光盘,这种模式看似已经具有数字出版的样子了,实际上并不是网络教材,虽然也有视频,但用户使用起来并不方便,必须要有台电脑,关键是现在好多人买的电脑并不配光驱了,这种形式也被否决了;三是我们出版纸质教材,最好把教学资源放到我们社的网站上,用户在学习培训的时候访问我社网站,但需要另外开发一个专门的平台,这种模式我们社网站的硬件和软件都得升级,投资非常大,不是很现实,也被否决了;四是利用现在最流行的、较为先进的主流技术,在纸质教材中设置二维码,录制微课,每个微课为一段10—15分钟的视频,二维码旁边附有网址,方便不能用移动终端的用户利用电脑进行学习。这种模式虽然很好,也符合要求,但是必须要网站、有后台支持,同样面临较大投资的问题,我们单方面投资不太现实,与广西教育学院合作共同投资也面临很多问题。

就在这个项目似乎进行不下去的时候,有一次在与岑主任交谈的时候得知,国家正在推行"教育信息化"项目,将为教育系统的信息化建设投资上百亿资金。我就和岑主任说,我们编写这套书就是为了提升中小学教师信息技术的,如果老师们的信息技术应用能力得不到提高,即使有很好的硬件,也达不到教育信息化的目的。我们请"工程办"向教育厅请示,拨付一定的经费用于建立"能力提升工程"配套教材的后台网站,购买相应的硬件,开发平台。我们从发行的教材中增加版税用于教学视频的拍摄。这个方案最终被区教育厅采纳。这对我们来说，真是个很大的支持！我们既能出版"互联网+教材"，又不用前期投入大量资金就能达成这个目标。这是个"三赢"的项目，从教育厅宏观层面，推动了广西教育信息化，"工程办"完成了上级下达的任务，我社获得了一次绝好的探索互联网+教材的出版的路子，且盈利前景良好。

最后，我们与"工程办"商定了编写方案和营销方案，我们出版纸质教材，"工程办"利用教育厅拨付的资金建设网站和平台，我们通过支付版税的形式购买教学资源。通过教育厅购买教材和我们自办发行的方式推广教材。

这套丛书是专门为中小学、幼儿园教师信息技术应用能力提升培训和学习而编写的。具有三大特点：1.问题导向，基于案例学习。以中小学教师教学和管理中可能遇到的问题为导向，提出技术解决策略，设计典型案例，让读者在案例学习中掌握此类问题的解决方法和技巧。2.配套APP，实现手机阅读。教材中每个案例都配有微视频、素材和扩展资料，并通过二维码把数字化资源和纸质教材结合起来，用户可以通过手机等移动终端随时观看案例视频和扩展资源，把传统的纸质教材变成了可视化的全媒体教材。3.教材手册化，知识技能碎片化。每册教材集中解决一类问题，知识点和技能点碎片化，读者可随时翻阅，利用碎片化时间可掌握一个个小知识和技能。这套"能力提升工程"丛书预计出版12册，分三批建设：第一批6册，分别为《用Word解决教师工作中的问题》《用Excel解决教师工作中的问题》《用PowerPoint解决教师工作中的问题》《教师如何制作微课》《开放课程资源在基础教育中的应用》《移动终端教育应用》；第二批3册，对信息技术支持的教学和学习单项技术进行深入讲解和训练；第三批3册，介绍信息技术学科应用案例。目前，只出版了第一批的前三种。

这套培训教材自2015年8月出版以来，引起了教育界的普遍关注，受到很多专家和机构的推崇:"工程办"采购了5500套配送给广西信息能力提升工程的示范县,向他们推广使用这套教材;广西中小学教师信息技术应用能力提升工程督导专家、南宁市教师培训中心张海建书记高度评价了这套教材,他认为这种模式的教材非常适合对教师进行培训,都是利用案例对教师平时工作当中遇到的关键问题进行解析,每个问题都配有微视频,方便教师利用自己"边角料"的时间自学,这种学习方式值得推广;灵山县教育局向全县中小学教师推荐这套教材,该县已经销售了6000多套。目前,广大教育公司正动员全公司的营销力量加紧推广这套教材,争取在2016年和2017年两年内,把这套书的市场做到最大化。

这套培训教材的出版,是"互联网+教材"的一次成功的尝试,对于高校教材的出版,也是个很好的借鉴。当下,我们很多教材都可以借鉴这套教材的模式,为教材配套相应的教学素材和教学资源已是大势所趋。如何寻找到更加适合自身的盈利模式,我们仍在继续探索。

当在线教育逐渐普及,传统的教材销售将遇到很大的挑战。在这个信息爆炸的时代,知识获取并不是件难事;如何提升自己教材的竞争力,提供更多更好的服务给读者,这是我们需要长期思考的问题。

未来的学习者不再购买知识,他们购买的是教育服务。因此,仅仅售卖教材的出版社必将为时代所淘汰,而思路开阔、及时转型的出版社,会因为大数据技术的成熟和在线教育平台的建立而得到更好的发展,拥有更广阔的前景。

《逗号经典》编辑日记一则

刘玉双

最近一段时间都在忙着编辑《逗号经典》这套书。今天的最后一项任务算是宣传性工作，为纳森老师朗诵的一首唐诗制作 H5 页面，传播出去，目的是让有兴趣的读者试听，以感受央视标准音朗诵传统经典的魅力。

我的心思全在制作上，编辑文字，和美编沟通制图，配图，制作完成，发送给我的同事，任务完成，如释重负。

回家后差不多是晚上八点了。今天有轻度雾霾，工作略感繁重，心情也是灰蒙蒙的，有点心力交瘁的感觉。

刚一到家，两岁半的儿子就抢走了手机，他喜欢看手机里的小动画和小游戏，虽然我不乐意给他，但此时也没心力跟他斗智斗勇。可巧，小家伙刚一打开手机就不知道从哪里点开了这个 H5 页面。他看见纳森老师的照片，跑过来跟我说："妈妈，这个电视上有，这个电视上有……"我忍不住笑了，实在记不起他什么时候看过新闻频道，认识了这位资深主播。

之后，客厅里就传出了纳森老师朗诵的《送孟浩然之广陵》，好听啊好听！饱含了感情的经典之声，铿锵有力，字字入心，人的心境一下子开阔了，我的心情开始好转起来。

再看儿子,小家伙居然一直在静静地专心地听,他应该不会只是觉得H5页面好玩吧,我真的惊喜地发觉他就是在欣赏。纳森老师那浑厚而富有感染力的声音朗诵着妈妈儿时背诵的唐诗,传到儿子的小耳朵里,看到他睁着大眼睛沉浸其中的样子,我真的感动了。

我激动地走到他身旁,抱着他,骄傲地对他说,宝宝你知道吗?这个是妈妈做的。他扭过头来开心地冲我笑笑。

那天晚上,福总带着我们做《逗号经典》初期策划时的所有正能量又在我身上点燃了,我相信我的同事们也是一样,传播经典的初衷已经植入到我们内心深处,虽然偶尔因为沉于繁忙的工作而无感。是的,反复甄选诗文篇目,精心地修改注释和解析,雕琢版型和封面,我们确实偶尔忘了欣赏,欣赏我们的作品和我们那么美的理想。

我看到儿子欣赏有声唐诗的样子,就不禁想起未来我们千千万万的小读者,想象他们用心聆听最优美的声音为他们带去的经典,美不胜哉。

如何做一本与童心世界不相辜负的儿童小说

《谢谢你，山谷!》编辑手记

陈诗艺

2015 年我迎来了儿子小艾米的诞生，升级为艾米妈妈，让我有了一种非常强烈的冲动，希望和艾米共同成长，用自己工作中做的和接触的童书，培养他的阅读习惯，启迪和丰富他的内心世界，使其成为一个内心宽敞的人。

于是我做了一个炫酷的决定——申请转岗做一名普通的童书编辑。2015 年，我的年终总结主题是"唯愿与童心世界不相辜负"，《谢谢你，山谷!》就是我编辑的第一本童书。

自我设问，寻找答案

有人以为"做童书门槛低"，其实不然。美国著名儿童文学家波罗·福克斯曾说："当你把一本书交到孩子手里时，你便给了他无限的人生可能性，你便成为一个启发者。"因为孩子是最没有文化的读者，却也是要求最高的读者。

作为新晋妈妈兼童书编辑，我做书时首先想到，这本书我会不会给我的宝宝看？书中的故事能否让他黑亮的眼眸里有光？书里有没有一种营养能长成他精神的骨骼？基于这样的认知，在工作时我会力求兼顾妈妈和编辑双重角色的审美追求，尽力编出既有趣又有益的作品。

接手《谢谢你，山谷！》时，我就问自己，在众多的儿童文学作品中，它有什么特别之处？是否有出版和流传的价值？

通读完书稿后，我花了几天的时间，浏览和查看作者尼基·洛夫廷的网站主页、博客上 30 多页 200 多篇博文和美国亚马逊上 1400 多条读者评论。

尼基·洛夫廷是一位美国儿童文学作家，现与丈夫生活在奥斯汀附近，育有两个儿子，还养了山羊、狗和鸡。大部分时间，她都与孩子、年轻人在一起，先是在新布朗费尔斯自立学校（NBICD）做音乐和才艺教师，之后在基督教长老会做家庭事务疏导师。她的博文中，随处可见她与孩子们融洽交流的踪迹。

《谢谢你，山谷！》是她的第三本作品，发表于 2015 年 2 月 24 日。这是一本对孩子的精神世界描写细致入微的儿童小说，展现了孩子在成长期对倾听和理解的渴望。12 岁男孩彼得从喧闹的家庭出走，想一个人待在安静的地方，但实际上，他并不喜欢孤独，他寻找的是自我认同、友谊和爱。安妮看似专断，其实内心柔嫩脆弱，她的反抗是为了最终的回家。家庭、自我、倾听和爱构成了这本小说的主题，可贵的是，这本书揭开伤痛，最终治愈他们，让人看到美好的希望。

很多读者给尼基·洛夫廷留言，说在这本书里看到了自己并找到安慰。有一位叫苏珊的老师说"我的 356 个学生每人都能在这本书里找到某一点共鸣"，有一位叫戴安娜的图书馆管理员说"所有看了这本书的孩子都觉得看到真实的自我"。

美国《科克斯评论》评价它为"一个关于愿望、倾听和希望的故事，催人泪下、令人倾倒"，"E.B.怀特大声读奖"获奖作家劳雷尔·辛德、畅销小说《魔法巧克力棒》作者娜塔莉·劳埃德也纷纷推荐。《纽约时报》2015年3月15日还刊登过辛西娅角的书评，"这本书带我们进入一个迷人的魔幻现实主义世界，讲述了一个充满诗意、让人内心柔软和安静下来的故事"。

我被书稿温暖向上的主题和故事感动着，被作者的人格魅力打动着，还被美国媒体和读者们的热烈反馈鼓动着，也对这本书的出版充满了信心，希望献给所有渴望被倾听的孩子，也献给所有渴望走进孩子内心的家长。

值得一提的是，尼基·洛夫廷得知中国引进这本书后特别激动，2014年6月10日还在博客上发了一篇博文分享她的喜悦之情。

于无声处细雕琢的文字编校

对书有了基本理解之后，我开始艰涩的编辑过程：一遍遍编辑和校对、核红到版式设计和调整，与美编沟通。已有十几本社科书编辑经验的我，在确认基本硬伤已排除后将书稿送复审，万万没想到，主编又对稿子做了多处修改。

看着被退回来的满是修订和批注痕迹的书稿，我愣住了，又惭愧又受挫。

做社科书编辑工作一直固守的"尊重原作，改必有据，可改可不改则不改"原则，原来并不适用于童书。如何打磨出一本适合儿童阅读的作品，使词句的表达准确、易于理解，并且与情感融合一致？一本好的儿童文学作品，应该是用儿童的视角和语言来展开叙述的。尤其是这是引进版图书，不但要看译稿质量，还要看译文是否贴近孩子的语言。

比如译稿中有一处："安妮耸耸肩：'我极度渴望做某件事，但我害怕。'她极度渴望做某件事？是做坏事吗？我又差点儿笑出来。"

这里的"极度渴望"是否便于孩子理解它的程度,是否足够形象和贴切? 这件事就一定是"坏事"吗?

带着这两个疑问,我们核对了原文,原文的确是"bad",但联系上下文,我们不妨把它看成是作者的一个词语游戏,译为"疯狂的"会更形象生动,让孩子接受。

于是,这一处我们改为:"安妮耸耸肩:'我想做一件事想疯了,但我害怕。'她想做一件事想疯了? 还是想做一件很疯狂的事? 我又差点儿笑出来。"

另一个词"铁路轨道"也在文中多次出现,而且出现的时候是"无数条铁路轨道交错而成的栅栏"这样的描述,这也让我们心生疑问,因为不符合生活常识。核对了原文,才发现是"railroad-tie"的错译,它更应该翻译成"铁轨枕木",这就通了。

同时,考虑到美国的文化环境和国内的孩子会有点距离,我们还为书中一些名词添加了"编辑注",比如"林肯积木""食物大战""尤克里里""恶灵弗莱克"等,让小读者们更身临其境了解故事主人公的一切。

诸如此类的修改很多很多,一本书的打磨不容易,不光担任责任编辑的我,还有诸多同事也投入了心力。为了能让书稿的翻译既能忠实于原著,又能更好地适应少年儿童的阅读习惯,我们加班加点修订译稿、核对原版,一次次地沟通修改,披沙拣金,不断打磨,为保证这本书的出版质量精益求精,忙得不亦乐乎。尤其是最后临下厂付印前夕,因为才刚9个月的小艾米突然感染了轮状病毒,上吐下泻至轻度脱水,住院输液。身为哺乳妈妈必须守夜陪护艾米的我,每天都是两点一线奔走于医院和办公室之间。书已经到了最后关头,每一天都像打仗一样紧锣密鼓,我不能请假耽误进度,但每天下班时间一到,同事们都宽容地说你快去医院吧,这里有我们,然后继续整晚整晚地加班。写到这里,对她们给予我的帮助不胜感激。

一切都是为了更好的呈现

为这本书画插图的画家是旅居西班牙的中国女孩马岱姝，虽然是 80 后，但她在英国留学生活多年，在伦敦中央圣马丁艺术设计学院获设计学硕士学位。她的素描深受西方现代绘画风格影响，画风绵密而自成一个唯美朴素的幻想世界，首部绘本作品《树叶》中的两幅插画荣获 2014 年第八届英国切尔滕纳姆插画奖。

《树叶》也讲述了一个"寻找"的故事——一个男孩在冰冷诡谲的灰色城市里寻找一枚失落的"树叶"，拨开城市的铅色大雾之后，那枚散发着光芒的树叶被男孩寻回，慰藉着男孩的心灵，也温暖着城市里的异乡人。我感觉那个男孩与《谢谢你，山谷》里的彼得非常相似，马岱姝以蓝色为主色调，描绘出山谷里蒲公英、花海等五彩斑斓的场景，勾画出人物细致入微的神态，展现出小说灵动纯净而充满梦幻色彩的意境，浓墨重彩让故事中男孩女孩执着于自我认定的形式感呼之欲出，更为这本书增色不少。

这本书英文书名"Wish girl"直译是"祈愿女孩"。这个书名有两个问题，一是"祈愿"是否太书面化，不够朗朗上口，不适合童书特点；二是总觉得有点歧义，书的主人公毕竟不是女孩安妮而是男孩彼得，第一人称是他的视角，贯穿全书始终的也是他离家、冒险、回归的故事……在反复阅读书稿之后，我们考虑更换书名，我竭尽脑汁，想了至少四十个书名，和同事们一起讨论，比如《山谷有魔法》《山谷更深处》《十二岁那年的夏天》《让光照亮彼得》《妈妈，听我说》等等，我征求意见和请大家投票，却迟迟没有结论。

当我打出《谢谢你，山谷！》时，有人说，就是它了。

我的考虑是，用"谢谢你"能传递一种情感，而且第二人称也很有对话感；"山谷"是书中非常具有意义的所在，当彼得发现山谷时，他认为他终于找到了一个生命的避难所。这是一个很特别的山谷，一个能让人思考的静谧而充满自然之美的山谷。山谷里有沙沙作响的风、有跳舞的豆娘和绵延的花田。在那里，彼得终于找到并接受自己；也是在那里，彼得结识了安妮、上校夫人，"愿望在这个山谷里会以他们从未预料过的方式成真"；还是在那里，彼得和安妮出走和回归，完成心灵的蜕变：所以"山谷"出现在书名里也很有意境……就这样，我们为它重新更换了这么一个看似简单却留有空间的书名。

书出版后恰逢春节假期，上架时间受到延误，我就先在自己的微信公众号"艾米妈妈的分享"（Amymamashare）发了一篇软文《你还记得生命中最想离家出走那段时光吗？》，讲述这个故事，发起互动话题。很多朋友都在评论区留言告诉了我他/她青春期叛逆和出走的故事，表示很想读到这本书。还有位正在广东佛山任教的朋友，马上预订了 100 本，说要送给学校的孩子们。

德国哲学家雅斯贝尔斯说过，教育本身就意味着：一棵树摇动另一棵树，一朵云推动另一朵云，一个灵魂唤醒另一个灵魂。而一本好书，正是最能感动孩子心灵的那棵树和那朵云。如今，我在艾米熟睡之后的深夜一行一行地敲下这些文字，也许，正是为了让处于成长中的他，以及更多的孩子的心灵从中得到滋养，获取力量。

也正因为如此，我更对所做的每一本童书都满怀敬畏之心和忐忑之心，怕辜负，怕力不从心，所以内心笃定，坚持如匠人一般做好图书的每一个细节。是的，我希望让所有想了解 8—14 岁孩子的人，重新回忆起自己少年时期不为人知难以道说的绵密心事，回忆起那段时光里自己对世界的疏离与诘问，回忆起那种努力想站在世界中心被关注被重视的不甘，回忆起最后如何和这个世界、和身边的人达成一种和谐的谅解。是的，这才是我希望你遇见这本《谢谢你，山谷！》的意义。

为爱发声，让爱远传

《为爱朗读》编辑手记

谢 源

在去年那个湿湿冷冷的冬天，我接到了《为爱朗读》的书稿，它伴我走过了那段阴雨绵绵的日子，与它的相逢真是一场美丽的遇见。

那天，策划编辑把我叫了过去，交给我一本韩语图画书，告诉我这是一个为爱朗读的动人故事。他在上海一家绘本馆里第一次读到了这个故事，那时窗外下着大雨，但他心里觉得很温暖，朴实的文字缓缓地流淌，温润的故事有着动人的力量，封面上的小女孩浑身闪耀着光彩。他似乎看到了阅读的魔法，还有爱的力量。他这么说着的时候，我好像在他的眼睛里看到了点点星光。翻开样书，画面上细腻温暖的柔光顿时透过书页扑面而来……

很快，收到了薛舟老师的译稿，诗人身份的薛舟老师，译文也是清浅朴实，读起来很自然，让人轻松地就进入了故事。一口气读完，内心的悸动久久不能平息，初读的喜悦和感伤交织在心中，此刻，编辑推荐早已抛之脑后，只希望这份触动能传达到更多人的心中。

后来与作者的通信让我了解到更多背后的故事。这个故事来自作者金仁子的亲身经历，故事里的小女孩和外婆分隔两地，她每天晚上打电话给不识字的外婆读图画书,希望外婆能认字,因为她自己就是这么学会读书写字的。

敏贞,那个读书的女孩就是她的女儿,而沈溪玉,那个听着故事入睡的外婆就是她的妈妈,这就是《为爱朗读》的来源。因为女儿的关心和努力,外婆不再害怕乡下夜晚的孤独,她每天晚上都很开心,甜蜜地进入了梦乡。在她八十岁的寿宴上,她一字不漏地把女儿一直读的那本图画书从头到尾读了下来,大家都很震惊。

而插画师李真希在知道这是个真实的故事以后,心里也是为之一振。女孩坚持每天给外婆读书是如何做到的?这对她来说简直难以置信。所以,她决定为这本书绘画,希望以她的方式呈现这本书的感动与温暖。

她画了带着线的纸杯子电话,而不是手机,因为她想要表现外婆和女孩之间亲如密友般的感觉。女孩每天夜里的电话对外婆来说一定很重要。这个女孩对于外婆就像一只点亮了世界的萤火虫,女孩真心期盼外婆能看到这个世界光明的一面。因为这个原因,她在很多场景里画了光,希望能把外婆的柔韧和温暖自然地诠释出来。

这个非常美好的故事里还隐藏着另一个故事,李真希在画面中画了很多可爱的小企鹅,那是因为女孩为外婆读的图画书的主角就是一只企鹅。外婆不识字,就像企鹅不会飞。外婆渴望读书,就像企鹅渴望飞翔。那一天,外婆从头到尾把故事读了出来,我们好像也看到企鹅飞出了画面。

被这个故事深深打动的同时,我不禁想,故事里分居两地的家庭不就是我们这个现代社会的写照吗?现在,在"核心家庭"里长大的孩子太多太多了。老人和小孩都需要陪伴,但时常,我们对下爱得够多,对上却陪伴得较少。忙忙碌碌的子女疏于照顾远方的父母,家中老小的关系难免会有隔阂和疏离。但这是我们希望看到的吗?

家是一个人的根本,祖父母是维系家族的关键,爱在一代一代的传承中延续。在家族关系亲密的家庭里长大，孩子会心存善意，感激获得，也知道给予。外婆学会了认字，是女孩日日夜夜的陪伴，在爱的朗读里，三代人的情感再一次联结。

忙忙碌碌的生活让我们疲惫，让我们疏于表达情感，为他人花时间变得很吝啬。但是分享会让我们收获很多，或许能让一个孩子感受父母的爱，或许能点亮一个老人的后半生，或许能收获和朋友愉快交谈的喜悦。《为爱朗读》韩国的策划者告诉我一个故事，作者金仁子说："我一直给我的女儿读书，尽管她现在已经上初中了。我还给邻居家的孩子读书，给孩子的同学读书，给嫁到韩国在这里生养孩子的'外国'妈妈读书，给智力发育迟缓的孩子读书，给老年人活动中心的老人读书……"经常给人读书，让金仁子获得了"读书妈妈"的美誉，也成就了《为爱朗读》这本书。

窗口吹来的风变柔和了，冬去春来，编辑《为爱朗读》的这些日子里，心中多有起伏，感动、怀念、喜悦、惆怅……时常想起我的妈妈和外婆，想起妈妈煲的汤，想起从前与外婆一起度过的夏天。就像《为爱朗读》把妈妈和外婆再一次带到我身边，希望你们与孩子在分享这个故事时也会有这样美好的时光。在这本书的陪伴下，一起感受亲人之间永恒的爱与希望吧。如果分隔两地的现实暂时无法解决，一个电话、一次朗读是可以做到的。即使分隔千里，也要让爱发声，让爱远传。

"但我没办法啊！我爱她啊！"

《手中都是星星》编辑手记

孙才真

　　《手中都是星星》是我责编的第一本儿童小说。在编辑生涯的开始，我与这本书同时生长——它不断变得完整，我不断学习和积累。从热气腾腾的盛夏到清冷的冬天，这本书陪伴我经历了各种故事和情绪，有不顺利，有疲惫，有熬夜到天将放亮，但我对它的喜欢从未减少——就像书中的少年所写："但我没办法啊！我爱她啊！"

　　从策划编辑那里拿到德文原版书时，看到 *Eine Hand voller Sterne* 的书名，就立刻感到这会是一本寓意美好的书。"星星"是多么美妙的意象啊！不论孩子或大人，有谁不喜欢星星呢？"危楼高百尺，手可摘星辰"，小时候跳绳时念诗，我常常念叨这一句，大概是因为夏夜的星空太美，美得让人想据为己有。摘月亮、摘星星是每个孩子都做过的梦，而这本书好像就是来圆孩子们的梦的。中文版之前的 16 种翻译版本大都按"手中都是星星"的原意直译了书名，中文繁体版（2004 年由台湾东方出版社出版）也不例外，取名为《手中都是星星》。非常自然地，中文简体版采用了这个闪闪发光的书名。

　　作者拉菲克·沙米，也是一位闪闪发光的作家。拉菲克 1946 年生于叙利亚一个基督教家庭,是一位面包师的儿子。他在黎巴嫩的一所修道院学习后,回到大马士革学习化学、数学和物理。1970年,为躲避政治审查和军队征兵,他离开大马士革前往黎巴嫩。1971年,他移民德国,一边打零工一边学习化学,并于1979年取得化学博士学位。1982年,他全身心投入文学创作,写出了一系列带有阿拉伯色彩的作品,至今已被翻译成近30种语言,屡获德国国内外各种奖项。拉菲克笔下的故事大多发生在大马士革,呈现了阿拉伯世界的风土人情,使人们更无偏见地了解那里的文化。

叙利亚,正是当今世界的政治热点之一。一部儿童小说,适合讲政治吗?不是所有儿童小说都涉及政治,涉及政治的也不一定是好的儿童文学作品。但一部优秀的、流传世界各国的作品,绝不会屏蔽政治。《手中都是星星》带有很多作者自传的元素。书中的少年,一个面包师的儿子,用三年多的日记告诉读者,只有文化多元与宽容才能解决叙利亚的政治问题。书中揭露的政治腐败、审查制度苛刻、市民权利和人权得不到保障等问题正是30多年前拉菲克离开叙利亚的原因。如今的叙利亚,依然动荡不安,也许那里还有很多很多的孩子像书中的少年那样,没有殷实的家境,没有好的教育环境,在贫瘠的境况中奋力挣扎,倔强地展开枝丫。

我对这本书的喜欢,也因着这份厚重,在儿童叙事的轻灵之外,融汇着可承受的历史和社会之重。这本书的每一种元素,都足够耀亮,足够让我们选择并把它以同样耀亮的形态献给孩子们。

感谢台湾东方出版社的授权,我们拿到了中文繁体版的译文,然而编校过程远非我想象的轻松。除了一些明显的疏漏和错误,我需要仔细对习惯用语做专项检查,使之符合中文简体的表达习惯。另外,读到不通顺之处,我还将译文与德文原版书一一核对,逐个修正,力求完美。

这本书是魔法象童书"少年游"系列第一批(共四本)中的一本,我们怀着做到最美的想法,不吝成本邀约插画、四色印刷,这意味着在编稿的同时,需要编辑投入很大的心力与插画师反复沟通,从封面到内插,从线稿到上色，每一个细节都争取做到最佳效果。我常常在美术编辑和插画师之间交流联络，盯屏、拍照甚至勾勒草图，一幅图可能来来回回多次才能定稿，穿插在紧张的编稿工作中，也是一项"甜蜜的负担"。

但真正困扰我的问题出现在书出版之后。读者和书评人反馈最多的一个问题是，书中部分文字涉及性的内容，是否适合孩子阅读？这样的质疑我早已想到，在编稿过程中也反复斟酌。上市时，我们将此书的"建议阅读年龄"标注为 14—18 岁。之所以写"建议阅读年龄"而非"适读年龄"，是想传达应根据孩子阅读能力而非年龄来选书的理念。但我想，即便为这本书做了特别的标注，在性教育缺失的当下，很多孩子还是会被限制阅读这本书。

14 岁，是书中少年开始写日记的年纪。14 岁，是开始懂得爱的年纪。爱有什么不可言说的呢？我一直相信，爱是世界上最可宝贵的财富。年少的我们都曾有过懵懂的时光，或许还曾在日记中写下稚嫩的情话。我们把日记藏来藏去，生怕父母发现那甜腻又危险的秘密。可这些，便是爱的开始啊。

我在知乎上看到一个帖子，问"中国普遍的反对早恋会对孩子们有什么影响"？有网友回答说，爱一个人分明是一种非常重要的能力，却没能包含在教育中。我想，如果在最赤诚、最清澈的年纪，被阻止发出爱的声音，那么长大后，也会缺失与爱相关的很多。在春节回家的火车上，我读颜歌的《平乐镇伤心故事集》，书中《照妖镜》一篇把女孩子发现身体秘密的故事写得十分动人，这样的坦陈我同样能够在《手中都是星星》中找到，别忘了，这是一个少年最私密的文字，是他几年来珍藏的日记呢！因为心中的爱满溢，少年才会写道："但我没办法啊！我爱她啊！"

孩子的心是清亮的，他们瞪大眼睛，对世界充满好奇。他们的感官，向着无边的远方完全地敞开。既然如此，我们不妨，向他们展示世界的真实；我们不妨，与他们一起张开手，迎候正义和爱的星星。

一个无法抵达的世界，如何抵达

《世界经典童话故事选集》编辑手记

吴嫦霞

童话是一个无法抵达的世界，我想你也知道。

所以当我翻阅书里的插画时，你简直无法想象我的欣喜：沉稳有力的笔触，复古多变的画风，清新优雅的画面……儿时的想象顷刻被构建出来，乃至更加细腻。瞬间有种无法言说的兴奋，期待中文版在我手中的诞生，期待读者可以与女儿/儿子一起细细品读，告诉他们：这是爸爸/妈妈小时候读的故事，这是爸爸/妈妈期盼已久的童话经典。

缘起

作为编辑，我们一向"舍易求难"，小心翼翼绕开公版的经典文学。谁都知道：公版书版本众多，竞争激烈，一个不小心，仓库里堆积的备货就够你受的。但每次看到熟悉的"Fairy Tales"（童话），都会忍不住驻足，品评赏玩一番。

这回，一开始是熟悉的插画作者和书里的插画吸引了我。

Roberto Innocenti，国际安徒生奖插画奖得主；

Etienne Delessert,博洛尼亚童书插画奖得主；

Monique Felix,国际插画双年展金苹果奖得主；

John Howe,名字不熟悉，但画面精美得无以复加，一看介绍，竟然是《魔戒》电影的概念设计师……

《灰姑娘》《美女与野兽》《渔夫和妻子》……故事一个又一个翻过，内心有一个声音渐渐坚定：我们的家庭书架上，正需要这样一套绘本大师与经典作家共同执笔的"典藏之作"。她陪伴了我们的童年，而今又以新的面目，出现在世界儿童文学的舞台上，给孩子们带来一场新的阅读冒险。

文本

近年来，一些很经典的童话也被家长批评，台湾作家龙应台在《终于嫁给了王子》一文中就写过童话故事的残酷和暴力，所以她选择《小伊达的花》《小锡兵的爱情》《三只小猪》这类故事给孩子看。但诗人席勒却说："更深的意义不在生活所教的真实，而在我童年所听的童话。"这也代表了学界的一种声音，即在杜撰的外观底下，童话预备我们跨入真实世界的能力，并提供终生受用的功课。

《世界经典童话故事选集》在文本的取舍上，是令我们深感欣慰的。它删去了过于血腥的桥段（如灰姑娘的两个姐姐削足适履），以真诚、善良、美好作为故事的主旋律，妒忌、魔法、陷害则有相应的减弱。它提供我们终生受用的功课，同时，又非常好地保留了童话的基本范式，令孩子一读之下，就喜欢不已。

比如，有传统的故事导入方式：

很久很久以前，

也有朗朗上口的童谣：

> 两个小娃娃，
> 哭得泪哗哗，
> 因为没有桥，
> 也没有木筏；
> 帮帮我们吧，
> 坐上你的背，
> 划呀划，划过河，
> 嘎嘎嘎，嘎嘎嘎！

同时，又考证了童话的流变，精心选择版本：

> 在《睡美人》这个故事中，原版选取了夏尔·佩罗的版本，没有在王子吻醒公主后结束故事，而是接着写了王子的母亲是食人妖，想要陷害睡美人也就是新王后，但最终阴谋没能得逞，她气急败坏，投进木桶，被毒蛇吃掉，王子和公主这才真正过上了幸福的生活。

故事叙述注重语言的简洁、流畅和优美，是非常好的民间童话读本。

图画

喜欢绘本的妈妈都知道，一个好的绘本，插画不能是文字的附庸，应该互为舞蹈，甚至超越文字成为故事的主导。这样经典的童话，画家会如何重述它呢？

出版后，我把自己读《灰姑娘》的心得写成5000多字的分享稿，在QQ

群里和读者们分享,得到了大家的激烈回应:

> 太棒了!绘本还可以这样读!
> 乌鸦竟然是教母的化身,以前从来没想到过!
> 王子的舞会堪比现代上流社会的晚会,令人耳目一新!
> 经老师一讲解,才知道有这么多细节,回去要好好再读一下!
> ……

而这样的心情,正是我翻阅原版书插画时的心情。

书中的插画由 11 位国际插画大师精心绘制(《冷杉树》这个故事由两个插画家的作品构成),绘者不同,形式多样,风格各异,版画、水粉、拼贴甚至摄影作品都有不同的呈现方法。

每一个绘本,都经过了精心的创作。比如,在《奇幻森林历险记》中,老巫婆的头发中就有很多小骨头,而汉泽尔提到的鸽子和猫也在画中得到了体现,如果只看文字很容易忽略掉;

在《渔夫和妻子》中,作者故意把老太婆画得很大,甚至可以用两个手指把渔夫提起来,在视觉上造成了渔夫在妻子面前的胆小、懦弱,而在渔夫去找比目鱼的图中,大海波涛汹涌,浪花飞溅,视觉冲击力十足,给人一种压迫感;

《美女与野兽》中,可以看到野兽不同的变形;

《灰姑娘》中,可以在王子和灰姑娘跳舞的图中找到已经射出爱之箭的丘比特……

这些细节,共同构筑了一个可被抵达的世界,一个摆在书架上而又会随时游出来的童话王国,等待着你的进入和探寻;这些十七八世纪来自德国、法国、丹麦、罗马尼亚等地的童话故事,应和着瑞士、法国、意大利和美国的绘本大师二十一世纪的绝妙创作,诠释着新时代的童话经典。

《桂系演义》的正确打开方式

唐　燕

　　刚开始得知自己要负责这本书的时候，只知道这是一部很重要的书，至于有多重要，并没有什么概念。

　　从每一个字开始，对这部书进行一点一滴的打磨。经常觉得，做一部书，就像是在孕育一个婴儿，编辑们要经历九九八十一难，犹如母亲的怀胎十月一般。这部书，从它在我手中打磨，到出书面世，就孕育了整整17个月。经常听起，《桂系演义》出版近30年，多次重印再版，以前的出版也许不尽如人意，但起码没出什么重大差错。顿时，我才觉得，编这本书，"压力山大"。

　　还好，一切都是站在前辈们的肩膀上。

"私宅"还是"官邸"？

　　《桂系演义》的作者黄继树老师是一位功力深厚、态度严谨的作家，他的"靠谱"，使我终于壮着胆走下去，大部分时间都是在这150万字的长途中跋涉。

编校稿子的时候,会深深地被它的故事吸引进去,也会提一些问题。那些细枝末节的问题,比如什么黄绍竑的胡须呀,李宗仁的私宅呀,后来常被黄老师说笑话提起。

比如李宗仁"私宅"这个问题。小说第九十三回中有一段环境描写,写的就是现今坐落在杉湖旁的李宗仁官邸。可是,第一段写"李宗仁的私宅"。明明该地匾额上写的是"李宗仁官邸",私宅和官邸还是两码事吧?这也许不是个问题,但黄老师手书答案与我,来龙去脉解释得非常清楚。

为什么我会提出这个问题?因为我很喜欢李宗仁官邸。

李宗仁回到桂林的"官邸",是1949年4月,那个时候的国民党局势日薄西山。2015年5月,我踏入官邸,游览了陈列馆里关于李宗仁将军的种种历史,最后走到"总统会议室"时,驻足许久,看到里面的壁炉、沙发、民国蓝的桌布、整齐的茶杯、三巨头的画像,《桂系演义》里关于李宗仁代总统组织国民党高级将领商议"救国"策略时,那情景仿佛就在眼前再次播放一般,可以想象当时外界的压力、激烈的争执都浓缩在这座欧式的建筑里,最后都消失殆尽,很感慨什么叫历史风云变幻,什么叫历史不可逆。就如翻开《桂系演义》,映入眼帘的那句话:"历史浩浩荡荡,逆之则亡,顺之则昌。"

万万没想到的是,后来《桂系演义》的新书首发式竟然正是在这座总统会议室里举办的,这是多么与众不同的高度契合。当时选择首发式地点时,与黄老师一拍即合——没有比在这里举办《桂系演义》新书发布会更有意义的地方了。

除了官邸,在临桂浪头村还有李宗仁故居。这浪头村的"浪"字,本是"木""田""木"的合体,读音"浪"。由于《现代汉语词典》和电脑输入法里都没有这个字,当地人就用了"浪"来代替。校对的时候,为了尊重事实,还是造了原字。这里坐落着李宗仁故居,是李宗仁的老宅基地。1942年抗战艰苦时期,李宗仁将军在前线作战,于是蒋介石夫妇专程为李宗仁母亲祝寿，夫妻俩曾合影于李宅门口。要知道，这张蒋宋合影于李宅门口的照片，在当时可是震惊中外，绝对是各大名媒的头版头条！它是老蒋为激励前方战士抗战的最佳表率！而李宅门口的对联和"青天白日"横批，以及这座故居的风水，又是另一个耐人寻味的故事。后来不断听到作者的补充，堪称一部"外传"。

对了，到底是李宗仁的"官邸"还是"私宅"呢？原来，李宗仁的夫人郭德洁买下这里是作为私宅的。20世纪90年代，李宗仁的副官（秘书）程思远先生回国探望故地，在此题字"李宗仁官邸"，也就是现在匾额上的这五个字，从此，这座总统私宅就变成了官邸。而真正的李宗仁官邸，在桃花江边，那才是代总统办公的官邸。黄老师说，这个问题，你不提起，一般人不知道。

对于这样的小问题，黄老师从不随便应付，他是一个非常认真的人。他挺惊讶，这个书出版了二十多年，从来没有人向他提过这样的问题。而黄老师也曾玩笑说，将来可以写一个小别册，叫《答责编问》，全是针对小唐提出来的问题的解答。

"千万不能再妥协"

有一次听朱赢椿聊他做的书，书名叫《虫子旁》。看过这本书的读者，一定会觉得它的设计颇有意思，封面折页，蚂蚁这些小虫子就藏在折页的下面，不仔细看还看不出来，一旦看出来就是别有洞天。而朱老师在谈到书的设计时就说，光是封面就和责编折腾了十来遍，都是手工一点一点折出来的，最后才呈现出现在的样子。当时场下听众一片嘘声，感叹真是不容易啊。

《桂系演义》的装帧，也是一点一点折腾出来的。

操刀《桂系演义》的设计师是姚明聚老师。与姚老师合作过的编辑会觉得,他是一个非常有耐心的人。是的,姚老师特耐"磨"。当初,光是挑选函盒的外包用纸,就挑选 N 个选纸方案。函盒的底部和上部,包布,选色海军蓝,跟民国蓝非常接近,突出的就是民国风,为了挑选跟这海军蓝接近的蓝色,我们把设计部所有的纸样都找了一遍,这个颜色接近,可是价格高昂;那个价格合适,可是颜色太安静;选这个吧,嗯,花纹太深。我当时站在旁边跟着挑的时候,眼睛都花了。哎哟,我就是挑衣服也没这么挑过呐。

由于纸的品种和规格换了三遍,随厂付印的数码样上,材料填写那块被涂得一塌糊涂,都没有地方下笔改字了。这回终于尘埃落定了吧。结果刚回到办公室屁股还没坐稳,姚老师说,再等等,我再看看。

负责这套书的技编小姚老师也是一个没有闲着的家伙。他推荐了一种触感纸。"你看着触感纸怎样?高温变色,一烫印,字就出来了,还能省一块烫印版的钱……"姚老师和我从一堆纸样里钻出来,我一听能省钱就好像发现了新大陆一样。"试试呗!""怎么试啊?从纸厂发纸过来,再到南宁的印厂试出来,哪还有这个时间……"我焦灼万分,仿佛自己是那张待烫的触感纸。只见姚老师不慌不忙地找来一颗长铁钉,一把老虎钳和一个打火机,用打火机把铁钉的一头烧得红红的,小姚趁机把手上的纸样迎上去,老姚就迅速果断地将烧红的铁钉钉在纸上。独家现场直播试验触感纸高温变色,试验结果是变色没有达到我们要的效果,"新大陆"方案被毙。

纸固有一选,或丑于遮羞布,或美于女人脸。怎么说它也是封面最大的那部分。但是一块小小的堵头布有什么好选的呢?但就为这么一块小小的堵头布,老姚都"杀"到了马云的地盘上。

"选个白色的就好了,或者黑色也行呀?"我一边小心翼翼地问,一边瞟了一眼五彩斑斓的堵头布样。

"可是可以,但肯定没那么理想。"姚老师轻轻一说。

"可是没有现成的你们想要的藏青色堵头布。"另一位姚老师平静说道。

"怎么可能没有？这个东西，淘宝上就有的，我来搜一遍给你看！"

最后的最后，堵头布是专门定制染出来的。

有时候，设计师要的效果会与技术成反比。《桂系演义》的封面有一个直角三角形，内容上，它寓意《桂系演义》三巨头"李白黄"的关系，形式上，它为本书增添一种几何时尚感。这是本书设计的亮点之一，非常重要。在技术上，它需要模切厚纸板，然后裱纸，再与书脊的布拼接贴合。二姚在沟通技术难关，我一边听，一边先要琢磨下他们口中的专业术语。

"这个模切，印厂不好做。"

"你看这本书，七八年前都做出来了，现在技术那么先进。"

"你那个是先裱后切，相对比较简单。"

"不行，一定是先切后裱。"

"先切后裱，不能保证……"技编也有技编的难处。那些个机器一转，都是"杀人不眨眼"的。

……

天哪，再"扯"下去，都要成龙须糖了，要么我都快成祥林嫂要去捐两块门板了。到底听谁的？我也会动摇，拿不定主意。老姚悠悠一句："肯定可以的，我都跟他们出版科斗智斗勇了那么多年。"或者干脆跟我说："这个可千万不能再妥协啊。"

尽管在这个过程中，有很多意见需要磨合。那是一遍一遍的确认和修改。但是，要我说，相信专业啊。要么，相信经验啊。

做书是要有点冒险精神的，那点剑走偏锋的奇特之处，正是创意所在。它并不能迎合所有人的口味。而且，审美是很私人化的。所幸的是，这套书出来后，得到了作者和读者的一致认可，后来有一次听黄老师讲起，漓江社原社长李元君在他那里见到这套书，称赞说"好"。黄老师说，她说好，那真的就是好了。

我想这就足够了。

作为一个资历尚浅的编辑，还没有什么可圈可点的大事迹，唯有这套书，带给我一些感悟、教训和乐趣，截取其中小事，稍稍记录，也算是过去两年的成长和回忆。

《越读馆的创意写作之旅》编后记

吴嫦霞

2015 年的夏天，郭初阳又一次给我发来微信："小雨，越读馆的写作课想要结集出版，你有兴趣不？"以此为契机，经过半年的讨论、增补和精心编辑，一本创意阅读和写作理念的《越读馆的创意写作之旅》呈现在大家面前。新书出版后颇受好评，很快入选了《中国教育报》"2015 年度教师喜爱的 100 本书"，也迎来了加印的喜讯。

从第一本书到越读馆

这本书由越读馆的三位老师——郭初阳、童蓓蓓和肖贞主编，这也是我和郭老师的第三次通力合作。

如果说《大人为什么要开会》的合作是试水，那么《一个独立教师的语文之旅》就是我对郭初阳教育理念的一次全面领会。即使抛开责编的身份，也丝毫不能减淡我对这本书的喜爱。书里面有着不少金句："师生是幸运的同路人，教师是平等者中的首席，课堂是向着真理直跑的旅程。""教书则面临着'个人生活与公众生活危险的会合'，一如'徒步穿行在高速公路上'。""从四书五经开不出现代哲学，从《九章算术》也培养不了现代数学家。用传统教材培养现代公民,正如在戈壁植树,企望树木存活开花结果。然而戈壁只能培养骆驼草。""生活与文学有着各自的原则:生活要尽量计算成本与收益,坚持精力节省原则;文学要尽量使人恢复对生活的敏感,'使石头显出石头的质感',坚持陌生化原则。"……如果说《言说抵抗沉默》《颠狂与谨守》这两本是对郭初阳课堂的示范,那么在《一个独立教师的语文之旅》里,他更多呈现了阅读之于他的影响,以及对教育的批判性思考。

在这些思考里,我最为喜欢反复阅读的,是郭初阳对教师身份的界定。虽然我没当过老师,可我想象,中国的教师有着三重焦虑,其一是对于教师这一表演性身份的焦虑,其二是成为庞大应试体系中助推一员的焦虑,其三是自身学养与授课深度的匹配焦虑。想成为一名自己心目中的好老师,不是一件那么简单的事。教师身份的界定,看似是专业素养问题,其实直指隐秘的内心。即是说,暗含的哲学命题是:"我是谁? 我该怎样过我的生活?"一个不断在这个问题上纠结与思考的人,必会得到自己的答案,从而走向更远的远方。

在陆陆续续写完这些文章的同时,郭初阳也加入了越读馆。《一个独立教师的语文之旅》编辑出版的时候,他和童蓓蓓、肖贞两位老师的创意写作课,其实已在成形之中。一个人的风暴,引来了更多人的加入,最终成为杭州某处课堂里,一群人的思想狂欢。

一本书的生成

最初这本书,只是若干作文单元的样子,我甚至犹疑把小学和初中的学生写作放入同一本书里,会让买书的人不知所措。

这种担心不是没有道理,而更大的挑战还在于,在现有的材料下,应该如何呈现,才能最大限度地还原这个师生"学习共同体"所经历的精彩课堂,并且尽可能清晰地提示读者,去发现其间的材料构成和教学理路,从而构建出自己的课堂,写作自己的故事,以及发掘更多的自由创意?

　　冷玉斌老师后来写了一篇书评,我非常喜欢。他极为直接地按照这个预设补足了书中的空白,对创意写作课堂的本质、设计过程和完成效果进行了评判:

　　　　(越读馆的)创意写作……永远不会停留在技巧层面,而是透过技巧提升了思维品质,创出更多更多真实出自孩子内心的‘意’来,成长与推动的,是一个个快乐少年人。

　　　　想起上一次坐在郭老师课堂上,那节课,他教的是儒勒·列那尔的两则小品,用了简洁的设计,来将列那尔动物小品的妙处解说给学生明了——准确地说,是指点学生自我明了,接着就进入写作行动,播放了一组视频,记得有屎壳郎,瓢虫,学生根据刚刚发现的列那尔的写作特色与手法,进行写作。就是这样简洁与明确。写作不可教?我看郭老师实在是教了他可教的。

　　论述生动而透彻,看来全书章节的编排与教师手记的补足,确实起到了一定的提示作用。

　　冷玉斌老师还讲了他对各作文单元的感受:

　　　　第一幕中,我个人觉得“当世界年纪小”一单元,所解放之能量最为可观。

　　　　就单元设计而言,未来这个名字是否真会用到孩子的孩子身上,并不重要,重要的是这里面浩瀚时空感带来的对言语生命的激活。模仿绝非原创的坟墓,恰恰相反,一个高度模仿的习作(逐字逐句,甚至精确到标点的模仿),一定是深具创造性的,激动人心的作品。

　　　　……

这些评论或引用都一语中的，点出了创意写作设计者的设计理念和意义所在。

当我 2015 年 12 月坐在台下，再次听郭初阳的公开课时，我对课堂的流动突然有了新的理解。有时候，作为编辑，我也需要放弃对作品整体把控的追求，"计白当黑"，把一本书的最后一段旅程交给读者，在读者与读者的"流动"中，完成它独特的阅读使命。

好的写作

童蓓蓓在书中写道："写作不易……将各种如烟雾漂浮氤氲的感觉固化为文字实体，要燃烧许多能量，对于任何人来说都不算一件轻松的事情。"的确，当我想要写点什么时，常常因为捕捉不了而放弃。因此我惊异于这些孩子的写作，诚恳，真实，有趣，滔滔不绝。尤其是初中的孩子，不少写作单元中，所展现的思想与文字成熟度，不亚于一个成年人。比如"性格素描"，仿写的是卡内蒂的《耳证人》，郭初阳第二本书《颠狂与谨守》序言"舔卷先生"也是这本书里文章的模仿，可见他偏爱之甚。此次师生同台竞技，教师倾囊相授，学生的表现也毫不逊色。

当我就初中孩子的杰出表现请教郭老师时，他说，确实，从小学到初中，有一个质的飞跃。在越读馆，小学是儿童文学，初中是世界经典的轰炸。他们的阅历也许尚少，但理性和审美上的进展，已抵得上我们。

也由此我乐见，或许有一天，这本书碰巧到了哪个少年人手里，使他知道，同龄人的写作并不是只有作文选里的思想正确、感动中国，还存在着更多文体的组合排列的可能；更重要的是，那不是任何一个天才的专利，只要你乐意，凭着手中的这支笔，你就可以跳出某个试卷的灰色国度，而抵达世界的尽头。

孤独的守望　迟到的总结

《刘绍荟现代重彩十五讲》出版后记

贾宁宁

一

2014 年 6 月份,一场规模宏大的展览在桂林美术馆开幕,展厅里挤满了前来观看的人群。在艺术氛围并不浓厚、艺术展览并不频繁的西南小城桂林,这样的展览盛况实为少见,足以显示出这次展览的分量。那是一场以现代重彩作品为主角的画展,参展的十几位画家是刘绍荟现代重彩高研班的学员,展出的作品是他们的毕业创作。刘绍荟的重彩作品,也占了相当大的比例。在这次展览上,我第一次和现代重彩如此亲密接触。

刘绍荟何许人也? 若列主席、理事、研究员、教授诸头衔,数量倒是不少,但在当下难免让人有慕虚名之嫌。对于一位艺术家来讲,最重要的名片当然是作品,决定他历史地位、价值的也是作品。刘绍荟毕生从事中国民间装饰艺术传统和西方现代艺术的研究,是云南现代重彩画派的发起者和实践者之一。云南现代重彩画派肇始于 20 世纪 80 年代初,以刘绍荟、丁绍光、蒋铁峰等为主的一些画家,在云南那块土地上大胆创作,他们将东方绘画的线条、构图、色彩,与西方油画的色彩、笔触、造型等相糅合,以一种东西结合的方式表现云南的热带雨林风情，让改革开放初期的人们眼前一亮。1980年正值丙申猴年，他们取孙悟空大闹天宫的精神和魄力，组成艺术团体"申社"。他们的作品应邀赴京展出，更是得到了黄永玉等大家的认可，一时间现代重彩声名大振。其实，早在20世纪60年代初，刘绍荟的老师张仃就曾到过云南，以东西结合的形式创作了一批作品，并在中央工艺美院展出，在当时被人戏称为"毕加索加城隍庙"。是云南的热带风情，是张仃的这些作品，吸引着刘绍荟等一批中央工艺美院毕业生远赴云南，开启了现代重彩画的篇章。后来，随着画派的中坚力量——丁绍光、蒋铁峰等相继漂洋过海赴美，现代重彩也走出国门，凭借其既充满东方韵味又不乏现代美感的表现形式在国际上大放异彩。然而，时过境迁，昔日的风云人物各奔东西，转而探索各自的艺术之路，云南现代重彩画派已经极少为当下人所熟知。而作为现代重彩领军人物之一的刘绍荟，三十余年间从从未停止对重彩画的研究和创作，成了现代重彩在国内孤独又执着的守望者。

刘绍荟在80年代中期来到桂林，执教于桂林高等师范专科学校。虽然离开了孕育滋养现代重彩的摇篮——西双版纳繁密的热带雨林，但他立即被桂林深厚的历史积淀和独步天下的青山秀水所吸引，并投身到以现代重彩表现桂林山水的新创作中去。三十多年间，他以桂林山水为题材创作的《溶洞系列》《石头系列》等，以及一系列的白描作品，见证了现代重彩画的转型，延续着现代重彩的生命力。2013年，"刘绍荟现代重彩高研班"开课，七十几岁高龄的刘绍荟登上讲堂，将积淀在内心的现代重彩创作理念和盘托出，让现代重彩薪火相传。2013年的讲课，2014年的展览，距离云南现代重彩画派第一次展览已近40个年头。对于一个曾经叱咤的流派、一种风靡的艺术风格而言，这不得不说是一个迟到的总结。

穿过展厅中熙攘的人群，我们一眼看见了身材高大、满头银发的刘绍荟先生。他看见我，露出一副似曾相识又记不起来的表情，一直呵呵笑。

其实，早在 2012 年，我们就曾见过一面。当时，他想将自己的白描作品整理出版，希望能和我们出版社合作。可是后来因为某种原因，出版之事被搁浅，又过了一年多，沉甸甸的画册由原先出版重彩作品集的出版社出版，两本书设计风格相近，成了姊妹篇，多少令人欣慰。而这次，他在筹备展览之余，又准备将重彩高研班的讲稿整理出版，便再次想到了我们。当时稿件还没有整理出来，思路也没有厘清，一切只是个想法。不过，言谈之中看得出他整理讲稿的决心，因为这不仅仅是一部讲稿，更是他几十年来对现代重彩的回顾，也是时候总结一下了。

二

从十五堂讲课，到十五篇讲义，中间又隔了两年。两年里发生了很多事，我也忙于应付书稿而无暇催促。在我差不多对此事失去希望时，刘老师的书稿却整理完毕，再次向我们抛出了橄榄枝。

由于刘老师本人年事已高，加上心脏不好，整理讲义的工作当仁不让地落在了他的儿子、广西大学教授，同样也是重彩高研班学员的刘爽老师身上。那天爷俩来到办公室，一起将稿子送到了我的手里。初稿就像裹在褓褓里的婴孩，印在超白的双胶纸上，白白胖胖的，让人忍不住抚摸翻看。很荣幸，我成了这部书为数不多的第一批读者之一。

刘老师对这本书的定位是美术教材，因而整理后的书稿保留了讲课的顺序和语言风格，依次分为十五篇讲义，故名《刘绍荟现代重彩十五讲》。书稿从现代重彩出发，追溯了现代重彩的缘起、流传、发展，揭示出现代重彩这一绘画样式的技法、风格、创作思路等。一如过去不明就里之士对"印象派""野兽派"无心插柳的"恶评"，昔日对张仃"毕加索加城隍庙"的嘲讽，却成为对现代重彩淋漓尽致的诠释。从一幅幅风格鲜明、色彩浓烈的重彩作品中，我们不难看出现代重彩的学术师承，它既是熔古铸今的成果,也是融贯东西的产物。刘绍荟认为,现代重彩根植于中国的传统美术、民间装饰艺术,广泛借鉴了原始陶器、青铜器、画像砖石、壁画、传统书画等艺术中的元素。古朴的彩陶图案,凝重的青铜器纹样,给予现代重彩以线条的启迪;汉代画像砖、画像石的块面、构图,给现代重彩以形式上的指引;敦煌壁画中变化多端的飞天造型、丰富的色彩,以及永乐宫壁画中浓烈的赋色、飘逸的线条,极大地丰富了现代重彩的画面美感;唐代仕女画的工细富丽,宋代张择端《清明上河图》的有条不紊、平列构图,等等,更是为现代重彩提供了更多的表现空间。加之现代重彩诞生地——云南所拥有的独特的壁画、服饰等民间艺术,这些提炼自中国美术传统的精华,均是孕育重彩画必不可少的要素,也决定了现代重彩艺术中的东方美学趣味。

根植于中国美术传统的现代重彩,毫无疑问又是现代的。刘绍荟在书中讲述了现代重彩画在发展过程中对西方现代绘画的借鉴和吸收,尤其是在形式方面对立体主义的借鉴,在色彩方面从野兽派、印象派、后印象派、抽象主义等绘画中得到的启示。从这个角度来说,西方现代艺术赋予了现代重彩以现代性,使之成为融贯中西的艺术。

如此看来,分析整理现代重彩的发展脉络,无异于梳理了一遍中国和欧洲美术史,以至于本书乍一看像是一本中外美术简史。若没有一定的中外艺术史基础,对古今绘画流派风格的广泛涉猎,很难对一件件作品信手拈来。叙述中,刘老师并没有直奔主题地从技法、构图、材料讲起,而是平淡严谨地叙述每个时期的代表作品、风格特征,他甚至为书中提到的每件作品找到了插图(当时扫描、找图确实花费了大量的工夫)。而只有通读下来,你才会豁然开朗——书中的每幅插图中都有现代重彩的影子,原来它无处不在。现代重彩艺术并非凭空产生,它是那一群人艺术积淀的升华、创作灵感的勃发。

作为重彩画派的参与者和实践者之一,刘绍荟在书中也毫不吝啬地阐述了自己的创作思路和体会。终于谈到了自己。与其说是阐述，不如说是深情款款的回顾，他记述了自己的学艺生涯，进而如何走进云南、踏上现代重彩的艺术之路。在谈到自己历年创作的经典作品，如《召树屯》组画、《火童》（曾获 1985 年第五届中国电影金鸡奖最佳美术片奖）、《灯花姑娘》、西双版纳村寨写生，等等，刘老师难掩积郁了三十几年的冲动，文字恣肆张扬起来，字里行间跳跃的满是激情。尽管美术史的知识让我获益匪浅，然而真正令我感动回味的却是这些发自肺腑的艺术之言。也正是这份持久而浓烈的激情，一如他画中厚重的色彩、粗犷的线条那般，让他执着地坚持到今天。

三

刘老师从事过很多工作，其中一项便是编辑。他曾是云南人民出版社美编室主任，当年正是这个职务让他团结了一批学院精英，从事云南少数民族叙事诗插图创作，进而才有了现代重彩。

我曾认为，与不懂编辑的作者打交道非易事，因为你要不停地和他阐释各个环节，以保证互不影响进度。而事实上，与老编辑打交道也并没有想象中那么简单，因为自己资历尚浅，很难博得对方的充分信任，甚至有时候自己也怀疑自己。算下来，刘老师是资深前辈。的确，与他合作并不需要解释太多，只要把封面、版面做得好，文字没有纰漏，图片没有偏色，没有常识性错误即可。但兴许是出于学者的惯性，他总是会仔细核对每一稿文字，一旦发现疑义，便很严肃地给我"致电"，定要弄个明白。

有一次，我前一天给他送过去纸样，他第二天早上就严肃地给我打电话，质疑我所改动的某页的某段文字。原来，他引用了一段古人论画的文字，署名"清代王概"。但我隐约感觉不对，于是查了几本书，最后总结是元代陶宗仪讲的，清代的王概转述了一下而已。为了做到有理有据，我还特地抄下了书名、出版社、出版日期、页码。当老先生压抑着怒气和我理论时，我开始还真有些底气不足，生怕真搞错了，给人家留下不学无术、随便乱改的坏印象。当他问起我查的什么书时，我才有些底气，原原本本地和他讲了一遍。最后他半信半疑地挂了电话。为保险起见，我再三核查，就像出门前反复检查门是否上锁似的。确定无误，我才敢继续编辑下去。有了这么一次怀疑，想到书稿内还有其他莽撞增删之处，我心里总是悬着块石头，以后改字必有理有据。

后来，我去老先生那里取书稿清样。他又把稿子看了一遍，改动不多，像往常一样，一个个告诉我要怎么改。突然翻到一处，他说那个地方我给他改错了，他又标注将"时期"改回为"朝代"。我心里一惊，赶紧仔细分析前后文。原来，他列举了北魏、西魏、北周、隋、唐、五代等时期，若没有五代，用"朝代"应该没问题的。我如是和他解释。他一愣，却说初稿中好像没有五代，随即翻出最初的纸样来看。这下我心里一阵紧张、一阵拼命回忆，追问自己是不是擅自加了什么内容。经过沉默尴尬的等待，他拿过原稿，发现"五代"就在那里！我们这才会心一笑，继续向后翻。

四

经过几次的送稿、取稿，我们渐渐有了默契，他对我的信任也逐渐增加。从最初仅限于聊书稿的编排和要求，到他与我们分享创作中的一些插曲，我们聊得越来越多。聊到艺术，他眼中始终闪烁着奕奕神采，那些艰苦追求艺术的日子在回味中都变成了甜的。岁月不饶人，昔日英姿勃发的艺术青年，成了今天白发苍苍的老者。已逾古稀高龄的他，心中豪迈的浪漫艺术情怀却丝毫未减。

最初，他打算在2015年继续办第二届高研班，连招生计划都拟好了，到时候这本书就可以做教材了。谈到招生的时候他笑容满面、信心满满。

作为出版方的我们自然满心欢喜，这不仅影响着图书的销量，还意味着现代重彩的传承。可到了后来，他却无奈地放弃，因为年事已高，心脏的支架无法承载高负荷的教学工作。他一脸苦笑地说不能和身体过不去，更不能对不起学员，兴许这件事情在未来可以由他的孩子做起来。他的无奈竟让我有些释然——对于一位七十多岁高龄的老者来说，能够站在讲台上已经不易，整理出书稿已为难得，既然如此，我们还有什么理由让他继续辛劳下去呢！

今年又是丙申猴年，现代重彩转眼走过了三个生肖轮回，昔日风起云涌的浪潮早已退去，剩下刘绍荟等少数画家的执着坚守，一如本书主编在后记中所感慨的那样："他在天地无言的大美面前，就像一个苦行僧，飘着满头白发，默默地耕耘那未被开垦的艺术荒野，守护着素静恬淡的精神家园。"

图书如期出版，总算了了一桩心事。于我，一枚编辑，也算是个迟到的总结吧。

生活，不止眼前的苟且

申　珊

　　我想我永远不会忘记，我父亲大学时候的那本《宋词鉴赏》是我成长记忆里的第一本书。听父亲说，自我在娘胎到出生的头几年，就是这本挺厚的典书，陪伴了我。小时候记忆里的声音，对精神世界是有影响的。

　　世界上到处都是清澈见底的诗，诗词的好处，就是纯净。昊福文化《逗号经典》有声读物的研发，以声音传文脉，是对诗词文化最好的诉说。

　　时间伴随着成长，经历愈来愈多，渐渐发现所有童年生吞硬嚼的诗词们，都已经携带着作者创造时那一刻的情深，在我们此后漫长的一生中草蛇灰线，伏脉千里。许多东西记下来，会在心里生根，日后触景生情，你总会懂，懂得那份隐于不言却又细入无间的意蕴。小时候的阅读体验，往往决定了你一辈子的视野和性质，小时候的诗词读多了，长大后每一次旅行，都像是故地重游。

　　古诗词离我们并不遥远，它们的存在是古人留过人间的证明，是生命燃烧后留下的痕迹。也许现在同学们不太理解诗词的意思，但我想，总会有那么一天，就在那天，有那么一处风景、一种心情、一个不可言表的状态，会让你觉得只有那一句诗词才能形容得最佳。不仅如此，每次读诗，便会觉得，自己哽咽在喉未能说出的话，便是如此。

诗词是时光荏苒中灵感偶得的香，于唇齿间吟诵，于脑海中描绘，古人是多么的浪漫，触景生情，情至诗来。

生活，不只眼前的苟且，还有诗和远方。穷尽一生去追逐，也无法领略完我大华夏之美。正如福生老总所言："一直无声流传的经典，变为立体的、优美的、可感知的，通过聆听，通过跟读，将传统文化的精神印入脑海，植入心灵。"

走进悦读世界，感受书式生活；捧读《逗号经典》，享受陪伴成长记忆的乐趣。在这里，有无数承载梦想和希望的七彩气球，即将飞跃彩虹国度。致敬昊福团队，致敬自由；飞过山丘，飞过原野，飞过牧场，在金色阳光下飘向远方。

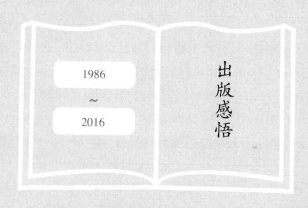

出版感悟

出版最大的难度
不是面对书
而是面对人
人永远都比书重要
也永远都比书难

做编辑:没有创造的创造

刘瑞琳

一

今天来到这里,还是很紧张忐忑的。

一是因为心里本来是很认真对待的,也想着好好准备一下,但是一直忙忙忙,到最后还是仓促上阵。不过,好像这就是常态,还不是新常态,印象中,所有的事情都好像是还没有准备好就过掉了。

过去来单向街,都是陪作者来做活动,今天自己从后台跑到前台,感觉总是不对劲儿。听说今天来的几乎都是同行,那我岂不是除了"班门弄斧"就是"王婆卖瓜"吗? 反正都是犯忌的事儿。

我虽然从业 20 年了,也算积累了一些经验教训,但是我觉得这些都是一对一的个体经历,可以分享,但很难借鉴。我相信在座每个人都有一肚子的经验一脑门的故事,我也希望能分享到你们的经验和故事。

我看到这次活动的广告,说我从来没给自己的编辑讲过,的确,因为我觉得,行动就是最好的表达。如果大家每天一起做事一起做书,还是不明白彼此的想法,那就不说也罢了。

还有，我听说大家来参加这次活动是要有费用的，更感觉非常惶恐。尽管我们营销总监给我解释，这是为了挑选有效的听者，控制人数，但我还是觉得让大家破费不值得。

第二个原因，今天的引子是《天才的编辑》这本书，这是我们自己出的书，而我又是编辑出身，拿这本书做引子来说做编辑的事儿，太让人难为情和难堪了。

我想大家虽然不至于以为我在自我标榜和自况，但是似乎也会有如同看到小学生表决心般的滑稽印象吧。

好在这本书的名字无论是英文表述"Editor of Genius"，还是中文表达《天才的编辑》，都是双关语，我们不妨只取其中一个意思：给天才做编辑，或者说跟天才一起工作的编辑。从这层意思上借题发挥，我会自然一些。

无论怎样，有一点令人自豪，就是我们出版了这样一本书。我很迷恋书里对于编辑与作者一起工作、彼此交流的细节的描述。

在我们这个商业标准、快餐消费几乎解构掉一切美妙的东西和感觉的时代，我认为，这本书是向那个文学创作充满勃勃生机，为一个故事、一句表达，作者和编辑都字斟句酌的时代表达致敬，是为了缅怀那个被文学滋养并滋养了文学的时代！

每一个有志于从事编辑的人都可以读读这本书。翻译这本书的彭伦，也是一位好编辑。前段时间，他还跟这本书的作者做了一个很有意思的访谈，马上会发在上海书评上，随后大家可以找来看看。

在座的，或许有的朋友已经读过这本书了，很厚，但很精彩，我几乎是一口气读完的。

我看这本书最大的感受就是，编辑最大的难度，不是面对书，而是面对人。人永远都比书重要，也永远都比书难。

珀金斯最动人的地方在于，他对作者永远有一种"富有同情心的理解"。他非常理解和体贴人性，非常善于顺应并挑战人性，也非常会尊重并扭转人性的弱点。记得经济学家张维迎有一句话：成功的企业家，一定对人性有透彻理解。出版人更无法回避这一点，因为有天赋的作家、艺术家、知识分子，都是有个性并且任性的。

前段时间我遇到一件事情，我们的员工惹恼了一位作者，员工觉得很委屈，"我又没违背法律与合约"，可是我说："不违背法律与合约，这要求太低了，体贴一个作者应该从人心人性的层面去考量。"这是编辑工作有意思，也有难度的地方。也是编辑工作中最只可意会，不可言传之处。我也是因此才说，经验是个体的，很难 copy，只能自己去做去悟去经历去感受。

我今天想说的不是珀金斯的才华与天赋，而是他与我们，与在座的诸位的一个共同点，那就是：我们都只是普通人。然而，即便只是一个普通人，我们也可以和那些才华横溢的天才一起工作，甚至共同成就一件伟大的作品。

珀金斯说过的一段话，可以作为我们编辑的座右铭：

> 你们必须记住的第一件事，是编辑并不给一本书增添东西。他最多只是作者的仆人。不要觉得自己很重要，因为编辑充其量是在释放能量。他什么也没有创造。一个作家最好的作品，完完全全来自他自己。

这就是世界上最伟大的编辑之一的珀金斯对于自己的一个定位。作为海明威、菲茨杰拉德、托马斯·沃尔夫这些文学巨匠的幕后推手，他最后会这样定义编辑的角色，会不会让我们这些做编辑的人有一点失望呢？

最近我也在微信上读到过几篇编辑谈自己如何做书的文章，可能这是一个强调交流、互动的年代，所以我们会看到：一位编辑娓娓而谈如何为一本书费尽心力，如何设计了十多个封面最后选择了这一个，如何取了几十个书名最后确定了这一个,如何与多少名人锲而不舍地联系最终获得他们的推荐,如何与各个跨界的机构联系而制定了出人意料的营销方案,最后,这本书又如何登上排行榜,获得哪些奖项,或者虽然不畅销,但已经成为编辑生命中无法忘却的一段历程,等等。

作为一个编辑,我很能理解写这些文章的编辑的心理,我也很欣赏这些文章里体现出的工作激情,但看得有点多了之后,会感觉到有些遗憾,有些可以深入探讨的问题,最后往往成为了一种心灵鸡汤式的东西。

我不是说所有都是这样,只是感觉越来越有这样一种趋势。就是把编辑的本分,变成了一种有点夸张的自我欣赏式的东西。在这样的文章里,我们很少看到对于作者、作品本身的一种严肃思考,相反,更多看到的是编辑的小心思、小情绪。结果呢? 我们看到市面上到处是千篇一律的类似标题党杜撰出来的书名,千篇一律的小清新封面,千篇一律的夸张书腰宣传语。这些东西,可都是我们的编辑做出来的。

这反映出我们这个时代的一种文化生态,就是说,我们的文化越来越为一种比较浅薄的商业机制所主宰,而编辑,在这个机制里面,似乎找到了自己存在的价值,因此还有点沾沾自喜,有点自我欣赏。

这个时候我们再来看看珀金斯的这番话:"编辑并不给一本书增添东西。他最多只是作者的仆人。不要觉得自己很重要,因为编辑充其量是在释放能量。他什么也没有创造。"

于是,我们就知道了吧,什么叫境界。他这话说得很谦逊,但也很自尊。

为什么说自尊呢? 我想这是一个人面对真正的文学、面对真正的文化时的一种不卑不亢的态度。他知道真正的创造意味着什么,也知道时间最终会淘洗掉什么。他知道什么是天才,他也知道自己的本分。用中国的古话来说,就是"知止而后有定"。这种安定的心,或许是我们这个时代所缺少的品质。

我不是说编辑所做的事情不重要，相反，我认为这些很重要，无论是文稿的处理、设计的沟通，还是对营销宣传的参与，等等，我也会跟我们的编辑强调这些事情。但随后我会说，与一本书的文学价值、文化价值相比，这些其实不是那么重要。

一本书的价值，几乎完完全全来自作者独特的创造力，而编辑，只是协助作者释放他的能量。编辑不曾创造过什么，但他可以参与创造。这是我对编辑的理解。

所以，我对于现在的一些说法，比如"如何操作一本书"，"如何打造一个作者"，其实心底里是排斥的。"操作""打造"，这样的说法，何其张狂。似乎和我们心中对于文学、对于文化的一种敬畏心相去甚远。现在还有一种趋势是把书当作一个产品，编辑成了产品经理，我承认这里面有一种商业的合理性，但从文化的意义上讲，我觉得这是一种异化。

珀金斯之所以会说得这么谦逊，是因为他把文学看得很高，把作者看得很高，所以才把自己放到很低的位置上。而现在，我们是不是把自己看得太重要了呢？

在座的诸位，肯花钱来到这里，但愿你们不会期盼这个讲座，能提供一套做书的模式，一套商业机制，可以源源不断地制造出成功的产品。那么，我先在这里给大家泼一点冷水，这样的模式、这样的商业机制，很可能是不存在的，或者是难以复制的，或者，从根本上说，不那么重要。我看到这本书的最后一部分有一句话：说珀金斯"了解他这一行的所有诀窍"，但"他已经厌倦这些了"，我立马有一种惺惺相惜的释然。

重要的是什么呢？是我们对于文学、对于文化的敬畏与尊重，是我们对于作者、对于才华的敬畏与尊重。这种敬畏与尊重，我希望可以成为每一个编辑开始自己编辑生涯的一个起点，并伴随编辑生涯的始终。这大概是我读《天才的编辑》这本书的一点体会。

二

今天来这里跟大家交流如何做编辑,我想不会涉及太多具体的编辑业务,而更多的是想跟大家交流编辑的角色问题,或者说,就是一个普通的编辑,如何与那些才华横溢的人一起工作。

我也举几个例子和大家分享一下。

白先勇是华语文学的代表人物,能够出版他的文学作品,应该是每一个出版人梦寐以求的事情。2010年的时候,我们终于出版了白先勇的文集。白老师给这套文集写的序言就叫《牡丹因缘——我与广西师范大学出版社》。我知道白老师的为人,也知道他不苟且的地方,他坚持要登出这样一篇序言,我和同事们都感觉受宠若惊,担当不起。

但我们和白老师最初结缘,的确要追溯到2004年他策划推出的昆曲《青春版牡丹亭》。这是当年华人世界的一大文化盛事。我们获得台湾远流出版社授权得以推出白老师策划主编的同步记录《姹紫嫣红牡丹亭》。这本书获得了当年的华语传媒图书大奖,以及"中国最美的书"称号,总共印了1万多册,谈不上畅销。但我们因此而成了白老师的义工,随他一起,推广昆曲,推广《青春版牡丹亭》。

我们帮着白老师张罗媒体宣传、新闻发布等等事情,甚至派出两位同事,投入几个月的时间,协助完成《青春版牡丹亭》在国家大剧院的摄影展布展工作。这昆曲的义工,我们一做就是好多年。有时候我们都忘记了,做这么多的事情,缘起只是一本书。但大家乐在其中。

到了2011年,《青春版牡丹亭》圆满演出了200场,白老师推广昆曲的事业也暂时告一段落。随后,他全身心地投入到对他父亲生平的研究中去,我们也随着他,进入了一段新的旅程。

我们也清楚,白老师作为一个文学家,来做历史学家该做的事情,有不得已之处,也有自己的局限。但我们看重的是更高层面的一个意义,就是对历史的还原。而且我们很清楚,历史学家可以有时间从容来研究,而白先勇作为儿子、作为作家,来为影响中国现代历史的重要人物做传记,这个事情没有时间再耽搁。

2012年,《白崇禧将军身影集》出版。这本书的缘起是2004年底我去台湾出差,为了给我主编的《温故》选照片去白老师寓所拜访,看到桌子上有十几本影集,于是动员白老师精选父亲的老照片并亲自配上说明文字。几经折腾,七八年后,繁简体终于同时出版。

为了宣传这本书,我们也打了一场大战役。

首先,是在北京全国政协礼堂举行了新书首发式。然后去南京做了学术研讨会,读者见面会,大学演讲,最重要的是在"总统府"做了一个为期三个月的"白崇禧与近代中国图片史料展览"。随后,我们又挥师桂林,回到白崇禧的故乡,举行了一个集合两岸研究者的有关白崇禧将军在30年代的广西建设的学术研讨会。然后我们去重庆、去武汉、去广州、去上海、去西安、去长春。这些活动前后跨度两年,凡是白崇禧将军曾经留下重要足迹的地方,我们都一一造访。

今年,我们又出版了《关键十六天》。讲述白崇禧和台湾二二八事件的关系。

出版白先勇的文学作品,反倒成了这些事情中不那么显眼的一件事了。虽然真正卖得好的是这些书。

我们和白老师的关系,已经超出了普通的作者与编辑、作者与出版社的模式,怎么来形容这种关系呢? 我们当然可以很自豪地说:白先勇是我们的作者;但更让我们开心的可能是:白老师把我们当成了他可以依赖、可以依靠的一个团队。

如果说白先勇老师的"文学梦",我们没有机缘参与,只能出版现成的作品,那么他的"昆曲梦""父亲梦",我们可以说从一开始就是介入其中的,而且几乎是忘我地投入。

当然，我们首先是受到了白老师人格魅力的感召，才会不辞辛苦做这些事。但我想，或许还有对更高的一个文化价值的追求，在激励我们心甘情愿做这些事。无论是"复兴传统"还是"还原历史"，本身就是我们做出版所追求的东西。

我们感到很幸运的一件事，就是能够在白老师的带领下，在追寻他的文化梦想的过程中，实现了我们对于出版的追求。

我想，这或许是我们这些普普通通的人，有机会能够超越自己的一种方式。我们的日常琐碎的工作，只有放在更大的一个文化框架下面看，才真的有意义。也是这种文化价值，赋予我们平凡的职业生涯以意料之外的光彩。

三

下面，我想讲讲我们和梁文道的故事。

这个话题，我在一些场合时常被问起，但此前从未认真想过，也没有公开讲过。也许已经习以为常了。似乎我们和梁文道天然就是这样的。只是在考虑这次讲座的素材时，发现我想说的很多事情都是绕不过他的，不如索性说说他这个人。

最初是看到梁文道写的一些专栏文章，我们觉得好，就去联系，希望能够出版。我去香港的时候没见上面，然后他来北京。记得那天下大雨，我们坐在公司的阳台上，雨水打在雨棚上，噗噗直响。我们谈得很尽兴，从中国的时局到南洋的华语文学。他之前就关注过我们，推荐过我们的很多书，认同我们的出版理念，所以出版的事情谈得很顺利。

2009 年，我们出版了梁文道在大陆的第一本书——《常识》。书出版后，引起广泛关注，也成为公民阅读的一个标志性读物。他也成为我们最重要的一位作者。

我都已经记不清楚当时的具体细节了，当 2010 年筹备第一届理想国年度文化沙龙的时候，我们邀请梁文道作为这个活动的创意总监，他也理所当然地做了全程的主持人。那两天，恰逢他患了重感冒，活动中间，就看他已经精疲力竭，但还是咬牙坚持到最后。

　　到了 2011 年第二届沙龙，他更是从头主持到尾，三天。此后，凡是重要的活动，我们就自然而然地请梁文道来做策划、主持了，只要时间允许，他从不推辞。大家要知道，这些策划、主持活动，完全是义务的。如果他拿这些时间去做一些商业活动，可能获得的收益远远超出我们所能支付的。

　　所以，我们渐渐地就把他当成了一位不拿薪水的同事。

　　他也随时给我们推荐书。经他推荐，我们出版了舒国治、骆以军的书。也因为是他推荐，他也就担负起了另一个责任，就是为这些书写序言，以及在营销宣传时帮忙站台。他总是很忙，序言往往会拖延，我们的编辑就会不停地催促他。到后来，只要听到梁文道的声音在办公室的走廊里，就会有编辑追出来催他交稿，这时候梁文道往往会很不好意思地说："好，今晚通宵也要写出来。"

　　为了把零散的推荐做成一个有结构、有意义、有前景的项目，也为了有计划地向年轻一代读者介绍来自不同文明、文化的观察和思考，帮助他们打开视野，2014 年我们组织推出了理想国译丛，梁文道与许知远、刘瑜、熊培云一起成为了这个书系的主编。他们负责遴选书目，推荐译者，撰写导读，帮助推广……

　　梁文道为这套丛书，起了名字 Mirror。大家看到每本书虽然来自不同的作者，不同的语言，不同的主题，但封面都有一个大大的 M。当然，每本书的 M 字体不同。很多人担心，那字体会很快用完吧，陆智昌老师告诉我们：没有问题，有几百个字体等着呢。对于这套书的创意和运作，海外同行和作者都表现出极大的兴趣，他们甚至有人建议：遴选中国作家，与海外出版社合作推出,形成一种相互对照的 Mirror。

前面我说到,我们心甘情愿地做了白先勇老师好多年的昆曲义工,而梁文道呢,他简直可以说是我们出版社的一位高级义工。

回想起来,真的感到很幸运,我们拥有梁文道这样一位似乎有着无穷的精力和劲头的作者和伙伴。但我有时候也会忐忑不安,凭什么,我们就能让梁文道这样毫无保留地把自己的精力投注在我们的事业上?这两天我一直在想这个问题,现在似乎有了一个答案,那就是:我们还算是一个比较靠谱的团队。在靠谱的基础上,更重要的,或许是一种价值的共鸣。或许对于梁文道来说,以他的才华与精力,原本就是要做很多的事情,恰好有这么一个机缘,我们和他能够一起共事,他的很多想法,有了一个落脚之处。

我常常对我的同事讲,我最怕的两个字是:辜负。怕辜负了这么好的一些作者对我们的期待,对我们的厚爱。我们日常所做的,并非是什么了不起的大事,都是琐琐碎碎的具体事情,但这些事情很重要。再宏大的梦想,都是建立在这些细节之上的。所有的可能性,也都是建立在靠谱这样最基本的要求之上的。

回到开头,如何与才华横溢的人一起工作呢?一句话,不是靠想、靠说,我们需要老老实实、踏踏实实、扎扎实实地去做。

四

下面我再讲讲我们和杨奎松老师的故事。

杨奎松老师是国内最有影响力的历史学家之一,在我们认识他之前,他已经出版了好几本重要的著作。我们当然希望出版他的书,可惜没有机缘。正好 2011 年,我们做理想国年度文化沙龙的时候,因为要谈民国的主题,陈丹青建议请他做嘉宾。

2011 年年底的时候，杨奎松的夫人约我，趁我去深圳出差，我们见面并详谈了杨老师的书的出版。

对于这样一位已经有多部著作在市场上流行的重量级学者，我们能否给出新意、呈现新貌？我们找来他的全部著作和大部分文章，整个 2012 年春节期间的假期，大家分头阅读，上班后再反复斟酌讨论，最终提炼出"革命"这个概念，统领杨老师关于中国革命史的四部最重要的著作。这个方案得到杨老师的认可。另一方面，之前杨老师的许多书虽然影响很大，但在装帧设计方面，比较流俗。希望我们能够赋予杨老师的书一种新的气质：时尚而有尊严。于是有了现在大家看到的《革命》四书。精装，定价 480 元，很受读者欢迎。《革命》对于我们的学术出版这个板块也起到了很大的提升作用。

后来据杨奎松的夫人说，当书送到他们住的宾馆时，杨老师在灯下翻来覆去地看了好久。或许杨老师之前，并没有想象到自己的书会呈现出这样的面貌。

随后，我们出版了他的新书《忍不住的"关怀"》。随着杨老师的研究领域从革命史推进到建国史，我们的出版和他的研究，渐渐同步，进入了一个良性的互动。

2014 年，我们推出了"理想国讲堂"这个公益项目。这个讲堂是要做什么呢？简单说，就是我们每年会邀请一位在自己的专业内举足轻重的学者，请他制定研究计划，然后面向公众，做一系列公开讲座。这个讲堂有两个特点，第一是能够反映重要学者最前沿的思考，第二是原创学术成果的首次发表，是高端学术同时也要面向公众演讲。

讲堂的第一位讲者，我们选择了杨奎松老师。当然是因为他的学术成就，同时也因为他的研究关系到我们每一个人。

不过，杨老师的著作向来以扎实的史料见长，这尤其适宜于大部头的著作与学术论文；而且，他的学术风格，从来都是尽量把观点融入历史叙事之中，很少明白地宣示自己的历史观。那么，这样一种风格，对于普通公众，是否有足够的吸引力呢？

2014年9月，我们在"理想国讲堂"开启的仪式上请杨奎松做了首讲。面对着现场500多个观众，虽然开着冷气，但我们看到他的衬衣都被汗水浸湿了。这次演讲之后，反响可谓泾渭分明，有的听众觉得比较冗长沉闷，有的听众却觉得很扎实，有干货。无论如何，做这次试讲真的是很关键。杨奎松，一位最重要的历史学家，现在要面对普通大众，讲出有品质而不失吸引力的内容。这对他来说也是一次挑战。

我们没有给杨老师具体的意见，只是表达了我们对"理想国讲堂"的期待，以及对它的定位的理解。我们相信杨老师。

后来，他花了多少时间，修改了多少次稿子，已经很难说了。但差不多经过半年多的准备，今年6月7号到6月13号，杨奎松一口气做了名为"历史评价的尺度"八场讲座。我相信，对于所有去听讲的人来说，这是一个全新的杨奎松。连他自己的博士生都感到惊讶：他既不是讲国民党史，也不是讲共产党史，而是围绕着"文明"这个概念梳理自己最近若干年的思考，表达自己研究历史的心得。依然是注重史料，但他引用的大量都是欧美历史、哲学、社会学、人类学、心理学、电影方面的材料，也包括近几年的许多社会热点。在严谨的外表下，我们看到了他内心蕴藏着的巨大激情。我们也才发现，作为一个历史学家，一个现代史学者，这其实只是他的冰山一角。

杨奎松的夫人后来对我说，选择广西师大出版社，选对了。

我想这个对，不是说我们出杨老师的书，比从前卖得多了几本。而是说，我们做事情的方式，我们对于品质的追求，以及我们对于文化理想的一种坚持，得到了作者的认可。在这个基础之上，作者可能会为了我们共同的目标，激发出更大的能量，甚至超越自己。

珀金斯说，编辑是在帮助作者释放能量。这句话说得太准确了。做出版最好的一种状态就是，能与作者心心相印，彼此激发。有的时候，作者未必意识到自己的能量有那么大，而编辑能够预见到，并且想方设法创造条件，让作者能够在一个新的平台上去发挥，或许到最后，作者会做出超越他自己期待的东西。

五

上面，我讲了我们与三位作者的关系，其实，我们和每一个作者，差不多都有一段有意思的故事。

以前有一篇报道，名字很耸动，叫做"广西师大出版社是如何搞定陈丹青的"，我听了觉得很不舒服。我估计陈老师听了会更不舒服。我们和作者的关系，从来都不是"搞定"或"搞不定"的问题。我觉得，编辑和作者的关系，出发点和最终的归宿都应该是书，为了创作和出版一本有价值的书，就像珀金斯所说的，"没有什么比一本书更重要"。而作者与出版社的关系，也应该是出于对于一种文化愿景的共同追求。

从这一点上看，出版社真的有一点像一个文化人的共同体，我们的很多作者，其实像是我们的工作伙伴一样。能够与这些才华横溢的人一起工作，是幸福的。我知道，这样的状态非常难得，因此也倍感珍惜。

有一次，我在深圳的好朋友晓昱给我介绍了一位企业家，他觉得我们做的事情让人敬重，希望能够给我们一些资助。当然，他一个人的力量还不够，他还发动朋友们弟兄们一起来，最后我们成立了理想国文化基金会。首批推出的项目就是"理想国译丛"和"理想国讲堂"。

说实话，之前我并不知道这位企业家，更谈不上什么关系，但当我们第一次见面的时候，我印象很深，他手里拿着一本叶企孙的传记，滔滔不绝地讲述自己对于这位中国物理学的一代宗师的尊敬，以及对其遭遇的慨叹。接下来我们谈书，谈文化，有一种一见如故的感觉。他叫杨向阳。

在他和晓昱的帮助下,我们建起了"理想国基金会"。有了这样一个平台,就可以吸纳更多的有文化理想的人参与到我们的事业中来,也可以开办理想国讲堂,让杨奎松这样的学者的能量得到更大的发挥,还可以创造条件集合梁文道、许知远、刘瑜和熊培云来为我们主编大型译丛。接下来,"理想国基金会"还会发起或赞助更多的公益文化项目,去做一些用商业方式难以做到的事情。

从做出版,到做公益文化活动,出版究竟接下来还会做什么,我们其实并没有刻意的规划。我们几乎没有做过那样的商业计划:今年的码洋是多少,明年要达到多少,五年之后要达到多少。

我们更多的是在盘算,我们能做什么,接下来应该做什么,怎么做。我们会从作者出发,从他们的资源和创造力出发,进行整合、设计,然后一点一点地落实,做出我们期待的东西。

但某件事情没做好,我会焦虑;辜负了作者的期待,我会焦虑。作者发信息催问事情的进度,我会焦虑,因为这说明我们团队的效率出了问题。当你与这个时代最优秀的人一起工作时,你必须是全神贯注着去奔跑的。

是很累,但是你没有时间去感觉累。不知不觉中,也许到最后,你会发现,你做出来的事情,已经远远超越了你当初的想象。

或许我可以这样说,理想国的商业是非商业的商业,正如我们提倡:编辑的创造应该是没有创造的创造。我们通过呈现最好的书赢得了市场,同时我们心甘情愿地服务于才华。

回到珀金斯,我相信我很能理解他所说的:编辑什么也没有创造。但我想补充一句,就是:我们只是帮助有创造力的人完成了创造。或许可以称为"没有创造的创造"吧。

这样的一种感觉,让我觉得很踏实,也很充实。这或许就是我们这些普普通通的人愿意投身编辑这项工作的理由吧。

读书、编书、评书之乐

王　昶

　　这两年李克强总理在全国人大作政府工作报告时，都谈到全民阅读的问题，可见党和政府对全民阅读的高度重视。在人大闭幕后答记者问时又说，"书籍和阅读可以说是人类文明传承的主要载体"，"用闲暇时间来阅读是一种享受，也是拥有一种财富，可以说终身受益。我希望全民阅读能够形成一种氛围，无处不存"。"我们国家全民的阅读量能够逐年增加，这也是我们社会进步、文明程度提高的十分重要的标志。而且把阅读作为一种生活方式，把它与工作方式相结合，不仅会增加发展的创新力量，而且会增强社会的道德力量。这也就是我两次把'全民阅读'这几个字写入《政府工作报告》的原因，明年还会继续。"这些话不仅说明了全民阅读的意义和价值，也说出了我们广大读书人的心声和共同体会。我是一个喜欢读书的人，并且经历了读书、编书、评书的过程，享受过其中的乐趣和幸福。

　　我喜爱读书是从读初中开始的。读初中、高中时，我遇到的都是好的语文老师，他们都很开明，不是仅仅要求我们学好课本，而是要求我们平时养成读书看报的习惯，要扩大阅读面，鼓励、引导、组织我们开展读书活动,还要求我们每个学期、每个寒暑假,至少要读一两部文学作品或科技图书,并写出读书笔记,从此我养成了终身受益的读书习惯。二十世纪五六十年代,我们不仅读我国古典文学名著,也读当时流传的文学作品,如《刘胡兰》《青春之歌》《红旗谱》《三里湾》《红岩》等,还读过《钢铁是怎样炼成的》《卓娅和苏拉的故事》《绞刑架下的报告》等外国文学著作。读大学时,更是结合课程、按老师提供的书目,扩大了阅读面,不仅读了"四书五经"、《史记》、《古文观止》等古代名篇和托尔斯泰、高尔基、海明威、贝多芬等外国名家的代表作。那时读书成了我们这一代人的习惯,成了我们生活的一部分。读书对我们这一代人的世界观和价值观的形成影响极大。可以说,书是伴着我们成长的。

后来当我从读书中知道徐特立、董必武等革命老前辈关于"不动笔墨不读书"的教诲后,在读书中又养成了"动笔墨"的好习惯。读书时,凡是自己的书,我就在书上勾勾画画、圈圈点点,把一些要点和有用之处勾画出来,有时还用简要的文字把心得、评述等写在天头、地脚和侧旁。凡是借来的书,则做些简要的笔记。长时间这样做,既加深了对所读书的印象和认识、理解,又为我日后的工作、写作积累了许多资料,夯实了基础,一生受益,是一笔"财富"。

20多年前我走下三尺讲台,迈进出版行业"为人作嫁衣"。由于工作关系,我扩大了阅读领域,读了许多不同专业领域的书,而且成了许多知名作者书稿的第一读者。在读当中,我坚持了动笔墨的好习惯,做了不少的笔记、编辑记录和审定意见。这让我学到了许多未接触过的专业知识、学术观点,也见识了许多知名学者做学问的态度和方法,真是大开眼界,获益匪浅。这时我总是沉浸在兴奋和享受之中。工作之余,特别是在晚上,我总喜欢坐在书房中,回味着、思考着这些"读"之所得,进而"思"其价值、新的内容和成果,进而探究、梳理,并形成文字,于是就形成了一篇篇书评。这20多年来,写书评已成了我读书生活中一项新的内容。每当读到好书,心中就涌动着,总想写点评述文字,急于将好书推荐给大家。这么多年来,我在《光明日报》《新闻出版报》《中国教育报》《中国图书商报》《中华读书报》《文汇读书周报》《中国出版》《大学出版》《学术月刊》《文史哲》《历史研究》等知名报刊和地方报刊发过书评六七十篇。从读书、编书到评书,写书评,这是一种升华,是让读书活动上了一个新台阶,是在一个新的平台上享受读书之乐。

一位业界同行将书评分为四类,即劣品、下品、中品和上品。上品则是对原作的理解和评价、赋予新的意蕴的创造性书评。就其本意,这类书评是对图书的研究成果,它不是广告,也不是说明书,它是读书阅读的"领航灯"和"启示录",只有富含新意的创造性书评,才能以独立的品格登上出版文化的大雅之堂。我认为好书评的标准一是实事求是,二是创新。写书评,我力求将所评之书放到其所涉及的学术范围中去审视,进而探讨其学术地位和价值,尤其是在学术创新方面进行评论,被同行称之为"学术性书评",并得到肯定。如我曾在全国有影响的上海《学术月刊》上发表的 5000 余字的书评《民族宗法文化研究的创新之作——读〈广西各民族宗法制度研究〉》,不仅评价了 60 余万字的学术专著《广西各民族宗法制度研究》(广西师范大学出版社,钱宗范等著)在宗法研究上向民族性、地域性方面拓展的最新研究成果,还对该书创新之处和学术价值,当时学术界宗法研究的状况和发展提出了看法,受到学术专家和业界同行的好评。之后,又因此引出了新的选题,在我的建议和力荐下,作者又撰写出版了新专著《中国少数民族宗法制度研究》(江西高校出版社,2007 年),又引起学术界的好评。这可以说是学术性、创新性的上品书评吧。

我已是年近八旬的退休老人,但读书、评书仍是我生活的一部分。我从中不断得到快乐和享受,我将乐此一生。

津津有味做编辑

沈伟东

30年多前,我在西北一个煤矿子弟小学读书,语文老师要求写"我的理想"为题的作文。我写"我想当编辑"——当时并不知道"编辑"确切是干什么的,只觉得"编辑"是个和书报有关的职业。我所在的班级是六年级八班。我找来四开的白纸,一个人办了张《六八周报》,记载班里有意思的事情。一点儿小小的创意都让人兴奋。这张小小的手抄报文字配漫画,居然让同学争相传阅。

后来,真的进出版社做了编辑。甘苦遍尝——做编辑确实有滋有味。

我在一家地处边远地区的大学出版社供职。我的编辑生涯开始于出版社老社长拉着我的手说:"要把编辑做事业,而不仅仅是职业。"

从事编辑这个职业,和各种各样的人交往,遇到的人大多让我有温暖的记忆,令人回味。

我刚入行的时候,出版社编辑室里有龙子仲、赵明节、郑纳新等年轻的资深编辑。在云雾山庄的篝火边,躺在竹椅上和子仲看遥远的星空,聊编辑的三种境界和读书心得,听他清唱两句京戏;在编辑室里,听嚼着茶梗的"老夫子"明节兄娓娓道来,聊文史掌故,如同上一堂有趣的课;在出差外地的简陋住所,和纳新聊学术界的动态——他能对学术名家的研究特点、著述情况如数家珍……同事们让编辑这个职业生动起来,并让我意识到编辑职业的难度及超越难度的境界。十多年编辑生涯,也让我遇到很多与书有关的人。做编辑遇到的印象最深的自然是作者。作者中,有的博学儒雅,如《诗话词话词典》《〈玉台新咏〉译注》的作者张葆全教授,我和同事周晴云在他的书房里谈稿子,老人对考据、辞章的严谨,对学术研究的神圣感,令我们敬畏。我时常想起老人站在古城墙根的玉兰树下目送我们的场景。有的睿智风趣,如《语文教育门外谈》的作者钱理群教授。我陪同事郑纳新拜访他时,听他聊天。钱教授指点学术、切中时弊,令人感佩。我常常想起他宽大的额头,举重若轻的连珠妙语。有的作者未曾谋面,却又像老朋友一样互相牵挂。江苏如东县丰利镇退休老教师陈日铭,给我编辑的杂志投稿后我们多年保持交流。他让我对乡村基础教育和教师的生存状态有了更深入的了解。每次接到老先生的电话,分辨着他浓重口音中的关怀,内心总是溢满感动。江西景德镇农场一位小学生,是我编辑的杂志的小作者,和我保持了长达五年的书信往来。他寄给我的信、照片、树叶标本,还保存在编辑部的书柜里。算起来,他现在已经应该是大学生。

做编辑交流更多的是读者。刚做图书编辑时,我负责回复读者来信。有位四川的读者对出版社邮购图书的邮费过高提出意见,我向社长汇报后社里对邮费做了调整。我认真回复了这位读者的来信,并真诚致谢,还寄送了一本书给这位读者。这位读者后来在当地报纸上发表文章,对我们出版社对待读者的真诚态度赞许有加。十年前,我开始做杂志编辑。在杂志社的办公楼,经常有两位桂林小学生下午放学后飞奔上楼,在楼道上大声喊我的名字——她们把杂志里的虚拟主持人当成我了。这两位可爱的小姑娘和我们编辑部同事们交往了好几年,帮我们选稿件、回复读者电话。现在,她们已经到外地读书工作,回到桂林,还不忘来编辑部看看我们。

做编辑，遇到各种各样的事情，想起来总是让人回味。

有一年，我到内蒙古参加订货会。会后走访一个牧区，无意间走进一个蒙古包，我竟看到里面的几个孩子正围坐着读我主编的杂志。人烟稀少的草原，落日中，那几位小学生津津有味阅读杂志的情景至今令人难忘。2003年前后，厦门大学甘肃西海固地区研究生支教队和我联系，希望我们给贫困地区的小学生赠送旧书刊。编辑部很快在读者中发布公益广告，开展募集书刊的活动。一封封书信、一本本图书杂志通过编辑部送往甘肃，让几所山区小学的孩子有了课外书刊读。厦门大学研究生支教队队长陈敬德专门写信给我，寄来孩子们秉烛读书的照片，让编辑部同事深感文化传播的魅力。多年来，我们出版社编辑们大都认了"干女儿"——出版社在员工中倡导帮助广西边远地区少数民族女童，在龙胜、融水、忻城等地资助女童班，帮助家境困难的女生完成初中学业。有的同事还坚持帮助"干女儿"完成了高中、大学的学业——有位"干女儿"大学毕业后考进我们出版社，成为我们的同事。少数民族女童班孩子们成长的照片、寄来的信让编辑部同事争相传看。这些与书有关的事净化了编辑的心灵，让人对人与人之间的善意充满感激。

做编辑，待在安静的小城。由于差旅，我也走过很多地方。动静之间让记忆有了流动的色彩——入门从事编辑工作，就是书旅的开始。

我供职的出版社在小城桂林。在小城骑行简单而快乐。

初春季节，七星路枫林道是迷蒙的新绿。不远处的山在淡淡的云雾里浮动在半空中，依稀可见摘星亭。雨天，在茶馆读闲书，可以听到雨声。七星路最经得看的是道边的枫树。三里店大圆盘起，高大的樟树顶上鸟声啾啁。到了傍晚，鸟叫声响成一个闹市。一路微风浮动着嫩绿，是春天的感觉。夏天，绿色健壮起来，在阳光中肆无忌惮地舞动。秋天最美，一路红云,枫叶一天天变幻着层次不同的红色。到了冬天,依然红着,只是苍老了。书稿随着时序的变化在一沓沓看过,图书一本本印出来,内心便有喜悦。

看稿之余我喜欢去爬七星公园的野山。爬到山顶,可以看到云的流动。天玑、天璇、玉衡、瑶光……七座山峰罗列起伏。对面山顶的石头上蹲着只野猴看着你。有一次,攀岩下山,遇到一位老人,打个招呼擦肩而过,他告诉我山下栖霞寺在舍长寿面。在寺庙院落里排队吃面,我翻看几册赠阅的《金刚经》《心经》,听具有穿透力的低沉诵经声。灵剑溪一湾流水,石桥边是各种花树掩映的疏林。一阵风来,落叶飘零,是一片片生命的片段,阳光的手捉不住。禅寺的飞檐、石阶,是时光的影子,它的前身在唐诗中笼罩着暮鼓晨钟。北面山崖下的祝圣寺旁边有桂林最大的旧书市场,闲时可以盘桓半日,欣喜和惶恐参半——欣喜淘到不少有意思的书,惶恐不少自己编辑的新书转眼就到了这里。去年4月,骑车逛祝圣寺下六合圩,在旧书摊10元购得2009年《中国出版年鉴》——原价380元,买了书就在旁边的茶棚里喝茶翻读。四周景致疏野,日记里曾记下市井茶棚的随意:"山壁藤老挤红墙,溪岸柳高集嫩鸦。蜂聚喧喧六合圩,野寺搭棚喝春茶。"有时,骑车到西山去看隋唐时的石刻,雨中摩崖浮雕里的老僧看着你,诌几句顺口溜感叹时光的变幻:"一窟跃身抚僧袍,千年凿石声还绕。面目已非身未老,凝眸天空雨丝飘。"

做编辑工作,还要专题组稿拜访作者,市场调研促进发行,一年往往有几个月在外出差奔波。辛苦劳累自不必说,而辛苦劳累之外的收获便是书旅生涯的滋味。冬日黄昏,北京订货会结束后从满目狼藉的会场出来,冒着风雪和饥寒,于苍老枝丫纵横的老槐树下的胡同里穿行,和同事们挑开一个门帘,钻进滚腾着热气的涮羊肉店。红红的木炭火,翻滚的羊肉片,一瓶二锅头,驱走连日的疲惫。发发书市风云变幻的感叹,内心如这翻滚的火锅。春日,记忆中是在云南的西山,参加中国编辑学会的年会。编辑们山崖上远眺滇池,波光闪耀,鸥鹭飞翔。山间朽木横斜新叶扶疏,绿得浓厚。在滇池的大观楼,仔细读那副长联:"五百里滇池,奔来眼底……数千年往事,注到心头……"2006年,新疆书市,在会场门口的广场围着民间艺人听他们引颈弹唱木卡姆,飞溅如豆的鼓点,高扬入云的声线,让人的心灵随之飞升到湛蓝的天空。回到桂林,在阳台读刘亮程的《驴车上的龟兹》,馕、无花果、洋葱、烤包子……新疆的味道便弥漫开来。有年夏季,和同事去河南组稿,东西行去,白马寺、首阳山、轩辕丘、伊水……一路地名让人似乎在历史中穿行。在龙门,与卢舍那佛像凝神对视,目光中直抵人心的同情与理解让人感到悲悯中的温暖。后来翻阅到我们出版社出版《北京图书馆藏龙门石窟造像题记拓本全编》,倍感亲切。

编辑工作做好了是文化传承、文化积累的事业,做得不好却也是造孽的事情。文化追求与经济追求有时能够统一,有时却也背离。编辑作为一个人的职业,无疑以谋生为目的;而作为一个人的事业,文化追求则是终极目标。出版社作为企业,商业利润是衡量成败的标准;出版社作为社会文化机构,却需要以文化追求作为使命。其中的纠结,让编辑茫然四顾难以言说。

我曾经在出版社印制的台历上写过这么几句话:"在枝叶扶疏的树下,坐着摇椅/触摸一片阳光/泡一杯好茶/读一本有意思的书。"做编辑,编出各种各样的书刊,多年后再翻看起来五味杂陈。编辑最快意的事莫过于编辑出好书,翻看自己编辑的新书——真正的好书让人如饮甘醴,精神上沉醉。可惜这样的好书从业多年,也数不出几本。乏善可陈,于是便有了无奈的苦味。同事龙子仲曾经说,出版界这些年制造了大量垃圾,此生他唯一要忏悔的是有意无意参与制造了垃圾(大意)。听到这话,如当头棒喝。看着没有传播价值的书经过自己的手出版,转眼化浆,可以听到被横遭砍伐的树木在呻吟、被造纸厂污染的河流在饮泣。

我很喜欢作为插图的一幅漫画：一个人躺在半个西瓜皮里，在河里随意漂流，手里拿着一本小书如痴如醉。这种与书有关的趣味至今让我怀恋。十多年过去了，当编辑的滋味自然是如鱼饮水，冷暖在心，甘苦自知——冷暖几何，苦乐几分，难以完全为外人道也。

更多的是对与书有关的人和事心怀感恩。

给编辑一张安静的书桌

赵运仕

"无错不成书",读者这样评价图书的出版质量。这是夸张,是调侃,也是无奈。但对出版人来说,这话就是打在屁股上的板子——你们出版的图书不合格,错误太多,已经不可救药了。听了这话,编辑还能坐得住的话,说明你不适合做出版,不是一个合格的编辑,至少说明你对出版这个职业缺乏热爱之情,缺乏敬畏之心,你已经麻木了。在这样一种状态下,最好是换个工作,免得要被人高唱:"我是编辑我可耻,我为国家浪费纸。"

为什么会"无错不成书"呢?最直接的原因,是编辑编校角色的弱化。为什么编辑编校角色会弱化呢?在于一个"利"字。当一个疯狂的逐利时代到来以后,出版行业也一样,利润的追逐大于文化传承。

浓烈的商业氛围,使出版业表现出这样几种变化。

第一,编辑角色定位裂变,所谓策划编辑受宠。

一个编辑,本来应该有多个角色,比如编校角色(文字能力)、策划角色(创意能力)、宣传角色(写作能力),几种角色集于一身,才能成为一个合格的、成熟的编辑。但不知道从什么时候开始,编辑的角色发生裂变,编辑被分为策划编辑和案头编辑。

策划编辑当然重在策划。策划,简单地说就是创意,而好的创意体现无穷的价值。那么以利润为目的的出版行为中,策划就显得尤为重要,而策划编辑的重要性也就大大地超过了所谓的案头编辑,在出版单位,策划编辑高人一等。事实也是这样,收入、地位、升职的机会,策划编辑都超过案头编辑。有一家出版社在编辑中做了一次调查,调查的题目是"愿意做策划编辑还是案头编辑",结果只有一位编辑选择了案头编辑。案头编辑淡定不起来了。可以这么说,这样一种不平等的现实,严重地打击了案头编辑工作的积极性,内心受到的伤害,让他们变得浮躁,守不住寂寞,耐不得清贫,哪里还能坐在安静的书桌旁,平静地为他人作嫁衣呢?

第二,出版庸俗化倾向越来越严重。

出版的庸俗化倾向具体有几种表现:

一是以逐利为唯一目的,只要能赚钱,什么垃圾都可以出版,低级趣味的、暴力色情的、违背科学常识的,等等,谈情怀只是一种笑话,讲文化也只是噱头。比如一些戏说历史类的书,一些被查处的养生类的书,以做文化的名义行骗子的勾当。

二是不作调查,不作研究,选题策划功能丧失,只想走捷径。假设我们从社会精细分工的趋势的角度,说明上文提及的编辑角色划分是合理的,那么,策划编辑策划选题,具体要做些什么呢? 首先,收集社会信息,政治的、经济的、文化的、科学的等等方面的信息,从中捕捉到切合读者需要的信息,以此为触发点,设想选题。其次,选题确定之后,应该有内容和形态的想象。再次,由谁来完成这个选题,也就是要找到一位合适的作者。最后,书稿出版后,采取哪种最合适的营销方案。也就是说,这四项内容应该是策划编辑全面体现在策划案中,并付诸实践的。但现实是,现在的策划功能同样弱化了,一些策划简单地等同于组稿、购买版权。四处走走,书稿到手;上网浏览,寻找版权。编校交给案头编辑,设计交给美术编辑,营销交给发行人员。策划编辑,万事大吉。

三是跟风炒作盛行。文化在于沉淀,出版在于积累。对出版人来说,有一个长期坚守的过程,伟大的成效才能由量变到质变。但当下的出版业,功利主义高于一切,追求短期效应。编辑不愿意做扎实的基本功,只想跟风炒作,一蹴而就。一本《明朝的那些事儿》成功了,"历朝历代的那些事儿"转眼摆满书店;一本《把吃出来的病吃回去》骗倒了芸芸大众,无数健康养生的忽悠蜂拥而上。你能卖10万册,我跟在后面卖5万册也不错。至于图书的宣传营销呢?全在一个"炒"字,隐私也好,绯闻也罢,成为话题就好;真话也好,假话也罢,勾起读者的兴趣最好。

第三,指标重压对编校功能的驱逐。

现在不进行指标考核的出版社,一定是出版行业中的"特殊者",比如说依然享有事业单位待遇的少数"民族"类出版社,极个别的力主出版情怀第一的出版社。指标到人的考核机制,激励作用肯定是最大的,也能最大限度地释放编辑的个人潜能。但对编辑来说,压力也是最大的。工作量指标、码洋指标、利润指标,一连串的数字,压得人喘不过气来,很多编辑都是在数字的加减中度过每一天。

从工作量来说,一个编辑,每个月完成15万字的编辑工作量应该是正常的,尤其是学术类的图书,15万字的月工作量应该是饱和状态。但现在不管是哪一类的编辑,都远远超过15万了。30万字的月工作量应该是很普遍了。而且30万字是一个底线数字,是拿到基本工资的数字,想要拿到超工作量奖,就得30万字以上,超得越多,奖金越多。为了奖金,谁不想超工作量?

这里就有一个时间效益问题,在相对固定的工作时间里,要完成更多的数量,怎么办?答案只有一个,牺牲质量,保证数量。做编辑要有时间保证,要学会停下来思考,慢工出细活。相反,没有时间慢慢做,编辑无法细心了,不能保证基本的文字没有问题;编辑不再耐心了,语言规范不是编校的硬标准了;编辑毫无疑心了,知识盲点也只好让它成为"硬伤"。所以,书稿的编校质量根本得不到保证,质量的好坏很大程度上得力于作者提供的书稿的好坏。作者语言能力强,写作能力不错,书稿的质量就过得去;反之,书稿的质量就只能说是"浪费纸"了。

一个工作量指标就折腾成这样了,何况还有更关乎切身利益的码洋指标、利润指标呢?

第四,编辑职业门槛越来越低。

人们都说,编辑是"杂家",这个"杂"字对编辑职业提出了要求,专业知识、写作能力、人文视野、现代意识等,都应该是编辑职业素养的一部分。简单地说,编辑应该既是某一方面的专家,同时又是学问渊博的人。

但随着图书品种的越来越多,体量的不断增大,人手也随之紧张。用工难而不是用人才难,自然就降低了职业门槛。稍微有点文字能力的,或在某一方面比较突出一点的,找个编辑活很容易。一流的出版社不行,就到二流、三流出版社;体制内的出版社不行,就到私营文化公司。很多人进入编辑队伍之后,又没能得到有效的职业培训,入职即上岗,把编辑职业当作简单的改错别字的职业,没有多少技术含量,没有体现任何创意或创造性价值。一部好的作品的诞生,里面有多少是编辑的辛苦和智慧呢?这是打问号的。

编辑们聚在一起,常常对作者吐槽,说某作者奇葩,殊不知,作者们聚在一起,也会吐槽,说现在的编辑奇葩。都不冤枉!没有写作能力的,偏要写一本书,没有编辑素养的,偏要来编书,"无错不成书",水到渠成了。

2015年9月,中共中央办公厅、国务院办公厅印发了《关于推动国有文化企业把社会效益放在首位、实现社会效益和经济效益相统一的指导意见》,认为:"一些国有文化企业改革还没有到位,两个效益相统一的问题还没有很好地解决,片面追求经济效益、忽视社会效益现象时有出现;国有资本运行效率还不够高,内部经营管理问题比较多,知名文化企业和文化品牌比较少;相关体制机制和配套政策措施有待进一步完善,两个效益相统一的环境条件需要进一步优化。"该指导意见可以说是对当下无序的出版环境起拨乱反正作用的纲领性文件。唯有优化出版环境,才能让编辑有一张安静的书桌,才能走出"无错不成书"的出版窘境。

明心见性，脚踏实地，诚信为本，随缘自适

图书成功、失败背后的线路图

李茂军

不经意间，转行到出版业已十余个年头了：从初期的图书发行员帮着编辑推广图书，到做些补贴书、懵懂无知的改稿愣头青，再到既出版过持续畅销十余年、创造近千万码洋的单品图书，又在新兴板块屡屡失败、满尝辛酸苦辣的"老编辑"，一路走来，与图书共舞，既追寻着"出好书"，也力图编辑属于自己的人生"好书"。所有的汗与泪都凝结在了笔者编辑的一部部作品之中，凝练为"明心见性，脚踏实地，诚信为本，随缘自适"十六个字的职业心得。

一、明心见性

每一家出版社，都有自己特定的品牌烙印，对编辑有着不同的要求；每一个时期，市场风云变化、诱惑无限，借用我社肖启明老社长的一句话，仿佛"空气中弥漫着金币的芬芳"。很多时候新编辑怀揣梦想、四处追寻"好书"，各类报刊也乐此不疲地分析总结一个个出版案例的来龙去脉、成败得失。书如其人，有什么样的兴趣爱好、有什么样的心性，就有着什么

样的编辑作品。有些编辑灵动，有些编辑厚实，有些编辑求新敢闯敢干，有些编辑甘坐"冷板凳"，无论哪种编辑，所有的成功本质上源于心性，所有的失败也都可以从心性的角度寻到原因。每一个责编，面对当下多元的发展方向，根据自身的兴趣爱好，发挥自身长处，守望自己的梦想，是图书成功的根基。做编辑，首先需要的就是"明心见性"。

2003 年，我的孩子出生，身为父亲，切身感受到家庭教育的重要。对孩子长期的观察、对家教理念不断地学习与逐步地理解，让我在比对先后参与编辑过的教材、教师教育图书、家庭教育图书、社科图书后，逐渐清晰了自身定位，开始专注于在家教图书领域发力，也渐渐有了收获。无论是早期和科室同人一起开发的《人生设计在童年》《人生设计线路图》，还是此后独立策划的武汉大学杨健教授的《三岁看大》、厦门爱童幼教的《把右脑还给孩子》、教育部原副部长韦钰院士的《0~3 岁孩子家庭教育八大关键点》，都在经济效益或是社会影响方面取得了很好的成绩。更为重要的是，秉持做家教书就是积德行善的观念，自己幸福感满满的，感觉自己经手的每一本家教书，可能正在改变一个家庭、一个孩子的命运，给孩子的人生路途上添些光亮，也许是一颗巨星，也许是一把火炬，也许只是一点跃动的烛光……

而 2012 年随着科室的发展，每每看到报纸上各类少儿图书的数据分析都是那样令人热血沸腾，我切入了少儿图书出版领域，却将自己的事业、心态带入了低谷。2014 年，我站在了两个世界的边缘，此前科室同人曾为之付出巨大努力与心血的产品，在无情的市场竞争中遭遇重大挫折。尽管从担任少儿一室负责人的那一刻起，自己就有过失败的准备，亦考虑过最坏的结局，但是事态的发展，还是远远超出了自己的预判。对此，自己一直在反思，忘记本心，对少儿市场了解的不全面、发展思路"品种优先、快速切入"而非"小步快走"的方向偏差、专业素养的不足、对面临的困难准备不充分，等等，成为我终身需要铭记的教训，也从反面说明了一个编辑"明心见性"的重要性。幸而社里及时调整，引入了包括柳漾、周英、王津等专业素养极高的同人，才挽救了少儿板块，并逐渐将"魔法象""神秘岛"打造成国内具有较高影响的儿童图书产品。

二、脚踏实地

龙子仲老师生前说过，编辑要把出版当成事业，而不是职业。编辑是个苦活，压力很大，什么政治导向、经济效益、编校差错率等，要面面俱到。我们需要恪守最初的激情，本着对图书的热爱，不轻言放弃，并且"勿以事小而不为"。编辑、营销，乃至发书寄书，都要脚踏实地地把每一件事情做好。只有这样，才能真正把一本书做透、做好、做成功，也只有这样，才能赢得作者、读者的认可与尊重。

这些年来，让自己印象很深的一件事就是广州图书馆馆藏图书的编校印制以及发货。这套书，是广州图书馆建馆 30 周年的重头书。按协议，对方应于 10 月底交稿，我们于 2012 年 1 月 2 日前出版。然而，直至11 月 20 日，对方才完成稿件的整理。留给我们的时间只有短短的一个多月，而此时，担任责编的同人还承担了社科分社大量的稿件编校任务。为此，编辑、美编、总编室、质检室、印厂、储运等各部门各司其职，不计得失，任劳任怨，尽最大努力赶进度。编校中，作者方不断修改，直至 12 月 29日，还有一本《南窑笔记》在修改。原来我们与广图商议因到稿迟，1 月 11日新书发布会才交书，但 29 日他们通知 1 月 4 日有省、部重要领导到会，需要 50 册书在庆祝大会上发放。紧急之中，美编通宵工作。由于封面工艺复杂，我们先做了一版简版封面的图书，项目负责人连夜守在印厂调试机器，随时与美编沟通调整设计方案……那几天的经历，由于时间离现在已经较久，细节回忆有些模糊，但现在想起来自己都觉得不可思议。1 月3 日，三套计 150 册简版样书到后，仓库立刻安排了航空货运，广图守候在机场,最终赶上了第二天的大会。紧接着,就是 11 号的新书发布会,他们邀请了众多专家学者以及媒体。而此次,我们要提供的是工艺完整的成书。9 日,图书全部入库,我们安排仓库用小麻雀汽运送货,小麻雀方承诺当天发货,10 日到广州。10 日早上,我们致电仓库询问情况,获知小麻雀 9 日没有发车!了解到装有图书的货车出发不久,正在高速路上,我们当机立断,请储运科协调,联系小麻雀通知货车返回货场,先取 150 册改用航空货运。之后,我们赶往货场亲自卸货,然后送至机场称重发书。当晚,广图再次在机场守候。事后,广图负责人说这次出版,使他们认识到了我社高水准的服务水平远非他社可比,整个过程宛如大片!也正是如此,让我们赢得了广图的信任,后面几本书都交由我社出版。正如杜传贵老师所指出的,"出版人是作者的坚强后盾,负责的编辑能让作者心里踏实"。

三、诚信为本

诚信,是任何事情的根本,特别是在出版行业。

我社的《人生设计线路图》一书,自 2005 年出版以来,截至 2016 年 5 月,已经印了 37 次,印数即将到 20 万,码洋接近 1000 万。一本书,能做到这个程度,殊为不易,这背后,也有一个仿若当年海尔张瑞敏砸冰箱树品牌的故事:作者高燕定先生与出版社良性互动,认识一致,宁可把书化浆,也绝不销售。

事情起因于 2016 年 3 月美国 SAT 考试做了近 10 年来最大一次改革,由此改变了每年数万名赴美留学的中国学生的考试内容。为此,高先生一方面加紧了专门针对赴美留学学生 SAT 考试而编写了 12 年的《人生设计线路图》第七版的修订工作,另一方面,出于对社会负责的道义感,为避免旧版内容流入市场贻误孩子终生,高先生毅然决定自费将出版社尚有库存的《人生设计线路图》第六版全部买下，交由出版社就地化浆处理。出版社也承诺老版次退书、破损书不再流向市面。

这只是这套书诸多故事中的一个。回顾这套书，其实一直以来都秉承对学子负责的态度——高老师的书总是随着美国大学相关资料的更新而第一时间修改数据，推出新版本，尽管这样有时不得不重新发样出片导致成本很高，尽管这样意味着作者与编辑接连近一个月没日没夜甚至通宵地加班加点。

四、随缘自适

当下国内每年的新书出版品种不断攀升，单品图书的平均销量越来越小。出版界常常提到出版界的"二八现象"，就是基本上一个出版社80%的利润是靠20%的品种支撑的，其他80%的品种不是微利就是持平，还有很多在亏损。大部分新书发个两三千册就死掉的比例越来越大，而销售上万就可以参加各个机构组织的畅销书评比。这就注定了编辑手中大部分图书会湮没无闻，尽管它们能出版多半是因为它们各有各的亮点。面对各种局面，编辑一定要有一颗平常心，随缘自适，无论任何时候都要对自己的价值抱有信心。"火"的时候，要顺势而为，主动出击；"冷"的岁月，要树立信心，学会坚守。更重要的是，决不放弃，抓住每一个机会。

借"火"很容易，《人生设计在童年》就是一个很好的例子，我们抓住当时大学毕业后就业难的当下热门话题以及先就业后择业的说法，鲜明提出"设计童年"观点，提倡早期职业教育与职业体验，提出从小进行科学规范的职业素质培养，突出"设计"的必要性、可行性，将该书从单纯的家教类、传记类提升到有一定社会意义。这一做法取得了较大的成功，不仅销势良好，取得了很好的经济效益，同时也产生了良好的社会效应。作者不仅受邀在新浪等门户网站做嘉宾访谈，鲜明观点还引得地方电视台来了,中国教育电视台来了,中央电视台来了,中央人民广播电台来了,也被包括《光明日报》等中央与地方知名平面媒体的广泛报道与连载。但最令我们欣慰的是得到了广大家长和学生的肯定,我们收到大量的家长、学生对作者高燕定先生及他的先进理念支持、赞扬和感谢的反馈信。而《人生设计线路图》,则搭上了国家经济繁荣、越来越多的孩子去美国留学的顺风大车,作为国内首批介绍美国SAT考试及美国留学、就职的"黄皮书",广为学生家长欢迎。

随缘自适,更重要的表现在对"冷"的态度。这么多年来,每年我自己都有书入选包括全国及各省农家书目、教育部中小学馆配推荐目录,内心其实很多感触,而最大的感触就是一定要坚持。我们社的小作者程浩有一句话让我感触很深:"也许我们无法实现自己的梦想,但是我们已经为梦想流下了太多泪水。我们能做的,仅仅是在这条路上走得更远,绝不能回头。天堂未必在前方,但地狱一定在身后。"现在我们国家一年新书品种近40万,一本书没有相应的宣传配合,很快就消失在书架上。而这,对编辑而言意味着失败。但我认为,失败不能简单地失败,反而它也许会是一个契机,一个奠基石,更何况未必已经绝对失败。我策划责编的《站在巨人肩上》一书,最初彷徨在三千五千的印数,一年后,农家书屋的兴起,让这套书总销售册数近100000册。《生命的微笑》《战胜癌症,从心开始》这些很冷门的图书,我也从来没有放弃,借助农家书屋实现加印,单品印数近万。自己编的书能上目录还有一个小秘诀,就是我非常重视每一个表格的填写。各式各样的图书推荐表,我想方设法琢磨评委会的要求,同一本书,不同的主管部门要报资料,我会拟就不同的文字,以便更有针对性,加大中标几率。

还有一套书的故事也可以分享,我策划的第一套儿童文学作品"科学家极地历险记",刚开始单品印10000册都卖不动,2015年随着王军胜、张耀海等发行力量的加入,以及内蒙古分社的成立,目前已销售接近100000

册。"山重水复疑无路,柳暗花明又一村。"再坚持一点,成功就会向我们招手。

随缘自适,其实是一种态度。随不是跟随,是顺其自然;随不是随便,是把握机缘;随是一种达观,是一种洒脱,其核心是一种一直努力不放弃、哪里跌倒就得从哪里爬起来的坚毅的韧性,是即使一切无法挽回,也要在今后慢慢弥补的承诺,哪怕伴之而来的是极其痛苦的不断的自我调整与适应,包括心态与业务方向。虽然调整往往是一种断腕求生的调整,但这其实也意味着无论何时你都要刻苦学习并且有机会感受到凤凰涅槃新生的快乐,"四十岁开启图画书本之旅",是我的感慨,也是庆幸。在一次次业务学习中,我逐渐感触到了图画书中深挚的感情、创作艺术的张力、文字的精辟与曼妙之美。

在我手机相机里,有一张拍自肠粉店的警句,我常常以此自勉,现在,我也将它奉献出来,作为本文最后的结尾,与那些想做出好书、想自己图书大卖的新编辑分享,"我实在是没什么本事,我只有认认真真做事的精神"。

书籍·编辑

肖爱景

书籍是人类智慧和情感的载体，一书一世界。

寻常百姓家的孩童多半是在学校中认识书籍、亲近书籍，了解大千世界。新学期伊始，学校总会发新书给学生们，打开新书，散发出的油墨香味常常令那些爱书的人陶醉，用漂亮的纸将书皮包好，以免弄脏弄坏，这是对书的珍惜；迫不及待地翻开书阅读，这是对书中世界的渴望。多年后这种情愫也许会随着时光的流逝而渐渐消失，也许会随着年龄的增长而愈加浓烈。而我对书籍的那份情感恰是属于后者。

书店里的书籍种类虽然比图书馆里的要多许多，读起来却不如图书馆里的经济实惠，若不是非想占有这本书，而又可以在图书馆里细细品味其中的真意，那还有什么理由能拒绝从图书馆里享受这饕餮盛宴呢？我找不出理由，所以我更喜欢泡在图书馆里，游走在载满书籍的书架中，从古到今，从自然科学到社会科学，在书籍的海洋中畅游、捕捞。我渐渐痴迷于流传千百年的古籍文献，已经沉睡在历史长河中的古人将自己的见识和情感寄托在薄薄的纸上，借此向后人展示他们当时的社会和自己的感受，千百年后，与解读的后人交流、对话，这种穿越是精神上最美的旅行。

我的所得尚不足以流传,可是我可以帮助那些有所得的人流传他们的智慧与情感。幸运的是,有编辑这个行当可以让我实现自己不大的心愿,一名教师可以教给接触到的那些学生知识,而作为编辑,做出一本好书则可以让成千上万的人了解文化的精髓,这将是一个多么大的惊喜啊。为书籍的海洋中增添几个美丽可爱的贝壳,让航行其中的人多一份奇特的礼物,这是一件幸福而快乐的事。

初入出版行业的门庭,我只是个带着满腔热情的无知者,在磕磕绊绊的成长中渐渐对出版、对编辑有了更多的了解,与同行不断的沟通交流中逐渐掌握了出版各个环节的要求,最初的热情开始沉淀,沉淀成更为深沉的情感,是一种责任,一种对读者负责、对作者负责、对社会负责的责任,这种责任让我的热情变成涓涓细流,浸润到编辑工作的每个环节中。

可以首先拜读曾经遥不可及的知名学者的作品是一种畅快,又能和他们探讨书稿中的问题,尤其是得到了他们的肯定,是一种荣幸,这些都值得珍藏。曾经在网络上漫无目的地闲逛,现在可以在喜欢的作者的博客里休憩,这也是做编辑的一件意外的乐差吧。当天真稚嫩褪去,转变成较为成熟稳重的责任编辑时,视角也变得更为客观和广阔,更加关注书稿本身和读者需求,便实现了自我的超越。而这些转变也正是在与作者的不断沟通和学习中实现,在某种程度上作者也是编辑的老师,帮助编辑成长。更为直接的师长是部门中的前辈和同事,他们的悉心教诲与点滴帮助,都会成为一个编辑成长的坚实台阶。我时常感慨,有幸在一个优秀而和谐的团队中前进,或许这是许多人一直在苦苦找寻的,而我已然置身其中,幸哉,乐哉。

书展是书籍的聚会,若能在这个聚会上看到自己编辑的书受到关注,那便是最大的喜悦,也正是为了能够享受到这份喜悦,我们在做一本书的过程中总会倾注自己的全部的心血,让它秀外慧中,让它卓尔不群,更希望它能在历史的长河中走得更远。

入行三年,尚不敢妄谈经验,仅就所感所悟与众人分享。深知编书不比读书来得无所顾忌,编书如履薄冰,真所谓痛并快乐着。

路漫漫其修远兮,吾将上下而求索……

不命题作文

鲁朝阳

前些时间收到社庆三十周年的征文约稿，对于写征文，我是没有什么经验的，一直以来合适自己的无非是四顾无人时自写自话，凭兴趣所至胡涂乱抹，在小范围或无范围流传。再或，就是临时捉刀，杂凑些推荐信和审读意见等。这两类型的文字，基本都在千字以内。没料想忽地收到这般郑重的写作指令，不禁茫然起来。

命题作文，就我所知见，大概是每个接受中国教育的人都会经历过的。在我的印象中，既定命题的文章，我从来没有得过什么像样的分数。这一方面说明我于写作实在没什么能力与天赋，另一方面也给了我能不写便不写的理由。超过这两方面的借口，则是借以躲避了夹杂其间拉低他人写作水准的风险。

但据悉本次征文不命题，只是"人""书""事"三大块，沾一即可。这种大而化之的风格是包容的体现，人、书、事又是我们这个职业的核心，在如此广阔的包容下而无可说，自己也会不好意思起来。

不止一个人问我身为北方人，为什么会来到桂林这个南方小城一待就是这么多年。我起初很"谦逊"地回复，是面临毕业找工作，因为一直喜欢与书相处，便机缘巧合下来到了现在，询问者对这种回答多有疑虑。后来眼见问者多了，我便回复说是为了我党和政府的出版文化事业，怀抱着对于出版的理想与追求，于是才如此地不远千里。自启用这般堂皇的回复之后，再问的人便没有之前那么多了。当然，更大一方面的可能，是我认识的人基本都已经得了前一种回答，由此可以侧见我交游之有限。

我是一个思维很迟滞的人，再加上早些年对于事情的理解过于简单，便把出版仅仅做了一份职业，当是谋生的工具和衣食的来源。随着年岁渐长，入行日久，对于出版的看法，就起了或曰"正在起变化"。从事出版行业的人，一个先决的条件便是喜欢与书为伍，读书、买书、买书、读书一直循环下来，直到不可抑扑地选了编书的职业。曾听业界的前辈讲，对于读书人，能把爱好、职业、事业结合的较好的行业，最重要的有三种：教书、研究、出版。三者之中，我最不喜欢教书，向来没为人师的"好"，便天然地排拒了这份可能。关于研究，思维迟滞如我，可能是不会有什么成就的，便也作罢。从事出版，或者说在师大社做出版的好处，端在能够见证和亲历其在三十年的发展中，一直没有停顿或忽略对于品质和内容的追求，把最美的文字，最好的内容，最优的思想，传达给更多的人。在这种境况下，职业也就不知觉中渐渐进化成事业了。

起了事业心，便更容易不着实际地多思多想，以至于自我深入的面目有时讨喜有时可厌，不那么落实。像中国古人形容开创事业的艰辛，常说"筚路蓝缕，以启山林"。简单的八个字，令能读懂中国古文背后意味之人动容，却也在实际上遮蔽了历史发生的细节，恍似游移在虚实之间。语言替代本体，看似具象的字眼实际还是抽象的表达。真正的艰辛，早经消失在历史烟尘中，不可也无法复原。正如非要在脑中复原一群人衣着蓝缕上山砍树的模样，肯定远不如"伐木丁丁"四个字所营造的那么诗意。

2015年11月份，作为随行人员参加了广西书架向东南亚几个国家捐书的活动，行程七天，目的地有四处——新加坡南洋理工大学、新加坡广西暨高州会馆、马来西亚马来亚大学、泰国朱拉隆功大学。捐书的目的之一,是想通过书籍这一文化载体的向外流动,使更多的人了解和知道中国的文化、中国的历史和中国的现在,让海外第二代或三代、四代华裔或更多代,能够看到自己的族群和文化曾经或如今的样貌。

理想中的文化的发展,如非遇到天灾、战争、外来的强力,应该是从简到繁、从少到多、从简陋到文明,伴随族群一同生生不息、时时进化。但理想终归是理想,在历史现实面前显得弱不禁风。曾经的古代文明,各自凋零中断,只有中华一脉不绝如线,存留至今。探考个中缘由,应不外于此片土地独特的地理环境庇佑,和在此环境下孕育出的族群风格和文明特质间的相辅相成,得天时尽地利享人和。而向外流动的中国人群,每到一处,必定要经历"筚路蓝缕,以启山林"的开拓过程。面对新的场境,无论是文化还是生活,都需要融入与固守、丢弃与更新。新生代在老辈口中对新的事物总是热情满满,而对本来族群原有的语言与文化日渐陌生与疏离,原因更多地被归结为融入与更新挤压了固守的空间,无处不在的诱惑使得精力有限的新一代失去了对于传统的兴趣,或者是国家意志驾迈于一切之上。

文字记载关于历史所有的描述与总结,只可能是大象的某一条腿或其中一只耳朵。老辈们没有时间和精力、耐心事无巨细地去了解新生代,正如新生代忙碌着自己的兴趣与爱好,无暇顾及老辈人的每一道眼光与每一件期许,更遑论千百年前的旧史旧事。但这种互相间的位差与远离,有时并不会影响文化在应该在的地方以自己的方式落地生根。就像刨出的甲骨,是数千年前阴晴雨雪的明证,不因识字者的多少而有些许变更。做势些讲,就是文化比个体生命存在的更长远,捐出去的书,能够被不知道什么人读到,记住,信行,传播,也就尽到了文明载体对于一个族群和其文化的使命。

可一旦升到文化,事业就变得沉痛起来,显出些像屈大夫一样漫漫其修远的意味。

一个编辑的日常

刘　艳

选题

编辑的工作时间很自由，的确如此，至少"大学生心理健康微电影悦读"那个选题的筹划就是从夜里开始的。

那几天连续出差，刚转移到梧州，住在一家打开房间门不会满地掉名片的酒店。正事儿干完回房间休息已经到晚上 10 点了，脑袋用得太多根本停不下来，洗洗也是睡不着之后，爬起来梳理奔波大半年攒起的信息资源。工作笔记几乎是有意的凌乱，在信息就是资源的职场，写在笔记本上随身带着的信息是坚决只能自己看的，时间久了竟自成一家，形成了曲折隐晦、欲说还休的笔记体文风。但尽管如此，两条相隔 N 页的记录还是点亮了灵感的火花。"＊＊暨微电影大赛颁奖会"+"今年的心理健康还能做什么"，那波内心的小涟漪简直让我重温了十三四岁第一次心动时的妙不可说。压抑住那些小欢喜，一顿网络狂搜，写写画画的，不仅有了大体的思路，连书名也拟出了几个。巴巴地想跟领导同志汇报确认，可是时间已过夜里 12 点，电话是不敢打了，短信也怕万一一个响吵醒了睡觉的人发起火来比小孩儿的起床气还难对付。挨到第二天，又怕缺了那股子劲儿语言也会跟着苍白掉。规则是，说服不了领导的创意都是空想。心下一横，QQ上留言，打扰也没那么明显，否掉也还有余地。于是，敲字敲字，一气呵成一字不改地发送了。充电，关灯，等下一个天亮。结果比童话故事的结局还完满，黑暗中眼睛都还没来得及闭上的时候，手机比天先亮了。领导同志确实境界很高，第一，比普通同志更不辞辛苦地深夜工作，第二，高屋建瓴，高瞻远瞩，指令一如既往地言简意赅，分为两条：此事可做；明日详谈。

顺利的事情一样有小插曲，那个明日，正好是清明节假。可是随后的工作，就不是靠在床头想想那么简单了。一次柳州的会议，一次桂林电子科技大学花江校区的实地调研，很多次邮件电话，一大堆图文材料……突破性的进展发生在航院大门正对面的一个奶茶店，一支笔，几张纸，基本框架和栏目设置定型了。和几乎是御用美编的杨威几番敲打，后来给出的样张，一次性通过。后面的辛苦一样是辛苦，我们团队的小伙伴（比如编辑晶晶、老高）付出很多。没有说出口的感谢，你们，收到了吗？

书稿

编辑的工作空间很大，此言不虚，至少"妇女读本"那个书稿我们编辑多角色参与，发挥得酣畅淋漓。

故事决定性的一幕，发生在一个中午。又是有美编大哥杨威同学倾情出演。那个中午的头一天我俩一起坐大巴去南宁跟作者谈设计思路，那是还没有动车的年代，大半天的汽车到目的地就傍晚了，饭后各自回房一夜无话。第二天上午我还有其他任务，杨威在酒店房间做资料准备。约好了作者下午上班时间见面，中午，为了犒劳一下两个人的胃，我自掏腰包请杨威去酒店隔壁的何久日本料理。果真，物质和精神是可以相互转化的，几个回合的端盘换盏之后，我们切入正题共谋下午面谈时的措辞。美食点起的智慧火花很绚烂，我们从清谈转为打开电脑现场办公，短短的一个午餐后的时间，我们共同完成了一整个设计稿，连书稿中主人翁的肖像图都出来了一个大致的轮廓。从餐厅往约谈地点去的路上，两个人都充满了信心。好运气继续，完全写实地说，我们在现场只是几句解说，一个演示，两个原本颇为挑剔的美女主编对我们一顿好夸，一顿感谢。人家真心留饭我们婉言谢绝的事情就不多说了，常识是，紧张和兴奋会导致胃酸分泌过多，引起食欲不振。

总之，我们连夜赶回桂林，似乎就是想尽快把细节落实。之后的工作，有趣的更多。比如，才华横溢的大编龚董变身街头摄影师，为拍摄书稿所需的上百幅场景图片走街串巷；比如，书稿里多次出现主人公韦姐一双玉手，或敲键盘，或点击鼠标网上购物，或拿计算器结算账目，为了准确表现韦姐这个三十多岁农村妇女的真实形象，我们的手模从美甲女神晶晶编辑，换到符合农村特质的蕊编辑，拍了几十组的"手拿"系列图片，最后锁定了有着朴实无华又不失柔美的小手的营销老董；又比如，为了解决肖像权的问题，编辑部里的帅哥们纷纷被我们挪到书上，不信你翻看那一套两本的成品图书，有陈行火车站购票，临行前准备地图收拾行李，有老高乱丢垃圾，街头掐花毁草的反面示范，连我家小姑娘皮妹也当了回模特，上了一张被喂饭的照片。

图书后来得奖的事情，也隐去不表了。其实就是从那回，我们团队的小编们才真正体会到了一件事情，如果你愿意，作为编辑，你可以让图书成为你想要的那个样子。是的，你可以。

作者

编辑的工作机会很多，一说你就明白，因为你会遇见形形色色的服务对象,我们高教出版服务的主要对象,是作者。有些作者教会你做事,有些作者教会你做人,有些作者教会你工作之外快乐生活。抓住机会,做最好的服务,你会学到很多。

打乱时间先后,现在讲一个早上的故事。那天是集团春节年假第一天,冬天的早上,没有外出计划的编辑基本都选择睡个难得的懒觉。我的电话,不到 6 点就响了。我负责的那套书被要求这天送货到作者单位,送书的货车在早 7 点后就不允许市内通行了,货车司机开了一整夜的车这时候已经要赶到送货点了,打接货人电话没人接听,通过印刷厂直接找到我。好在作者单位离我家并不远,骑一辆破单车风驰电掣地赶过去的时候有点儿飘雨了。那个单位的门卫不给大车开进院子,说没有接领导指示甚至连书都不给扛进大门。电话依旧没人接,好歹说通了我们自己扛就放在能避雨的屋檐下。就我和司机两个人要把几十包书从货车高高的后车厢卸下来再抬过去码好。多少年没干过重体力活,那一包书几十斤我说不准,但我爬上货车后厢根本只能用推的姿势往下卸。听口音就知道司机是个全州人,我自知出力不如人家,就忙用桂柳话攀老乡套近乎,哄着司机大哥任劳任怨跟我一起把卸货的事情了结掉。全部忙完还差十几分钟 7 点,大货车往城外开去,我骑着单车带着一身汗找了家米粉店要了一份标配版桂林早餐,嗦米粉喝豆奶,清晨复活。这次学到的是,事情轮到你身上你才知道自己有多强大。

关于做人,玉林的一个作者真的给我很大教育。那天是晚上 9 点以后,被招标公司业务经理约去,因为材料的事情谈得很僵,道理是他们应该提供相应的服务,我因为觉得自己占着理,态度很硬,对方倒不是不肯讲理,就是有点儿脑筋转不过弯,纠缠了很久,我因为心急,声音越来越高,几乎引来他们其他办公室加夜班的同事的侧目了。结果,我的这位作者大哥赶来了,耐心听完两边的解释,拍着那个小笨的业务经理的肩膀笑着问了几句貌似不相关的对方的私事,气氛顿时缓和了。我后知后觉地会意跟上，聊了一些旁的事。后来，那个经理突然就清醒了，明白了我之前苦口婆心在解释的那些意思。这次，我们明白了，不要自己觉得聪明，做人应该是让对方做个聪明人。

关于工作之外。编辑没有工作之外，因为工作也是生活的一部分，快乐工作是生活快乐的一个要件，当然也有工作之外的另一种快乐生活。这个道理是一位我的准作者前辈教给我的。这位绝对是前辈，从特级教师上退休后很多年还在热心教育研究，写了本书，是几十年从教的案例，感悟。看到未完的书稿我其实就被打动了，鼓励他继续完成一定想办法帮他出版，结果最后写完的书稿被北京一家专业出版社开出更好的条件要去了。老人开始总感觉有些对不住我的意思，我一次次解释，说真的很替他高兴，其实这家出版社更适合他。然后就成为了忘年交似的，我的朋友圈里面，老人常留言，鼓励我努力工作，但更多的是跟我谈论一些关于艺术、育儿的话题，很中肯，又很有创见，让我每每遇上挫折感到沮丧时有所安慰。

读书

编辑的工作看书很杂，这也是对的，但其实，我只是工作上看很多杂类的书稿，工作之余，只读一类书——文学书。

入这行的，一半是爱书的，一半是有写作梦想的，我每一半都沾一点儿。写作，少些天赋；读书，倒是始终没有停下来。因为爱读书，又实在不怎么懂得低调，常常集中在朋友圈晒自己读的书或者读书后的小感受，跟不怎么熟悉的人总是借书开启聊天模式，跟同爱看书的人也总是靠书交上朋友。这些工作之外的业余说实话也给工作带去很多帮助，编稿子时自不必说，单说洽谈选题时，因为多了一些阅读，就多了几分谈资，多了一点儿书卷气就多了一些被信任。比如，一个见面会和我拥抱的厅官阿姐，我的赢取她认可和信赖的小运气就来自跟她关于读书的一些小互动。

编辑读书的好处太多了,这里再说上一点个人体会,就是在繁琐紧张的工作之后,每个晚上,坚持读一些自己喜欢的书,真是特别有效的放松和环节紧张的方式。

一个编辑的日常,从夜晚开始回到夜晚都意犹未尽,原来实在是因为我很爱这个职业呢。

编辑的乐趣

陈丽琴

　　最近社里布置了一个命题作文——记最难忘、最感动的事,对于编辑来说,最难忘的应该是编辑业务的点滴。回想起小时候老师总会问:长大了要干什么? 当时我有各种答案,比如当老师、当医生,但绝对不会想到从事编辑。从大学毕业到如今11年过去了,我在编辑这一行业也埋头苦干了11年,回想从不熟悉编辑业务到编辑策划一肩挑,从资讯类杂志编辑到专业学术类编辑,打交道的作者数不胜数,层次从行业专家学者到博硕研究生,与他们相处的编辑时光,让我体会到编辑的乐趣。

　　我在11年的编辑工作中,加工过数不清的文稿,从最初的改错别字到调整句子的语法结构,审查文稿的专题是否准确,表述是否严谨,是否有文采等,随着编辑业务水平的提高,编辑加工的痕迹也越来越多。对于文稿修改,并不是所有作者都会欣然接受。当作者不愿意修改的时候,我还要在征求作者意见的前提下,亲自改写文章,这在我刚到求学考研编辑部时经常上演。那时我负责的是"考研故事"这个栏目,文稿大多是考研的心路历程。起初,我还为作者考研择校如何困难、复习如何艰辛的故事所感动,在看多千篇一律的故事后,我逐渐审美疲劳。经常是作者信心十足的应稿，到后来三番五次的润色，作者已经疲惫，此时，我只有耐心地与作者解释，与作者电话交流彼此的想法，针对文稿的故事情节进行润色，甚至会为作者撰写故事情节，如此反复的修改，终于让作者的考研风雨历程跃然纸上。每当看到读者反馈说看了某个考研故事，让自己摇摆不定的考研信念更加坚定，我就觉得自己的编辑加工是值得的，我为自己能给考研学子更多的心灵慰藉感到欣慰。

如果说在求学考研编辑部的文稿大多都是资讯汇总或故事，有一些文学和编辑功底尚能一一应付，而到出版广角编辑部，我负责观点栏目的编辑，文稿都是出版专业的学术论文，对这些文章的修改就没有撰写故事那么容易。我经常会为作者的一句话而苦思冥想，觉得这句话有些别扭，但想不明白问题到底出在哪里；有时我读完一篇文稿，会发现文章在叙述过程中前后不一，我要顺手补充更具说服力的例证；有时会觉得作者的结论武断，我会帮作者修改得婉转一点，留有余地……面对这些文稿，编辑工作不再是简单的字词修改润色，还有学术观点的深度论证与学术价值，我一般秉承编辑能代劳的尽量完善，除非自己力所不能及，因为我一直告诫自己，编辑不就是为作者和读者服务的吗？

编辑除了对文章进行修改润色，使之达到刊发标准，还要对杂志的栏目设置进行创新定位，打造品牌栏目。在求学考研编辑部的时候，我全力打造"考研故事"与"读研生活"这两个栏目，精心挑选各色励志故事与精彩读研生活，呈现不同考研人的心路历程，展现不同专业的读研风采，这两个栏目不仅是杂志可读性最强的栏目，也是读者反馈表上最受欢迎栏目之一。到出版广角编辑部后，我对"专栏"栏目进行了改版，形成了专栏的各色风格。比如刘明清的"明清语丝"、肖东发的"书业观察"、缪宏才"似是而非、似非而是"都是从当前一些出版热点进行思考，让我们从他们或轻松或犀利的语言中，对出版当下进行反思；丹飞的"见好不收"都是人物志系列文章，让读者领悟不同的出版人士；林东林的"人书岁月"都是出版成功人士的不凡出版路径系列文章,在兼具可读性方面,让读者从中得到不同的人生启发。经营这些栏目,不仅拓展了我的学术视野,也丰富了我的编辑历程,让我体味到不同行业杂志的编辑乐趣。

正如新世界出版社张世林所说,"你要想做好,自然要付出辛劳和智慧,虽然最后署名的还是作者,但经你手缝制的嫁衣穿在作者身上是那么的得体、光彩和出众,读者赞美作者的同时,不就是在赞美你这个台下裁缝的手艺吗? 你能不感到幸福和快乐吗?"我很高兴自己能在浮躁社会里耕耘着一份文化田地,为作者、读者服务,传播更多的学术文化。

教辅编辑需要常怀"心常态"

邢美蓉

时下,教辅编辑面临的重大考验不仅是能否适应新常态,还有能否形成"心常态"。这里的"心"字可具体释义为心态和心境。从事过编辑工作的人应该都会有这样的体验,在出版时间紧张、稿件任务繁重的情况下,较大的工作压力往往引起心情焦躁,这时候编校出来的稿子也犹如砂纸般粗糙,更容易出现问题。因此,要成为一名优秀的教辅编辑,高质量地完成基本工作,保持一颗好"心"非常重要。

首先,保持一颗清明的心。教辅图书是对各学科教材知识的解读和拓展,是目前中国教育教学中不可或缺的元素,其阅读者和消费者大部分是学生。作为辅导和参考用书,教辅图书的实效性如同药性,优劣程度会直接影响学生的学习与成绩。无论是科学性、知识性的错误,还是排版校对的误差,都会误导学生对知识的获取和把握,产生负作用。年初的工作会议上,制编部的赵部长再次提及一名农村教师的话"买书的钱都是同学们一分一分省吃俭用省下来的,请一定要做好书,做好的教辅"。这既道出了读者对教辅图书的基本需求,也反映出教辅出版从业者的工作底线,值得所有的教辅编辑谨记和自勉。

从事教辅图书出版,只有保持一颗清明的心,始终本着有助于教学、为教育加分的责任,为莘莘学子的成长担当把关,才能做出优质的教辅图书;只有保持一颗清明的心,时刻践行育人为本的工作理念,关注学生求知的诉求,才能成为优秀的教辅编辑。

　　其次,坚守一颗清净的心。人们常用"为他人做嫁衣"形容编辑,但"做嫁衣"尚可以在衣服上打上商标,众多编辑助力作者著书立说,却只能默默站在背后。相较一般图书,教辅图书的内容琐碎、枯燥、繁杂,且对从业人员的编辑能力和专业知识要求甚高。但是,在社会效益和名誉、图书奖评方面,教辅图书远不及一般图书,这让教辅编辑在"为他人做嫁衣"的感触之外,更多了份酸楚。因此,包括部分教辅编辑在内的许多人都认为,教辅出版领域的从业者难成大器。这份工作可能无法使你名声远播,但我们追求的不是名誉;我们做的是默默无闻的工作,却肩负着家长的希望、学生的前途、中国的未来,责任重大。正如著名出版人杨葵所讲,"为他人做嫁衣",这是一个编辑的本分——职业道德。

　　所以说,做好教辅编辑须守得住内心的清净,不为尘世所扰,真正热爱这份工作,才会有动力;做好教辅编辑须守得住内心的清净,不为尘土所遮,全身心投入到编辑出版工作中,自然会尝到做其中的"法味"。坚守心清净,方能坐得住,坐得平,方能修出质量与销量兼优的好教辅。

　　再次,常怀一颗清醒的心。作为出版业的重要组成部分,教辅出版承载着育人的功能;作为作者与读者间的纽带,教辅编辑承担着策划、生产优质产品的重任。近年来,教辅出版行业的生态环境发生剧烈变化,教辅编辑是否怀有一颗清醒的心,关系到能否做出广大师生所需要的精品教辅。

　　一方面,要清醒地看到辅出版领域的技术革新。大数据、云计算、网络技术等在教育领域的广泛应用,带来教学方式的变化。教辅编辑只有不断学习和掌握新的技术,成为"多面手",做一名多功能、复合型的教辅好编辑,才能紧跟市场需求。另一方面,还须清醒地认识到培养创新思维的重要性。只有对产品内容及形式进行有价值的创新,才能带动教辅出版业跳出低水平重复生产的庸俗化泥潭;只有具备创新、超前、适应时代要求意识的教辅编辑,才能编出广大师生所需要的产品。

是否会时刻怀有为读者服务和负责的清明心,是否怀有面对名利诱惑继续保持度出版工作的热爱和激情的清净心,是否怀有与时俱进开拓创新的清醒心,这是教辅编辑需要经常反省的问题。尽管人们对优秀教辅编辑的定位不同,但怀有一颗好"心"是成为优秀教辅编辑的必要条件。同时,这也是出版优质教辅的前提和保证。让我们都怀有一颗好"心",凭借自己的努力推动中国教辅出版走向专业,走向高品位,走向真正的繁荣。

求学十年

朱 燕

一

刚到杂志社那年,我才 23 岁。

我小心谨慎地跟在人事处的一位老师身后,走进编辑部。映入眼帘的是极其简单的陈设,还有一摞摞堆积成山的书刊,四处散乱的信件……那一刻,我忽然想到:三国时东吴最繁华,刘备到孙夫人的房里竟然胆怯无比。在当年的我看来,眼前的这个办公室亦有这样威慑四方的兵气!

跟每位同事打了招呼,我便坐到自己的位子。不消一刻钟的工夫,有人便在门口处歪进半张脸:"兄弟姐妹们,开选题会啦!"这一声响亮的吼声,足见此人的生气与活力。

那个选题会上,人人各抒己见,创意雀跃,争得面红耳赤,不分上下……大家一谈就是四五个小时,茶喝淡了一杯又一杯,直到夜色渐至。会议结束,一个编辑部的人并肩走出杂志社大门,走在车水马龙的大街上。绿化道里那些不知名的小花一朵朵正蠢蠢欲动的模样。而我们,欢声笑语,好得已经宛若多年的朋友。

我常听别人说学生时代最幸福，然而，自从来了杂志社，到了《求学》编辑部，和这帮同事在一起，我的日子过起来依然是东风桃李水自流。

记得2006年那个寒冬，为了赶一个年前的刊期，部门全体同人连续好几天加班到凌晨。待加班结束，刊期赶完，我们好几个人不巧都感冒了，但大家依然坚持带病到岗。那几天，办公室里每一个人都咳个不停，狼烟四起，彼此却还嬉皮笑脸地相互揶揄道："佛经里描写如来现相，世界会起六种十八相震动，我看我们也快要成佛了……"

那时，年少轻狂的我性情孤傲得自以为已经能平视王侯，但置身其中，仍有太多的卑微的感激与感动。因为，我身边这些人的可爱，他们的好，对于我这样一个初入社会的无名小辈来说是如此的珍贵。我之前还未大学毕业，便已听说了太多职场中的是非，但这里的每一个人，他们好像仍只是他们自己，纯洁干净到仍是学生时代的一尘不染。

二

基督说："属于恺撒的归恺撒，属于上帝的归上帝。"如今，职场中大多亦如此把人进行分类，但是，有一个人却教了我没有禁忌。她是能把下属当成自己朋友的人。

2007年，我负责《求学》"情商驿站"栏目的策划与组稿、编辑工作。当时，身为编辑部主任的闻待老师审查我的稿件。而在此前很长一段时间，为了让自己所做的稿子能快速通过，我已经学会了伺候着看领导的喜好来做文章。很快，闻老师看出了我的"狡猾"。她把我找到她的办公室训了一顿，说："做一篇文章首先要能打动你自己，从你自己那一关过去。能打动自己的文章纵然会有百般不好，但因为那是你自己做的，你才会觉得亲；也正因为它首先能打动你，终有一天才会打动读者。"经闻老师这一顿不留情面的训斥，我才得以从先前那种非常糊涂的"狡猾"里走了出来。

我是从她那里才算是真正知道了做杂志的壮阔无私。原来,这样一个看着机械乏味的职业,竟也可以教人做得如此活泼喜乐的。

一个领导能做到如此无视自己,善待下属,所以我们之间才会无隔。

每到周末,闻老师兴致袭来,便会豪爽地邀我们去咖啡馆谈工作、谈人生、谈理想。我们围成一圈,叽叽喳喳,听她说《求学》哪期杂志哪篇文章做得好,哪本杂志哪篇文章做得好,即使她只是片言只语随意的指点,我才也能真正懂得那种做文章的艺术果然是好的。此外,她还常常调皮地跟我们说起自己学生时代喜爱塞尚画里人物的那种小奸小坏,我才亦真正开始关注起塞尚,对塞尚画里的那些东西另眼相看……

南北朝诗人庾信在赋里说:"树里闻歌,枝中见舞,恰对妆台,诸窗并开,遥看已识,试唤便来。"每当这时,我便感觉眼前可亲而又可爱的闻老师与咖啡馆外斑斓的星空即是这样的相望相识,只要她那么轻轻喊一声,就会把那些繁星全叫到我们跟前来似的。

三

圣人曰:"欲修其身者,先正其心;欲正其心者,先诚其意;欲诚其意者,先致其知;致知在格物。"

2014年,我承蒙邓社长厚爱,成为《求学》编辑部副主编。到了这个岗位,我才忽然发现平常自己看似懂了的东西,其实竟未全然懂得。

邓社说:"迟早人都会经历挫折,为什么不在自己喜欢的事情上去经历呢?"这句话,我一记便是五年!

2010年,我牵头尝试做了个与广西区内各中学一起搭建的"心理合作社"项目,为此,社里给予了我很大的人力和物力支持。但是,因为缺乏经验,此项目进行得让人很是辛苦吃力,还未做到一半,因为效果不明显,我便不得不终止。我觉得可惜,心生歉意,邓社却一点也不觉得遗憾。在他看来,但凡事业者,无不是经由一次次的挫折与失败,才得以调弦正柱、走向光明的。

我就是在他那里,才重新看见了天地万物的希望。

有段时间,我在网上购买了几本与经营管理相关的书,一看不懂,但该书的作者是某知名企业"精英 CEO",我想看不懂必是自己认知不行,于是继续再看,想要努力使自己弄懂才行。有一天,杂志社中层领导开会,会上,邓社以身言教,说起自己是如何从一个杂志小编走到今天这个位置的,这一路上的所知所得全靠自己一个一个脚印摸索而来。他这一番创业经历的分享,顿使我惊愕无比,我不由才醒悟,人除了在读书中求知,更重要的是在实践中求知,而后才能明辨事物,尽事物之理的啊。

邓社是其人如天,所以他的格物致知我难以企及。

四

《红楼梦》里有一回说到贾宝玉病重,一和尚来救他,袭人将宝玉身上带的那块通灵宝玉摘给和尚,只见玉色浑浊,和尚不觉长叹一声道:"青梗峰下,别来十五年矣,竟如此为贪嗔痴爱所困,你那本性光明何在也!"

如今,我来杂志社一晃已十多年过去。人生有多少个十年?每每想到这一点,回味起来,便要掩泣。庆幸的是,自始至终,我都有着一种幸福的感觉,我知道,我一直与这个杂志社,我一直在自己所从事的这份职业上面对着人世的美好,蕴养着我那理想的一抹光明本性!